(개정판)

사회복지개론

김은정 · 박선영 · 이신영

청목출판사

머리말

사회복지를 전공한다고 하면 흔히 주변 사람들은 '좋은 일 하시네요' '돈이 많으신가봐요?' '고아원이나 양로원 많이 다니세요?' '저도 돈 좀 벌고 여유가 생기면 나중에 그런 거 좀 해 보려고 해요. 좋은 일 하면서 살아야죠'라고 말한다. 이런 말들이 완전히 틀린 것은 아니지만 사회복지가 자선사업은 아니고, 그렇게 좋은 마음만 가지고 되는 것이 아니기 때문에, 사회복지를 전공하는 학생들은 여기에 대해 뭔가 다른 말을 하고 싶으나 딱히 다른 답은 해주지 못한 경험을 많이 할 것이다. 곁들여 '사회복지가 뭐하는 거예요?'라는 질문을 받으면 상대방이 '아하 그렇구나'라고 할 만하게 구체적이면서도 쉬운 답을 해 줄 수 없다는 점에 자괴감을 느끼는 학생들도 많을 것이다. 이러한 현상은 1980년대나 21세기 현재나 유사한 것 같다. 다만 현재는 전통적인 대중매체들뿐 아니라 TGIF(tweet, google, I-phone, facebook) 네트워크를 통해, 정치적 사안이 되고 있는 사회복지에 관한 논의들에 사람들이 좀더 익숙해진 점에서 차이가 있을지 모른다. 그렇더라도 많은 사람들에게 사회복지에 관한 많은 사회적 논의들이 이웃한 저소득지역의 빈곤, 심신질환 및 장애, 교육 및 성장 기회의 박탈 등과 구체적으로 어떻게 연결되는지, 다양한 사회복지제도들이 개인 및 가족의 생활과 어떠한 형태로 상호작용하는지를 제대로 이해하기란 어려운 일이다. 사회복지는 사회적인 맥락에서 실천과 연결되는 특성을 가지고 있으므로 우리 사회의 다양한 삶과 공동의 안녕을 추구하는 동기를 직접 실천하기 위해 노력하지 않는 이상, '사회복지란 무엇인가'는 누구에게나 명확히 답하기 어려운 질문일 것이라 생각된다.

이 『사회복지개론』은 사회복지를 처음 입문하는 일반인이나 학생들이 사회복지제도와 사회복지실천의 길을 스스로 짚어갈 수 있도록 돕는 입문서로서 저술되었다. 이 책이 목적하는 바는 대학교 학부 1, 2학년 학생들 혹은 사회복지가 무엇인지에 대한 '감'을 잡으려는 사람들이 가능한 쉽게 사회복지가 무엇인지를 이해하고, 역사 속에서 사회복지가 발현된 동기를 이해하고, 현대에 제도적으로 그리고 실천적으로 구체화되는 사회복지 방법에 대해 가능한 구체적인 아이디어와 지식을 얻을 수 있도록 하는 것이다. 이러한 이해와 지식을 통해 위에 언급한 주변인들의 혹은 스스로의 의문들에 구체적이고 논리적인 답을 할 수 있게 된다면 이 책의 목적이 달성되는 것이라고 본다.

이 책의 특징은 세 가지로 요약할 수 있다. 첫째, 내용 서술에서 1, 2학년 학생들을 초점적인 독자로 염두에 두었기 때문에 가능한 전문 용어를 풀어서 설명하는 한편 예를 덧붙여 생활 속의 사회복지이슈를 이해하도록 했다는 점이다. 필자들이 학생과 마주앉아 이야기를 하듯이 내용을 풀어 서술하려고 나름대로 노력하였다. 둘째, 총 13장으로 구성된 내용을 크게 3부로 나누어 〈기초이해-실천과 제도에 대한 지식-제분야의 이해〉의 구도로 체계화하였다. 기초이해에 관한 1부에서는 생활환경 속에서 사회복지 이슈가 제기되는 배경과 개념들을 정리하고 사회복지제도와 실천 그리고 실천인으로서 사회복지사의 전문성에 대한 기초 이해를 다질 수 있게 하였다. 2부에서는 사회복지실천과 제도에 대한 전반적 틀에 대한 이해를 도왔고, 3부에서는 사회복지의 제 분야에 대한 개괄적 이해를 돕도록 하였다. 끝으로, 저자들은 같은 대학에서 수 년 동안 동거동락을 하며 학생들 교육과 훈련에서의 고충과 아이디어를 교류해 왔고, 이 책은 그러한 소통의 조그마한 결정체라고 할 수 있다. 사회복지개론은 사회복지의 제 분야를 섭렵한 노장 교수님이 가르쳐야 하는데 자신이 가르치게 되어 부족할 수 있다던 대학 은사님의 말을 떠올리면 여전히 부끄럽지만, 이 책을 통해 처음 사회복지에 입문하는 학생들 및 독자들과 소통하고 건설적인 피드백을 받을 수 있다면 저자들의 식견을 앞으로 더 갈고 닦는 계기가 될 수 있을 것이다.

이 『사회복지개론』의 구성은 다음과 같다. 1부에서는 사회복지에 대한 기초 이해와 지식을 제공하는 장으로서 다양한 환경 속에서 인간의 문제와 사회복지의 필요성 및 대응을 알리고, 사회복지의 용어 및 개념들을 이념적, 실천적, 학문 차원에서 정리한다. 이러한 사회복지가 사회에서 실체로 구성될 때 포괄하는 요건들을 주체, 대상, 내용, 재원, 전달체계로 체계화한다. 나아가 사회복지의 역사와 그 속에서 발달하여 현재에 활용되는 가치와 이념을 정리하고, 복지국가의 개념 및 발달과 논쟁을 정리한다. 2부는 사회복지의 접근 방법을 실천과 제도 측면에서 살펴본다. 사회복지실천의 이용자, 사회복지실천을 구현하게 하는 가치, 지식, 기술 융합이 강조되고 실제 일하는 과정과 사용되는 사회복지실천기술이 간단히 요약된다. 사회복지제도와 정책에 대해서는 개괄적 이해와 정책 형성과정 및 산물분석, 그리고 행정절차에 대해 정리한다. 끝으로 3부에서는 사회복지정책 분야에 대해 공공부조, 사회보험, 사회복지서비스 등 세 분야에서의 구체적 내용과 사안들에 대해 정리한다. 사회복지실천 분야에서는 전통적으로 전개되어 온 가족, 노인, 아동, 청소년, 여성, 의료 및 심신장애 등 제 분야에 대해(목차는 철자법 순서로 나열됨) 각 개념, 주요 내용, 그리고 구체적 실천현장에 대한 소개를 정리한다. 사회복지실천의 개척분야는 최근 발달되고 있는 사회복지실천분야들로서 군대, 노숙인, 다문화 관련 사회복지실천을 안내한다. 끝으로 이러한 제 분야에서 일하는 사회복지인력에 대해서는 사회복지사 뿐만 아니라 각 세부 분야별 특화된 복지관련 인력의 역할과 자격요건을 소개하고 그 외 관련 자격을 안내하여 학생들의 관심과 진로결정에 도움이 되도록 하였다.

세 필자들의 집필은 김은정(4장, 5장의 2절, 7장, 9장, 10장), 박선영(1장, 2장, 5장의 1절과 3절, 6장 8장), 이신영(3장, 11장, 12장, 13장)으로 이루어졌다. 필자들이 많은 고민을 하고 토론 끝에 출판을 결정하기는 했으나 내용과 서술 양식에 있어 미흡한 점이 많다. 더욱이 사회복지분야는 사회문제들이 복잡다단하게 발생하고 사회정치적 환경이 변화하면서 그에 따라 변화하고 진화해 가고 있으므로 책의 내용이 이에 부응하지 못하는 점도 있을 것이다. 이 책의 오류는 필자들의 책임이고 학생 및 일반 독자들이 건설적인 비평을 전해 주길 바란다.

다수의 사회복지개론서들이 쏟아져 출간되는 중에도 선뜻 이 책의 출간을 맡아주신 청목출판사에 심심한 감사를 드린다.

2015년 8월

성서캠퍼스에서 저자일동

차 례

머리말/3

제1부 사회복지학의 기초

제 1 장 환경 속의 인간과 사회복지 — 17

1. 인간의 욕구와 삶의 문제 ······ 18
   1) 인간의 기본 욕구와 충족의 문제 ······ 18
   2) 인간의 성장욕구 ······ 19
   3) 인간 삶의 문제에 대한 사회복지의 접근 ······ 22
2. 인간에 대한 사회복지의 관점 ······ 23
   1) 인간발달 관점 ······ 23
   2) 인간 다양성의 관점 ······ 33
   3) 생태체계 관점 ······ 34
   4) 강점관점 ······ 38
3. 사회적 위험과 사회문제에 대한 대응으로서 사회복지 ······ 39

제 2 장 사회복지의 개념 — 43

1. '사회'와 '사회복지'의 이해 ······ 44
   1) 사회와 사회제도 ······ 44
   2) 사회복지의 개념 및 용어사용 ······ 50
   3) 제도적 사회복지와 잔여적 사회복지 ······ 54
2. 사회복지실천의 개념 이해 ······ 58
   1) '사회복지실천'의 개념 및 용어 사용 ······ 58
   2) 사회복지실천의 전통적 개념정의 ······ 60
   3) 최근 사회복지실천의 개념 정의 ······ 63
3. 학문으로서 사회복지의 이해 ······ 64
   1) 사회복지의 응용사회과학적 특성 ······ 64
   2) 대학 및 대학원에서의 사회복지 교육과 훈련 ······ 66

3) 사회복지 조사연구 ···· 68

제 3 장 사회복지의 구성 ―― 70

1. 사회복지의 주체 ···· 70
1) 공급주체 ···· 71
2) 운영주체 ···· 71
3) 실천주체 ···· 72
2. 사회복지의 대상 ···· 73
3. 사회복지의 내용 ···· 75
4. 사회복지의 재원 ···· 77
1) 공공재원 ···· 77
2) 민간재원 ···· 79
5. 사회복지의 전달체계 ···· 81
1) 전달체계의 종류 ···· 81
2) 전달체계의 원칙 ···· 83

제 4 장 사회복지의 역사 ―― 85

1. 사회복지 역사 개관 ···· 86
2. 서구 주요 국가의 사회복지 역사 ···· 90
1) 영국: 공공부조제도의 역사를 중심으로 ···· 90
2) 독일: 사회보험제도의 역사를 중심으로 ···· 100
3) 미국 ···· 104
3. 한국의 사회복지 역사 ···· 108
1) 근대 이전 ···· 108
2) 근대 이후 ···· 110
4. 사회복지역사와 과제 ···· 115

제 5 장 사회복지의 가치와 윤리 ―― 118

1. 사회복지의 가치 ···· 119
1) 가치의 개념 ···· 119
2) 사회복지의 가치 ···· 120
2. 사회복지의 이념 ···· 122

1) 신우파 ……123
2) 중도주의 ……124
3) 사회적 민주주의 ……125
4) 마르크시즘 ……126
5) 기타 ……127
3. 사회복지의 실천 윤리 ……128

제 6 장 전문직으로서 사회복지 —— 133

1. 사회복지전문직의 역사적 뿌리 ……134
1) 자선조직협회와 현대 사회복지전문직에 대한 의의 ……135
2) 인보관운동과 현대 사회복지전문직에 대한 의의 ……136
2. 전문직으로서 사회복지실천의 이해 ……137
1) 전문직과 전문성의 요건 ……137
2) 사회복지사의 활동과 전문성 ……138

제 7 장 사회복지와 복지국가 —— 141

1. 복지국가의 개념 ……142
1) 복지제도의 수 ……144
2) 복지제도의 대상 인구 ……145
3) 복지급여 수급의 권리성 ……146
4) 사회경제적 불평등 해소의 적극성 ……148
2. 복지국가의 형성 및 발달 ……151
1) 복지국가 형성 이전 ……152
2) 복지국가의 형성기 ……153
3) 복지국가의 확대기 ……156
4) 복지국가에 대한 성찰기 ……157
3. 복지국가의 유형 ……160
1) 복지국가 유형에 대한 논의 ……160
2) 에스핑 앤더슨의 복지국가 유형 ……162
4. 복지국가의 도전 ……166
1) 복지국가와 변화의 주요 요인 ……166
2) 복지국가에 대한 도전과 변화 ……168

제2부 사회복지 접근방법

제 8 장 사회복지실천 및 실천방법 ―― 175

1. 사회복지실천 이용자에 대한 이해 ······ 176
2. 사회복지실천의 핵심: 가치, 지식, 기술의 융합 ······ 178
   1) 사회복지 가치 ······ 178
   2) 사회복지 지식 ······ 180
3. 사회복지실천 과정과 기술 ······ 182
   1) 클라이언트와 사례의 접수 ······ 183
   2) 자료수집, 사정, 계획 ······ 185
   3) 목표세우기와 계약하기 ······ 190
   4) 개입 ······ 191
   5) 사회복지실천의 평가와 종결 ······ 195

제 9 장 사회복지제도 및 정책적 접근 ―― 203

1. 사회복지정책 접근 개관 ······ 204
2. 사회복지정책 형성과정 접근 ······ 206
   1) 정책의제 형성과정 ······ 207
   2) 정책대안의 개발과 선택 ······ 208
   3) 정책의 집행 ······ 209
   4) 정책의 평가 ······ 210
3. 사회복지정책 산물분석 접근 ······ 212
   1) 급여대상 ······ 212
   2) 급여형태 ······ 216
   3) 전달체계 ······ 220
   4) 재원조달 ······ 222
4. 사회복지행정적 접근 ······ 226

제3부 사회복지의 주요 분야와 사회복지인력

제10장 사회복지정책 분야 — 233

1. 공공부조정책 ……233
   1) 공공부조정책의 의의와 한계 ……233
   2) 공공부조정책의 일반적 특성 ……235
   3) 한국의 공공부조정책: 기초생활보장정책 ……236
   4) 기초생활보장정책의 향후 과제 ……239
2. 사회보험정책 ……241
   1) 사회보험정책의 의의와 한계 ……241
   2) 사회보험정책 개요 ……242
   3) 국민연금정책 ……244
   4) 건강보험정책 ……246
   5) 산재보험정책 ……249
   6) 고용보험정책 ……251
   7) 노인장기요양보험정책 ……253
3. 사회복지서비스 정책 ……256
   1) 대상인구의 보편화 ……257
   2) 전달주체의 다원화 ……258
   3) 급여형태의 다양화 ……258
   4) 재원조달방식의 다양화 ……259

제11장 사회복지실천 분야 — 261

1. 가족복지 ……262
   1) 개념 ……262
   2) 주요 내용 ……263
2. 교정복지 ……266
   1) 개념 ……266
   2) 주요 내용 ……266
   3) 실천현장 ……269
3. 노인복지 ……270
   1) 개념 ……270

2) 주요 내용 ··· 271
4. 산업복지 ··· 273
1) 개념 ··· 273
2) 주요 내용 ··· 274
5. 아동복지 ··· 275
1) 개념 ··· 275
2) 주요 내용 ··· 276
3) 실천현장 ··· 279
6. 여성복지 ··· 279
1) 개념 ··· 279
2) 주요 내용 ··· 280
7. 의료사회복지 ··· 281
1) 개념 ··· 281
2) 주요 내용 ··· 282
8. 장애인복지 ··· 283
1) 정의 ··· 283
2) 주요 내용 ··· 285
3) 실천현장 ··· 287
9. 정신보건사회복지 ··· 287
1) 개념 ··· 287
2) 주요 내용 ··· 288
3) 실천현장 ··· 290
10. 청소년복지 ··· 291
1) 개념 ··· 291
2) 주요 내용 ··· 292
3) 실천현장 ··· 294
11. 학교사회복지 ··· 294
1) 개념 ··· 294
2) 주요 내용 ··· 295
3) 실천현장 ··· 296

제12장 사회복지실천의 개척 분야 ─── 298
1. 군사회복지 ··· 298

1) 개념 ······ 298
2) 주요 내용 ······ 300
2. 노숙인복지 ······ 303
1) 개념 ······ 303
2) 주요 내용 ······ 305
3. 다문화사회복지 ······ 306
1) 개념 ······ 306
2) 대상자의 실태 ······ 307
3) 주요 내용 ······ 311

제13장 사회복지인력 —— 318
1. 사회복지사 ······ 318
1) 정의 ······ 318
2) 활동분야 및 단체 ······ 319
3) 자격기준 ······ 319
4) 사회복지사의 처우 ······ 322
2. 분야별 사회복지사의 역할과 자격요건 ······ 323
1) 사회복지전담공무원 ······ 323
2) 의료사회복지사 ······ 324
3) 정신보건사회복지사 ······ 326
4) 청소년지도사와 청소년상담사 ······ 328
5) 학교사회복지사 ······ 330
3. 관련 분야 자격증 ······ 331
1) 건강가정사 ······ 332
2) 보육교사 ······ 333
3) 사회조사분석사 ······ 334
4) 요양보호사 ······ 335
5) 직업상담사 ······ 337
6) 평생교육사 ······ 339

◈ 참고문헌 ······ 343
◇ 찾아보기 ······ 349

제 1 부

사회복지학의 기초

제 1 장 환경 속의 인간과 사회복지

제 2 장 사회복지의 개념

제 3 장 사회복지의 구성

제 4 장 사회복지의 역사

제 5 장 사회복지의 가치와 윤리

제 6 장 전문직으로서 사회복지

제 7 장 사회복지와 복지국가

제1장 환경 속의 인간과 사회복지

우리 사회에서 사회복지가 왜 필요하며 무엇을 하는 것인지는 우리 자신이 한 개인으로 살아가면서, 가족생활을 하면서, 또 직장이나 기타 조직, 나아가 지역사회 구성원으로 기능하면서 경험하는 욕구와 여러 가지 어려움, 그에 따라 필요한 도움을 떠올려 보면 쉽게 이해할 수 있다. 사람들은 의·식·주에 대한 기본 욕구뿐 아니라 좀 더 나은 집, 나은 직장, 쾌적한 지역사회에서 살고자 한다. 한편 사람들 중에는 신체나 정신적으로 아프거나 장애가 있는 사람, 집이 없는 사람, 직업을 상실하고 무직상태가 장기화되는 사람, 아픈 가족 성원을 간호하느라 직장에 못 나가는 사람, 생계 연명이 어려운 가족, 길거리를 전전하는 가족 등 다양한 어려움을 겪는 개인과 가족들이 있다. 사회환경 측면에서 경제가 호황일 경우도 있지만 불황이고 실업난이 고조하는 시기가 있으며 이는 물가를 높여서 의식주 기본 욕구를 해결할 능력이 취약한 개인이나 가족은 사회구성원들의 평균적인 삶 이하의 열악한 생활을 하게 된다. 이와 같이 인간의 욕구는 사회환경의 변화와 맞물려 있어서, 둘 간의 상호작용이 잘 이루어지고 맞는 경우 즉 인간의 욕구가 잘 충족되는 경우도 있지만 충족되지 못하여 개인, 가족의 심신건강, 경제활동, 가족생활이 위협당하게 될 때 사회는 사회복지제도와 서비스를 필요로 하게 된다.

이 장에서는 사회환경 속의 인간으로서 우리 삶에서 사회복지가 왜 필요하고 사회복지가 어떠한 관점으로 인간이 겪는 생애 어려움들에 접근하는지를 이해하기 위해 인간의 보편적인 기본 욕구와 성장욕구, 사회환경 속에서 인간의 욕구와 이에 반응하는 체계로서 사회복지를 바라보는 관점 몇 가지를 소개한다. 사회복지제도나 사회복지실천 모두에서 가장 핵심은 '사람'이므로 인간발달, 인간의 다양성, 생태체계 관점과 강점관점의 틀을 먼저 이해한다. 그 다음 사회구성원들이 경험하는 사회위험과 사회문제의 개념, 그에 따른 사회복지의 필요성을 살펴봄으로써 인간 욕구와 사회환경 사이의 상호작용 과정 중 발생하는 사회복지의 필요성에 대해 이해하도록 한다.

1. 인간의 욕구와 삶의 문제

1) 인간의 기본 욕구와 충족의 문제

생명 유기체로서 인간이 사회환경 속에서 생존하기 위해 꼭 필요로 하는 것이 무엇인가를 생각해 보자. 우선 떠오르는 것은 생존을 위한 공기와 물, 의·식·주의 필요이고, 그 외 사랑받고 사랑하고 싶은 마음, 행복하고 싶은 마음, 안녕감을 누리고 싶은 마음 등 다양할 수 있다. '사회복지'라는 용어에는 우리가 그 말을 들으면 즉각적으로 떠올리는 이미지 즉 뭔가 부족하고, 안됐거나 불쌍한 마음이 드는 열악한 상황에 처한 사람들이 필요로 하는 것을 채우는 행위 이상의 역사적이고 현재적인 의미가 있다. 사회복지를 좀 더 체계적으로 개념화하여 이해하기 위해서 인간 공통의 욕구와 그 욕구충족이 어렵게 되는 삶의 문제를 살펴보는 것이 도움이 된다.

인간 공통의 욕구에 대해 일찍이 미국의 사회복지사이자 교육자였던 타울(Charlotte Towle, 1945)은 욕구를 인간 발달과 연관지어 설명한다. 타울이 개인의 연령과 생애주기 및 상황에 따른 차이를 전제하고 제안한 네 가지 인간 공통의 보편적인 욕구는 ① 사회적 목표를 달성하는 사회구성원으로서 인간이 가지는 공통의 욕구는 의·식·주, 건강보호와 같은 물리적 안녕, ② 정서적, 지적 성장을 위한 기회, ③ 타인들과의 관계, ④ 영적 욕구의 충족이다.

이러한 인간 공통의 욕구를 절대적인 하나의 잣대로 판단할 수 있을까? 달리 말하면 인간이면 누구나 갖고 있는 기본 욕구와 그 욕구 충족의 수준이 모두 동일한가? 인간의 욕망과 행복추구, 다른 사회구성원과의 사회적 비교와 경쟁, 물리적. 사회적 자원의 차이 등을 고려해 볼 때 인간 욕구에 대한 한 가지 판단기준을 설정하기 힘들다는 것을 알 수 있다. 가장 기본 욕구라 할 수 있는 의·식·주에서도 그 충족에 차이가 있다. 예를 들어, 현재 우리나라에도 심각한 사회문제인 결식 아동, 저소득계층 가족과 노숙인이 겪는 의·식·주의 부족과 결핍, 심신장애인들의 자활과 독립적 삶을 위한 주거지 부족 등을 통해 알 수 있다. 기본적인 인간 욕구라 할지라도 사회 모든 구성원들이 동일한 수준으로 충족하며 사는 것은 아니라는 것이다. 여기서 우리는 인간 보편적인 욕구가 있지만 충족 정도가 각 개인, 가족, 집단의 기준과 특수 욕구에 따라 다를 수 있고, 만족도도 다를 수 있다는 것을 알 수 있다. 기본 욕구 충족에서의 차이와 다양성을 고려하기 전에 인간의 보편적 욕구로서 고려해야 할 또 하나는 누구나 더 나은 상태로 존재하고 살아가고 싶어 하는 성장의 욕구이다.

2) 인간의 성장욕구

인간은 유기체로서 생존하는 것 이상으로 보다 나은 존재로 성장하고자 하는 욕구를 가지며 살아간다. 위에서 살펴본 기본 의·식·주에 있어서도 굶주림의 극한 위기를 벗어나면 그 다음은 좀 더 나은 섭생을 누리고자 하는 바람을 갖고 그 욕구를 충족하는 노력과 성과에서 개인 간의 다양한 차이가 나타나게 되는 것을 알 수 있다. 사회복지 전공자로서 우리가 이해하고자 하는 성장은 물리·경제적 성장 이상의 자아성장, 자기기능의 성숙, 자기실현, 자아통합 등을 의미한다.

여기서 우리가 논의하는 성장은 자아성취와 자기실현의 맥락에서 이해될 수 있다. 즉 어린 아동이 성인들과 대화하며 새로운 단어를 익히고 세상에 대해 알게 되는 것, 청소년들이 독서와 학습 매체를 통해 자신이 성인기에 무엇을 하며 어떻게 의미있게 살고 싶은지 고민하는 것, 성인이 일을 통해 어떻게 보람되게 살까를 고민하는 것 등이 모두 성장 욕구를 반영한다. 이러한 인간의 성장욕구를 이해할 때 도움이 되는 틀이 미국의 성장 심리학자 매슬로(Abraham Maslow, 1954)가 제시한 자기실현을 향한 인간 욕구의 단계이론이다.

〈그림 1-1〉 매슬로의 인간 욕구의 위계

매슬로에 의하면 인간의 기본 욕구는 위계적으로 이루어진다. 가장 밑바탕을 이루는 욕구는 앞서 언급한 인간 보편의 기본 욕구와 일관된 생리적 욕구이고, 이 욕구가 충족되면 안전의 욕구, 그 다음 소속의 욕구 → 자존의 욕구 → 자기실현의 욕구로 향하게 된다는 것이다(〈그림 1〉 참조). 잘 알려져 있지 않지만 매슬로는 여섯 번째 단계로서 자신과

세상에 대해 인식하고자 하는 욕구도 제안하였다. 이 욕구는 인간이 자신을 통찰하고 영적 세계와 연결하여 성장하려는 것으로 최근 중시되는 영적 안녕과 상통한다. 매슬로에 의하면 이들 인간 욕구가 위계적인 이유는 가장 1차적 욕구가 해결된 다음 2단계 욕구인 안전 욕구가 고려되고, 안전 욕구가 충족되면 그 다음 소속의 욕구가 고려되는 식으로 낮은 차원의 욕구가 선행되어야 상위 수준의 욕구가 고려되고 충족될 수 있기 때문이다.

매슬로의 욕구단계이론은 많은 경우에 적용 가능하다. 즉, 인간은 누구나 생리배설작용부터 섭생, 수면, 등 생물·물리적 욕구를 해결하고자 한다. 누구나 눈, 비, 바람, 추위, 더위를 이겨낼 수 있는 거주지에서는 안전한 생활을, 어두운 밤길에서는 범죄와 폭력으로부터 안전을 확보하고자 한다. 안전에는 신체·물리적 안전과 심리적 안전까지 포함된다. 소속감에 대해, 인간은 최소 사회단위인 가족에 소속되고 또래 친구집단이나 동아리, 모임, 이익 및 이해집단에 속하여 소속됨을 느끼고 싶어 한다. 자존의 욕구는 인간으로서 자신에 대해 긍정적 생각과 존중감을 갖고자 하는 것이다. 최상 단계인 자기실현은 인간은 자신의 재능과 잠재력을 최대한 발휘하여 자기 자신을 실현하고자 하는 것으로, 매슬로에 의하면 모든 사람들이 자아실현 단계에 이르지는 않는다.

위계적 욕구이론이 갖는 한계점은, 우선 모든 문화에 보편적으로 적용되지 못할 수 있다는 점과 인간의 욕구가 단계적이거나 위계적이지 않은 경우도 있다는 것이다. 예를 들어, 배고픔을 참고 가난한 상태에서 창의적인 작업에 몰두하는 예술인들 경우 1단계 욕구는 무시되고 자존과 자기실현의 욕구가 우선시될 수 있다. 유아의 경우, 생리적 욕구와 양육자가 제공해 주는 안전, 소속, 자존 등은 애착관계를 통해 동시에 요구되고 충족될 수 있다. 또한 특수한 사람들만 자기실현욕구를 충족하는가의 의문도 제기된다. 사회복지실천의 강점관점에서 볼 때, 인간은 누구나 잠재력이 있고 자기실현의 욕구가 있으며 기회나 자원의 박탈로 억압된 다양한 욕구를 사회복지가 충족시키고 더 성장할 수 있도록 도울 수 있다는 입장을 취한다.

3) 인간 삶의 문제에 대한 사회복지의 접근

사회복지는 인간이 살아가면서 겪게 되는 다양한 염려와 어려움에 대한 사회적 반응이라 볼 수 있다. 위 인간 욕구에 대한 설명이 보이듯이 인간 보편적 욕구나 성장욕구는 상황에 따라 상당히 복잡해지고 다양한 방향으로 나아갈 수 있어서 사회복지의 대응이 필요하다. 이에 대한 사회복지의 접근은 길버트와 스펙트(Gilbert & Specht, 1974)가 제안한 사회복지의 다섯 가지 기능을 응용하여 볼 수 있다. 첫째, 사회복지는 의식주와 성장을 위한 제반 사회 자원의 분배를 돕고 특히 빈곤, 심신질환과 장애, 학대와 방임, 폭력 등 여러 가지 심리사회적 취약 요건들로 인해 경쟁과정을 거쳐 욕구를 충족하기 힘든 사람들의 욕구충족을 돕는다. 둘째, 사회복지는 사회구성원의 사회화를 도와 인간의 욕구 충족과 보다 나은 삶을 위한 과정을 돕는다. 예를 들어, 아동 및 청소년의 학교 적응을 돕고, 집단 따돌림으로 인해 피해를 경험하는 학생들의 사회기능을 향상시키며, 실직자, 재소자, 심신장애인들의 직업재활과 사회재활을 돕는 것이 사회복지의 사회화 기능에 포함된다. 셋째, 사회복지는 사회가 정한 규범과 관습, 가치와 윤리, 법 체계와 지침들에 비추어 사회통제 기능도 수행한다. 예를 들어, 청소년 비행, 폭력과 범죄 행위의 예방과 재발방시에 관한 사회복지 업무가 사회통제 기능과 관련된다. 넷째, 사회복지는 심리사회적인 다양한 이유로 사회가 기대하는 바만큼 욕구충족을 못하거나 경쟁체제에서 밀려나 주변화되는 어려움을 겪는 사람들의 욕구충족을 도와 사회통합을 이루려는 기능을 한다. 사회통합은 사회복지의 궁극적인 목적이기도 하며 구체적 서비스를 전달하며 수행하게 되는 기능이기도 하다. 끝으로 사회복지는 공적 지지체계로서 사회구성원들의 친지, 이웃, 지역민이 서로 돕는 것을 대체하기보다는 이들 비공식적인 자생적인 지지체계를 활성화하는 것을 돕고 이러한 상부상조가 사회통합으로 연결되도록 한다.

2. 인간에 대한 사회복지의 관점

인간의 다양한 욕구들 중에서도 사회복지에서 염려하는 바는 인간이라면 누구나 보편적으로 갖게 되는 공통 욕구를 심리사회적 어려움으로 인해 제대로 충족하지 못하여 사회에서 기대하는 가장 기본적인 삶의 질 수준에도 이르지 못하는 사람들이다. 사회복지가 사람들이 사회구성원으로서 심리사회적 기능을 잘 할 수 있도록 최선의 방법을 사용하여 효율적으로 돕기 위해서 취하는 인간에 대한 관점을 개인과 가족에 대한 발달적 관점, 인간 다양성에 대한 관점, 생태체계 관점, 강점관점 등 네 가지로 소개한다.

1) 인간발달 관점

인간은 신체, 인지, 정서, 사회, 영적으로 발달하고 이는 특히 생애주기에 따라 두드러진다. 인간의 발달은 연령에 따른 신체, 물리적 발달을 근간으로 하는 개인의 생애주기와 최소 사회단위로서 출생부터 개인이 소속하게 되는 가족 생활주기 두 가지 차원에서 이해할 필요가 있다. 발달관점에서 인간욕구를 이해할 때 우리는 연령에 따라 구체화되는 욕구를 이해하되, 그 연령에서 특정 욕구에 관해 사회문화적으로 기대되는 정도, 시기 적절성 등도 고려해야 한다.

(1) 개인의 생애주기 및 발달과정

개인의 생애주기에 걸친 발달은 특히 에릭슨(Erik Erikson)의 심리사회적 발달이론으로 잘 이해된다. 에릭슨은 미국인 뿐 아니라 미국 인디언, 독일 종교개혁자인 루터, 인도의 마하트마 간디(원명 Mohandas

Karamchand Gandhi) 등 다양한 문화적 배경을 가진 역사적 인물들의 생애주기 발달을 역사적, 문화적, 심리사회적 맥락에서 연구하였다. 이러한 연구를 통해 에릭슨은 인간의 생애주기에 따른 발달단계를 그 상호작용을 고려하여 여덟 단계로 제안하고 개인의 신체와 심리 발달, 사회문화적, 영적 발달 사항을 포함한다. 에릭슨이 제안한 심리사회적 발달 단계의 특징은 심리내적 측면과 사회문화적 측면을 포괄하는 점, 각 단계에 해결해야 할 과업과 위기를 제안하며 또한 이 시기 발달과정에 따라 과업을 잘 수행하고 위기에 잘 대응하여 성공적으로 적응하게 되면 인간 발달에서 획득하게 되는 긍정적 성숙의 측면을 제안한 점이다(Erikson, 1978). 에릭슨의 생애주기와 심리사회적 발달의 상호작용 중 과업과 위기, 그리고 성숙의 긍정적 결과를 요약하여 설명하면 다음과 같다.

첫 단계는 영아기로서 섭생과 편안한 환경, 양육자의 보호가 필요한 시기이다. 이 시기의 과업은 양육자와의 관계를 통해 기본 욕구(배고픔, 배변, 따뜻함 등)가 충족된다는 느낌을 경험하여 신뢰를 형성하는 것이고, 그렇지 못하면 불신의 위기를 경험하게 된다. 이 발달기에 성공적으로 잘 적응하면 삶의 희망을 획득하게 된다.

두 번째 단계는 초등학교에 입학하기 전인 학령 전 시기로서 아동 전기에 해당한다. 이 시기 아동은 양육자로부터 분리된 개인으로서 자신에 대한 생각이 형성된다. 자신이 하고자 하는 바를 주장하고 기능을 통제할 수 있지만 아직 자신 스스로를 보살필 능력에는 한계가 있어서 양육자의 보호와 관심이 필요하다. 이 시기 아동이 해야 하는 과업은 자율성을 획득하는 것이다. 아동이 자율성을 키우지 못하게 되면 수치심과 의심을 겪는 위기를 맞게 될 수 있다. 한편, 아동이 이 시기에 성공적으로 적응하여 자율성을 키우게 되면 자신의 의지가 향상되는 긍정적 결과를 얻을 수 있다.

세 번째 단계는 학령전의 아동후기로서 자신이 하고자 하는 활동을 미리 계획하고 수행해 낼 수 있다. 아동은 이 시기 과업인 주도성을 획득하기 위해 새로운 일을 시도하고 자신의 힘(power)을 시험해 보는 것이 중요하다. 아동은 활동을 하며 즐거움을 느끼고 한 일에 책임을 지는 것 사이에 균형을 잡는 것이 중요하다 이러한 주도성의 과업이 좌절되면 죄책감을 갖게 된다. 이 발달기에 성공적으로 잘 적응하면 삶의 목적감을 기르게 된다.

네 번째 단계는 공식적 학교체계에 진입하는 학령기 아동기이다. 이 시기에는 부지런하게 학교에서 생활하고 사회에서 기능할 기술을 익히는 것이 필요하다. 이러한 성실함이 과업이므로 일을 해 내고 그 성과에 대해 긍정적으로 느껴보는 것이 중요하다. 이러한 성취감은 자신에 대한 긍정적인 이미지와 다른 사람들과 우정을 형성하는 데 도움이 되는 한편, 이 과업의 좌절은 열등감으로 이어져 위기감을 겪을 수 있다. 대인 및 사회적 관계에서의 경험은 자신에 대한 능력감을 키우는 데 중요하다.

다섯 번째 단계는 청소년시기이다. 청소년은 이전 단계에서 과업들을 수행함으로써 심리사회적 성장을 통합하고 공고히 하게 되며, 특히 이 시기에 자신의 정체성을 형성하는 과업이 중요하다. 청소년은 자신의 성(sexuality)과 개인적 욕구와 소망을 받아들일 줄 알게 되고 아울러 다른 사람들과 상호 관계를 맺으면서 자신이 누구인지에 대한 감각을 키우게 된다. 또한 주변 환경에 자신을 맞추고 청소년 자신의 개인적인 가치체계도 발달시키게 된다. 이 과업이 좌절되면 청소년은 역할 혼동의 위기를 겪을 수 있는 한편, 청소년이 긍정적으로 발전하게 되면 자신, 친밀한 타인, 조직 등에 대한 충성심을 키울 수 있다.

여섯 번째 단계는 성인 전기이다. 이 시기 성인은 자신의 생활방식과 평생을 두고 종사할 일(career)을 설계할 기회를 갖는 것이 중요하다. 이 시기에 성인으로서 관계 형성을 하고 가족관계를 비롯하여 다른 사람들과의 관계에 헌신할 수 있으며, 친밀한 관계를 발전시켜 보는 경험이 성장에 중요하다. 성인전기에 이러한 친밀성의 과업을 제대로 못하고 좌절을 겪게 되면 고립되는 위기를 겪을 수 있다. 성인이 이 시기 과업을 잘 수행하는 경우 친밀한 관계에서의 사랑을 경험하는 것이 긍정적 성과이다.

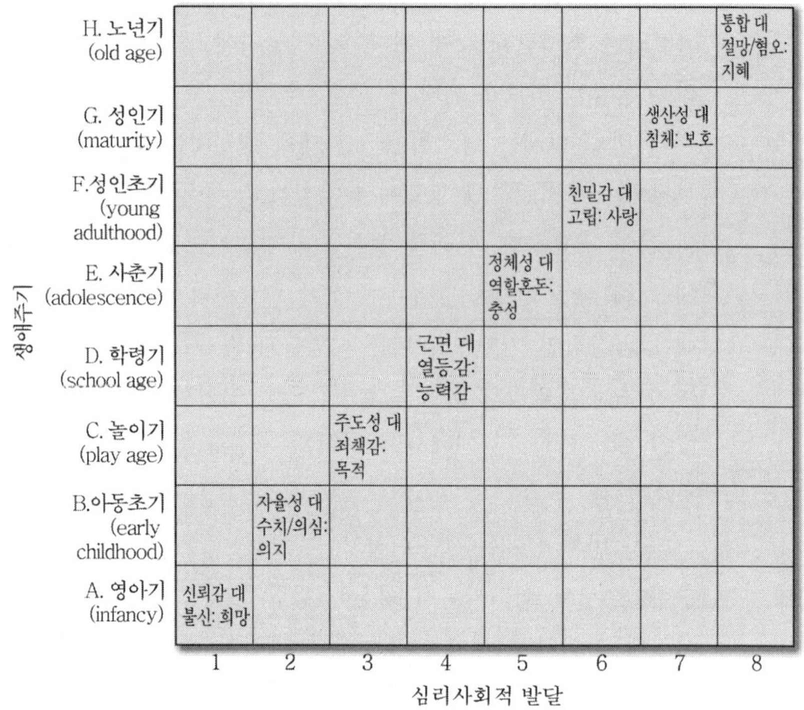

〈그림 1-2〉 에릭슨의 심리사회적 발달단계

일곱 번째 단계는 성인기 중기로서 다음 세대를 형성하고 이끌어 나가는 생산성의 과업을 수행한다. 타인에 대한 관심이 많아 다른 사람의 일에 관여하기도 한다. 물리적 힘보다는 지혜에 가치를 두고 인생을 전망하고 인생에 대해 사고가 융통성 있고 개방적이 되기도 한다. 이러한 중년기 생산성 과업이 좌절되는 경우 침체 위기를 겪는다. 주변인과 후세대에 대한 염려와 보호(care)는 이 시기 성공적인 적응의 산물이다.

끝으로 노년기에 해당하는 과업은 자아 통합이다. 이 시기 그간의 발달을 잘 이루어온 성인은 인생 질서에 대해 영적 감각을 발달시키게 되고, '다르게 살았더라면' 하는 후회 없이 살아온 인생을 수용하게 된다. 일의 역할에서 자신을 분리할 수 있고, 신체적 약화를 받아들이고 노화하는 몸과 자기가치를 분리할 수 있으며, 자신의 죽음을 받아들이게 된다. 이러한 자아통합이 되지 않고 위기에 처하면 절망에 빠지게 된다. 인생 전반에 걸친 통찰과 자신의 한계를 알게 되는 이 시기의 긍정적 성과는 지혜를 얻게 되는 것이다. 에릭슨은 최고로 자아통합된 사람으로 인도의 마하트마 간디 등 몇 안 되는 위대한 인물을 꼽았다.

이러한 발달단계에 대한 이해가 우리에게 주는 교훈은 첫째, 모든 인간이 동일한 발달을 겪는다고 보기 힘들다는 것이다. 둘째, 각 개인의 발달을 이해할 때 그 개인이 속한 사회문화적 환경이 기대하는 바람직한 과업과 각 발달시기에 인간이 갖는 욕구를 파악하고, 아울러 이러한 욕구 충족을 방해하는 요인들을 개인, 가족, 지역사회에서 다각적으로 찾아볼 필요가 있다. 양육자와의 애정 어린 관계를 경험하지 못하였고 정서적 안정성과 과업수행에서 집중력이 부족한 아동의 예를 보자. 이 아동은 학업을 자율적으로 수행하기 힘들어 하고 또래 아동들과 교류도 저조하여, 문제 중심의 시각에서 보면 아동기 박탈로 인해 현재 그러한 문제들이 나타나고 가까운 미래인 청소년기에도 행동장애와 정체감의 혼란을 겪을 것으로 예측할 수 있다. 그러나 사회복지의 인간발달과 성장 가능성의 관점에서 볼 때, 현재 아동이 겪는 어려움은 그간 양육자의 관심과 보호를 비롯하여 부족한 자원이 자신을 조절하고 주변환경 및 다른 사람과 맞추는 능력을 키우지 못하여 나타났지만 주변의 도움이 있다면 앞으로 긍정적으로 변화 가능하다고 볼 수 있다. 즉 사회복지서비스가 제공되어 보호해 주는 성인과 일관되고 지속적으로 친밀한 관계를 맺게 되면 아동은 자신감을 키우고, 생활기술과 사회기술을 배워서 좀더 협력적으로 또래 및 성인과 관계하는 것을 배울 수 있고, 앞으로 사회적 교류를 원활히 할 수 있으며, 따라서 개인의 성장욕구가 충족될 수 있는 것이다.

(2) 가족생활주기

가족은 가장 작은 사회단위이자 사회체계로서 기능한다. 개인이 발달

과정을 거치는 것처럼 개인들이 모여 이루어지는 가족도 가족을 구성하는 성원들과 그들의 욕구에 따라 변화하게 된다(Johnson & Yanca, 2004). 가족이 시간의 흐름에 따라 조직과 기능에서 변화하는 주기를 가족생활주기(family life cycle)라고 하며, 사회복지에서 서비스를 개발하고 수행할 때 개인의 생애주기 뿐 아니라 가족생활주기를 고려해야 한다.

가족생활주기를 개념화하는 다양한 방법들 중, 일곱 단계로 두 가지 과업을 대비하면서 살펴보면 다음과 같다(Rhodes, 1977). 기존 가족이론들을 볼 때 유념할 사항은 기본 전제가 남녀 성인 두 사람이 만나 혼인하여 처음 가족을 이루는 것을 시작점으로 한다는 것이다.

첫 번째 단계에서 배우자들은 가족을 형성한 초기에 친밀성과 이상화 혹은 환상이 깨지는 경험을 한다. 배우자들 간의 배타적인 이인관계가 형성된다. 이 시기에 두 사람의 발달 과업은 서로에 대한 현실적인 판단, 기대를 할 수 있는 능력을 키우는 것을 포함한다. 혼전 연애시기와 달리 함께 생활하면서 친밀감을 돈독히 하는 한편, 서로에 대해 갖고 있던 환상이 깨지기도 한다.

둘째, 가족원이 더 보충되거나 내부로 향하게 되는 단계이다. 이는 첫 아이가 출생하고 막내가 학교에 입학함으로써 새로운 가족원들이 모두 충원되는 과정을 포함한다. 이 시기 가족의 발달과업은 어린 자녀를 양육하는 행동을 발달시키는 것이다. 가족구성원에 대한 관심을 분산시켜 성장하는 과업이 수행되지 못하면 자신의 내적인 사안에 몰입하게 될 수 있다.

셋째, 가족성원들의 개별화 혹은 허위 상호 조직(pseudomutual)이 일어나는 단계이다. 학령기 아동 자녀들이 있는 가족의 과업은 부모가 자신의 정체성으로부터 자녀의 정체성을 분리시켜 자녀의 개별화를 돕고, 가족체계 외부의 개별 가족성원들을 위한 지지와 기회를 발달시킬 수 있는 것이다. 이러한 과정을 통해 각 성원들이 개별화되는 과업을 수행하게 된다. 서로의 개별성을 존중하는 과업이 수행되지 못하면 허울만 가족인 조직체가 될 수 있다.

넷째, 교우관계 혹은 고립을 경험하는 단계이다. 십대 자녀가 있는 가족의 이 시기에 중요한 주제는 분리와 성적(sexual) 관심이다. 이 단계의 과업은 아동의 독립성이 증가하는 데 대한 지식과 정보를 습득하여 잘 이해함으로써 부모-자녀 관계를 발전시키고, 부부 간에는 동반자 의식(companionship)에 기초한 혼인관계를 발전시키는 것이다. 이러한 부모-자녀 관계와 부부 사이 관계를 못하게 되면 각자 고립하는 결과를 낳을 수 있다.

다섯째, 재집단화, 유대 혹은 배제 단계이다. 이 단계에서는 학업, 군입대, 취업, 그 외 독립욕구로 인해 자녀가 집을 떠나게 된다. 과업은 가족원들의 구성을 재정비하고 부모-자녀 사이가 성인 대 성인의 관계로 발전하는 것이다. 이것이 잘 되면 유대가 돈독히 될 수 있는 한편 그렇지 않으면 서로 배제하게 될 수 있다.

여섯째, 회복 혹은 절망 단계이다. 이 단계에서 부부는 집에서 자녀양육과 관련되지 않는 부부관계 이슈를 다시 조절하게 된다. 부모-자녀 관계도 변화하므로 과업은 관계의 재조정이 된다. 따라서 기능적으로 잘 조정되면 관계가 회복되지만 그렇지 않으면 절망할 수 있다.

끝으로, 상호원조 혹은 무용감을 경험하게 되는 단계이다. 사회인으로서 부부는 퇴직하는 단계이고 부모로서는 조부모 역할을 하게 된다. 따라서 과업은 세대들 사이에서 상호 원조하는 체계를 발전시키는 것이다.

로데(Rhodes, 1977)가 제안한 가족생활주기의 특징은 남녀 성인의 이인관계를 중심으로 한 혈연관계를 통해 가족성원들이 구성되고 해체되는 과정과 각 단계별로 대인관계 속에서 부부를 중심으로 그 과업을 설정한 것이다. 이러한 특성은 무자녀 부부가족, 입양이나 정서적 유대에 기초하여 구성된 대안 가족과 같이 다양한 가족에게 적용하기 힘든 한계를 제기하므로 각 가족 고유의 특성과 가족원들의 욕구를 살려 이해하는 것이 필요하다.

복잡다양하게 변화하는 현대 사회 상황을 고려할 때, 가족생활주기를 위기를 중심으로 발달적 관점에서 볼 수 있다. 가족마다 다양한 경험들이 어떠한 영향을 미칠지를 가늠하는 것은 쉽지 않지만 가족이 전 생애에 걸쳐 겪게 되는 주요 사건과 전환기, 과업을 중심으로 규명하는 것은 가능하다(Collins, Jordan & Coleman, 1999/2001). 이러한 맥락에서 가족생활주기를 카터와 맥골드릭(Carter & McGoldrick, 1988), 베크바와 베크바(Becvar & Becvar, 1993), 듀발(Duvall, 1957)의 각 모델에 기초하여 콜린스, 조르단, 콜만(Collins, Jordan & Coleman, 1999/2001, pp. 112-127)이 제시한 발달단계로 보면 결혼시기, 학령전 자녀가족, 학령기 자녀 가족, 십대자녀 가족, 자녀 진수기 가족, 중년기 부모, 노년 가족성원 등 7단계로 이루어진다.

결혼시기에 배우자들은 배우자 및 가족관계에 몰입하며 가족을 잘 운영하기 위한 역할과 기능, 가족 규칙을 규명한다. 이와 관련하여 원가족과의 사이에 경계를 짓고 서로의 관계 유지를 위해 타협해 간다.

학령전 자녀 가족 단계에서 부부는 흔히 자녀 양육을 중심으로 가족생활을 하게 된다. 아울러 부부 관계 및 부모-자녀 관계를 균형있게 해 나가기 위해 이전 부부중심 관계를 재조정하게 된다.

학령기 자녀 가족단계에서 부부는 자녀가 학교생활을 하며 또래, 교사와 자녀, 선후배 관계 등에서 다양한 활동을 하며 부모와는 이전보다 독립적인 생활을 해 나가는 것을 지지하게 된다. 또한 자녀의 다양한 학교 내외 활동을 위해 가족의 경계를 유연하게 하며 역할 상의 변화에 적응해 나간다.

십대자녀 가족 단계는 구성원 모두에게 매우 힘든 단계일 수 있다. 십대 자녀가 원하는 독립적인 생활을 존중하고 자율성을 개발하려는 성장 욕구를 지지할 필요가 있다. 적절히 가족규칙을 조정하고 유연한 규칙 적용 속에서도 한계를 설정하고 역할을 타협해 가족으로서의 유대와 소속을 유지해 나간다.

자녀 진수기 가족 단계에서 자녀들이 대학 혹은 혼인으로 인해 집을 떠나 독립된 생활을 하게 된다. 부모는 이러한 독립을 수용하고 지원한다.

중년기 부모 가족 단계에서 자녀들이 없이 부부만이 남은 빈 둥지(empty nest)와 같은 가정에 적응하고 여유 시간을 유용하게 활용할 필요가 있다.

노년가족성원 가족 단계는 노인부부 가구로서 노화로 인해 발생되는 여러 가지 신체 및 정신건강 이슈들에 대처하고 자녀와 손자녀들 일에 관여하며 세대 간의 유대관계를 지켜나가는 과업이 중요하다.

이러한 가족생활주기는 가족이 유기체처럼 탄생하여 성장하고 위기를 겪으며 대안을 마련하며 더 발전하고 소멸하는 체계로서 이해하도록 돕는다. 가족들과 일할 때 주의할 점은 가족 전체의 욕구, 가족 개별성원의 욕구, 그리고 부부체계, 자녀체계와 같이 가족의 하위체계의 욕구 등을 구분하여 이해하고 검토하며 가족 내·외 관계와 기능을 돕는 것이다. 이러한 가족 내부 욕구의 역동과 함께 가족은 개인에 대해 환경 체계가 되고 가족은 더 큰 사회체계에 속해 있으므로 이들이 겹겹이 층화되어 상호작용하는 개인-가족-사회체계들의 다양한 역동적 기제를 파악할 필요가 있다. 더욱이 다인종, 다문화 사회에서는 인종 및 문화적 배경으로 인한 가족성원들 간의 관계, 가족생활주기별 과업에 대한 다양한 가치와 기준, 위기에 대한 대응방식에서 여러 대안이 있을 수 있으므로 이들에 대한 면밀한 관찰을 하여 활용하도록 한다.

〈표 1-1〉 가족생활주기의 두 가지 모델

로데(Rhodes, 1977)의 모델		콜린스, 조르단, 콜만(Collins, Jordan, & Coleman, 1999/2001)의 모델	
단계	가족 과업	단계	가족 과업
1. 친밀성과 이상화 혹은 환상이 깨지는 단계	· 배타적인 이인관계에서 현실적인 기대를 갖게 됨. · 연애시기의 환상을 깨고 친밀감을 형성함.	1. 결혼시기 (marriage)	· 관계에 헌신하기 · 역할과 규칙을 형성하기 · 원가족에서 분리하면서 부부로서 차별화하기
2. 가족원의 보충 혹은 내부지향 단계	· 가족원의 확대와 어린 자녀의 양육과 보호. · 과도한 내적인 몰입이 역기능을 가져올 수 있음.	2. 학령전 자녀 가족(Families with young children)	· 자녀양육이 중심이 됨. · 부부중심 관계를 재조정함.
3. 개별화 혹은 허위 상호조직(pseudomutual)단계	· 부모와 자녀의 정체성을 분리함. · 가족성원들의 개별성이 존중되어야 함. 그렇지 않으면 과하게 서로 얽히거나 허울만 가족인 조직체가 될 수 있음.	3. 학령기 자녀 가족(Families with school age children)	· 학령기 자녀를 위한 활동이 활발해짐. · 외부와의 상호작용 속에서 가족의 경계가 유연해짐.
4. 교우관계 혹은 고립 단계	· 십대 자녀의 가족으로부터의 분리를 지지함. · 자녀의 독립성을 보장하고, 부부간에 동반자 의식에 기초한 부부관계 형성.	4. 십대자녀 가족((Families with teenagers)	· 십대 자녀의 독립과 자율성 존중 및 성장을 지지함. · 역할 타협을 통해 가족 유대감을 유지함.
5. 재집단화, 유대 혹은 배제 단계	· 자녀가 가정을 떠나게 되어 가족구성이 재조정됨. · 가족성원들 관계가 성인들 간의 유대로 발전함.	5. 자녀 진수기 가족(Families with young people leaving home)	· 자녀가 가정을 떠나서 독립하는 것을 수용하고 지원함.
6. 회복 혹은 절망 단계	· 부모-자녀관계가 변화함. · 재조정을 통한 관계의 회복.	6. 중년기 부모 가족(Middle-aged parents)	· 빈 둥지 같은 가정에 적응함. · 여유시간을 활용함.
7. 상호원조 혹은 무용감	· 퇴직을 경험하고 조부모 역할을 수행하게 됨. · 세대 간에 상호원조 체계를 발전시킴.	7. 노년가족성원 가족(Aging family members)	· 심신의 노화에 적응하고 대처함. · 세대 간의 유대관계를 유지함.

2) 인간 다양성의 관점

인간은 모두에게 보편적인 공통 욕구가 있기도 하지만 생래적, 후천적, 환경적인 여러 요인에 의해 생성된 각 개인에게 고유한 욕구도 있으므로 사회복지에서는 인간 다양성을 중요시하여 관점에 반영한다. 문화적 상대주의 관점에서 볼 때, 인간 행동은 생물화학 및 유전적 작용과 함께 사회문화적 환경의 영향을 받아 형성되므로 각 개인차와 문화적 환경에 따른 개인, 가족, 집단행동의 다양성을 이해하고 존중해야 한다. 다양성에 대한 고려는 역으로 개인, 가족, 집단의 생물·심리·사회·문화적 다양성에 따른 개별성을 존중하는 실천 지침으로 연결된다.

인간의 다양성의 원천 또한 대단히 다양하고 이들 요인들은 상호 복합적으로 작용하여 인간의 인지, 정서, 행동에 영향을 준다. 즉, 다양성을 낳는 개인적 원천으로는, 기질과 성격, 인종, 성별과 성적 지향, 연령, 교육수준, 심신건강 및 장애정도, 종교 등을 볼 수 있고, 가족의 원천은 의사소통 및 관계 방식, 가족 내 역할 습득, 가족 규칙과 관습 등이다. 지역사회 원천은 지리적, 물리적 환경과 가치와 관습, 경제, 교육, 문화적 자원 등이다. 이 모든 요인들은 여러 방식으로 복합적으로 조합되어 인간의 다양성을 나타내게 된다. 인간의 다양성이 사회복지에서 중요한 이유는 그러한 개인, 가족, 지역의 차이를 생성하는 다양한 요인들이 인간의 행동과 기능 그리고 사회환경과의 상호작용에 영향을 미치고, 다시 사회환경을 구성하기 때문이다.

세계화의 흐름 속에서 우리나라도 이미 다문화 환경으로 진입하였으므로 우리가 개인, 가족, 집단, 지역사회를 접할 때에는 반드시 다양성의 요인을 고려하여 이들 체계들의 발달과 기능, 상호작용을 이해할 필요가 있다. 이 관점을 갖는 데 유용한 것이 이중관점이다. 노턴(Dolores Norton)은 오랫동안 흑인아동 및 가족이 백인이 주류인 지역사회에서 성장하는 과정을 질적으로 조사한 연구를 통해 개인을 두 가지 체계에 속한 것으로 보도록 제안한다. 개인에게 일차적 환경은 양육체계로서, 태어나서 자란 가족과 지역사회이다. 또 다른 것은 유지체계로서 물자와 서비스를 제공하는 조직, 정치세력, 교육, 경제 자원, 그리고 더 큰 사회체계 등 개인이 자라면서 새로이 속하거나 상호작용하게 되는 체계이다. 거제도에서 태어나 자란 여성이 대구지역에 와서 대학교육을 받고 직장생활을 하는 경우 우리는 여성이 속한 거제도의 가족과 지역사회 문화 그리고 현재 성인시기 삶을 영위해 가는 대구라는 유지체계를 동시에 고려하여 이 여성을 이해할 필요가 있다.

3) 생태체계 관점

사회복지에서 인간을 보는 관점은 인간과 환경을 동시에 포괄하며 우리가 염려하는 사람들의 안녕(well-being)은 인간과 환경의 상호작용 과정에서 이루어진다. 필수과목인 인간행동과 사회환경 과목명에도 반영되듯이 사회복지에서 보편적으로 받아들여지는 이 관점은 체계이론과 생태학 이론에서 유래하고 이 둘을 합하여 사회복지에서 차용하는 것이 생태체계 관점이다. 생태체계 관점은 일반체계이론과 생태학 관점의 통합이므로 두 가지를 각각 이해하고 연결하는 것이 도움이 된다.

(1) 일반체계이론

일반체계이론은 개인, 가족, 집단, 지역사회, 그리고 여러 사회제도 각각을 하나의 체계로 보고 이들 체계가 서로 연결되고 상호작용 한다고 본다. 개인도 하나의 체계이며 어느 체계나 다른 체계와 관련되고 더 큰 체계에 속한다. 개인의 욕구도 이들 체계와의 관계 속에서 이해할 필요가 있다. 일반체계이론을 이해하기 위해서는 몇 가지 개념을 함께 숙지할 필요가 있다. 즉, 체계의 균형과 항상성, 구조와 경계, 개방성과 폐쇄성, 엔트로피와 네겐트로피 등이다.

① 균형과 항상성

체계는 여러 하위 부분으로 구성되고 전체 체계 구조는 균형을 이룬다. 균형은 체계가 정체되거나 고정되지 않고 일정한 범위의 변화하려는 움직임 속에서 기능하고 체계를 유지해 가는 특성이다. 항상성(homeostasis)은 체계가 기존에 움직이던 방식대로 지속하려는 특성이다. 체계가 다른 체계와 구분되고 외부 변화에도 항상성을 유지하는 특성은 서로 다른 체계들 사이에 경계를 가지고 독립을 유지하기 때문이다. 가족을 예로 들면, 한 가족 체계 내에서 가족구성원들은 서로 경계를 가지고 각자의 적절한 기능을 하며 서로 균형을 잡아 가족생활을 해 나간다. 이러한 가족생활 속에서 일정한 패턴을 발달시켜 항상성을 유지하게 된다. 다시 말하면 가족은 가족생애주기를 통해 가치, 신념, 규칙 등을 형성하고 유지하며 항상성을 지키려는 특성을 가지게 되고, 만일 갑작스러운 외부 환경의 자극을 경험하면 기존의 항상성을 유지하기 위해 노력한다.

② 체계의 구조와 경계

일반체계이론은 한 체계를 구성하는 구성원 혹은 하위체계의 구조, 기능, 발달과 이들 체계들 간의 연결과 관계를 통해 역동적인 움직임을 개념화하는 것을 돕는다. 구조의 측면에서, 체계는 한편으로 다른 체계와 상호 의존적이고 그 내부를 구성하는 여러 부분 혹은 하위체계들로 이루어지며 한 체계의 변화는 다른 체계에 변화를 가져온다. 예를 들어 가족체계는 내부적으로 개인 성원 혹은 식구들로 구성되고 가족성원 각자는 독립된 개인이면서 부, 모, 자, 녀의 역할을 하며 상호 의존적이다. 예를 들어, 가족 체계는 가족들 간의 응집력과 유대감이 외부인들과의 관계정도와는 구분되는 정도로 형성되어 있도록 경계가 명확하게 설정되어 있을 필요가 있다. 이러한 경계가 명확하지 않을 경우 가족은 가족의식을 갖기 힘들 것이다. 두 세대로 구성된 가족에서 가족 내부에는 부모와 자녀들이 서로 유연하게 관련되는 한편 부모체계와 자녀 체계 간에는 또 하나의 경계가 형성된다. 그렇지 않고 부와 모 사이의 경계가 강하고 부나 모와 자녀 사이 경계가 약하다면 부모로서의 역할과 기능에 어려움이 있을 수 있다.

③ 개방성과 폐쇄성

경계의 공고성이나 유연성이 좀 더 고려된 개념이 체계의 개방성과 폐쇄성이다. 가족은 가사노동, 양육기능 등의 외부지원으로 과거보다 훨씬 개방적으로 바뀌었다. 외부체계와 상호작용이 원활하게 기능하는 개방체계에 비해 감옥이나 폐쇄병동과 같은 곳은 폐쇄체계로 이루어진다.

개방체계의 특성 중 동등종결과 다중종결이 있다. 동등종결(equifinality)은 각 체계들의 초기 상황이 다르더라도 이들이 개방되어 외부 체계들과 목적을 가지고 서로 교류하면 결국 동일한 상태 혹은 성과에 도달할 수 있다는 것이다. 반대로 다중종결(multifinality)은 유사한 조건에 놓여 있던 체계들이라 하더라도 그 체계 내 구성요소들 간의 상호작용과 외부체계들과의 상호작용에 따라 최종 상태나 성과가 상이하게 될 수 있다는 것이다. 이러한 체계들의 기제는 개인, 가족, 집단, 지역사회 각각의 경계의 개방성에 따라 내·외부 체계들과의 상호작용이 다르고 결과로 나타나는 상태나 성과가 유사하거나 달라지는 면모를 이해하는 데 도움이 된다.

④ 엔트로피와 네겐트로피

엔트로피(entropy)는 물리학의 에너지 기능과 그 영향에 대한 설명에서 사용하는 용어로서 체계이론에서 도입해 사용한다. 엔트로피는 일로 변환될 수 없는 역기능적 에너지 혹은 무질서의 정도를 나타내는 개념으로 이해된다. 따라서 일반체계이론에서는 체계의 경계가 폐쇄적이어서 외부와 상호작용이 힘들고 에너지 흐름이 원활하지 못한 경우 엔트로피가 증가하게 되는 것으로 본다. 반면, 네겐트로피(negentropy)는 부정적인 엔트로피(negative entropy)로서 에너지가 효율적으로 사용되어 질서와 규칙이 잡히고 새로운 에너지의 유입을 원하게 된다. 예를 들어, 연못이나 호수의 물이 정체되어 흐름이 없으면 플랑크톤과 물고기 등 생물이 살기 힘들듯이 인간 및 사회체계도 주변 체계와의 상호작용과 의사소통이 정체되거나 부족하면 엔트로피가 증가하게 되고 양질의 에너지의 흐름과 다양한 아이디어를 통한 체계의 발전이 힘들게 된다.

(2) 생태학 관점

생태학 관점은 유기체와 환경 간의 관계에 대한 연구를 하는 생태학을 응용하는 것으로 유기체와 환경이 어떻게 상호작용하면 서로에게 좋고 도움이 되도록 생존하는가를 염두에 두는 관점이다. 앞서 논의한 인간의 욕구는 유기체로서 인간이 환경과 상호작용하며 생존하고 발전하려는 과정에서 나타나는 것으로 생태적 관점을 반영한다. 생태적 관점에서 볼 때, '문제'란 개념은 없고 유기체가 환경과 얼마나 적합한가(fit)가 관심사이므로 인간 기능에서의 어려움에 대해 병리 중심이 아니라 기능과 강점 중심으로 접근할 수 있다. 2000년 이후 우리나라에서도 증가한 '주의력결핍과잉행동장애(ADHD)' 진단을 받는 아동의 경우, 생태학 관점으로 보면, 그 아동은 ADHD라는 진단으로 인해 딱지를 부여받게 되는 결과를 겪어서는 안 되고 아동이 친구들과 상호작용하고 수업 중 참여욕구가 좀 남다른 것이 이 학급환경과 맞지 않는(unfit) 것으로 이해된다. 따라서 교사와 학생들이 이해의 폭을 좀더 넓히고, 아동 역시 부모와 교사의 도움으로 그 환경이 요구하는 바에 적응하는 노력을 기울여 서로 간의 적합성을 높이는 방향으로 접근되고, 이 방법은 이어서 소개되는 강점관점과 일맥상통한다.

(3) 생태체계 관점

사회복지에서 취하는 생태체계 관점은 위에서 소개된 일반체계론과 생태적 관점의 통합이다. 즉, 그 자체가 하나의 큰 체계인 사회는 개인, 가족, 집단, 지역사회, 조직체와 제도(가족, 의료, 정치, 경제, 행정 등등) 등 다양한 체계들로 구성되며 이들 체계 각각은 하나의 살아있는 유기체로서 다른 체계들과 역동적으로 관계하고, 주변 환경과 상호작용하며 기능하는 것으로 이해된다. 생태체계 관점에서 체계들이 형성하는 역동기제의 원칙 중 하나는 이들 각 체계는 서로 맞물려 있으므로 한 체계의 변화는 다른 체계에 변화를 일으킨다는 것이다. 예를 들어, 금리인상과 같은 경제체계에서의 변화는 물가와 서민 가계 등 사회 곳곳의 여러 체계들에 영향을 준다. 또 한 가족 안에서, 아버지의 실직은 저축, 식비, 자녀의 학원 비용 지원과 용돈 등 다른 가족원들 전체에 파급효과가 크다. 두 번째 원칙은, 체계 전체는 그 체계를 구성하는 하위체계들의 합보다 크다는 것이다. 예를 들어, 한 가족이 위기에 처했을 때 전체의 유대감과 응집은 가족의 구성원 각각의 힘 즉, 아버지 + 어머니 + 아들 + 딸 각각의 힘을 합한 것보다 더 큰 효과가 있을 수 있다. 이는 어느 회사나 조직 체계에도 적용될 수 있다.

생태체계 관점에서 사용하는 체계들의 역동적 움직임의 원리는 각 세부 체계의 욕구를 충족시키기 위한 노력, 환경과의 상호작용을 통해 변화가 일어나는 과정을 이해하는 데도 적용될 수 있다.

4) 강점관점

강점관점은 개인, 가족, 집단, 지역사회의 장점과 자산에 초점을 두어 부족, 결핍, 병리를 중점으로 한 문제중심 접근과 대비된다. 물론 사회복지 틀 안에서 두 가지 접근 모두의 궁극적인 목적은 클라이언트 체계의 보다 나은 삶과 안녕이다. 이 목적을 이루기 위한 다양한 경로 중에서 문제중심 접근은 문제의 원인을 찾아 분석하고 부족하거나 결핍된 바를 파악하여 메움으로써 해결하려고 한다. 반면 강점관점은 개인, 가족, 집단, 지역사회에 본래 강점과 자산이 있을 뿐 아니라 개별 체계가 그간 어려움에 대처하기 위해 노력해 온 과정 중에서도 그러한 강점들이 발휘되었다는 점을 중시한다(Saleeby, 2002). 따라서 클라이언트가 이미 소지하는 강점을 활용하여 현재 어려움을 타개해 나가도록 하고 더 필요한 자원을 사회복지사와 클라이언트가 발굴하고 이용하여 클라이언트 스스로 역량을 강화시켜서 대처해 간다는 것이다.

욕구에 대한 사회적 반응에서도, 자원을 일괄 제공하는 것이 아니라, 각 클라이언트가 가지고 있는 강점과 자산을 먼저 파악하여 클라이언트가 갖고 있는 것부터 시작하여 스스로 더 개발할 수 있도록 돕는 것이 클라이언트가 독립적으로 자활할 수 있게 되어 더 효율적이다. 지역사회를 비롯한 모든 체계들은 자원을 풍부하게 가지고 있으므로 생태체계 관점 즉 클라이언트와 환경 간의 상호작용과 서로 가장 적합하게 살 수 있는 방법을 실천하는 데서 강점관점은 자연스럽게 병행되어 적용될 수 있다.

3. 사회적 위험과 사회문제에 대한 대응으로서 사회복지

사람들은 살아가면서 다른 사람들과 그리고 사회문화적 환경과 상호작용해 가면서 심리사회적 기능, 심신의 건강, 가족생활의 제 측면에서 위험과 어려움을 겪으며 살아간다. 행복하고 질적으로 높은 삶의 목적을 달성하는 것을 방해하는 요인들은 다양하게 나타난다. 특히 사람들은 가족, 학교, 직장, 지역사회, 사회 일반과의 상호작용에서 어려움이 생기고 이 때 대처하기 위한 자원들이 없거나 부족하거나 자원이 있어도 동원하기 힘들 때 더욱 큰 난관에 부딪치고 삶의 질도 저하된다. 인간이라면 누구나 생애 과정 중 질환, 사고, 상실과 같은 위기와 위험을 겪지만 사회구성원으로서 많은 사람들에게 영향을 미치는 위험은 집합적인 차원의 사회대응이 필요하고 이는 사회제도의 일부인 사회복지의 임무이다.

사회위험은 개인 및 가족이 살아온 삶의 수준을 급격히 하락시키거나 삶의 조건을 위협하는 사건이나 상황을 말한다. 어느 시기에나 사람이 겪는 자연재해나 실업, 빈곤 등과 같은 위기가 있었고 더 이상 개인위험으로 치부되지 않는 위험들, 즉, 사회경제적 환경의 급격한 변화에 따라 많은 사람들이 그러한 어려움에 처하게 되어 사회 대책을 필요로 하는 사회문제로 제기된다. 이제 산업사회를 거쳐 21세기 후기산업사회(postindustrial society)의 고도 지식 및 기술 기반 사회에서 우려되는 바는 이러한 사회적 위험에 사회적으로 대처하기 위해 그 부담을 사회구성원 공통으로 지게 되는 것에 대한 의견도 분분하여 사회복지제도의 이슈는 정치 사회적 이슈로 제기되는 실정이다. 사회적 위험에 대한 많은 개념 정리 중 에스핑-안데르센(Esping-Andersen, 1990)에 의하면 계층, 생애주기, 세대 간 위험으로 구분할 수 있다. 이들 세 가지 위험에 대해 살펴보면, 첫째, 계층의 위험은 사회 양극화가 심각하게 대두되는 것을 위시하여 부자와 빈자 간의 간격이 너무 크고 중간층이 약화되는 등으로 나타난다. 이러한 차이는 실생활에서 가계수익과 소비형태의 차이 뿐 아니라 교육과 문화 활동의 차이, 노후 삶의 질 등 생활 전면으로 확산되고, 나아가 후세대의 삶의 질에까지 영향을 미친다.

둘째, 생애주기 중의 사회위험은 위에서 본 계층위험과 맞물려 누구나 생애주기 중 위험이 예측 불허하게 닥칠 수 있다는 것을 고려할 필요가 있다. 아동이나 노인 혹은 환자나 장애인 등 특별히 더 취약한 사람이 정해진 것이 아닌 것이다. 과거에는 가족이 개인을 보호하고 부양하는 주요한 사회제도였고 남성 가장이 가계부양을 담당하고 여성은 자녀양육과 교육을 책임지는 분리된 체계를 이루었으나 산업사회로 오면서 남성과 여성 모두 경제활동에 참여하고 자녀양육과 교육은 사회적 지원을 필요로 하게 되있다. 남녀 모두 일하고자 하는 욕구는 취업난과 실업률 상승, 빈곤위험의 확산 등으로 인해 제대로 충족되지 않고 여기에 가족의 불안정성과 가족해체 위험이 맞물려 생애주기 중 누구라도 사회위험에 빠질 수 있게 되는 것이다. 특히 여성은 과거 자녀양육에 집중하던 시기보다 더 많은 부담을 지게 되고 출산과 양육 역할을 포기하거나, 한부모가구의 가장으로서 부담스러운 역할이 빈곤과 복합적으로 작용하는 다양한 결과로 이어진다.

셋째, 세대 간의 위험은 여러 가지 사회위험이 한 세대의 경험으로 종료되지 않고 세대를 거쳐 이어져서 나타나는 빈곤의 대물림 현상이 전형적 예이다. 세대 간 위험은 위에 소개된 계층의 위험에서 자녀교육과 양육의 차이, 열악한 직업, 심신건강의 불균등 등과 맞물려 매우 복합적으로 일어난다. 부모의 교육수준과 직업, 자산과 자원의 양에 따라 아동, 청소년기 사회적 위험이 영향을 받는다. 이 시기에 신체와 심리적 건강이 취약한 경우, 교육과 훈련을 제대로 받지 못해 취약한 상태에서 유발되는 위험은 성인기를 거쳐 노년기까지 영향을 미치고 실업과 빈곤, 노년기 빈곤으로 이어지게 된다.

사회위험은 시대에 따라 그리고 사회문화적 환경의 변천에 의해서도 달라진다. 과거에 빈곤, 재해나 재난, 실업 등이 대표적 사회위험이었다면 최근에는 일을 해도 가난한 신빈곤의 이슈, 경제위기에 따른 실업, 저출산, 고령화, 다양한 가족의 출현과 같은 새로운 사회위험들이 발생하여 이에 대한 사회복지 대응도 개발될 필요가 생긴다.

사회구성원들 중 많은 사람들이 사회위험을 겪고 이러한 위험으로 유발되는 개인, 가족, 사회적 문제가 개인의 잘못이 아니라는 인식과 함께 사회 전체의 집합적 대응이 필요하다는 사회인식이 확산될 때 사회문제가 구성된다. 사회문제는 시대와 역사적 흐름에 따라 변천하는 경향이다. 예를 들어, 다양한 가족 구성과 대안적 가족 유형, 그리고 다문화 가족에 대한 이해가 높아지면서 가족해체에 대한 문제의식은 과거보다 약화되는 경향이다. 사회복지는 이들 사회문제에 대응하는 주요 사회제도이고 특히 개인, 가족, 집단의 사회기능을 보완하고 자활 기능을 강화하기 위해 제도 마련과 서비스 개발 및 전달에 역점을 둔다.

생각나누기

1. 자신이 이제까지 관찰한 인간의 다양성과 다양한 욕구를 이야기 해 봅시다.

2. 자신과 가족의 생애주기를 생각해 보고 어떠한 발달 과업을 잘 수행해 왔고 또 어려움이 있었는지, 그 어려움에 대해 어떻게 대처해 왔는지 생각하고 의견을 나누어 봅시다.

3. 생태체계 관점을 각자의 가족 상황에 적용하여 봅시다. 자신의 가족 구조는 어떠한지 그리고 구성원들 간의 경계는 어떠한지에 대해 서로의 생각과 경험을 나누어 봅시다.

4. 사회문제 중 하나를 선택하여 이를 경험하는 사람들의 사회기능 상의 어려움과 사회적 대책에 대해 의논해 봅시다.

제 2 장 사회복지의 개념

인간 삶의 많은 부분은 사회적 상호작용을 필요로 하고 이 과정을 통해 삶의 질을 향상시키게 된다. 이렇듯 인간과 사회가 서로 보완하며 만들어 가는 과정이 적응이다. 이러한 인간 삶과 사회의 유지, 인간과 사회의 상호작용을 원활히 하기 위해 사회제도로서 사회복지가 형성되고 사회위험과 사회문제에 공동 대응하게 된다. 계속해서 강조되는 '사회'란 우리에게 어떤 의미를 가지며, 사회를 운영하는 데 구체적 기능을 발휘하는 사회제도는 무엇인가? 사회제도로서 사회복지는 어떠한 의미와 실체를 가지는가?

'사회'는 피부가 인체에 대해 보호막 역할을 하듯이 우리 삶에 당연하게 있어야 할 것으로 느껴질 수 있다. 때로 인간은 사회와 별개로 극히 개인적인 존재로 살 수 있기도 하다. 그러나 사회는 인간으로 구성되며, 인간이 느끼고 사고하며 행동하는 모든 것은 사회에 반영되어 있고 사회전체에 영향을 주며, 우리가 만든 이 사회는 다시 구성원인 인간의 삶에 영향을 준다. 여기서는 사회복지 입장에서 사회, 사회제도, 그리고 사회복지의 개념을 명확히 이해하도록 한다. 사회복지의 개념을 사회적 지원을 필요로 하는 사람들에 대한 사회 일반의 처우에 따른 제도적, 잔여적 의미에서 정리해보고, 이 개념들이 현대에 논의되는 보편적 사회복지와 선별적 사회복지와 어떻게 연결되는지 알아야 한다. 나아가 실천에 초점을 두어 전통적, 현대적 차원에서 사회복지실천의 개념을 정리하고, 사회복지의 발전을 위한 학문으로서 사회복지의 특성, 교육과 훈련의 의의, 그리고 사회복지 조사연구 측면들을 살펴보도록 한다.

1. '사회'와 '사회복지'의 이해

1) 사회와 사회제도

(1) '사회'의 개념 및 이해

우리 모두 사회 구성원으로 태어났고 가족, 학교, 직장, 지역사회, 종교조직 등 다양한 사회체계 안에 살고 있는 것이 자연스러운 것 같지만 보통 사람들은 일상생활에서 개인으로 살고 타인을 고려할 때도 가족, 친척, 지인의 범위 정도이지 항상 사회 전체를 고려하며 살지는 않는다. 그러면 사회복지 전공자들은 '사회복지,' '사회복지실천,' '사회복지사,' '사회복지기관,' '사회서비스' 등에서 무수히 사용되는 '사회'를 어떻게 이해해야 할까라는 의문을 제기해 볼 수 있다. 분명히 '사회'는 사회복지가 법조계나 의학, 임상심리와 같은 휴먼서비스 전문직과 차별화되게 하는 사항들 중 하나이다. 사회복지에서는 개인의 심리내적 갈등이나 성격 문제, 타인이나 사회에 영향을 주지 않는 개인과 개인 사이의 갈등이나 관계 문제에는 상대적으로 관심이 적다. 대신 빈곤, 장애, 심신질환, 폭력과 방임 등 사회기능을 저하시키고 사회관계에 어려움을 유발하며 많은 사람들이 그러한 문제로 고통을 받아 사회전체의 대응이 필요한 사회문제로 인해 사회적 배제를 겪는 일에 관심을 갖고, 개인과 사회환경을 변화시켜 더 나은 개인, 가족, 집단, 조직, 지역사회가 형성되도록 하는 데 관심이 있다. 그러면 사회복지에서 필수적으로 동반하고 의식하게 되는 '사회'가 갖는 의미를 몇 가지 차원에서 살펴보자.

첫째, '사회'는 흔히 회자되는 '인간은 사회적 동물'이라는 아리스토텔레스의 언명에서 나타나는 바의 중요성을 가진다. 인간은 동물이며 개미, 침팬지 등과 같은 군집동물 즉 사회적 동물이며 이들 중에서도 최상위 고등동물로 간주된다. 인간은 유기물질로 이루어진 유기체로서 자연환경에 적응해야 하고, 포유류로서 무리를 이루어 살며, 사회환경과 의미있는 상호작용을 해 나간다는 차원에서 사회적 존재로 이해된다.

둘째, 이념적 차원에서, '사회'는 인간을 둘러싼 환경이자 사회구성원의 안녕에 관심을 가지고 보살펴야 한다는 의미를 갖는다. 이는 영국의 근대 사회복지제도가 형성되는 데 기초가 되었던 베버리지 보고서(Beverage Report)의 제안자인 비버리지 경이 말한 '요람에서 무덤까지' 사회가 사회구성원의 안녕을 책임져야 한다는 신념 및 철학과 상통한다. 즉, 사회복지를 추구한다면, 사회가 사회구성원 각각이 일정 수준의 삶의 질을 누릴 수 있도록 보장해야 한다는 것이다. 그러나 사회복지제도와 서비스 제공 방법은 경제와 정치 정황에 따라 좌우되는 현황이므로 '사회'에 함의된 이념은 사용하는 사람의 맥락과 의미에 따라 다르게 함의되고 해석되므로 그러한 맥락을 살려 이해할 필요가 있다.

셋째, '사회'는 인간이 사회적 동물로서 사회를 구성하고 구성원들 간에 관계를 형성하여 상호작용하며 공동 사회생활을 이루어 나가는 과정의 중요성을 나타낸다. 유아기 중에 인간은 자신을 단독으로 존재하는 유일한 사람으로 인식하지만 점차 성장하면서 다른 사람이 있어야 자신도 존재하고 의미를 가질 수 있다는 것을 알게 된다. 또래와의 관계, 학교생활, 가족생활, 직장생활을 하면서 인간은 다른 사람과 상호작용을 하면서 다른 사람이 인식하는 자신에 대해 알게 되고 이를 통해 자신에 대한 통찰력이 생긴다.

서구와 우리나라 사회학과 사회복지, 심리학 분야에서 오랜 기간 동안 경험적 조사연구를 통해서도 입증된 바로서 '사회'관계는 인간의 삶과 심신기능과 건강에 중요한 영향을 미친다. '사회'는 인간이 건강한 사회관계를 맺는 데 개입하는 요인이고, 심신기능이 취약하고 사회기능이 힘들어 이 사회관계로부터 소외되는 사람들이 공식적, 비공식적 사회 지지체계와 관계를 가질 수 있도록 하는 기능이 사회복지의 중요한 기능 중 하나이다.

넷째, '사회'는 사회구성원으로서 상호관계를 맺는 삶의 연장선에서, 연대와 소속감을 경험하고 이를 통해 여러 범위의 심리사회적 문제로 인해 힘들어하는 사람들의 삶의 문제에 함께 대응하여 사회통합을 실현한다는 의미에서 사용된다. 사회통합은 2000년대 이후부터 사회복지에서 첨예한 문제로 떠오른 사회배제에 대한 대응의 일환으로 부각되기 시작했다. 폭력, 질환과 장애 등 기존에 개인적인 문제로 치부했던 많은 문제들과 또 과거부터 지속되어 왔으나 더욱 심각해진 빈곤과 같은 사회문제들로 인해 많은 사람들이 경제적 측면뿐 아니라 심리사회적 기능과 안녕에서 사회배제를 경험하고 삶의 질이 악화되는 현상을 완화시켜 통합된 사회로 발전시키고자 하는데 사회복지의 '사회' 의미가 강조된다.

끝으로 이러한 여러 의미를 내포할 수 있는 '사회'의 강조는 사회복지에서 두 가지 차원에서 직접적으로 활용된다. 먼저, 사회복지는 항상 다양한 사회맥락(social context) 속에서 발생한다는 것이다. 다른 하나는 개인, 가족, 집단, 지역사회가 그러한 여러 사회맥락에서 수행하는 사회기능과 사회적응 능력을 향상하기 위한 목적으로 사회복지가 실천되는 점이다.

사회복지가 고려하는 사회맥락은 대단히 다양하다. 예를 들면, 물리적 사회환경, 다양한 인종과 문화가 이루는 사회, 경제환경, 세계평화 이슈를 담고 있는 국제관계 맥락 등이다(Garvin & Seabury, 1997). 물리적 환경에는 대기와 하천오염, 소음이나 폭력 등으로 위험도가 높은 생활환경, 산업재해 등 여러 요인들이 영향을 줄 수 있다. 인종과 문화의 다양성은 점차 우리 사회에도 편견, 차별, 배제의 이슈가 증가하고 있어 통합된 '사회'로 향하는 전략과 경로가 중요한 사안이다. 경제는 시시때때로 일어나는 전세계 및 국내 경제 위기의 시기만이 아니고 또 빈곤선 이하의 사회 구성원들만의 문제가 아니라 모든 사회구성원들의 심신 안녕에 영향을 주는 요인이며 생활의 맥락이다. 특히 경제적 안전 장치를 마련하지 못하는 사회구성원들을 위한 사회의 대응 방안은 사회복지제도와 실천에서 주요한 사안이다. 글로벌 시대에 기아, 폭력, 인권유린, 난민, 전쟁 등은 세계 일부 지역의 국지적 사건으로만 간주되지 않고 상호작용과 연쇄반응을 통해 영향을 주고받으며 세계평화를 유지하기 위한 대응 노력의 표적이 된다.

이러한 사회맥락들에서 사회복지는 개인, 가족, 집단의 사회기능에 관심을 두고 사회기능을 향상하기 위한 노력에 주력하는 사회복지실천이 수행된다. 다른 인접 휴먼서비스 학제와 달리 사회복지와 사회복지실천에서는 인간의 심리내적 구조의 분석이나 성격특징에 따른 인간유형을 분류하고 문제를 진단하기보다는 개인, 가족, 집단이 얼마나 사회기능을 잘하여 사회적응을 하고 환경과 원활하게 상호작용하는가에 주안점을 둔다. 사회기능과 사회적응을 강조하는 것은 휴먼서비스 전문직으로서 사회복지실천가, 사회복지사들이 다른 전문직과 차별화되는 점이기도 하다.

요약하면, '사회'는 물리적 맥락부터 이념적 맥락까지 다양하며 폭넓은 의미를 담아서 사용된다. 이들 '사회'의 의미는 단순히 의미로 그치는 것이 아니라 사회복지제도와 사회복지실천 및 서비스 전달에 영향력 있는 요인으로 작용한다. 인간행동은 친족의 가치와 양육, 부족(tribe, 部族)의 내부 체계, 주거와 음식 자원, 지역 외부체계들과의 상호작용 등에 의해 이루어지고 이러한 인간행동은 다시 이러한 사회문화 체계를 형성하는 데 영향을 주는 것이다. 사회복지는 이러한 여러 사회체계들과 서로 불가분의 관계에 있는 개인, 가족, 집단, 조직, 지역사회의 더 나은 삶을 실현하기 위한 분야이므로 사회가 내포하고 있는 이러한 다양한 의미와 영향력 있는 요인으로서 영향을 주고받는 작용들이 사회복지와 사회복지실천을 수행하는 데 고려되어야 할 것이다.

(2) 사회제도

사회는 생존하기 위해 여러 가지 기능을 조직한다. 예를 들면, 후세대의 출산과 양육 및 교육, 사회보호, 생산과 소비, 재화와 서비스의 분배 등의 기능을 책임 있게 수행하여 사회를 유지하고 영속하기 위해 여러 사회제도(social institutions)를 두어 그 기능을 수행해 나간다. 길버트와 테럴(Gilbert & Terrell, 2002)에 의하면, 사회가 계속 유지되기 위해서 필요한 기능은 친족, 종교, 작업장(workplace), 시장(marketplace), 상호원조, 정부 등으로 볼 수 있다. 우선 친족제도는 그 구성원들을 세대에 걸쳐 유지해 나가야 하므로 출산과 양육을 하며 혼인과 가족을 유지해 나간다. 가족이라는 사회체계를 유지하고 촉진하는 것이 친족제도인 것이다. 고대사회에서는 가족과 친족이 후세대를 양성하고 사회화하는 주요 기능을 하였으나 이후 종교 및 교육제도 등에서도 사회화 기능을 담당하게 되었다. 그 외 친족의 중요한 기능들은 구성원들을 재정적으로 지원하며 안전한 보호환경을 제공하며, 가치, 관습, 문화를 전수하고, 아동 뿐 아니라 심신질환자나 장애인, 노인 등 취약한 구성원을 돌보고 보호하는 것이다.

종교제도는 인간의 영적인 측면을 지지하는 것으로, 많은 종교 교리들이 사회의 취약한 사람들을 돌보고 영적으로 이끄는 것을 가르친다. 이 지침에 따라 종교기관들이 근대 사회복지제도가 출현하기 전까지 주요하게 사회취약층 사람들을 보살피는 업무를 담당하였다. 현대에도 종교는 현실참여 범위를 넓히고 유지하면서 빈곤, 아동과 노인 복지, 약물의존과 중독, 실업 등 사회문제에 대응하고 있다.

작업장(workplace)은 사회구성원이 자신과 가족을 부양하고 사회에 기여하는 현실 수단으로서 노동과 일이 가능하게 하고 보장하도록 지원한다. 작업장 제도는 직장 내 구성원들의 안전과 적절한 임금과 휴가를 고려할 뿐 아니라 건강을 보장하고 사고에 대비하기 위한 여러 보험들과 맞물려 작동한다.

시장은 재화와 서비스가 생산되고 분배되는 곳으로서 사람들이 각자 필요에 의해 모여 거래와 교환을 하는 사적인 시장으로부터 발달한다. 이익을 추구하는 회사에 의한 사업, 비영리 단체에 의한 시장, 정부에서 주관하는 제도로서 발달한 시장제도 혹은 시장경제제도 등이 공존한다. 특히 이익을 위한 상업시장은 의식주 등 인간의 기본 욕구를 위한 것뿐 아니라 공적·사적 교육 시장, 약품 및 의료서비스 시장, 아동과 노인 보호를 위한 산업이 이루어지는 시장, 레크리에이션과 여가를 위한 산업시장, 기술과학 및 생명과학 시장 등 다양하다. 이러한 시장경제 속에서 살아남기 힘든 사람들을 위해서, 그리고 시장경제 상황이 악화되는 시기에 사회복지제도 및 서비스의 개입이 요구된다. 시장경제 논리의 강력한 영향력은 사회복지 내에서도 볼 수 있다. 비영리와 공공의 선을 중요한 가치로 삼는 사회복지 분야에서도 서비스들 간의 경쟁이 일어나거나 휴먼서비스의 사적 시장 분야가 성장하여 의학이나 상담치료 분야와 같이 사회복지사들이 사적으로 개업하는 이슈에 대한 논란이 발생하기도 한다.

상호원조는 인간이 기본적으로 상호의존하고 서로 도우며 살아가는 특성에 기초한다. 일상적으로 일어나는 타인의 어려움에 반응하는 것부터 자연재해, 산업재해, 여러 가지 사회문제에 반응하여 돕는 형식은 구호, 자선, 공식 및 비공식 경로를 통한 사회지원 등 다양하다. 상호원조는 사회복지의 대표적 가치와 상통하지만 공식적인 제도를 통한 원조보다 더 역사가 깊고 활발한 것은 자조집단을 통한 상호원조이다. 자조집단은 더 나은 상태에 있는 사람이 못한 상태에 있고 어려움을 겪는 사람을 돕는 것이 아니라 유사한 어려움을 겪는 사람들이 동병상련을 기초로 서로 지지하고 실질적 정보와 도움을 제공하므로 자존감이 유지되면서 보다 현실적인 도움을 주고받을 수 있는 장점이 있다. 사람들이 일반적으로 편안해 하는 것은 비공식적 지원체계를 이용하거나 이러한 자조집단에 소속되어 도움을 주고받는 것이지만 점점 복합적으로 발생하는 사회문제는 자원봉사와 공식적인 사회지원으로부터 도움받는 것을 불가피하게 한다.

정부는 이러한 여러 가지 제도들의 기능이 자율적으로 이루어지도록 하는 여건을 마련하기도 해야 하지만, 국가의 중심 제도로서 이들 제도들을 통제하기도 한다. 예를 들어 일자리가 모자라서 실업률이 상승하고 시장경제가 서민들의 생활을 악화시키는 방향으로 움직일 때 이를 통제하고 균형을 이루도록 개입한다. 특히 복지국가를 표방하는 현대에 정부는 다른 제도들이 미처 대응하지 못하는 교육, 가족, 심신건강, 일자리, 시장경제 등에 사회복지제도를 통해 개입하게 된다.

2) 사회복지의 개념 및 용어사용

(1) 사회복지의 정의

근대국가에서 사회복지제도가 마련되고 19세기 말 사회복지실천이 전문직으로 발돋움 하여 교육과 훈련이 체계화되고 활발해지면서 '사회복지가 무엇인가' 그 의미를 규명하는 것이 중요해졌다. 역사 상 많은 연구자, 교육자, 실천가들이 사회복지의 개념을 정리해 온 만큼 그 정의 또한 매우 다양하다. 이들 정의의 공통점은 인류 역사 이래 구휼과 자선, 그리고 현대 사회복지서비스의 관심을 받는 사람들을 중심으로 모든 사회구성원의 삶의 질과 안녕이라는 목적 하에 개인, 가족, 집단이 겪는 빈곤, 심신질환과 장애, 스스로 자신을 돌보기 힘든 상황(예: 아동, 노인, 심신장애와 질환자, 어린 자녀가 있는 홀로된 여성), 그리고 자연재해와 사고, 폭력 등의 피해에 대해 사회적 보호를 제공하고 개입을 도모한다는 것이다.

사회복지의 정의는 사회취약층에 집중된 협의의 개념부터 일반인 모두를 위한 제도이자 서비스를 포괄하는 광의의 개념까지 다양하고 한

연구자가 두 가지 차원의 개념을 모두 포함하는 경우도 있다. 사회복지에 대한 협의의 정의를 보면, 카두신(Kadushin, 1972)은 사회복지를 저소득층, 장애인, 노인 등 특수계층의 욕구를 충족시키려는 정책, 급여, 프로그램 및 서비스로 개념화하고 취약층 인구에 집중된 것으로 이해한다(조흥식, 2008, p. 163에서 재인용). 채터지(Chatterjee, 1996)도 사회복지를 빈곤, 노령, 신체적, 혹은 정서적 장애, 질병, 기타 특정한 사항으로 인해 도움을 필요로 하는 사람들에게 현금이나 물품, 기타 서비스를 제공하는 것으로 개념 정리하여 개인이 겪는 어려운 상황들에 대한 구체적 개입들로 본다(조흥식, 2008, p. 163에서 재인용).

한편 좀더 넓은 의미에서 사회복지 개념을 보면 다음과 같다. 프리드랜더(Friedlander, 1961)에 의하면, 사회복지는 개인과 집단이 만족스러운 삶과 건강 수준을 유지하고, 최대한의 잠재력을 발달시키며, 가족과 지역사회의 욕구와 조화 속에서 안녕을 증진시키도록 하는 개인 및 사회적 관계를 획득하도록 돕는 사회복지서비스(social services)와 제도의 조직된 체계라고 본다(Skidmore et al., 2000, p. 3에서 재인용). 이후 프리드랜더와 앱트(Friedlander and Apte, 1980)는 사회복지를 사회구성원 모두의 복지를 도모하고, 사회질서를 원활히 유지하는 데 반드시 필요하다고 생각되는 사회적 욕구를 충족시키기 위한 제반 시책으로서 입법, 프로그램, 급여와 서비스를 포함하는 제도라고 제시한다(조흥식, 2008, p. 163에서 재인용). 로매니신(Romanyshyn, 1971) 역시 사회복지를 광의로 개념화하여 사회 전체의 복지를 증진시키려는 모든 형태의 사회적 노력이라고 제안한다(조흥식, 2008, p. 163에서 재인용). 미국 내에서 뿐 아니라 다른 나라에 영향력이 큰 단체인 미국사회복지사협회(National Association of Social Workers, NASW)에서 발간하는 사회사업사전에서 바커(Barker, 2003)는 사회복지를 "사람들이 사회적, 경제적, 교육적 및 의료적 욕구를 충족시키도록 돕는 국가의 프로그램, 급여 및 서비스 체계로서, 이는 사회유지의 근간이 된다"고 정의한다(Zastrow, 2007, p. 4).

이들 여러 연구자들이 제안한 사회복지의 정의들은 여기서 소개하는 사회복지에 대한 이해의 틀을 몇 가지 점에서 통합해 주고 생각해 볼 사항도 제안한다. 첫째, 사회복지의 개념 정의에는 사회복지제도 및 서비스 이용자를 누구로 보는가의 이슈가 제기된다. 즉, 사회구성원 모두를 사회복지의 참여자 혹은 사회복지를 이용할 권리가 있는 사람들로 볼 것인가 아니면 빈곤, 장애, 질환, 폭력, 재해 등으로 인해 개인과 가족이 사적으로 대처하기 힘든 상황에 처한 사람들만 이용하는 것으로 볼 것인가이다. 이는 다음 섹션에서 다룰 사회복지에 대한 제도적 접근과 잔여적 접근에서 좀더 상세히 알아보도록 한다. 둘째, 사회복지에 대한 이들 정의는 사회복지를 제공하는 주체를 '사회'로 함축하고 있어 사회가 구성원들의 안녕과 복지를 책임진다는 의미에 대해 고민해 보도록 한다. 따라서 앞서 살펴 본 '사회복지,' '사회복지실천,' '사회복지실천가,' '사회복지사' 용어들에서 '사회'가 내포되어야 하는 당위성이 무엇인지 그리고 이들과 앞에서 살펴 본 '사회제도' '사회위험' '사회문제' 등의 개념들과 어떻게 연관지어 볼 수 있을지를 생각해 볼 필요가 있다. 셋째, 이들 정의들은 사회복지는 제도적 근간과 사회복지 내용이라 할 수 있는 프로그램과 서비스 두 가지가 어우러져 구성되고 이들이 함께 사회구성원 모두의 삶의 질을 위해 효과를 발휘한다는 것을 제시한다. 이는 개인, 가족, 집단, 지역사회의 사회복지 혹은 안녕은 제도와 실천이라는 불가분의 두 체계가 조화를 이루어 수행되어야 하는 것을 나타내는 한편, 양극화가 심화되고 새로운 사회위험이 발생하고 사회문제가 복잡다단해짐에 따라 두 체계가 일관되게 이루어지도록 하는 것이 큰 과제로 대두된다.

(2) 사회복지 용어 사용

사회복지라는 용어는 대단히 여러 가지 의미로 사용되는데 여기서는 크게 세 가지로 본다. 먼저, 국가와 정부의 가치와 신념의 차원에서 사회복지는 사회구성원 전체의 안녕(well-being)과 삶의 질을 목적으로

할 때 사용된다. 둘째, 제도적 차원에서 사회복지는 사회구성원들의 안녕을 위한 안전장치로 작용하는 제도와 사회문제에 대한 대책으로서 사회복지제도들을 일컬을 때, 즉 제도와 정책에 초점을 두는 비교적 협의로 사용되기도 한다. 셋째, 사회구성원들의 일정 수준 이상의 삶의 질을 보장하고 사회문제를 겪거나 피해를 볼 위험에 대응하는 구체적 수단과 방법으로써 사회제도와 구체적인 사회복지서비스들을 아우르는 광의로 사용되기도 한다. 이러한 용례와 위에서 살펴본 '사회'에는 여러 중요한 의미들이 혼재해 있을 수 있다. 따라서 '복지' '복지학과' '복지사' 등의 줄인 말은 그 함의를 담기에는 한계가 있으므로 '사회'를 붙여 전체 용어를 사용하는 것이 권고된다.

이러한 사회복지의 용례에 따른 이해에서 염두에 두어야 할 중요한 사항은 사회문화 그리고 사회복지 사상과 제도 여건에 따라 상이할 수 있는 '사회복지'의 의미가 이 용어들에 담겨 사용된다는 것이다. 예를 들어, 우리나라가 많은 영향을 받은 미국의 경우, 앞서 언급했듯이 여러 사회복지제도와 프로그램들이 유사하지만 여전히 사회사업(social work)이라는 용어가 사용되고 다양한 사회문제와 이슈들을 해결하기 위한 프로그램 중심의 사회복지실천이 이루어지고 이러한 실천과 제도는 상당히 밀접히 연관되어 이루어지고 교육된다. 예를 들면, 인종과 문화 이슈, 빈곤층과 특히 아동자녀를 부양하는 한부모와 조부모에 대한 사회복지실천, 관리된 의료체계 하에서 보건과 정신보건 사회복지실천 등이다. 이에 비해 유럽의 경우 사회공동체 의식과 연대감이 상대적으로 강하게 작용하고 보편적인 차원에서 사회복지서비스가 이루어지며, 공공 차원에서의 사회복지사 기능이 활발하다. 우리나라에서도 사회복지 및 사회복지실천이 나아갈 방향을 장기적으로 보아 그에 맞게 용어를 사용하도록 주의를 기울이는 것도 사회복지 발전에 기여하는 길이 될 것이다.

3) 제도적 사회복지와 잔여적 사회복지

산업사회로의 진입과 함께 급격히 발전되어 온 사회복지제도에 대해 일찍이 윌렌스키와 르보(Wilensky & Lebeaux, 1958)는 제도적 사회복지(institutional social welfare)와 잔여적 사회복지(residual social welfare)라는 개념으로 사회복지에 대한 이해와 접근에서 첨예하게 대립될 수 있는 철학적, 실천적 이슈를 제시하였다. 이 두 개념은 역사가 오래되었지만 현재적 의미가 크고, 후기 산업사회에서도 여전히 논란이 되는 보편적 사회복지와 선별적 사회복지 이슈와 직결하여 이루어지는 논의의 밑바탕을 제공하므로 중요하다.

(1) 잔여적 사회복지

사회복지에 대한 잔여적 개념에 의하면, 사회를 구성하고 운영해 가는 데 필요한 주요 제도에는 가족, 정치, 교육, 종교, 경제제도가 있고 이들 제도들이 사람들의 모든 문제를 잘 해결하리라고 전제된다. 그러나 경우에 따라 보통의 상황을 벗어나는, 예를 들면 위에서 언급한 빈곤, 고아, 신체나 정신질환자 등 가족이 돌볼 수 없는 경우, 또 종교가 행하는 자선제도의 영향이 미칠 수 없어서 그 혜택을 못 받는 경우 사회복지제도가 이들을 보살피는 제도로 존재한다고 본다. 다시 말하면 사회를 지탱해 온 다섯 가지 주요 제도가 안전망으로 기능하지 못할 때, 그러한 제도들에 의해 보살핌을 받고 안전을 보장받지 못한 나머지 경우들(사람들)에 대해서 필요한 경우에만 그리고 보완적으로 사회복지제도가 나서서 일시적으로 이들의 안전보루로 기능한다는 것이다.

여기에는 부유한 사람들이 많아지고 이들이 더 부유하게 되면 자연히 빈곤층에도 그 재정자원의 부스러기가 떨어지고 가계가 나아지며, 대기업이 성장하면 중소기업도 성장하고 그 이익이 소비자에게도 떨어진다고 보는 낙수효과(trickle down) 경제관념이 밑바탕에 깔려 있다.[1]

이는 〈그림 2-1〉과 같이 사회의 취약층 사람들은 기존 제도 및 시장경제제도 망으로부터 보호받지 못하고 탈락되어 밑으로 떨어지면 그제야 사회복지제도가 이들만 따로 선별적으로 보살펴 준다는 논리로 사회복지에 접근하게 된다.

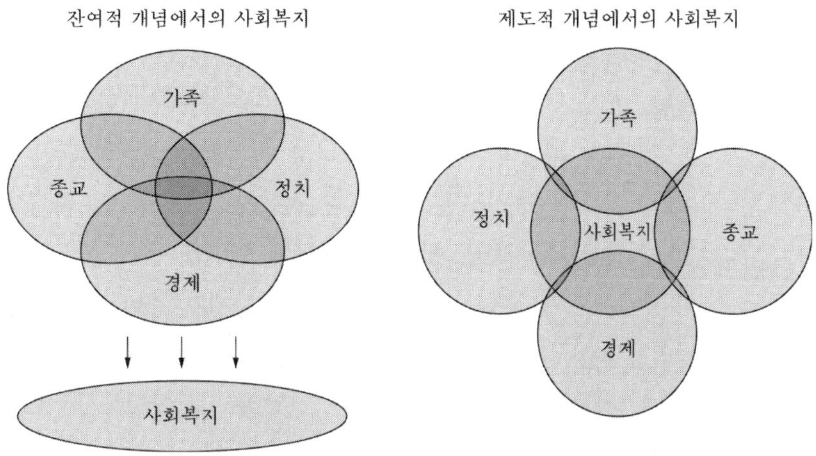

〈그림 2-1〉 사회복지 개념에 따른 사회복지제도의 위치와 기능

사회복지를 주요 사회제도에 포함하지 않고 가족, 경제, 정치, 종교, 교육제도들에 적응하지 못하고 이 제도들이 기대하는 기준에 미치지 못하여 떨어지는 '나머지' 잔존한 사람들만 사회복지서비스와 제도를 이용한다는 이해는 인류 역사에서 자선과 구휼이 이루어지는데 흔히 적용되었던 개념일 것이다. 위정자나 귀족 계층, 종교기관이 어려운 상황에 처한 빈민이나 질환자들에게 시혜를 베푸는 행위의 밑바탕에는 특별히 무능력한 사람들만 그러한 도움을 받는다는 것을 전제하게 되고 일반인들에게 사회기준과 기대를 벗어나면 안된다는 본보기로서 간주되고 따라서 사회복지서비스를 받는 사람들에게는 낙인(스티그마, stigma)까지 부여된다. 잔여적 사회복지 개념으로 볼 때, 사회복지서비스를 받거나 제도를 이용하는 것은 정상에서 벗어난 일탈적인 일로 고

1) 이러한 경제개념과 사회제도에 대한 보다 상세한 설명은 개념적 논의를 하는 이 장의 범위를 넘어서므로 간단히 언급하도록 한다. 관심있는 독자는 경제학개론, 사회복지정책론 등을 통해 심화 학습하도록 한다.

려되고 사회적으로 받은 낙인은 서비스를 받는 개인이 받아들여 체화하게 되어 개인적 낙인 효과까지 가져온다. 잔여적 사회복지는 어제의 역사로만 남지 않고 현재까지 논란의 대상이 되는 선별적인 사회복지 관점을 구성하고 그 논리를 뒷받침하는 근간이 된다.

개인, 가족, 집단, 지역사회에 대한 잔여적 사회복지 개념에 기초한 사회복지실천은 사회복지실천과 서비스를 필요로 하는 욕구를 개인의 잘못, 병리, 가족의 비정상 구조와 역기능 등이 원인이라고 보고 그러한 잘못과 문제의 원인을 파악하고 고치려(fix)는 접근을 하게 된다. 여기서의 사회복지실천은 정상과 비정상을 구분하는 하나의 잣대 즉 진단기준을 적용하고 개인과 가족에게 원인을 두어 구체적인 치료법을 적용하려 하게 된다. 예를 들어, 과거 20세기 중반 시기에도 자폐아나 정신분열증 환자에 대한 이해는 그 원인이 양육자가 영아 및 아동 양육 과정에서 친밀한 의사소통과 건강한 양육방법을 사용하지 못하여 발병된다는 것이었고 따라서 많은 어머니들이 고통을 경험하였다. 빈곤의 경우도 경제가 호황일 경우 특히 빈곤의 원인은 개인의 게으름, 무능력, 가족의 무관심 등으로 개인에게 원인과 낙인이 부여되는 경향이다.

(2) 제도적 사회복지

제도적 사회복지 개념에 의하면 사회복지제도는 전통적으로 주요한 사회제도로 고려되어 온 가족, 경제, 종교, 정치, 교육 제도들과 함께 사회를 지탱해 가는 데 꼭 있어야 할 필수적인 제도로 고려된다. 위 〈그림 2-1〉에서와 같이 사회복지제도는 다른 제도들이 담당하지 못하는 사회구성원 누구나 처할 수 있는 재해, 사고, 질병과 질환, 폭력에 대한 대책과 서비스를 갖추어 제공하는 것으로 이해된다.

제도적 사회복지에서 기본 전제는 인간이라면 누구나 그리고 사회구성원 누구나 여러 재해와 질병 및 질환 상황, 그리고 위기상황에 처할 수 있으며 이러한 상황들은 개인의 선택이나 잘못으로 발생하는 것이 아니고 개인의 통제권 이상의 문제이므로 사회구성원 모두의 안전망으로서 사회복지제도가 필요하다는 것이다. 여기서 빈곤이나 질병과 질환 등 여러 가지 문제는 사회구조적 문제이고 사회구성원 누구나 인생에서 당면할 수 있으며, 많은 사회구성원이 그러한 문제로 고통을 받으므로 사회적 대책이 필요한 어려움으로 고려되고, 어떠한 특정 잘못된 개인이나 가족의 잘못으로 책임을 돌리지 않는다. 따라서 사회복지 서비스를 받거나 제도를 이용하는 데 따르는 낙인이 없거나 적다. 구체적으로 개인, 가족, 집단이 경험하는 어려움에 대해 제도적 사회복지 관점에서는 사회환경의 취약함이나 장애를 이해하는 것이 필수적이고 어려움의 해결뿐 아니라 다시 재발하지 않도록 하는 예방사업 및 서비스가 중요하다.

〈표 2-1〉 잔여적 개념과 제도적 개념에 의한 사회복지의 이해 비교

	잔여적 사회복지	제도적 사회복지
개념	· 기존 사회제도로 보호되지 못하는 사람들에 대한 서비스	· 누구나 겪을 수 있는 사회적 위험에 대해 사회제도로서 사회복지가 보호함.
인간 욕구의 이해	· 개인, 가족, 집단이 욕구를 자체적으로 충족해야 함. · 문제는 개인의 무능력과 병리로 인해 발생함.	· 사회구성원 모두에게 보편적으로 보장되어야 할 욕구와 삶의 질이 있음. · 문제는 인간과 사회의 상호작용 속에서 발생하며, 개인이 통제 불가능한 사회적 문제의 영향력도 고려함.
사회복지서비스 이용자	· 스스로 욕구를 충족하지 못하고 가족을 비롯한 비공식체계가 돕지 못한 사람들 중 사회복지서비스를 받을 자격이 되는 사람들 일부 · 수혜자이며 대상자로서 낙인찍힘.	· 사회구성원 모두가 가능함. · 서비스 이용 권리와 자기결정권이 있는 이용자
사회복지의 역할	· 자격이 되는 사람들을 선별함. · 사회복지서비스에 대한 장기 의존과 중복 수혜를 방지함.	· 개인, 가족, 집단의 기능 강화를 위한 개입 · 사회환경의 변화 및 사회문제의 예방을 위한 노력.

2. 사회복지실천의 개념 이해

1) '사회복지실천'의 개념 및 용어 사용

사회복지실천(social work practice)은 개인, 가족, 집단, 지역사회가 다양한 욕구를 충족하는 한편 어려움에 잘 대처하고, 사회기능을 잘 수행하며 사회환경과의 상호작용을 원활히 하여 일정 수준 이상의 삶의 질을 유지하고 안녕(well-being)을 누릴 수 있도록 돕는 실천 방법과 기술이라고 할 수 있다.

1990년대 이전에 사회복지의 실천적인 측면은 '사회사업(social work)'이라는 용어로 표현되었다. '사회사업'은 서구의 경우 전문직으로서 사회복지실천의 역사가 시작되던 19세기부터 지속되어 현재까지 사용되고 특히 제도적인 면과 구분하여 실천을 지칭하는 용어로 사회복지실천(social work practice)에서도 나타나듯이 social work이 지속하여 사용되고 있다. 그러나 한자와 우리나라 어의가 동시에 고려되어야 하는 우리나라에서는 용어 사용에 변천이 있어 왔고, 이 변천에는 도입배경과 사용자들의 인식이 관련되므로 이를 고려해야 한다.

'사회사업' 용어는 우리나라에 19세기 기독교 선교사들의 영향으로 사회복지 교육이 도입될 때부터 사용되었고 대학의 학과명칭도 당시에는 주로 '사회사업학과'가 사용되었다. 한국전쟁 와중에 전쟁고아들과 구호물자 이용자들에 대한 자선사업이 사회복지의 대표 사업으로 간주되면서 '사회사업'이라는 용어가 통용되었다. 이러한 배경은 일반인들이 '사회사업'에서 자선사업의 의미도 느끼도록 하는 데 영향을 준 것으로 이해된다. 한편, 1960년 대 이후 우리나라의 산업화가 본격화되고 경제가 성장하면서 사회복지에 대한 관심이 증대되었고 사회복지 법체계와 제도의 마련이 진행된 배경은 '사회복지'라는 말이 대중화되는 데 영향을 주었다. 비교하면, '사회복지'라는 말은 사상과 이념, 제도, 실천을 아우르는 포괄적인 개념이지만 제도적 측면을 보다 강하게 연상시키는 것으로 일반인들에게 이해되고, 이와 구분하여 '실천'에 초점을 두기 위해 '사회복지실천'이 사용되고 있다. '사회사업'과 비교해 보면, '사회사업'은 직접서비스에 초점을 맞추어 클라이언트의 심신의 안녕과 행동변화를 꾀하는 임상적인 업무를 주로 수행하는 것으로 이해된다. 한편, '사회복지실천'은 서비스 전달에 관련되는 행정업무와 클라이언트 체계를 직접 만나 수행하는 업무들을 포괄하는 것으로 사용되는 한편, 혼란스럽기는 하지만, 현재 통용되는 용어는 '사회복지,' '사회복지실천,' '사회복지정책,' '사회복지제도'라고 볼 수 있다.

교육적인 측면에서 1990년대 이전에는 사회복지실천의 전통적인 삼대 방법론인 개별사회사업, 집단사회사업, 지역사회조직을 구분하여 대학의 교과목으로 교육과 훈련을 지도하였다. 1980년대부터 미국을 비롯한 서구에서 아동·청소년, 심신장애인, 노인 등 취약계층 클라이언트에 대해 단편적 개입보다 통합적으로 접근할 필요성이 대두됨에 따라 우리나라에서도 통합적 사회복지실천이 강조되었다. 따라서 대학 교과목에서 삼대 방법론을 구분한 과목을 폐지하고 사회복지실천론, 사회복지실천기술론, 그리고 지역사회복지론을 필수과목으로 설정하게 된 것도 '사회복지실천' 용어가 보편화되는 것을 말해 준다. 그러나 서구 문헌과 현장에서는 계속 '사회사업(social work),' '사회복지실천(social work practice),' 사회복지조사(social work research),' 등 용어에서 social work 이 사용됨에 주의하여 우리나라의 독특한 용례와 서구의 경향을 모두 이해하고 염두에 둘 필요가 있다. 세계화 시대에 사회복지실천도 다른 나라 사회복지실천과 지식과 방법론을 교류하고 실무자들도 조사연구, 문헌, 현장 실태에 대한 자료들을 교환하여 보며 상호작용하는 경향이 높아지므로 개념 이해, 보편적 의미와 용어 사용의 차이를 이해하는 것이 필요하다.

2) 사회복지실천의 전통적 개념정의

사회복지실천의 개념 정의는 앞의 사회사업 개념의 역사와 용례의 변천에서 살펴본 바와 같이 역사적 맥락에서 이해할 필요가 있다. 개별사회사업이 널리 보급되던 ① 1920년대부터 1950년대 중반, ② 1956년 미국사회사업가협회와 그 대표인 바틀릿이 실천하는 전문직으로서 사회사업의 작업정의(working definition)를 구성하는 차원에서 제시한 개념 정의, ③ 이후 해밀튼(Hamilton, 1962)이 다시 제시한 정의와 1970년에 바틀릿이 『사회복지실천의 공통기반(*The Common Base of Social Work Practice*)』이라는 저작을 출간하면서 제시된 개념, 그리고 ④ 보다 최근 다변화하는 시대에 맞추어 개정된 개념들을 시기별로 구분하여 보도록 한다.

(1) 개별사회사업에 기초한 사회복지실천의 개념 이해

먼저 사회복지실천 전문직이 발전하는 역사 초기의 실천가와 연구자들의 개념부터 살펴보면, 이 시기(1920-1950)에는 사회복지실천이 삼대 방법론 중 가장 역사가 오래된 개별사회사업의 의미에서 정의된다.

예를 들어, 리치먼드(Mary Richmond, 1922, pp. 98-99)는 사회복지실천(즉, social casework, 개별사회사업)은 개인과 사회환경 사이에 개별적으로 이루어지는 조정을 통해서 그 사람의 인격 발달을 도모하는 제반 과정이라 하였다. 이 정의에는 당시 수행되던 개인과의 개별적인 접촉을 통해 수행하는 개별사회복지실천의 내용 중 개인 클라이언트의 가족 및 지역사회 환경을 파악하는 업무도 함의되지만 개인이 겪는 어려움에 대한 대처와 인격의 성장이 보다 강조된다. 자선조직협회의 일원이었던 리치몬드는 20세기 초 진보사상의 영향으로 사회환경의 중요성을 인식하고 도입하기는 했지만, 중산층의 삶의 기준, 양육방식, 가치와 윤리도덕의 잣대를 빈민들에게 적용하여 가치, 도덕 윤리, 행동을 변화시키려는 우애방문단의 접근 방식을 유지하고 이 개념 정의에도 이를 함축한다.

또 다른 개별사회사업의 대표자인 펄만(Helen Perlman, 1957, p. 4)은 "사회복지실천(즉, social casework, 개별사회사업)은 사람들이 사회적 기능을 함에 있어서 문제에 보다 효과적으로 대처해 나가도록 개인을 도와주는 사회복지기관에서 활용되는 과정이다"라고 하였다. 이 개념은 인간의 사회적 기능을 강조하여 사회복지분야가 인접 휴먼서비스와 다른 차이를 나타내주는 한편, 사회복지서비스 제공 주체이자 사회복지사가 소속된 조직 환경인 사회복지기관의 중요성이 강조되고 문제중심 접근과 돕는 과정을 중시하는 것이 부각된다.

이와 같이 개별사회사업으로 발전하는 사회복지실천의 역사 초기의 개념은 사회환경의 영향을 의식하기는 하지만 개인이 대처할 바에 따라 문제 여건이 달라진다는 전제 하에 개인의 대처 및 문제해결 시도를 돕는 것이 사회복지실천의 주 업무였다고 할 수 있다.

(2) 미국사회복지사협회 차원의 사회복지실천의 개념 정의

1955년 산재하던 여러 조직체들(예 : 미국사회사업협회, 의료사회사업가협회, 미국정신의료사회사업가협회, 지역사회조직연구협의회 등)이 통합되어 바틀릿(Bartlett, 1958, 2003, p. 267)이 대표로 일하던 실천위원회가 사회복지실천의 작업정의를 내렸다. 이 정의에 의하면 사회복지실천은 "모든 전문직의 실천에서와 같이 가치(value), 목적(purpose), 승인(sanction), 지식(knowledge), 방법(method)이 어떻게 배합되는가에 의해 규정된다. [중략] 이 배합과 그 내용이 사회복지실천을 형성하며 사회사업을 다른 전문직의 실천과 구분해 준다"라고 하였다. 이들 다섯 가지 사항을 보면,

① 가치

사회복지실천의 목적과 실천 방향을 지침해 주는 가치는 인간 존엄성, 선택과 기회를 위한 자유 등을 기초로 이루어진다. 바틀릿이 중요

시한 가치는 개인이 사회의 일차적 관심이고 개인들은 서로 상호의존하며 서로에 대해 책임을 가진다는 것이다. 사람들은 공통 욕구가 있기도 하지만 각 개인은 고유한 특성도 갖는다. 각 개인의 잠재력을 최대한 실현시키고 개인이 사회에 대한 책임성을 가지고 참여하는 것이 민주 사회의 필수적 속성이다. 사회는 이러한 개인의 자기실현을 방해하는 장애를 예방하고 대처할 방법을 제공해야 한다.

② 목적

사회복지실천은 개인이나 집단과 환경 간의 상호작용 중 불균형에서 발생하는 문제를 규명하고 이를 해결하거나 최소화하는 것을 목적으로 한다. 이를 위해 불균형이 나타난 영역을 규명하고, 개인, 집단, 지역사회가 가지고 있는 잠재력을 규명하고 활용하고자 한다.

③ 승인

사회복지실천은 법적 기초를 가지고 윤리강령을 준수하며 휴먼서비스 전문직으로서 일차적으로 승인되고, 정부기관, 법인기관들로부터의 사회적 승인을 받는다. 또한 의학, 간호학, 심리학 등 여타 휴먼 서비스 전문가 조직들과의 관계에서 얻는 승인도 중요하다.

④ 지식

사회복지실천은 인간 발달과 성장, 환경과의 상호작용 속에서 겪는 어려움과 사회문제에 대처하고 해결하기 위한 다학문적 지식을 배경으로 실천에 임하고, 또 실천하면서 지식을 창출한다. 사회복지사는 지식을 적용할 때 기존에 일반적으로 통용되는 경우에 예외가 되는 특수한 상황이나 현상을 이해할 준비를 갖추어야 하고, 예측하기 힘든 인간행동과 사회관계 이슈들에 대처할 수 있어야 한다.

⑤ 방법

사회복지실천은 개인이나 집단과의 관계에서 자기 자신을 책임지고 의식적이며 훈련된 방식으로 활용한다. 이를 통해 사회복지사는 개인의 변화를 꾀하고 사회환경이 개인에게 영향을 미치는 맥락에서 환경의 변화를 도모하며, 개인과 환경 간의 상호작용을 변화시키는 구체적인 방법을 사용한다.

(3) 해밀튼과 바틀릿의 재정의

해밀튼(Hamilton)은 1962년 바틀릿이 제시한 사회복지실천의 다섯 가지 요소들을 다시 정리하였는데 진단적 접근에서 치료(treatment) 차원을 강조하였다. 그러나 해밀튼의 치료의 의미는 '서비스 제공'이나 '누군가를 위해 행동하는' 사회사업을 강조하여 전통적인 심리치료와는 구분되었다. 1970년에 출간된 바틀릿의 『사회복지실천의 공통기반』에서 인간과 환경 간의 상호의존성이라는 틀로 인간의 사회기능이 강조되면서 현재까지 강조되는 '환경 속의 인간' 관점의 근간이 제시되었다.

3) 최근 사회복지실천의 개념 정의

1970년대 이후 기술문명이 급속히 발전하고, 다문화와 지구화 현상이 나타나며, 사회문제들이 더욱 복잡다단하게 발생함에 따라 이러한 사회문화적 환경에 맞추어 작업정의도 수정·보완되었다. 예를 들어 사회복지관련 조직차원에서의 개념 정의들을 살펴보면, 미국사회사업가협회(NASW, 1999)는 사회복지실천의 일환으로서 사회복지사의 일차적 임무를 인간의 안녕을 향상시키고 모든 사람들의 기본적인 욕구를 충족시키도록 돕는 데 있다. 단, 취약하고, 억압받으며, 빈곤에 처한 사람들의 욕구와 임파워먼트에 특별한 관심을 두어야 한다고 하여 빈곤, 심리사회적 취약함, 폭력, 사회구조적인 억압 등 현재 인류가 당면한 심각한 문제를 겪는 클라이언트들에 주안점을 두고 이에 대한 강점시각에서의 임파워먼트를 강조하고 있다. 미국 사회복지교육과정과 지침을 제공하는 조직인 사회사업교육협의회(Council of Social Work Education, CSWE)에 의하면 사회복지전문직의 목적은 인간과 지역사회의 안녕을 증진시키는 데 있고, 개인과 환경구성, 글로벌관점, 인간 다양성에 대한 존중 그리고 과학적 탐구에 기초한 지식을 바탕으로, 사회사업의 목적은 사회적, 경제적 정의(justice), 인권을 구속하는 조건의 예방, 빈곤의 제거, 그리고 모든 사람의 삶의 질의 향상을 추구함으로써 실현된다.

국제사회복지실천연합(International Federation of Social Work, IFSW)은 사회복지실천의 정의를 사회복지전문직의 목적과 기능을 중심으로 개념화한다. 즉, "사회사업전문직은 안녕을 향상시키기 위해 사회변화, 인간관계에서의 문제해결 그리고 사람들의 역량강화와 해방을 증진한다. 인간행동과 사회체계에 대한 이론들을 활용하여 사회복지실천은 사람들과 환경이 상호작용하는 지점에 개입한다"(http://www.ifsw.org/f38000138.html). IFSW는 이 정의를 1982년에 제안하고 이후 지속하여 2011년 현재도 표방하고 있다.

이들 여러 조직단체들의 사회복지실천에 대한 개념 정의는 우리가 가장 가깝게 경험하는 사회환경으로서 지역사회가 강조되고 기존의 정의들과 마찬가지로 개인과 환경 간의 상호작용에 개입하는 맥락을 유지하지만 지구화시대의 확장된 관점과 다문화·다인종 사회 등 20세기에 첨예하게 나타난 이슈들도 고려하고 있다. 아울러 인권과 정의(justice)에 기여하는 휴먼서비스직 사회복지사들이 인권과 환경적 억압 및 빈곤 이슈들에 적극 개입하는 것을 강조하여 사회복지실천의 보다 다차원적인 접근을 제시하고 따라서 사회복지실천의 지식의 확장을 요구하며 예방과 환경적 개입을 강조하는 점이 부각된다.

3. 학문으로서 사회복지의 이해

1) 사회복지의 응용사회과학적 특성

사회복지는 사회복지서비스와 실천 그리고 이러한 서비스와 실천의 타당성과 전달체계를 뒷받침하는 제도와 정책의 연구노력이 필요한 분야이다. 사회복지가 사회를 구성하고 운영해 가는 주요한 사회제도로서 자리매김하고 휴먼서비스 전문직으로 사회에 기여하기 위해서는 여러 하위 분야들로 이루어진 사회복지 전체에 공통으로 기초가 되고 활용되는 지식체계가 공고하게 마련되어야 한다. 일찍이 19세기 말 미국에서 사회사업가가 전문직으로 자리잡기 위해 많은 여성 교육자와 연구자들(예 : Grace Abbott, Edith Abbott, Sophonisba Breckinridge)이 사회복지대학원을 창설하여 지식기반을 만들고 이를 교육과 훈련을 통해 전수하고자 하였다. 이들 여성들은 당시 주요한 학문분야였던 경제학, 사회학, 정치학을 공부하였고 이러한 소위 '순수학문' 분야가 사회 곳곳에서 일어나고 있는 빈곤, 이민자들의 사회적응, 아동양육, 청소년 비행 등의 문제 해결을 돕는 데 한계가 있음을 깨닫고 인간행동을 이해하고 사회환경에 적응하며 기능적인 사회구성원으로 살도록 돕기 위해 어떻게 도와야 하는가에 대해 고민하였다.

이러한 배경과 함께 간단히 말해 '사람들이 좀더 잘 살 수 있게 돕는' 방법을 찾는 사회복지는 인간과 사회에 대한 여러 분야의 전통적인 학문 내용을 차용하고 개인, 가족, 집단, 지역사회 등이 관련되는 여러 실천 현장에 응용하여 사용한다. 구체적으로 사회복지실천 분야는 사회환경 속의 인간 및 인간의 사회기능에 대한 이해가 필요하므로 심리학 분야 중에서도 인지심리, 뇌신경심리, 문화심리, 문화인류학, 발달심리, 임상심리, 사회심리, 상담심리, 그리고 교육학, 사회학 등에서 개발된 이론과 경험적으로 지지된 지식을 응용한다. 예를 들어, 부모로부터 방임과 학대를 경험한 초등학교 3학년 아동이 2살짜리 유아가 하듯이 방뇨와 언어혼란을 나타내는 경우 사회복지사가 이 아동을 이해하고 건강한 아동으로 성장하는 것을 돕기 위해서는 정신역동이론의 자아방어기제이론과 심한 스트레스 후 외상으로 인해 퇴행하는 경우에 대한 스트레스-대처 이론, 아동의 탄력성과 성장에 대한 인지 및 발달심리학, 사회심리 분야의 지식이 필요하다. 폭력 피해 아동에 대한 치료적 개입을 위해서는 심리치료 이론과 경험적 근거를 지식과 기술 개발을 위해 사용할 수 있다. 다른 예로 지역사회 별로 구성원들의 유대감과 사회복지서비스 이용 정도에는 차이가 있을 수 있다. 이러한 현황에 대해 사회학의 사회망이론과 사회체계이론, 심리학에서의 상담 행동, 임파워먼트 이론, 사회통합론 등을 활용할 수 있다. 최근 1990년대부터 이주노동자와 결혼이민 여성이 증가하면서 다문화 클라이언트, 다문화 아동과 가족 등이 필요로 하는 사회복지서비스가 부각되는데 여기에는 문화인류학 이론과 지식이 필요하다. 물론 이러한 제 이론들을 통합하여 사회복지실천의 이론으로 개발하고 경험적 지식으로 발전시키는 것은 사회복지의 임무이다.

사회복지정책 및 행정 분야에서도 교육학, 경제학, 사회학, 사회심리학, 조직심리학, 정치학 등의 이론과 지식을 활용하여 사회복지조직의 운영과 관리, 행정 조직의 효율화, 사회복지제도나 전달체계의 효율과 효과를 꾀한다. 예를 들어, 다문화 아동과 가족에 대한 사회복지서비스는 언어교육과 병행하여 사회문화적 적응, 학교 및 지역사회 환경에서의 통합 등 여러 사회체계들과 동시다발적으로 이루어져야 하므로 교육정책 및 교수법, 지역사회 복지서비스 전달체계를 위한 교육학, 사회학, 다문화 아동 및 가족과 통합된 지역사회 삶이 가져오는 사회전체의 안정성과 발전을 예측하는 경제학적 분석 등 다학문적 응용과 개입을 통해 보다 효과적인 사회복지제도가 마련되는 것이다.

서구에 비해서는 일천하지만, 우리나라 사회복지 연구의 역사가 이제 반세기를 넘고 실천현장 중심의 연구가 활발히 일어나고 있으므로 사회복지실천 공통기반이 되고 우리나라 사회문화적 상황에 적합한 토착화된 이론과 지식기반이 점차 공고해지고 있다.

2) 대학 및 대학원에서의 사회복지 교육과 훈련

사회복지는 가치와 지식, 기술이 어우러져 이루어지고 휴먼서비스 전문직으로 기능하기 위해서는 공고한 지식과 기술 기반 위에 형성되어야 한다. 일찍이 플랙스너(Abraham Flexner, 1915)는 미국의 자선과 교정 회의에서 사회사업은 교육과 훈련을 통해 전수할 수 있는 지식과 기술기반이 없고 고유한 활동을 하기보다 서비스를 매개하는 역할을 하여 전문직이라고 할 수 없다고 주장하였다. 이 주장에는 한계가 있었음에도 불구하고 사회복지실천의 실천가와 연구자, 교육자들에게 큰 파장을 일으켰다. 플랙스너의 주장보다는 영향이 적었지만 전문직에 대해 사회학적 연구를 한 사회학자 애보트(Abott)도 1976년에 *The System of Professions*에서 사회복지실천은 사회복지서비스들을 연결해주는 연계직(bridging profession)이며 간전문직(paraprofession) 수준으로서 공식적인 전문직이라고 할 수 없다고 하였다. 이러한 주장들은 논리적, 경험적인 근거에서 한계가 있지만, 사회복지가 실천직업으로서 그리고 학문 분과로서 자리매김하기 위해서 지식과 기술 기반이 중요하다는 것을 알려준다. 또한 이러한 자극들에 힘입어 사회복지의 이론 및 지식기반, 기술과 기법을 발전시키려는 노력이 배가되어 왔다고 볼 수 있다.

사회복지교육이 일찍이 발달한 미국의 경우 1980년대를 기점으로 거시분야와 미시분야를 구분하고 미시 분야에서 개별사회사업, 집단사회사업, 지역사회조직으로 삼대 방법론을 구분하던 분절적인 접근으로부터 다양한 세부 사회복지 분야의 서비스와 프로그램을 위주로 제도와 실천이 융합되는 경향이다. 미국의 경우 학부에 사회복지 전공이 개실되기도 하지만 사회복지는 인문학, 사회과학, 자연과학 등 제 학문분과의 기초학업을 쌓고 응용하는 실천학문으로서의 경향이 강해 사회복지 전공 교육과 훈련은 대학원을 중심으로 이루어진다.

우리나라의 경우 사회복지 교육과 훈련은 학부부터 시작하며 1990년 이전에는 전통적인 삼대 방법론 위주의 교과목을 운영하다가 이후 통합적으로 접근한다. 한국사회복지대학협의회를 주축으로 대학 교과목이 선정되고 지침이 제공된다. 학부와 대학원 교육을 구분해 보면, 학부에서의 사회복지 교육과 훈련의 목표는 일반적 사회복지사(generalist social worker)를 양성하는 것이고 대학원 수준에서는 가족복지, 교정복지, 노인복지, 아동 및 청소년 복지, 장애인복지, 의료사회복지, 정신장애인복지, 학교사회복지, 다문화사회복지, 사회복지 행정 및 정책 분석 등 세부 전공을 심화하는 것이 권고된다. 사회복지 교육과 훈련의 과정과 내용은 사회변화와 새로운 사회문제가 대두되는 사회환경을 반영하여 작성된다. 즉 2000년대 이후 확산된 다문화 이슈, 공공과 민간 부문에서 사례관리를 전달체계에 도입하는 등 새로운 이슈화와 전략 개발에 대한 교육과 훈련의 제고가 요구된다.

3) 사회복지 조사연구

사회복지가 발전해 나가기 위해서는 교육 및 훈련과 함께 조사연구(research)가 뒷받침되어야 한다. 사회복지는 사회환경 속의 인간 삶에 관한 경험을 토대로 한 이론과 경험적 근거가 필요한 분야이다. 따라서 실험실 안에서 환경적 조건들이 통제된 상황에서의 이론이나 관념적 논리에 의한 이론이 아니라 실제 다양한 상황에서 인간의 인지, 정서, 행동의 대응과 그 변화에 관한 이론과 지식체계가 필요하고 이에 맞추어 연구도 수행된다. 예를 들어, 지역사회복지관을 이용하는 사람들과 이용하지 않는 사람들의 삶의 조건과 삶에 대한 만족에서의 차이를 연구함으로써 1990년 초 이후 확산되어 지역민의 삶의 일부로 자리 잡았고 사회복지서비스를 제공하는 대표적인 주체인 지역사회복지관의 효용성을 알아볼 수 있다.

사회복지조사연구의 필요성은 단순히 이론의 개발과 적용을 위해서가 아니라 몇 가지 측면에서 중요하게 대두된다. 첫째, 사회복지조사연구는 사회복지 서비스와 제도가 목적한 바대로 잘 수행되는지 그 과정을 밀접히 관찰하고 진전과정을 모니터링하기 위해 필요하며, 또 이러한 목적으로 수행된다. 둘째, 사회복지조사연구는 사회복지서비스와 프로그램의 성과를 검토하여 그러한 서비스들을 수정, 보완, 개선하는 데 기여하기 위해 필요하다. 셋째, 이러한 조사연구는 경험적 지식을 축적하여 교육과 훈련에 피드백을 제공하여 발전시키고 그 내용을 수정·보완하는 데도 기여할 수 있다. 끝으로, 조사연구를 통해 나타난 경험적 근거와 이론 개발은 사회복지실천과 제도에도 피드백을 제공하여 조사와 실천 및 제도와 시너지 효과를 내면서 발전할 수 있다.

생각나누기

1. 지역사회에서 사회위험에 처해 있는 사람들을 꼽아 보고 어떠한 상황인지 이야기를 나누어 봅시다.

2. 각자 관심있는 사회문제를 제시하고 이에 대한 우리 사회의 대책이 무엇인지 의견을 나누어 봅시다.

3. 사회복지개론을 배우기 전에 생각하던 사회복지와 여기서 배운 사회복지 개념의 차이를 이야기해 보고 사회 일반의 사회복지에 대한 이해를 향상시킬 방법에 대해 이야기해 봅시다.

4. 사회복지의 다학문적 성격을 알고 난 지금, 자신이 앞으로 어떠한 과목을 더 수강하면 인간행동의 여러 측면과 사회복지제도와 실천을 더 잘 이해할 수 있는지 생각하고 의견을 나누어 봅시다. (다른 과목들의 분야의 예, 인문과학, 사회과학, 법학, 의학, 자연과학)

제3장 사회복지의 구성

사회복지는 인간의 삶의 질을 향상시켜 행복하게 살 권리를 충족시키는 데 목적이 있다. 이 목적을 달성하기 위하여 서비스 대상자에게 필요한 서비스를 제공하는 주체가 있으며, 충분한 재원과 서비스를 효율적으로 전달하기 위한 전달체계망이 필요하다. 이 장에서는 사회복지를 구성하고 있는 요소로 주체, 대상, 내용, 재원, 전달체계에 대해 탐구한다.

1. 사회복지의 주체

사회복지주체란 사회복지활동을 함에 있어 누가 대상자에게 도움을 주는가 하는 점이다. 공급주체는 비공식부문 대 공식부문, 영리부문 대 비영리부문으로 나눌 수 있으며, 운영주체는 공공기관과 민간기관으로 구분되며, 그리고 실천주체로는 사회복지사와 자원봉사자가 있다.

1) 공급주체

국가나 지방자치단체가 공급의 주체였으나 최근 사회복지의 일반화와 다양화의 추세로 공급조직의 다양화가 이루어지고 있다. 공급주체로는 비공식부문 대 공식부문, 비영리부문 대 영리부문으로 구분할 수 있다.

전통적 사회에서 인간의 욕구는 가족이나 친척, 이웃 등 비공식부문을 통하여 무료로 제공되었다. 특히 노인의 수발이나 아동의 양육 등은 가족이 담당하여 왔다. 비공식부문을 통하여 욕구를 충족시키지 못하였을 때 대신 국가나 지방자치단체 등의 공식부문 또는 공공부문이 담당한다. 공식부문은 특별한 조직체계를 통해 무료 또는 유료로 서비스를 제공한다. 예를 들면, 비공식부문인 가족이 노인의 수발을 담당하여 왔으나 가족부양부담의 한계로 노인장기요양보험제도가 도입되어 공식부문인 국가가 대신 노인수발에 참여하게 되었다.

영리부문은 이윤추구를 한다는 점에서 비영리부문과 차이가 있다. 영리부문과 비영리부문의 다른 용어로는 시장부문과 비시장부문으로 명할 수 있다. 전통적으로 사회복지는 이윤추구를 하지 않는 비영리부문의 활동이 대부분이었고, 현재에도 많은 부분은 비영리부문이 담당하고 있다.

현재 영리부문은 질 높은 서비스 요구와 소비자 선택의 중요성으로 인해 확대되고 있는 추세이다. 비영리부문에서 다루지 못하는 영역과 서비스를 실천한다는 면에서는 긍정적이지만, 반면에 이윤을 극대화하기 위한 비용절약으로 서비스의 질이 낮아질 위험이 있다.

2) 운영주체

사회복지사업을 운영하고 경영하는 주체로서 공공부문과 민간부문으로 구분될 수 있다. 공공부문은 서비스를 제공하는 주체가 국가와 지방자치단체 등의 공공기관이다. 공공기관은 서비스가 안정적이며, 범위가 넓고, 일정한 조건을 충족하면 차별 없이 서비스를 받을 수 있는 장점이 있다. 반면에 서비스에 대한 융통성이 적고, 민간부문에 비해 서비스가 늦게 전달된다는 단점이 있다.

과거에 민간부문은 외국의 원조나 자선단체 등에서 출발하였으나, 현재는 공공기관에서 위탁한 민간기관이 서비스를 제공하고 있다. 민간부문은 사회복지법인의 형태로 운영되거나 종교단체, 기업체, 자원봉사단체 등에서 다양한 형태로 운영하고 있다. 민간부문은 공공부문에 비해 서비스가 신속히 이루어지고, 융통성은 있지만 재원이 민간에게서 조달되므로 안정적이지 못한 단점이 있다. 이를 보완하기 위해 국가나 지방자치 단체가 재원을 제공하고 민영단체에 위탁하여 운영을 맡기는 반관반민 형태가 있다.

3) 실천주체

실천주체는 직접 대상자에게 서비스를 제공하는 주체를 말한다. 사회복지영역에는 사회복지전문가가 아닌 일반인도 참여하고 있고, 또 소정의 기간 동안 교육 및 훈련을 받은 준전문가도 참여하고 있다. 사회복지영역에 종사하는 사람 모두가 전문직일 필요는 없으며, 업무의 성격에 따라 적합한 지식과 기술만을 요하는 경우도 있다. 따라서 사회복지실천 주체는 사회복지사로 대표되는 전문직과 그리고 자원봉사자로 대표되는 비전문직으로 구분할 수 있다.

현재 한국에서 사회복지사는 대학원, 대학교, 전문대학, 평생교육기관 등에서 필요한 학점을 취득하면 2급 자격증이 수여되고, 국가고시를 통해 합격된 자에게 1급 자격증이 수여 된다.[1]

2005년 제정된 「자원봉사활동기본법」에서는 "자원봉사활동이라 함

1) 사회복지사 자격증에 대한 자세한 사항은 제13장 참조.

은 개인 또는 단체가 지역사회 · 국가 및 인류사회를 위하여 대가없이 자발적으로 시간과 노력을 제공하는 행위를 말한다. 자원봉사자라 함은 자원봉사활동을 행하는 자를 말한다"고 정의하였다. 자원봉사(voluntarism)라는 용어의 기원은 '자유의지'라는 의미를 가진 라틴어 'voluntas'에서 유래되었다. 이는 인간의 자유의지, 즉 마음속 깊이 우러나오는 의지라는 뜻으로 자발적으로 행하는 활동을 의미한다. 또한 자원봉사자(volunteer)라는 용어는 영어의 'will'에 해당되는 라틴어 'volo'(의지)에서 유래되어 처음에는 군 지원병을 지칭할 때 사용되었지만, 오늘날에는 '무상으로 봉사하는 사람'으로 정의하고 있다(권중돈 외, 2008). 우리말 사전에서는 자원(自願)이란 "일정한 일을 자기 스스로 원함"으로 풀이하고 있고, 봉사(奉仕)란 "남의 뜻을 받들어 섬김, 국가나 사회 또는 남을 위하여 자기 이해를 돌보지 않고 노력이나 힘을 들여 친절하게 보살펴 주거나 일함"으로 서술하고 있다.

최근에 자원봉사는 단순한 육체적 노력 봉사뿐 아니라 실질적 도움을 줄 수 있도록 전문화 현상이 일어나고 있다. '재능기부'라는 이름으로 불리는 프로 보노(pro bono)활동은 우리나라에서도 뿌리를 내리기 시작하였으며, 2009년 프로보노코리아가 창립되었다. 프로 보노는 라틴어 문구인 '공익을 위하여(pro bono publico)'의 약어이다. 프로 보노는 변호사를 선임할 여유가 없는 개인 혹은 단체에 대해 보수를 받지 않고 법률서비스를 제공하는 것을 말하는데, 이제는 자신이 가진 지식이나 기술을 나누는 봉사활동을 통틀어 일컫는다.

2. 사회복지의 대상

사회복지서비스의 대상자는 초기에는 문제를 가진 개인이었으나 보편적 사회복지의 발달과 함께 전 국민으로 확대되었다. 국가는 인간이 갖고 있는 기본적 욕구를 충족시켜야 할 뿐 아니라, 공동으로 해결해야 하는 사회적 위험에 처할 때 사회안전망을 구축하여 온 국민의 욕구를 충족시키며 다가올 위험에 대비하여야 한다.

사회복지실천과 정책에서 서비스 대상자가 되기 위한 조건에 대해 살펴보자. 사회복지실천분야에서의 서비스 대상자를 클라이언트(client)라고 부른다. 클라이언트는 문제해결을 위해 도움을 요청하는 자이다. 그런데 서비스를 제공하는 기관과 서비스를 제공받기로 계약이 이루어져야 비로소 실제적인 클라이언트가 된다. 반면에 아직 기관과 서비스를 제공받기로 계약이 이루어지지 않았지만 서비스가 필요한 사람은 잠재적 클라이언트로 볼 수 있다.

또한 자발적 클라이언트와 비자발적 클라이언트로도 나눌 수 있다. 자발적 클라이언트는 문제해결을 위해 외부의 강요 없이 스스로 복지기관을 찾아오는 사람이다. 반면에 비자발적 클라이언트는 외부의 강제명령으로 프로그램에 참여하는 경우이다. 예를 들면 가정폭력자, 성폭력자, 성구매자 등은 법원의 명령으로 프로그램에 참여하여야 한다.

클라이언트와 사회복지사와의 관계를 살펴보면, 예전에는 사회복지사가 클라이언트에게 일방적으로 서비스를 제공하는 권위적 관계이었다. 현재는 클라이언트의 협조와 적극적 참여 없이는 변화가 이루어질 수 없으며 문제해결의 열쇠를 클라이언트가 갖고 있다는 인식하에 클라이언트 중심의 서비스가 제공됨에 따라 사회복지사와 클라이언트는 동등하고 평등한 관계로 변화되었다.

한편, 국가는 제한된 자원 때문에 모든 국민에게 서비스를 제공할 수 없다. 따라서 공공부조와 사회보험의 혜택을 받기 위해서는 법적으로 일정한 수급자격 요건을 충족할 때 비로소 서비스의 대상자가 될 수 있다. 예를 들면 공공부조는 소득자산조사를 근거로 대상자가 선별되며, 사회보험의 경우는 보험에 가입하여 일정한 기여금을 부담하여야 비로소 급여의 대상자가 될 수 있다.

3. 사회복지의 내용

사회복지의 내용은 대상자에게 무엇을 전달할 것인가에 대한 관심으로 사회복지서비스를 말한다. 「사회복지사업법」 제2조 4항에서 "사회복지서비스라 함은 국가·지방자치단체 및 민간부문의 도움을 필요로 하는 모든 국민에게 상담·재활·직업소개 및 지도, 사회복지시설의 이용 등을 제공하여 정상적인 사회생활이 가능하도록 제도적으로 지원하는 것을 말한다"고 명시되어 있다.

실천분야에서는 특정한 연령계층 또는 특정 문제를 가진 사람을 중심으로 아동복지, 청소년복지, 노인복지, 여성복지, 장애인복지서비스 등이 있으며, 서비스가 주어지는 장소에 따라 학교사회복지, 교정사회복지, 의료사회복지서비스 등이 해당된다. 또한 클라이언트가 주로 서비스를 받는 장소를 기준으로 재가서비스, 지역사회서비스, 시설서비스로 나눌 수 있다.

첫째, 재가서비스: 시설에 입소하지 않고 가정에 머물면서 받는 서비스로서 재택서비스라고도 한다. 제공자가 집으로 방문하여 서비스를 제공한다. 예를 들면 가정봉사원서비스, 방문간호서비스, 식사배달서비스 등이 있다.

둘째, 지역사회서비스: 지역사회 내에서 이용시설을 통해 받게 되는 서비스이다. 예를 들면 주간보호센터, 종합복지관, 정신보건센터 등을 이용하면서 받는 서비스이다.

셋째, 시설서비스: 클라이언트가 주거시설이나 병원 또는 요양시설에서 일시적 또는 영구적으로 생활하면서 서비스를 제공받는 것을 말한다. 아동양육시설, 장애인시설, 요양시설, 양로시설 등이 주로 활용된다.

공공부조와 사회보험으로 대표되는 사회복지정책에서의 급여의 종류에는 현금급여, 현물급여, 바우처(voucher), 권력(power), 기회(opportunity) 등이 있다. 현금급여의 장점은 수급자의 선택의 자유를 극대화한다는 것이다. 또한 현금은 사회적 낙인을 초래하지 않아 인간의 존엄성을 지켜주며, 행정관리비용을 감소시킨다. 그러나 현금이 지급 목적이 아닌 다른 용도로 사용될 수 있다는 단점이 있다. 현물급여는 물품과 각종 서비스를 가리킨다. 현금은 목표로 삼은 수급자들에게 직접적 혜택이 돌아갈 가능성이 높은 반면, 현물은 현금에 비해 행정과 관리가 어렵다.

바우처(voucher)는 특정 목적을 위해 사용되는 일정한 화폐가치를 지닌 증서를 말한다. 바우처는 현금과 현물의 특징을 혼합한 것으로 선택의 기회와 이용의 편의성을 제공하면서 사회적 낙인을 감소시킬 수 있다. 또한 서비스 공급기관의 경쟁을 촉발하여 사회서비스의 질을 높이는 효과를 거둘 수 있다. 이처럼 경쟁과 선택을 강조하는 수용자 중심의 전달방식이지만, 반면에 사회복지의 시장화를 초래할 가능성이 있다(김종일, 2009). 사회서비스 바우처 제도는 노인, 장애인, 산모, 아동 등 사회서비스를 필요로 하는 사람들에게 일종의 이용권을 발급하여 서비스를 받을 수 있도록 하는 제도이다. 특히 전자바우처는 사회서비스를 편리하게 이용할 수 있도록 현금카드 형태로 지급되며, 서비스의 신청에서 이용과 비용지급, 정산 등 전 과정이 전자시스템으로 처리된다.

간접 급여의 성격으로 권력(power)과 기회(opportunity)가 있다. 권력은 직접급여에 접근하거나 그것과 관련된 정책형성과정에 참여하여 자원의 최종 배분에 영향을 미치는 주요 요소이다. 기회는 사회구성원들에게 노동시장 진입이나 교육기회를 균등하게 제공하기 위해 차별을 없애는 것이다. 그러나 기회균등이 직접적인 혜택을 가져다주지 않으며, 동등한 결과가 나타나지도 않는다. 따라서 직접적이고 실질적인 급여로 바꾸기 위해서는 다양한 전제조건이 충족되어야 한다.

4. 사회복지의 재원

사회복지재원은 공공부문과 민간부문 재원으로 나눌 수 있다. 공공부문의 재원은 일반조세, 사회보장성 조세, 조세 감면 등이며, 민간부문으로부터의 복지재정은 민간의 기부금, 기업복지, 이용자의 본인부담금 등이다. 공공재원과 민간재원의 균형을 어떻게 잡을 것인가가 논쟁이 된다. 공공재원을 높일 것을 주장하는 관점에서는 국가복지의 안정성, 영속성, 소득재분재효과, 사회적 연대성 제고 등을 거론한다. 반면에 민간재원을 주장하는 입장에서는 국민들이 세금을 덜 지불하게 되는 것이고, 만성적인 재정 위기에 놓여있는 현대 복지국가에 탈출구를 제공할 수도 있다는 의견이다. 따라서 중요한 것은 양자택일이 아니라 양자의 조화로운 균형이라 하겠다(김종일, 2009).

아래에서는 사회복지 재원의 각 유형에 대해 장·단점을 살펴보고자 한다.

1) 공공재원

(1) 조세

조세는 국가에서 국민들로부터 강제적으로 징수하는 것으로 국세, 지방세, 특별세, 목적세 등 과세에 의해 재원을 충당하는 방법이다. 조세방식의 장·단점에 대해 살펴보면 다음과 같다(박경일, 2006).

• 조세방식의 장점

① 지불능력이 없는 저소득층에 대하여 생존권을 보장하는데 필요한 최저수준의 급여와 서비스를 정부가 책임진다.

② 사회복지 정책의 대상이 되는 위험은 대부분 개인적으로 대응할 수 없는 사회적 위험이다. 사회적 위험의 감소는 사회전체 성원의 이익을 향상시킨다.

③ 조세가 누진세 중심으로 징수된다면 사회보장의 기능의 하나인 재분배 효과를 높일 수 있다.

• 조세방식의 단점

① 수익과 부담의 관계가 모호한 특성 때문에 무책임한 급여수준 인상을 요구할 수 있다.

② 재정의 낭비를 줄이기 위해서 자산조사를 통하여 급여수급자격을 관리하는 경우 행정기관의 자의적인 개입이 초래되며, 심사로 인해 낙인이 발생할 수 있다.

③ 재원 확보를 둘러싸고 다른 정책분야와 경쟁하게 되므로 재원을 안정적으로 확보하는 데 어려움이 따를 수 있다

(2) 사회보험료

보험가입자가 일정한 기간 정기적으로 일정한 금액을 기여하는 방식인 사회보험은 사회보험료를 주요 재원으로 하고 있다. 사회보험의 경우 국가, 고용주, 피고용주가 공동 분담하여 필요한 재원을 마련하게 된다. 예를 들면 건강보험의 경우 재정조달은 가입자, 사용자, 국가라는 3자 부담원칙에 따른다. 근로자의 경우 근로소득의 일정 비율의 보험료를 부담하며, 지역가입자의 경우에는 가입자의 소득과 재산을 고려한 보험료를 부담한다.

사회보험료 방식의 장점을 살펴보면 다음과 같다(박경일, 2006).

① 사회보험급여의 인상과 직접적으로 연계될 수 있어 무책임한 급여의 인상을 억제한다.

② 피보험자에게 낙인을 제공하지 않고 권리성을 부여할 수 있다.

③ 갹출에 의해 가입된 사회보험의 운영에 참가할 수 있다.

④ 보험료는 임금에 부과되기 때문에 사업주에게 위험발생 예방에

대한 인센티브를 주게 되어 부담 증대를 억제할 수 있다.

⑤ 보험료 징수비용이 저렴하고 간편하다.

⑥ 보험료는 목적세적인 성격을 가지고 있으므로 피보험자의 납부의지가 조세의 경우에 비해 높다.

⑦ 보험료가 적립된 경우에는 공공투자의 재원으로 사용될 수 있다.

2) 민간재원

민간 사회복지기관은 후원금 및 기부금, 회비, 수익사업 등 여러 가지 방법의 재원 조달방식을 통하여 조직을 운영하고 서비스를 제공하고 있다. 대부분의 민간기관은 재정적인 면에서 공공과 민간재원이 혼합된 형식을 취하고 있다.

먼저 민간재원조달이 가진 장·단점을 살펴보자(김종일, 2009; 박경일, 2006).

• 민간재원조달의 장점

① 자신이 제공한 재정이 구체적으로 어디에 어떻게 사용되는지에 대하여 알 수 있다.

② 분명한 목적과 구체적인 사업을 적시에 할 수 있어 기부자들로부터 재원조달이 용이하다.

③ 민간 사회복지기관은 지역사회와 밀접하게 연관되어 있어 지역사회의 변화하는 욕구에 민감하게 적응할 수 있어 재원조달이 쉬울 수 있다.

• 민간재원조달의 단점

① 재원의 불안정성으로 단기적인 개입에 그치기 쉽다. 영속성과 안정성 면에서 공공재원에 비해 취약하다.

② 개인이나 집단의 자발적인 기부에 의존하므로 책임성 문제가 대두된다.

③ 사회복지정책의 급여의 남용 또는 오용의 문제가 반영되기도 한다.

④ 자발적 기부가 지나치게 강조되고 의존도가 높아지면 공공재원을 투입하는 사회복지가 소홀히 여겨질 가능성이 크다.

다음은 민간재원의 종류에서 사용자 부담금과 자발적 기여금 또는 기부금에 대해 살펴보자. 사용자 부담금은 사회복지급여나 서비스를 이용하는 사람들이 그 이용의 대가를 지불하는 방법을 말한다. 예를 들면 국민건강보험에서 본인 일부 부담이나 각종 사회복지 서비스의 이용료를 말한다. 서비스 대상자의 형편에 따라 차등으로 사용료를 부과할 수 있다.

기부금은 자발적인 성금으로 조성된 재원을 말하는 것으로, 정부의 복지재성을 보완하기 위해 민간으로부터 모금을 하는 방법이다. 개개의 복지기관의 후원사업이나 연말에 구세군에서 실시되는 자선남비 등이 있다. 개인에 의한 기여금은 이전에는 연말연시에 집중된 불우이웃돕기 성금모금을 주축으로 이루어지다가, 「사회복지공동모금회법」의 제정으로 사회복지공동모금회가 설립되어 전국 규모로 전문적으로 모금하고 도움이 필요한 곳에 배분하는 역할을 하고 있다. 「사회복지공동모금회법」 제 2조에 나온 정의를 살펴보면, "사회복지공동모금이라 함은 사회복지사업 기타 사회복지활동의 지원에 필요한 재원을 조성하기 위하여 이 법에 의하여 기부금품을 모집하는 것을 말한다"고 명시되어 있다. 개별모금기관이 자체적으로 운영하는 고유 목적사업을 위해 모금을 하고 있는 반면, 사회복지공동모금회는 어려운 중소규모의 취약한 복지기관과 시설을 대신해 공동으로 모금하여, 이들 기관과 지역사회를 지원하는 역할을 한다.[2)]

---

2) 사회복지공동모금회의 2014년 이웃돕기 일반성금 모금액은 약 4,714억원이었다. 이는 2013년 약 4,546억원에 비해 168억원이 증가한 금액이었다. 기부자는 기업이 3,037억원, 개인이 1,677억원으로 나타났다. 배분실적을 보면 아동청소년복지 944억, 노인복지 705억, 여성·다문화 352억, 장애인복지 544억, 지역사회복지안전망 1,525억, 저소득 긴급지원 232억, 북한·해외 및 기타 202억으로 총 4,504억원이 배분되었다(출처: 사회복지공동모금회 연간보고서 2014).

5. 사회복지의 전달체계

사회복지 전달체계는 서비스 제공자들 사이 또는 서비스 제공자와 수급자 사이에 존재하는 조직체계를 의미한다(원석조, 2010). 사회복지 서비스를 적절하고 효율적으로 대상자에게 전달하여 복지정책이 추구하는 가치나 목표의 성취가 전달체계에 따라 달라질 수 있다. 전달체계의 종류와 원칙을 살펴보자.

1) 전달체계의 종류

일반적으로 사회복지서비스의 전달체계는 운영주체에 따라 공공부문에서 수행되는 공적 전달체계와 민간부문에서 수행되는 사적 전달체계로 나눌 수 있다. 공적 전달체계는 국가나 공공기관이 직접 운영하는 것으로 보건복지부를 중심으로 한 정부조직 관련 부서들의 위계적인 체계망을 말한다. 사적부문은 민간단체가 운영하는 복지재단, 자원봉사단체, 사회복지협의회, 이용 및 생활시설 등에서 수행되는 전달체계이다. 그러나 최근 우리나라의 사회복지서비스 전달체계의 경우 공적과 사적의 명확한 분리가 모호한 경우가 있는데, 이는 공사 간의 파트너십을 통한 상호 협력적 사회복지서비스 프로그램들이 활발히 개발되고 시도되는 상황에 기인한 것이다.

(1) 공적 전달체계

공적 또는 공공전달체계는 법률에 의하여 제도화된 조직체계를 통한 전달을 말한다. 공공복지 전달체계가 수행하는 주된 내용은 크게 사회보험과 공공부조, 그리고 사회적 서비스로 구분될 수 있는데, 이 서비스를 수행하는 중앙정부의 사회복지 전달체계는 보건복지부뿐만 아니라 노동부, 보훈처 등 다양한 부처들이 관련되어 있다. 또한 행정자치부의 지방조직인 지방자치단체를 통하여 정책 및 서비스를 공급하고 있다.

일반적으로 공공전달체계는 보건복지부를 정점으로 서울특별시·광역시·도 → 시·군·구 → 읍·면·동 → 수혜자 등으로 위계화된 체계가 구성되어 있으며, 광역 지방자치단체의 사회복지 행정조직은 시·도의 조례에 의하여 설치되고, 각 과의 사무분장은 규칙에 의하여 배분되며, 그 하부 구조인 기초 지방자치단체의 사회복지 행정조직은 조례에 의하여 설치되어 시·군·구 또는 인구 규모, 지역적 특성에 따라 약간씩 차이가 있을 수 있다.

공적 사회복지 전달체계의 문제점으로 상의하달식의 수직적 전달체계로 인한 서비스의 경직성과 전문 인력의 부족 그리고 서비스의 통합성 결여 등을 들 수 있다(한국임상사회사업학회, 2006).

(2) 사적 전달체계

사적 또는 민간 전달체계는 공공서비스 전달체계의 한계를 보완하는 민간 차원의 서비스 전달체계로서 그 중요성과 필요성이 증대되고 있다. 사적 사회복지서비스 전달체계는 정부에서 제공하는 서비스 중 수혜자의 자격기준을 심사하여 선별적으로 제공하는 데서 발생하는 경계선상의 수혜자 보호를 위해 필요하다. 그리고 서비스의 성격상 정부가 제공할 수 없는 서비스를 제공할 수 있으며, 동일한 종류의 서비스에 대해 이용자에게 선택의 기회를 제공한다. 또한 민간의 사회복지 참여욕구를 수렴할 수 있으며, 정부의 사회복지활동에 대한 압력단체 역할을 할 수 있다.

우리나라 사적 사회복지 전달체계의 문제점으로는 지역 및 전국적 사회복지 관련 기관간의 협의조정 및 연락기능이 결핍되어 있다. 그리고 전반적인 사업의 내용과 활동이 전국적 또는 지역사회의 복지적 욕구를 대변하지 못하는 실정이다. 사회복지계의 이슈나 문제에 대하여 정부나 국민에게 사실을 홍보하고 정책적 건의를 하는 지도력이 부재할 수 있다. 또한 일부 부실한 운영법인들의 비리나 비윤리적 행태를 들 수 있다(한국임상사회사업학회, 2006).

2) 전달체계의 원칙

효과적인 사회복지 서비스의 전달체계구축은 복지기관들이 적절한 기능을 수행하게 하고 자원의 낭비를 막고, 서비스의 중복 및 누락이 없는 효과성과 함께 효율성을 극대화시키는 원칙들이 지켜져야 한다. 학자에 따라 전달체계의 원칙을 행정적 측면과 서비스 제공의 측면으로 나누어 제시하고 있으나, 여기서는 기본 원칙 몇 가지만 살펴보고자 한다(김종일, 2009).

(1) 통합성

복지와 관련된 문제를 가진 사람들 대부분은 필요로 하는 욕구가 다양한 만큼 서비스의 성격도 다양하게 행해져야 한다. 여러 개의 복지기관과 전문가가 각기 다른 서비스를 제공한다면 서비스의 효과도 저하되고 자원의 낭비도 생기게 되는 것이다. 따라서 업무를 수행함에 있어 관계기관 및 관계자들 간의 조정이 원활하게 이루어질 수 있도록 하여야 한다.

(2) 지속성

사회복지서비스 제공의 궁극적 목표는 자활 및 재활에 있다. 그러므로 클라이언트가 다양한 서비스를 통해 점차 정상화되어 가는 각 과정별로 필요한 서비스의 양과 질이 달라져야 할 필요가 있다. 따라서 서비스를 제공하는 전문가는 클라이언트의 변화 과정을 면밀하게 분석하고 평가하여야 한다. 즉 클라이언트의 욕구가 해결될 때까지 모든 서비스가 통합되고 지속되어야 하는 것을 말한다.

(3) 접근성

사회복지를 필요로 하는 사람들이 언제 어디서나 서비스에 쉽게 접근하여 이용할 수 있도록 하는 것이다. 접근성을 높이기 위해 교통이 편리한 곳에 위치하거나 심리적으로도 위화감이나 소외감을 주지 않는 분위기를 창출하여야 한다.

(4) 전문성

전문성의 원칙은 서비스의 전달이 전문 인력에 의해 이루어져야 한다는 것이다. 전문성의 수준에 따른 업무분담을 하여서 효율적인 업무를 수행할 것이 요구된다. 업무분담은 인건비의 절약과 함께 전문가에게는 자신의 업무에 대한 결정권 및 책임성을 갖게 하며 권위와 자율성을 최대한 보장하게 되므로 업무의 효율적인 면이나 질적인 면에서 향상된 서비스 제공에 기여할 수 있을 것이다.

생각나누기

1. 한국의 사회복지재정 실태를 조사해 봅시다. 또한 사회복지재원 마련을 위하여 실시되는 민간차원에서의 효과적인 모금방법에 대해 의견을 나누어 봅시다.

2. 정부는 주민수요에 부응하는 복지전달체계 마련을 위해 2010년 사회복지통합관리망을 개통하였습니다. 이에 대한 기대효과와 과제에 대해 의견을 나누어 봅시다.

3. 자원봉사자는 사회복지의 부족한 인력을 보충하는 중요한 존재입니다. 자원봉사활동에 헌신한 인물들의 인생관과 활동내용을 조사한 후 의견을 나누어 봅시다. 또한 자원봉사자로서 필요한 마음가짐 및 태도가 무엇인지 토론해 봅시다.

제 4 장 사회복지의 역사

우리는 사회복지개론이라는 교과목을 통해 사회복지가 무엇인지를 이해하고자 한다. 사회복지는 왜 필요한 것인지, 어떠한 내용을 포함하고 있는지, 우리 사회에 어떠한 기능을 하는지, 구체적으로 사회복지활동에는 어떤 것들이 있는지, 사회복지의 주요 제도들은 어떠한 특성을 갖는 것인지 등은 사회복지가 우리에게 무엇을 의미하는지를 정확히 파악하기 위해 반드시 알아야 하는 내용들이다. 이렇게 사회복지의 의미를 파악하기 위해 꼭 알아야 하는 또 다른 중요한 주제 중의 하나가 바로 사회복지의 역사이다. 사회복지가 어떠한 역사적 과정을 거치면서 제도화되어 왔는지를 아는 것은 현재의 사회복지제도의 본질을 이해하는데 기초적인 맥락을 제공해 준다.

집권당의 정치적 성향이나 경제적 상황이 변화하면 복지제도나 정책에 대한 사회적 분위기도 변화되기 때문에, 일상을 살아가는 우리들은 지금의 복지정책을 어떻게 보아야 하는지 판단하기 어려운 상황에 종종 놓이게 된다. 그런데 사회복지의 역사적 흐름을 이해하게 되면 현재 시시각각으로 발생하는 정책적 변화를 어떻게 보아야 하는지에 대해 나름의 관점을 가질 수 있다. 자신의 관점을 갖는 것은 사회복지 전공자들이 우리 사회에서 사회복지활동의 역할과 의미를 제대로 이해하는

데 꼭 필요한 것이라고 할 수 있다.

본 장에서는 사회복지의 역사를 전반적으로 훑어본다. 먼저 사회복지의 역사를 바라보는 관점과 사회복지 역사에서 주요하게 고려해야만 하는 사회복지제도의 주요 내용들이 무엇인지를 간략히 살펴본다. 다음으로 이러한 역사적 발전과정을 영국, 독일, 미국 등의 주요 서구복지국가를 중심으로 고찰하고, 한국의 사회복지역사에 대해서도 검토한다.

1. 사회복지 역사 개관

사회복지의 역사를 이해하는 것은 단순히 역사적 사실을 알고 이를 기억하는 것이 아니다. 역사를 이해하는 것은 그 당시 상황과 맥락을 이해한다는 것을 의미하는 것으로, 이것은 현재의 복지제도가 갖는 문제점을 파악하고 향후 이러한 문제점들이 어떠한 방향으로 개선되어야만 할 것인지를 제대로 결정하기 위해 중요하다. 사회복지의 역사를 살펴보는 가장 큰 이유는 현재의 복지제도를 보다 정확하게 이해하고 향후 바람직한 복지제도를 설계함에 있어서 통찰을 얻기 위한 것이다.

사회복지의 역사는 도움을 필요로 하는 사람들에 대한 개인적, 자선적 차원에서의 한시적 도움을 사회적, 제도적 차원에서의 항시적 도움으로 변화시켜온 역사라고 할 수 있다. 사람들 간의 상호적 도움을 넓은 의미에서 복지활동이라고 규정한다면, 결국 인류의 역사는 복지활동의 역사라고 볼 수 있다. 이러한 면에서 인류가 집단을 이루며 생활해온 그 시점부터 사람들 간의 상호도움의 역사는 시작되었다고 할 수 있다. 그러나 개인적 차원이나 좁은 지역공동체 차원에서의 도움이 아니라, 사회전체적 차원에서 제도화된 도움을 제공하는 것을 진정한 의미에서 '사회복지활동'이라고 한다면, 사회복지의 역사는 그다지 길지 않다.

역사적으로 보자면 인류는 대부분의 시간 동안 생존을 위한 핵심적 자원의 확보가 어려운 상태로 살아왔다. 당장 먹고 살 것이 없는 어려움과 함께 미래에 대한 불확실성은 인류의 삶에 어려움을 가져다주는 핵심적인 요인이 되어 왔다. 산업사회 이전의 농경사회에서는 주로 자연재해나 전쟁, 질병 등이 이러한 삶의 불안정의 주요 원인 이었다면 산업사회 이후의 사회에서는 노동불능을 야기하는 실업이나 사고, 재해, 노령 등이 그러한 원인이 되고 있다. 산업사회 이전이든 이후든 인류의 삶은 '불안정성'이라는 문제와 사투를 벌이고 있다. 다만 근대 이후 확립되기 시작한 사회복지제도들은 이러한 사회적 불안정 문제를 집단적 차원에서 대응할 수 있도록 함으로써 사람들의 삶에 일정 수준의 안정성을 부여했다.

이렇듯 역사적으로 흘러가고 있는 큰 물줄기 속에서 본다면 사회복지제도의 발전의 역사는 인류의 삶을 보다 안정적이고 예측 가능하도록 하는 방향으로 진행되어 왔다고 할 수 있다. 그러나 같은 시대를 살아가고 있지만 어떤 국가에서 살아가는가에 따라 복지를 향유하는 정도에 큰 차이가 있는 것도 사실이다. 즉, 복지제도 발전의 역사를 개별국가를 중심으로 살펴보면, 국가별 편차가 매우 크다는 것이다. 유사한 형태로 시장자본주의를 채택하고 있는 국가들에서도 사회복지제도의 발전과정에 차이가 나는 이유는 무엇일까? 이에 대해서는 다음의 3가지 요소가 중요한 역할을 한다.

첫째, 각 사회의 지배적인 정치적 이념이 다르다는 것이다. 그 사회 다수의 구성원들이 어떠한 사회를 이상적인 사회라고 믿는가에 따라서 특정 사회가 사회적으로 가장 중요하게 보존하고자 하는 가치가 달라지며, 그러한 가치를 실현하기 위한 국가의 역할은 달라진다. 특정 사회가 자유와 평등, 정의와 같은 사회적 가치 중 어떤 것을 중시하는지, 나아가 이상적인 국가의 역할이 무엇이라고 보는가에 따라 사회복지제도의 역사에 큰 차이가 있다.

둘째, 산업화의 정도, 경제적 발전의 수준 등과 같은 경제적 차원의 특성도 특정국가의 사회복지역사에 영향을 주는 중요한 요인이라고 할 수 있다. 예를 들어 산업화가 진행되고 일정 수 이상의 임금노동자들이 확보되어야 정기적 소득을 기반으로 하는 사회보험제도가 확립될 수 있다. 또 일정소득 이하의 사람들에게 적어도 최저한의 기본소득을 보장해 주는 공공부조제도를 확립하기 위해서는 이에 필요한 재원이 확보될 수 있어야만 한다. 공공부조나 복지서비스 등은 대개의 경우 일반조세를 기반으로 할 수밖에 없기 때문에, 일정수준 이상의 조세수입을 확보해야만 이러한 제도가 실행될 수 있는 것이다. 물론 경제적 수준이 높아지고 국가의 부가 축적되는 것은 사회복지제도의 확대를 위한 필요조건일 뿐 충분조건은 아니다. 앞서 첫 번째 요인으로 고려한 정치적 이념이나 사회공동체에 대한 철학적 신념 등이 어떠한가가 그 사회의 경제적 자원을 어떠한 방식으로 분배, 재분배할 것인지를 결정하는데 중요한 역할을 하기 때문이다.

셋째, 역사적 전통, 경험, 문화와 같은 사회적 맥락(social context)도 사회복지의 역사적 발전 과정에 중요한 영향을 주는 요인이다. 물론 이러한 사회적 맥락은 앞서의 정치적 이념이나 경제적 발전수준 등과 상호 밀접히 연관되어 있기 때문에, 그 영향력을 따로 분리하기는 어렵다. 그러나 예를 들어 종교적 박해를 피하고자 했던 사람들이 정착했기 때문에 종교적 신념이 사회, 경제적 제도 전반에 큰 영향을 미쳐왔다는 것이나, 개인의 책임과 개척정신을 매우 강조했다는 것, 그리고 노예제도의 경험과 다인종 국가로서 인종별 계층격차가 뚜렷이 나타났다는 점 등은 미국의 사회복지 역사에 결정적으로 영향을 미친 사회적 맥락이다. 이러한 역사적 전통과 경험은 미국이 보편적인 사회복지제도를 확립하지 못하게 만든 중요한 사회적 배경이다. 또 다른 예로 독일의 경우, 집단주의적인 게르만 민족의 특성상 가부장적 봉건주의 이념이 유럽의 다른 국가들에 비해 오랜 세월 독일사회를 지배했다. 유럽의 다른 국가들에 비해 늦게 자본주의적 시장경제를 받아들였음에도 불구하고 독일은 자본주의 시장경제 체제에 대한 국민들의 극심한 반발에 직면해야만 했다. 이 과정에서 집단주의적 문제해결의 방식으로서 사회보험 제도를 근대 자본주의 국가 중 최초로 형성했다.

한편 사회복지의 역사적 발전과정은 주요 사회복지의 제도들의 발전과정이기도 하다. 근대국가에서의 사회복지제도가 소득보장제도와 사회서비스제도로 구성된다고 본다면,[1] 개별 제도들이 확립되고 발전되어 온 시기나 인구사회적 맥락 등이 상이하다. 국가별로도 이러한 제도들을 발전시켜온 과정이나 시기에서 차이를 보인다. 이러한 차이는 앞서 살펴본 정치적 이념, 경제적 발전수준, 역사적 전통이나 경험의 차이로 인해 발생하는 것이다. 사회복지를 구성하는 주요 제도들은 특정 국가의 역사적 상황 속에서 여러 가지 다른 방식으로 발전해 왔다고 할 수 있다. 아래에서는 사회복지제도의 근간을 이루는 공공부조, 사회보험, 사회서비스의 발전에 대해 가장 두드러진 특성을 보여준 주요 국가를 중심으로 사회복지의 역사를 간략히 고찰한다.

영국의 경우 공공부조 제도의 법적 틀을 제시하여 이후 여러 국가의 공공부조 제도의 내용과 형식에 영향을 미쳤다. 또한 제 2차 세계대전 이후 포괄적인 복지제도의 청사진을 제공하고 보건의료를 보편적으로 제공함으로써 20세기 중반 이후 나름의 복지국가 제도화를 실행하고 있는 국가라고 할 수 있다. 독일은 사회복지제도의 역사에서 매우 큰 의미를 갖는 사회보험제도를 태동시킨 국가이다. 미국의 경우 한국의 복지제도의 형성과 발달에 직·간접적으로 큰 영향을 미치고 있다는 점에서 복지제도의 형성과정과 특성을 이해할 필요가 있다.

1) 소득보장제도는 최저한의 경제적 자원을 확보하지 못한 빈곤한 사람들에게 기초급여를 제공하는 공공부조제도와 노령, 실업, 재해, 질병 등과 같은 사회적 위험에 대응하도록 하는 사회보험제도로 주로 구성된다. 한편 사회서비스는 주로 노인, 장애인, 아동과 그 가족을 대상으로 돌봄, 상담, 역량개발, 사회참여 등을 지원하는 서비스를 의미한다.

2. 서구 주요 국가의 사회복지 역사

1) 영국: 공공부조제도의 역사를 중심으로

근대적 의미의 사회복지의 역사를 논의하면서 영국을 빼놓기는 어렵다. 이는 영국이 다른 어떤 국가들보다도 국가적 차원에서의 제도적 사회복지의 틀을 먼저 확립했기 때문이다. 그렇다면 영국은 교회를 중심으로 한 빈민구제의 틀을 벗고 제도적 차원의 사회복지 활동을 왜 빨리 시작하게 되었을까? 영국이라는 국가가 빈곤이나 빈민에 대한 관심이 다른 국가들보다 많아서였을까? 아니면 영국이 국가적 차원에서 빈민이나 빈곤에 대한 문제에 개입할 수밖에 없는 역사적 상황 때문이었을까? 근대국가가 형성되기 시작했던 시기의 영국 역사를 보면, 영국이 다른 국가들보다 더 빨리 사회복지를 제도화한 이유를 이해할 수 있을 것이다. 이에 대해 아래에서 간략히 살펴보자.

(1) 공공부조 제도의 역사적 발전 배경

영국이 다른 국가보다 더 이르게 빈민에 대한 구제나 개입에 관심을 갖게 된 것은 영국이 중세 봉건사회의 틀을 벗고 자본주의적 자유시장경제체제를 더 빨리 확립했기 때문이다. 중세 봉건사회에서는 비록 충분하지는 않았지만 나름의 자체적인 생활공동체적 안전망을 가지고 있었다. 그러나 봉건사회의 붕괴와 함께 생활공동체적 안전망은 서서히 와해되었다. 근대적 자본주의 사회는 공동체적 억압으로부터 자유로운 개인은 노력하면 빈곤으로부터 벗어날 수 있다는 믿음을 전파하였으며, 빈곤 탈피에 대한 스스로의 책임을 강조했다. 그러나 자본주의 도입 이후의 현실은 스스로 빈곤에 대응할 수 없는 사람들을 점점 더 증가시켰다. 사회적 · 제도적 차원에서의 빈곤에 대한 대응 필요성은 근대 자본주의 사회의 도래와 함께 역설적이게도 더 증가한 것이다.

중세 봉건사회는 정치경제적으로 하나의 공동체였던 장원이 중심이 되는 사회로, 왕과 귀족의 지배와 농노들의 피지배 관계가 사회적 계층의 근간을 이루었다. 이때 왕과 귀족은 이들의 지배를 정당화하고 사회적 통합의 근거를 제공해 주었던 교회와 성직자들과 결탁되어 있었다. 중세 봉건사회에서도 주로 빈곤이나 질병 등의 문제로 어려움을 겪었던 다수는 피지배 계층인 농노들이었다. 그러나 이들은 다음과 같은 몇 가지 이유로 인해 근대사회의 초기 임금노동자들 보다는 더 견고한 일상적 안전망을 가졌다고 할 수 있다.

첫 번째 이유는 봉건사회의 농노들은 특정 장원에 속해 있었고 그 장원은 특정 귀족의 소유였기 때문에 귀족의 입장에서는 농노들에 대한 기본적인 지원과 관리가 그들의 이익을 위해 필요한 행위일 수밖에 없었다. 즉, 지역 장원 내 토지가 귀족의 소유이지만 이 소유지를 직접 경작하여 생산물의 상당부분을 지대로 제공해 주는 것은 농노였고 이러한 농노의 생산력이 없다면 귀족들은 그들의 부를 유지할 수 없었다. 따라서 귀족 입장에서 농노는 생산능력을 가진 매우 귀중한 재산이었다. 따라서 굶주림이나 질병으로 생산활동을 할 수 없는 지경이 되면 이것은 농노 자신에게도 큰 어려움이었지만, 귀족에게도 직접적인 손실일 수밖에 없었던 것이다. 또한 농도들은 장원을 단위로 함께 생활하는 생활공동체의 일원이었기 때문에, 노령으로 생산활동을 할 수 없거나 질병에 걸린 구성원들은 공동체로서의 관계망에 엮여있는 다른 구성원들로부터 일정정도 도움을 받을 수 있었다.

중세 봉건사회의 농노들이 근대 초기 자본주의 임금노동자들에 비해 사회적으로 보다 적극적인 보호를 받을 수 있었던 또 다른 이유는, 중세사회를 떠받쳤던 중요한 또 다른 주체인 교회의 적극적 자선활동 때문이었다. 물론 중세 시기의 생산력 수준을 고려할 때 교회의 자선활동이 빈민들을 충분히 지원할 수 있는 수준은 아니었겠지만, 이 당시 교회헌금의 1/4~1/3이 빈민구제를 위해 사용되었을 정도로(박병현,

2010) 자선활동의 주체로서 교회의 역할은 작지 않았다.

이러한 봉건사회가 몰락하고 근대 자본주의 사회가 도래하면서 빈곤에 대한 사회적 대응은 새로운 국면을 맞게 되었다. 근대 사회는 중세 봉건사회의 신분적 예속을 철폐하고 개개인의 자유와 평등을 명목상 강조하였다. 이는 봉건사회의 피지배계급이었던 농노들에게는 상당한 진보와 발전을 의미하는 것이었다. 그러나 봉건사회가 몰락하고 근대사회로 접어들면서 대부분의 농노들은 임금노동자가 되었는데, 근대 산업화 초기의 이들의 경제적 상황은 실질적으로 나아진 것이 없었다. 생존을 위해서는 노동할 수밖에 없다는 점에서는 봉건사회의 농노들과 다를 바 없었을 뿐만 아니라, 질병이나 노령 등으로 인해 노동할 수 없는 상황이 와도 이들을 책임지거나 보호해 줄 사회적 보호망은 오히려 더 없었다. 따라서 근대 초기 많은 수의 노동자들은 봉건사회의 농노에 비해 더 불안정하고 열악한 삶을 살아갈 수밖에 없는 상황이었다. 결과적으로 전근대적 봉건체제의 농노에 비해 근대사회 임금노동자들은 특정 장원에 예속되지 않아도 되는 자유를 얻긴 하였으나, 많은 수의 사람들에게 그러한 자유는 최소한의 보호와 맞바꾼 것에 지나지 않은 것이었을 것이다.

중세사회가 몰락하고 근대 자본주의 사회가 도래하는 시기는 기본적인 사회적 보호망으로부터 이탈된 많은 수의 노동자들이 양산되기 시작하는 시기와 거의 일치한다. 이러한 의미에서 어떤 국가보다도 중세 봉건사회가 일찍 붕괴되고 근대 자본주의가 일찍 도래했던 영국에서 빈곤이나 질병 등에 대한 제도적 대응이 보다 체계적으로 확립된 것은 우연이 아니었던 것이다. 그런데 근대 자본주의 사회의 도래와 구빈제도의 확립이 밀접히 관련되는 것은 단순히 이러한 측면 때문만은 아니었다. 여기에서 우리는 근대 영국사회가 자본주의의 발전을 위해 노동자들에 대한 통제가 필요했다는 점도 주목할 필요가 있다.

근대 초기부터 자본가들은 자본축적을 위한 최대 이윤추구의 구조적 기반으로서 저임금 노동을 필요로 하였다. 노동력 상품의 가격을 낮추기 위해서는 기본적으로 많은 수의 잠재적 노동자들을 확보해야만 했다. 이를 위해 이념적으로는 노동 자체에 대한 사회적 가치부여가 필요했고, 현실적으로는 저임금으로 활용할 수 있는 노동자들이 노동을 회피하지 못하게끔 하는 사회적 장치가 필요했다. 이 당시 기독교가 직업소명설을 통해 노동과 부의 축적 그 자체를 신성시 했던 것은 이러한 측면과 무관하지 않다. 근대 초기 국가[2](대체로 왕과 귀족으로 구성된)는 국가운용의 재원을 제공해주는 자본가들의 요구에 부응할 수밖에 없었고, 이는 국가가 자본주의의 성장과 발전을 이끄는 견인차 역할을 하게끔 하였다. 결과적으로 근대 자본주의 사회가 도래하면서 국가는 노동가능한 사람들에 대한 노동통제자로서 중요한 역할을 하게 되었다.

(2) 체계적 공공부조제도 확립: 구빈법의 제정과 개정

이상과 같은 맥락에서 봉건사회의 몰락이 점진적으로 나타나기 시작했던 13~14세기경부터 영국은 노동통제적 입법을 시작했다. 이 과정에서 국가적 차원에서 기본적으로 보호해 주어야만 하는 사람들에 대한 관리도 동시에 필요했다. 노동능력이 있는 사람들을 반드시 노동하게끔 하기 위해서는 이들을 노동능력이 없는 사람들과 명백히 구분할 필요가 있었던 것이다. 결과적으로 그 당시 사회에서 국가가 아니면 살아갈 수 없는 사람들을 보호하는 것은 명백히 국가의 책임이며, 그 외의 사람들은 스스로 책임져야 한다는 가치를 명확히 한 것이다.

영국에서 국가적 차원에서 빈곤문제를 다룬 최초의 시도로는 1349년 노동자법의 제정을 들 수 있다. 제정된 노동자법은 그 주요 내용으로

2) 근대화 초기는 봉건 영주의 권력이 몰락하고 절대왕정이 강화되던 시기를 거쳐 서서히 시민중심의 의회가 활성화되는 시기로 옮아가게 된다. 이 당시는 국부를 어떻게 축적할 것인가가 가장 중요한 국가적 사명이었고, 국부의 축적을 위해 중상주의적 정책기조를 강하게 유지하였다. 중상주의적 정책기조는 개인들 간의 자유무역이나 이를 통한 자유로운 부의 축적을 막는 가장 결정적인 요인으로 작용하였고, 이에 개인의 자유와 평등을 주장하는 시민계층의 절대왕정에 대한 반감은 고조되었다.

부랑자들을 반드시 노동하게끔 강제할 수 있다는 내용을 포함하고 있다. 이후 제정된 유사한 법들은 일하지 않는 사람들을 더욱 강력하게 처벌하거나 강제노동시킬 수 있는 내용을 포함하였다. 산업화가 어느 정도 진행되었던 16세기경이 되면, 경기의 변화에 따라 상당히 많은 수의 빈민들이 양산되어 사회적 문제로 대두되기 시작하였기 때문에 국가에 의한 빈민구제가 어느 정도 체계성을 갖추지 않으면 안 될 상황에 이르렀다. 이에 빈곤구제를 위한 대상자들의 분류, 빈곤구제를 위한 재원확보, 빈민들에 대한 노동강제적 프로그램의 확보 등을 주요 내용으로 하는 법들이 16세기 동안 입법화되고 체계화되었다. 그러한 내용들이 집대성되면서 17세기 초 엘리자베스 구빈법(Elizabethan Poor Law of 1601)이 제정되었다(김기원, 2007; 박병현, 2010).

① 엘리자베스구빈법 The Poor Law of 1601

엘리자베스구빈법은 그 이전까지 제정되었던 노동통제적이고 빈곤구제적이던 입법들을 집대성하여 체계화한 법이다. 엘리자베스구빈법은 19세기에 신(新)구빈법이 제정되기 전까지 구빈제도를 총괄한 법이라고 하여 구(舊)구빈법이라고도 불린다. 엘리자베스구빈법은 다음과 같은 측면에서 빈곤구제 제도의 확립에 큰 영향을 미쳤다.

첫째, 국가가 관리할 빈민을 특성에 따라 분류하고 분류된 빈민에 대해 각기 다른 형태의 행정관리를 행하도록 체계화했다는 것이다. 구빈법에서는 빈민을 노동능력 있는 빈민, 노동능력 없는 빈민, 요보호아동으로 분류하였다. 노동능력 있는 빈민은 강제로 노동하게끔 하였는데 강제작업장이나 교정원 등으로 보내졌으며 이를 거부할 경우 강한 처벌이 가능하도록 하였다. 노동능력 없는 빈민으로는 노인, 장애인, 질병이 있는 사람 등이 포함되었는데, 이들은 공적인 차원에서 구제가 필요하다고 인정받았기 때문에 구빈원에 수용하도록 하였다. 요보호아동의 경우 도제나 하녀로 보내질 수 있도록 하였다.

둘째, 엘리자베스구빈법은 빈곤구제의 책임이 교회가 아닌 국가에 있음을 확실하게 명시하였다. 교회의 역할을 배제하지는 않았으나 최종적으로 빈민을 관리하고 구제와 통제의 책임을 져야 하는 주체가 국가임을 명확히 하였다는 점에서 의미가 있다. 빈곤구제를 위해 필요한 재원은 구빈세를 통해 확보할 수 있도록 하였는데 이는 구빈법 이전에 제정된 조세입법들을 집대성하고 정리함으로써 가능해진 것이다.

셋째, 위의 두 번째 의의와 밀접히 관련되는 것으로 빈곤구제의 방식이나 내용이 지역별로 편차 없이 국가적 차원에서 동일하게 이루어질 수 있도록 체계화하였다는 것이다. 각 교구에 배치된 구빈감독관이 구빈사무를 담당하고 각 교구의 치안판사가 구빈행정을 관리, 감독하게끔 함으로써 지역별 편차 없는 구빈사무가 가능하도록 한 것이다.

이후 엘리자베스구빈법은 정주법(Settlement Act of 1662), 작업장법(Workhouse Act of 1696, 1722), 길버트법(Gilbert Act of 1782), 스핀햄랜드법(Speenhamland Act of 1795) 등을 통한 개정을 거치며 1834년에 신구빈법이 제정되기 전까지 영국 공공부조 제도의 근간을 이루었다(김기원, 2007; 박병현, 2010; 이명남, 2010; 이인재 외, 2002).

② 정주법 Settlement Act of 1662

정주법은 일정소득 이하의 빈민(일정 금액 이하의 세금 납부자)의 교구 간 이동을 금지한 법이다. 빈민의 교구 간 이동은 빈민구제 활동에 혼선을 초래할 수 있었다. 봉건사회 말기 장원을 이탈하는 농노가 많아지는 것은 봉건영주들에게는 달갑지 않았다. 이에 빈민들의 이동을 불가능하게 하고자 하는 욕구가 발생했던 것이다. 이 당시는 빈민구제가 엘리자베스구빈법에 의해 교구별로 이루어졌고 이러한 교구는 장원을 중심으로 설정되어 있었다. 따라서 교구 내 빈민구제 담당자와 봉건영주의 이해관계가 합치되면서 이러한 정주법이 만들어질 수 있었다.

이처럼 정주법은 철저히 빈민관리자, 정치경제적 지배자의 관점에서 빈곤문제를 바라본 결과 제정된 법으로서, 빈곤한 사람들의 거주 이전의 자유를 막고 신분상승을 위한 개인적 노력을 좌절시킬 수 있다는 점에서 반(反)사회복지적 법이라고 할 수 있다. 정주법은 봉건사회가 거의 몰락하고 산업혁명이 진행되면서 임금노동자들이 대규모로 필요해졌던 18세기 말이 되어서야 폐지되었다.

③ 작업장법 Workhouse Act of 1696, 1722

작업장법은 빈민들에게 직접적인 노동기회를 국가가 제공함으로써 빈민구제에 적극적으로 개입하고 동시에 이들이 생산한 물품을 수출하여 국가의 부를 축적하고자 하는 목적으로 제정된 법이다. 영국의 주요 지역에 공공 작업장을 국가가 직접 설립하고 여기에 빈민을 고용함으로써 판매이익을 국고로 귀속시킬 수 있도록 하는 내용을 포함하였다. 작업장법에 의하면 작업장에 입소하여 노동하고자 하는 빈민은 반드시 가족들과 떨어져서 작업장에서 생활해야만 하는데, 이것을 작업장 테스트라고 하였다. 이 테스트에서 입소에 동의하는 사람들에 한해 작업장에 입소 가능하도록 하였다.

그러나 결과적으로 작업장을 통해 기술을 익힌 숙련노동자들의 작업장 이탈이 빈번해지면서 작업장 운영은 실패했다. 이를 해결해보기 위해 작업장 입소를 거부하는 빈민들을 구제대상에서 제외하고 이러한 작업장을 민간업자가 운영가능하도록 하는 등의 법개정이 이루어졌다. 이 이후 작업장의 노동환경은 극도로 열악해졌고, 이는 작업장과 같은 시설입소를 통해 강제노동하게끔 하는 정책에 대해 사회적으로 심각한 문제를 제기하게끔 하였다. 이것이 결과적으로 원외구제를 주장하는 길버트법(1782)이 제정되는데 영향을 미쳤다.

④ 길버트법 Gilbert Act of 1782

길버트법은 작업장 입소를 거부하는 빈민에게도 구제가 가능하도록 하며, 이들이 노동기회를 찾을 때까지 빈민구제의 혜택을 받을 수 있도록 하는 법이다. 즉, 시설외 빈민구제(outdoor relief)를 주요 내용으로 포함하고 있다. 작업장과 같은 집단적 시설을 중심으로 구제가 제공되던 관행을 벗어나, 자신의 거주지에서 생활하면서 공적인 구제를 받을 수 있는 가능성을 열어준 것이다. 이 법의 제정은 빈민에 대한 공적인 지원방식에 커다란 변화를 가져오게 되었다.

또한 길버트법은 노동하고자 하는 빈민이 노동을 통해 빈곤으로부터 벗어날 수 있도록 공적으로 지원하는 내용을 포함하였다. 이 법에 따르면 빈민을 고용하는 자본가들은 임금보조금을 제공받을 수 있었다. 이러한 의미에서 길버트법은 엘리자베스구빈법 제정이후 거의 200년에 걸쳐 이루어졌던 빈민억압적 구제정책의 정책방향을 변화시켜, 구제를 받는 빈민의 관점에서 구제제도를 정비한 법이라고 할 수 있다.

⑤ 스핀햄랜드법 Speenhamland Act of 1795

스핀햄랜드법(1795)은 길버트법에 이어 인도주의적 방식의 빈민구제를 구현한 중요한 공공부조법으로서, 현대 여러 국가의 공공부조제도에도 여전히 영향을 주고 있다. 스핀햄랜드법은 초기 스핀햄랜드 지역 빈민들에게 가구당 최저한의 소득을 보장해 주기 위해 제정된 것으로, 임금보조금을 보충적으로 제공하는 것을 주요 내용으로 한다. 보충적 급여의 액수는 그 당시 주식이었던 빵가격과 가족원수를 고려하여 결정되도록 하였다. 스핀햄랜드법의 기본적 원칙 중 현재의 공공부조 제도 설계에도 영향을 미치는 중요한 특성은 다음과 같이 요약할 수 있다. 첫째, 최저한의 소득수준에 미달되는 임금은 국가가 보충적으로 지급해 준다는 점이다. 현재 대부분의 국가에서 공공부조제도가 이러한 보충성의 원칙을 기본으로 하고 있다. 둘째, 보충적 임금의 액수가 빵가격에 연동되도록 함으로써 물가상승분을 반영할 수 있도록 하였으며, 가족수를 반영하도록 하여 가족수당적 성격도 갖도록 하였다.

이러한 스핀햄랜드법은 빈민의 최저생활을 법적으로 보장하고 물가수준이나 가족원수에 구애받지 않고 안정적인 경제생활을 할 수 있도록 보장해 주었다는 점에서, 공공부조 제도의 역사에서 획기적인 전기를 마련했다. 그러나 이러한 보충적 급여방식의 공공부조 제도가 갖는 근본적인 문제라고 할 수 있는 근로동기의 약화, 자립정신이나 근면의식의 약화 문제 등은 격렬한 비판의 대상이 되었다. 특히 이 제도의 확대로 인해 구빈세 부담이 증가하면서 채 40년을 지속하지 못하고 이 법은 폐지되고 말았다.

⑥ 신구빈법 New Poor Law of 1834

스핀햄랜드법 제정 이후 빈민들에 대한 기초소득 지원이 갖는 부정적 측면들이 부각되면서 빈민들에 대한 보다 통제적이고 억압적인 구빈법의 필요성이 대두되었다. 결과적으로 1834년에는 약 230년에 걸쳐 지속되어 왔던 엘리자베스구빈법 체제를 전면적으로 재편하면서 새로운 구빈법을 제정하기에 이르렀다.

19세기가 되면서 대규모 공장제 공업이 확대되었으며 이에 미숙련 저임금 임금노동자에 대한 수요가 크게 증가하였다. 이윤추구를 목표로 하는 자본의 입장에서는 노동자들의 대량공급이 임금을 낮추어 주기 때문에 꼭 필요한 것이었고, 당시 사회경제적으로 막강한 권력을 가지고 있던 자본의 이러한 요구는 여러 제도를 통해 구현되었다. 노동통제적이고 억압적인 신구빈법이 이 시기에 등장한 것은 어찌 보면 당연한 것이었다고도 할 수 있다.

신구빈법의 주목할 만한 내용은 다음과 같이 요약할 수 있다. 첫째, 신구빈법에서는 구빈제도의 내용과 형식이 반드시 열등처우(less eligibility)를 원칙으로 할 것을 강하게 천명하였다. 열등처우의 원칙이란 공적인 구제를 받는 빈민의 경제적 생활상태가 구제를 받지 못하는 저임금노동자들에 비해 결코 나아서는 안 된다는 것이다. 이러한 열등처우의 원칙은 근로동기를 강화하고 저임금이라도 임금노동을 선택함으로써 자본주의를 활성화하기 위해 필요한 원칙이었다. 둘째, 열등처우의 원칙하에서 구빈혜택을 받도록 하기 위해 작업장 노동 원칙이 다시 강조되었다. 길버트법 이후 허용되던 시설외구제는 억제되었고, 구제를 받기 위해서는 작업장 입소 제의를 거절할 수 없도록 하였다. 셋째, 교구단위로 이루어졌던 구빈행정을 전국적으로 통일하여 전국 어디에서나 동일한 처우를 받을 수 있도록 하는 단일행정 원칙을 다시금 강조하였다.

신구빈법 제정 이후 이 법에 대한 많은 사회적 비판이 있었고 빈민구제의 원칙을 재정립해야 할 필요성이 지속적으로 대두되었다. 그러나 20세기 중반, 영국의 새로운 복지체제 도입과 함께 국민부조법(1948)이

제정될 때까지 이 법은 약 100여 년 간 지속되면서 영국의 빈민구제 내용과 방식의 근간이 되었다.[3]

(2) 복지국가의 확립: 베버리지 보고서

20세기 들어와 영국은 주요 세계 대전에 휩싸였으며, 특히 2차 세계 대전에서 영국은 총력전을 펼쳤다. 이에 종전 이후 새롭게 건설할 영국의 청사진을 마련하여 국민들에게 제시함으로써 사회적 통합을 이끌어 내야 할 필요성이 컸다. 이에 세계대전 중에 영국은 전후 영국 사회의 비전을 '요람에서 무덤까지' 모든 영국 국민들이 최저선 이상의 복지를 누릴 수 있는 복지국가로 제시하였다.

다차원적인 사회적 안전망의 종류, 제도 운용원칙, 제도적 기반 등을 제시하는 포괄적 보고서가 윌리엄 베버리지(William Beveridge)에 의해 발간되었는데, 이것이 영국 복지국가의 기틀을 제공한 베버리지 보고서이다. 베버리지 보고서의 주요 내용과 특성은 다음과 같다. 첫째, 소득상실이나 감소의 주된 원인이 실업, 재해, 질병, 노령, 사망 등과 같은 사회적 위험들이기 때문에, 이러한 문제에 미리 대비할 수 있도록 사회보험제도를 실행해야만 한다. 빈곤 예방의 기능이 있는 이러한 사회보험제도는 가능한 다양한 종류의 사회적 위험들을 포괄해야만 하며, 가능한 전 국민을 포괄할 수 있어야 한다. 또 그 급여의 수준은 적정해야만 하며 보험부담금이나 급여액에서 차별이 있어서는 안 된다.

3) 신구빈법이 실질적으로 빈민을 구제하는데 긍정적인 역할을 하지 못하자, 19세기 후반에 접어들면서 민간을 중심으로 한 자선조직협회 활동이 활발하게 이루어졌다. 민간 중심, 자선중심의 빈민구제 문화가 확대된 것이다. 이러한 자선조직협회는 빈곤의 책임을 개인에게 두고 개인의 내적 변화를 빈곤해결의 중요한 실마리로 간주하는 등 빈곤문제 해결에 많은 한계점을 노정했고, 이후 빈곤문제의 해결을 위한 사회구조적 개선을 강조하는 인보관 운동으로 이어졌다. 빈곤구제 방식에 대한 많은 논란들은 이 시기의 이념적 대립과 함께 더욱 가속되었고, 빈곤문제의 원인이나 현황에 대한 광범위한 조사의 필요성이 대두되었다. 이후 이루어진 광범위한 사회조사는 자본주의 사회에서의 빈곤이 (신)구빈법체제에서 가정하는 것처럼 개인의 나태나 도덕적 해이, 성격적 결함과 같은 문제로 인해 발생하는 것이 아니라는 점을 보여주었다. 이보다는 불안정한 고용이나 구조적 실업 등 자본주의 시장경제 자체가 갖는 문제로 인해 빈곤이 발생하는 것이라는 점을 분명히 하였다.

둘째, 이상과 같은 1차적 사회적 안전망에 포괄되지 못하는 소수의 사람들을 위해서는 공공부조를 실시함으로써 모든 국민이 최저한의 생활을 영위할 수 있는 구조를 갖춘다. 그러나 사실상 사회보험제도가 포괄적으로 확립되면 공공부조제도는 거의 최소한의 사회적 안전망 기능만을 담당하게 될 것이라고 보았다. 셋째, 국가에서 제공하는 이러한 사회보장의 혜택은 국민최저선(national minimum)을 확보해 줄 수 있어야만 한다. 또 다른 의미에서 국가에 의한 이러한 국민최저선 확보란, 그 이상의 것은 개인 스스로의 책임을 통해 확보될 수 있어야 함을 의미한다.

이상과 같은 베버리지 보고서는 또한 국민보건서비스법에 의한 전국민 공공의료서비스(National Health Services), 아동수당, 적극적 고용지원서비스의 확립을 영국 복지국가의 근간이라고 강조했다. 이러한 노력으로 1940년대 중반 이후 1970년대 중반에 이르는 약 30년에 이르는 시기에 영국의 복지제도는 확대되었고 사회복지지출은 지속적으로 증가하였다(원석조, 2008).

2) 독일: 사회보험제도의 역사를 중심으로

사회보험제도의 도입과 확대가 사회복지제도의 역사에서 차지하는 비중은 결코 작지 않다. 대다수의 사람들에게 사회적 안전망을 구축해 주며 삶의 불안정성과 경제적 어려움에 대비할 수 있도록 해준 복지제도의 실행은 사회보험을 통해 시작되었다고 할 수 있다. 사회보험은 공공부조제도와는 달리 대다수의 국민을 제도 안으로 포괄하고 급여 수급자가 권리에 입각하여 그러한 급여를 수급한다는 면에서 큰 의의를 갖는다.

더불어 대부분의 경우 사회보험제도는 소득수준별로 부담정도를 차등하되 혜택은 저소득층이 상대적으로 더 크게 받아갈 수 있도록 설계되기 때문에 자본주의적 시장경제의 소득불평등을 다소 완화하는 기능도 갖는다. 이에 사회보험제도의 확립이 복지국가의 출발점이라고 보는 것이다. 이렇듯 사회복지의 역사에서 중요한 위치를 차지하는 사회보험제도를 최초로 등장시킨 국가가 독일이다. 아래에서는 사회보험제도의 탄생과 발전을 중심으로 독일의 사회복지역사를 간략히 살펴본다.

(1) 사회보험제도 확립의 배경

독일은 봉건사회의 전통을 가장 오래도록 유지한 국가들 중의 하나이다. 유럽의 많은 나라들에서 근대 자본주의 시장경제가 이미 확대되어 가던 시기에도 독일은 봉건적 체제를 유지하고 있었다. 이것은 부분적으로는, 집단주의적·가부장적 특성이 강한 게르만족에게 봉건체제가 더 익숙했기 때문일 것이다. 뒤늦게 산업화를 경험한 독일은 자본주의 체제가 갖는 개인주의적이고 자유주의적 성향에 대항하는 노동자들의 극심한 반발을 경험해야만 했다. 무엇보다도 시장 자본주의 경제하에서 자본가는 노동을 통한 이익을 고스란히 향유하면서도 노동자 개인이나 가족의 삶을 위협하는 문제에 대해서는 책임지지 않는다는 점에 대해 독일사회의 반발이 격렬하였던 것이다.

결과적으로 자본주의의 구조적 폐해에 대해 사회적 차원에서의 해결책을 제시하지 못한다면 자본주의적 시장경제체제가 독일사회에 안착될 가능성이 높지 않은 상황이었다. 오랜 역사에 걸쳐 봉건사회의 전통에 입각하여 가부장적 집단보호 체계를 구축해 두었던 독일사회에서는 자본주의적 시장경제를 받아들이되, 집단적 사회보호체제를 구축해야 할 절박한 필요성이 있었다고 할 수 있다. 특히 자본주의에 반대하며 노동자계급의 단결을 통해 사회주의 국가를 건설하자는 사회주의 운동이 독일을 중심으로 확대되고 있었기 때문에 이러한 필요성은 더욱 컸었다.

이러한 혼란의 시기에 오토 본 비스마르크(Otto von Bismarck)는 1871년 독일을 통일하며 독일제국의 첫 재상이 되었다. 원래 지주출신이었던 비스마르크는 봉건적 가부장적 전통의 신봉자로서 근대 독일제국의 통치질서도 이러한 가부장적 원칙에 기반 하여 확립될 필요가 있다고 믿었다. 이렇듯 가부장적 권위주의 세계관을 가졌던 비스마르크 입장에서는 자유무역과 사적 자본축적을 강조하는 자본가들의 세력이 확대되는 것을 바람직하게 여기지 않았다. 특히 자본이 축적되면서 자본가들의 권력이 커져 가고 있었기 때문에 이들에 대한 견제가 필요한 상태였다. 유사한 맥락에서 비스마르크는 만인이 평등한 사회를 주장하는 사회주의 운동에 대해서도 강한 반감을 가지고 있었다. 당시 비스마르크는 자본가들이 하지 않는 가부장적 보호를 국가가 국민들에게 제공해 줌으로써 국민들의 국가에 대한 지지와 충성을 얻어내고자 하였다.

이에 비스마르크는 한편으로는 사회주의 운동을 탄압하고 또 다른 한편으로는 자본가들의 세력화를 견제하면서 노동자들을 국가편으로 끌어들이기 위해 회유책을 실시하였다. 이것이 독일 사회복지역사에서 자주 언급되는 "당근과 채찍" 전략이다. 당근 전략이 사회보험의 실시였다. 이 당시 삶의 불안정이 가장 컸던 노동자 계급에게 가부장적 보호장치를 제공하여 사회적 안정을 꾀하고 더불어 국가에 대한 충성을 이끌어내기 위해 확립된 제도가 사회보험제도이다. 결과적으로 1883년 세계 최초의 사회보험법인 질병보험법이 통과되었으며 1884년에는 재해보험법이 통과되었다. 이후 1889년 장애 및 노령연금법이 통과됨으로써 실업보험을 제외한 대표적인 사회보험제도가 1890년 이전에 모두 법제화되었다(박병현, 2010; 원석조, 2008).

(2) 사회보험제도의 발전과정

이렇듯 초기 독일에서 제도화된 사회보험제도는 다분히 정치적인 목적에 의해 확립되었다. 사회복지적 관점에서 자본주의 시장경제의 불안정성을 극복하고 수급자의 보편적 권리에 입각한 최저한 생활보장을 목표로 한 것은 아니었다는 것이다. 독일사회가 가지고 있었던 보수적 계층주의 전통으로 인해 직역별로 차별화된 방식으로 사회보험제도가 확립되었고 노동시장에서의 소득계층 차이가 사회보험 급여에서도 반영될 수 있도록 보수적인 방식으로 설계되었다. 실제로 이 당시 독일의 많은 노동자들은 비스마르크의 이러한 사회보험제도에 대해 그다지 호의적이지 않았으며, 오히려 더 근본적인 노동조건의 향상이나 노사관계의 대등성 확보에 관심을 가지고 있었다(박병현, 2010).

그러나 결과적으로 사회보험제도는 빠르게 확산되어 갔다. 1890년대와 1900년대 초기까지 질병보험, 재해보험 등이 먼저 제도화되었고, 1900년 이후 1920년 정도에 걸쳐 노령연금과 실업보험 등이 제도화되는 경향을 보여준다. 독일에서 최초로 사회보험제도가 만들어진 후 30~40년 동안 사회보험제도는 주요 유럽국가의 사회복지제도화에 상당한 영향을 미쳤다. 사회보험세도는 불안정한 자본주의적 시장경제체제 하에서 경제적 약자인 대다수 임금노동자들에게 적어도 기본적인 삶의 안정을 제공해 주는 사회적 안전망으로 기능할 수 있기 때문이다. 또한 국가별로 편차는 있지만 사회보험제도는 저소득층에게 유리하게 설계되기 때문에 소득불평등을 다소나마 완화하는 소득재분배 장치로서 복지제도의 근간을 이루게 되었다.

초기 독일에서 확립된 사회보험제도는 모두 일정소득 이하의 노동자들만을 가입대상으로 하였기 때문에 일정영역의 임금노동자와 소액봉급근로자만이 가입되었다(김태성 · 김진수, 2007). 대부분의 국가들에서 초기에 사회보험제도를 확립할 때에는 전체 인구의 일부만 가입대상이 되나, 제도가 성숙해 가면서 포괄인구의 비중이 지속적으로 증가한다. 독일에서 처음 법제화될 때에는 재정에 있어서 노사정 삼자부담의 원칙을 강조하였다. "장애및노령연금" 제도에 대해서는 실제로 독일정부가 연금 보조금을 재정적으로 지원함을 명시하였는데, 이는 국가의 가부장적 권위확보를 위한 것이었다. 이후 대부분 사회보험제도 재정은 노사가 각각 분담하여 갹출금을 내고 국가가 제도의 운영관리비를 책임지는 방식으로 이루어지고 있다. 물론 재정적자의 해결 등을 포함하여 다양한 이유로 상당 부분의 재원이 국고를 통해 충당되기도 한다.

3) 미국

미국은 현재 가장 강력하게 자본주의적 시장경제 체제를 옹호하는 국가로서, 자유 시장경제에 대한 국가의 강제적 개입이나 규제를 억제하고 가능한 시장의 자유를 제도적으로 적극 보호하고 있다. 자본주의 시장경제의 불평등성이나 불공평성을 개선하기 위해 국가가 개입하여 소득을 재분배하고 법과 제도를 통해 약자를 보호하는 것이 복지국가의 주된 임무라고 본다면, 미국은 복지국가적 제도화가 상당히 낮은 수준인 국가이다.

경제적으로 부유한 다른 국가들과 비교해서 미국은 왜 전 국민을 대상으로 하는 복지제도의 수준이 낮고 빈부의 격차가 심한 것일까? 이것을 이해하는 것이 미국의 복지역사를 이해하는데 중요하기 때문에 이에 대해 간략히 설명하고자 한다. 첫째, 미국은 청교도적인 기독교 전통이 강하다. 이러한 청교도적 기독교는 개인의 책임을 중시하고 노동을 신성시하며 자조(self-help)를 강조한다. 특히 정해진 사회적 시스템 내에서 자본주의적 시장경제를 점진적으로 받아들였던 유럽의 다른 국가들과 달리 개척을 통해 사회적 시스템을 형성한 미국의 전통은 개인의 개척정신과 창의성, 그리고 책임감 등을 중요한 사회적 가치로 여기게 만들었다. 따라서 사회적 안전망으로서 복지제도의 확립은 미국이 전통적으로 가치 있다고 평가하는 개인적 책임이나 자조정신, 노동가치를 훼손할 수 있다고 본다.

둘째, 미국은 노예제도를 경험하면서 인종 간 불평등을 체화했던 역사를 가지고 있다. 결과적으로 미국은 오랜 세월이 지난 지금도 인종주의적 태도(racism)로부터 완전히 자유롭기 어려운 특성을 가지고 있다. 단일민족 국가나 공동체적 성격이 강한 국가일수록 복지제도가 활성화되고 확대되기 쉽다. 사회구성원들 간의 동질의식이 기반이 되어야 복지확대를 위한 증세 등이 가능하기 때문이다. 이러한 점에서 복지급여의 수급자들이 주로 비백인(non-white) 인구이고 복지재원 제공자들은 주로 백인인구라는 분리의식은 미국사회에서 복지제도가 큰 폭으로 확대되기 어렵게 만드는 이유가 되고 있다. 빈곤한 비백인 인종에게 복지혜택이 집중된다는 믿음은 미국 사회를 주도하는 중산층 백인이 복지제도를 그다지 지지하지 않게 만드는 요인이다.

셋째, 초기 미국 사회가 형성될 때 지방분권적으로 정치제도가 확립되었다. 연방국가로 발전되었으나 여전히 지방자치적 특성이 강하게 유지되고 있다. 이러한 지방분권적 특성은 복지제도의 보편적 확대를 막는 또 다른 중요한 요인이 되고 있다. 지방정부 입장에서 복지제도의 확대는 세수를 줄이고 세출을 증가시키는 요인이며 이것은 지방재정을 악화시킬 수 있기 때문이다. 복지혜택을 확대시키게 되면 복지수급자들이 그 지역으로 이동할 가능성이 커지고(foot-voting), 이것은 재정적 측면에서 지방정부에게 이로울 것이 없기 때문이다.

(1) 사회보장법 이전의 복지

이상과 같은 이유로 미국은 다른 국가들에 비해 복지의 제도화가 상당히 늦었다. 대부분의 유럽 국가들이 주요 사회보험제도를 법제화하고 공공부조 제도를 정비했던 20세기 초반까지도 미국은 몇몇 지방정부에서 제정된 어머니연금법(Mother's Pension Law)을 제외하면 전 국 차원에서 복지법제화가 이루어지지 못했다(박병현, 2005).

이 시기 미국 복지의 대부분은 지역사회의 자발적 복지서비스가 중심이었다. 이러한 복지서비스 제공의 주체는 대개 민간의 시민 자원봉사단체, 교회, 지역사회 비영리기관 등이었다. 미국의 복지제도화 과정에서 가장 큰 변화의 전기를 제공한 것은 1929년의 뉴욕발 세계 대공황이다. 대공황이 시작되면서 미국 사회가 경험한 가장 큰 재앙은 대규모의 실업이었다. 대규모의 실업사태로 인한 구매력의 약화가 또 다른 실업사태를 불러오는 악순환 속에서, 미국 사회는 자본주의 시장경제의 자동적 문제해결력 부재를 몸소 경험했다.

이러한 과정을 통해 미국사회는 자본주의 사회에서의 빈곤이 개인의 나태나 무능과 같은 개인적 결함으로 인해서만 발생하는 것이 아니라는 것을 사회적 차원에서 인정하게 되었다. 결과적으로 무능하거나 나태한 특정 인종만 빈민이 되는 것이 아니라 대다수의 백인들도 빈민으로 전락할 수 있다는 경험을 하면서 복지제도에 대한 태도에 큰 변화가 발생하였다. 빈곤이라는 문제가 개인적 노력만으로는 해결할 수 없는 구조적인 것이며, 따라서 제도적 차원에서 사회적 안전망이 필요하다는 사회적 합의가 미국 역사상 거의 최초로 형성되었다.

(2) 사회보장법 제정과 빈곤과의 전쟁

이러한 상황 속에서 1935년에 미국 역사상 최초로 전체 국가적 차원의 복지를 체계적으로 제도화하는 법안이 통과되었는데, 이 법이 사회보장법(Social Security Act)이다. 미국의 사회보장법은 주정부나 지방정부 차원이 아닌 연방정부 차원에서 전국의 복지체계를 설계한 법으로서, 현재까지 미국 복지제도의 근간을 형성하고 있다. 사회보장법이 통과되기 전까지는 복지제도에 대한 연방정부의 불개입이 원칙이었으며, 복지와 관련된 사항은 주정부의 책임 하에서 실행되는 것이 원칙이었다. 그러나 대공황의 여파가 미국 사회를 강타하면서 전체 미국 국민들을 대상으로 하는 체계적인 복지제도화가 필요하다는 사회적 합의가 형성되었고, 이것이 기반이 되어 당시 대통령이었던 루즈벨트에 의해 사회보장법이 통과될 수 있었던 것이다.

사회보장법은 크게 사회보험과 관련된 내용, 공공부조 및 사회복지서비스와 관련된 내용 등으로 구성되어 있다. 사회보장법에 포함된 사회보험은 노령연금과 실업보험이다.[4)] 사회보장법은 또한 주요 공공부조로서 피부양자녀를위한공공부조(Aid to Dependent Children: ADC),

4) 산재보상보험법의 경우 1910여년 경부터 주정부법으로 이미 제도화되기 시작하였고, 건강보험의 경우 논란 끝에 사회보장법에 포함되지 못하였다. 이후 65세 이상 노인만을 대상으로 하는 메디케어제도가 실행되었지만, 전 국민을 대상으로 하는 건강보험제도는 실시하지 못하고 있다.

노인부조, 장애인부조, 맹인부조 프로그램 등을 포함하였으며 그 밖에 주요 보건복지서비스의 내용들을 포함하였다. 이후 여러 번의 개정을 통해 새로운 공공부조 프로그램이 사회보장법에 포함되기도 하고 기존 공공부조 프로그램이 수급대상자별로 분리되어 새로운 프로그램으로 변경되기도 하였다(Gilbert & Terrell, 2005).

사회보장법의 제정 및 실행과 함께 이 시기 미국 사회복지제도에 큰 영향을 미친 것이 루즈벨트 대통령의 뉴딜(New Deal) 정책이다. 미국 역사상 최초로 정부의 막대한 예산이 복지비로 지출되었으며 공공부문이 시장경제에 직접 개입하여 일자리를 창출하고 공공구호를 제공하였다. 뉴딜 정책은 이전까지 자본주의 자유시장경제에 대한 불개입을 원칙으로 했던 자유주의 경제이론을 반박하며, 국가의 적극적 시장개입을 강조하는 케인즈주의 경제이론에 입각한 것이다. 국가는 국민들이 구매력을 갖도록 해줌으로써 다시금 재화와 서비스에 대한 생산의 필요성을 증진시키고, 이것이 고용으로 이어지도록 하여 경기를 활성화시켜야 한다는 것이다. 이때 국민들에게 구매력을 갖도록 하는 방법은 고용창출과 사회보장급여의 제공이다. 전자는 고용가능한 자들에게 일자리를 제공함으로써, 후자는 현재는 즉시 고용이 불가능하거나 고용가능성이 낮은 자들에게 복지급여를 제공함으로써 가능하다고 보았다.

뉴딜정책의 성공과 제 2차 대전으로 인한 경제적 특수는 미국의 경기활성화와 경제성장에 크게 기여하였으며, 이로 인해 1940년대 이후 1970년대 초반에 이르는 30여년에 걸쳐 미국은 경제적 번영기를 맞게 되었다. 이러한 과정에서 1960년대에는 미국 내 소외받는 집단들의 인권, 소득격차, 상대적 빈곤, 기회불평등 등에 대한 사회적 관심이 증가하였다. 특히 꾸준히 증가하고 있었던 공공부조 수급 인구에 대해 보다 적극적인 사회적 개입의 필요성이 대두되면서 빈곤퇴치 정책의 확대가 이루어졌다. 1964년 존슨 대통령은 '빈곤과의 전쟁(War on Poverty)'을 선포하고 위대한 사회(Great Society)로서의 미국 건설을 위해 적극적인 복지서비스 개입의 필요성을 역설하였다.

빈곤과의 전쟁은 노동구조나 고용시장의 구조 자체에 대한 개입이 아니라 주로 빈곤 예방을 위한 교육과 훈련의 확대, 지역사회를 중심으로 한 복지서비스 연계망 확대 등을 통해 이루어졌다. 저소득층 아동의 조기교육지원 프로그램인 헤드스타트(Head Start), 저소득층 영양지원 프로그램인 식품권(Food Stamp), 저소득층 의료서비스지원 프로그램인 메디케이드(Medicaid)와 노인의료보험인 메디케어(Medicare) 등이 이러한 빈곤과의 전쟁 선포 이후 확대된 복지프로그램들이다. 이로서 연방정부의 사회복지비 지출은 큰 폭으로 늘어났으며 미국 역사상 가장 적극적으로 연방주도적 사회복지프로그램이 실시되었다(DiNitto, 2003).

3. 한국의 사회복지 역사

1) 근대 이전

앞서 서구의 사회복지역사를 근대적 의미의 공공부조 제도 확립, 산업사회의 위험에 대비한 사회보험제도의 확립, 그리고 최근의 사회복지서비스 제도의 확대 등의 관점에서 간략히 살펴보았다. 같은 맥락에서 한국의 경우도 주로 근대적 의미의 공공부조 제도나 사회보험제도가 확립되기 시작한 시점부터 현재에 이르기까지를 고찰하고자 한다. 근대 이전의 한국의 사회복지역사에 대해서는 아래에서 간략하게만 요약할 것이다.[5]

(1) 조선시대 이전

한국의 경우 삼국시대 이전부터 빈곤하거나 불행에 처한 사람들을 돕는 상호부조의 노력이 이루어져 왔고, 왕의 책무 중 하나로 도움이

5) 이 부분에 대한 자세한 내용은 박병현(2010)을 참고.

필요한 백성들을 돕는 제도를 마련하는 것이 강조되었다. 삼국시대 이전 고대시대인 효숭왕 9년(기원전 675년)에 제양원을 설립하여 홀아비, 과부, 고아, 무자녀 노인 등을 돌보았다는 기록이 있다(김상균 외, 2010). 그러나 국가적 차원에서 사회복지가 이루어지도록 한 대표적인 법으로는 삼국시대 고구려의 진대법을 꼽는다. 춘궁기에 빈곤한 사람들에게 곡식을 대여해 주고 추수기가 되면 이를 돌려받도록 하는 제도로서, 고려시대와 조선시대에도 유사한 제도가 지속적으로 운영되었다. 이렇듯 곡물제공을 통해 빈곤을 구제하는 방식과 더불어 보다 직접적인 구빈활동도 이루어져 왔다. 고려시대에 만들어진 동서대비원(환자의 치료와 빈민구제)이나 혜민국, 유비창 등은 서양의 구빈원에 대응되는 공적인 구빈시설이며 구제기관이었다(김상균 외, 2010).

(2) 조선시대

조선시대에 이르러서도 이렇듯 상평창이나 의창 등과 같이 주로 상시적으로 곡물 등을 제공하여 빈곤을 구제하는 구휼제도와 흉년 등으로 인해 생계유지가 극도로 어렵게 되는 경우 이를 해결하기 위해 마련한 구황제도들이 대표적인 사회복지제도들이었다. 구황제도의 경우 조선시대가 되면 구황청이 설치되면서 삼국시대나 고려시대에 비해 체계적인 구황정책이 행해졌다. 더불어 향약이나 계, 두레 등과 같이 상부상조를 통해 지역공동체가 빈곤문제에 대응하는 노력들도 조선시대가 되면 크게 증가하였다. 특히 18세기 이후 사회복지와 관련해서는 다산 정약용의 [목민심서]를 빼놓을 수 없다. 목민심서는 노인, 아동, 장애인 등을 포함하여 생계유지가 어려운 국민들에게 어떠한 지원을 어떠한 방식으로, 어떠한 수준만큼 해야 하는지를 체계적이고 구체적으로 제시하고 있는 복지행정의 지침서라고 할 수 있다(박병현, 2010).

2) 근대 이후

(1) 일제시대와 미군정기

1910년 한일합방 이후 시작된 식민통치는 많은 부분에서 한국의 근대사를 왜곡시킨 주요 원인이었다. 이 시기의 구빈정책도 정치, 경제, 사회의 전 영역을 통제한 식민지 정책의 영향을 받지 않을 수 없었다. 이러한 의미에서 취약계층에 대한 근대적 구빈정책은 식민지 시대에는 출현하지 않았다. 대부분의 구빈사업들은 주로 일본의 근대화 정책을 홍보하기 위한 도구에 지나지 않았으며 내실은 없이 형식적 차원에서 제도의 외연만을 넓혔다고 할 수 있다.

식민지 말기인 1944년이 되면 일제는 국내의 민심을 통제하기 위해 조선구호령을 제정하는데, 이 조선구호령은 이후 1961년에 제정되어 약 40년 동안 한국 공공부조 제도의 근간을 이룬 생활보호법 제정에도 영향을 미쳤다. 조선구호령에서 구호의 대상으로 삼은 자는 65세 이상의 노쇠자, 13세 이하의 유아, 임산부, 불구·폐질·상병 기타 정신적·신체적 장애로 인해 노동에 지장이 있는 자이다. 거택구호를 원칙으로 하여 주로 생활부조, 의료부조, 생업부조, 조산부조를 제공한다는 내용을 담고 있다(박병현, 2010).

1945년 해방은 되었지만 바로 미군정이 실시되었고 미군정 시기에는 식민시대 통치조직의 틀을 거의 그대로 유지했기 때문에 조선구호령을 기초로 한 구호법령이 형식적으로 사회복지정책의 틀을 이루었다. 조선구호령을 근간으로 몇 가지 군정법령 등이 추가된 형태로 구호행정이 이루어졌는데, 사실상은 일제시대와 거의 차이가 없는 것이었다. 이 당시 국민들의 경제적 빈곤상태 등을 고려할 때 이러한 형태의 구호는 국가의 복지책임을 실행하기에는 지나치게 소극적이며 형식적인 것이었다.

(2) 대한민국정부수립 이후

1948년 대한민국 제헌헌법에는 국민의 생존권적 기본권이 명시되었다. 이로서 진정한 의미에서 사회복지정책의 확립 근거가 마련되었다고 할 수 있다. 그러나 곧이어 발발한 6·25전쟁은 이러한 생존권적 기본권을 위한 제도 확립을 불가능하게 만들었다. 1953년 휴전협정으로 전쟁이 마무리된 이후에도 상당히 오랜 기간 동안 사회복지정책의 확립이 국가정책의 우선순위가 되기는 어려웠다. 전쟁으로 인해 1950년대는 구호 위주의 사회복지활동이 주를 이룰 수밖에 없었다. 이 당시 설립된 사회복지시설의 대부분은 전쟁고아들을 수용한 아동복지시설이었다. 국가행정이 제대로 확립되기 전에 이러한 시설이 그게 필요했고, 이 시기는 해외원조기구들의 지원을 받을 수밖에 없었기 때문에 대부분의 복지시설은 해외의 지원을 받아 민간이 설립하였다.

한국에 근대적 의미에서 정부가 주도하는 복지정책이 계획되기 시작한 것은 1960년대에 들어서이다. 1961년 5·16군사쿠데타로 집권한 군사정권은 근대적 정부체제를 서둘러 확립하는 과정에서 향후 사회보장제도의 전반적 틀 형성에 큰 영향을 미친 사회보장제도 심의위원회를 구성하였다. 1962년 개정헌법에서 생존권 보장조항을 포함시키면서 모든 국민이 인간다운 생활을 할 권리가 있다는 점을 천명하였다. 이는 향후 사회복지입법의 토대를 마련한 것이다. 같은 해 시정연설에서 대통령은 "복지사회건설"을 언급함으로써 사회복지에 대한 관심을 최초로 피력하였다. 그러나 사실상 이 당시 군사정권은 국민의 관심을 얻고 정권의 정통성을 확립하기 위해 경제성장에 모든 관심을 기울이고 있었으며, 사회복지에 관해서는 형식적 차원에서만 관심을 표명한 것이다.

어찌되었든 1960년대에는 사회복지에 관한 많은 법률들이 제정되었다. 사문화되어 오래 동안 유명무실했던 법률도 많았지만 이 시기 제정된 사회복지법률들은 향후 사회복지법의 제·개정에 토대가 되었다. 공공부조법으로는 1961년 '생활보호법'이 최초로 제정되었으며, 사회보험법으로는 '산재보험법'과 '의료보험법[6]'이 1963년에 제정되었다. 사회복지서비스법으로는 '아동복리법'이 1961년에 최초로 제정되었다. 사회복지법의 기본법이라고 할 수 있는 '사회보장에 관한 법률'이 1963년 제정되었는데, 사회복지제도 실행의 원칙이나 기준 등을 언급하고 있으나 내실은 없고 형식적 차원에서만 사회복지의 틀을 제시하고 있는 수준이었다.

1970년대에도 여전히 경제성장이 국가정책의 주된 목표였으며, 복지정책이 주목받지는 못하였다. 그러나 점진적으로 그리고 부분적으로 사회복지제도는 확대되고 있었다. 1970년에는 사회복지서비스법의 기본법이라고 할 수 있는 '사회복지사업법'이 제정되어 사회복지서비스에 대한 기본적인 사항들이 규정되었다. 식민지와 전쟁의 경험으로 근대적 의미의 국가 복지정책이 실행되기도 전에 복지에 대한 사회적 수요가 이미 컸었기 때문에, 한국의 사회복지는 초기부터 민간에 의해 주도되었다. 이러한 상황에서 제정된 사회복지사업법은 민간주도적 사회복지사업을 통한 복지서비스 공급을 전제로 하고, 국가는 이를 돕는 보조적 역할자로 규정하였다. 이러한 방향성은 향후 한국의 사회복지서비스 제도화에 큰 영향을 미쳤다. 이 밖에도 1970년대에는 주요 사회복지법들이 제정되었다. 1976년에는 '의료보험법'이 개정됨으로써 최초로 강제의료보험실행의 토대가 마련되었으며 이듬해 1977년에는 의료공공부조서비스의 틀을 형성한 '의료보호법'이 제정되었다. 1973년에는 '국민복지연금법'이 제정되었으나, 이 법은 1986년에 '국민연금법'이 제정되기 전까지 사문화되었다.

제 5공화국의 출범과 함께 1980년대가 시작되었다. 군사쿠데타로 제5공화국을 출범시킨 전두환 정권은 집권초기부터 정권의 정통성 문제에 직면할 수밖에 없었고, 정권의 정통성 확보를 위해 "복지국가"건설이라는 집권의 명분을 강조하였다. 이에 1981년에는 주요 사회복지서비

6) 1963년 제정된 의료보험법은 임의가입을 전제로 하고 있기 때문에 사실상 유명무실했다고 할 수 있으며, 1976년 의료보험법이 개정되기 전까지 그러하였다.

스법인 '노인복지법'과 '장애인복지법'이 제정되었으며 '아동복지법'도 확대 개정되었다. 또한 1980년대가 되면서 노인인구의 수가 과거에 비해 많이 증가하였으며 특히 농촌에 거주하는 노인들의 소득보장 필요성이 사회적으로 대두되기 시작했다. 이에 1970년대에 제정되었으나 사문화되어있던 '국민복지연금법'을 폐지하고 1986년에 '국민연금법'이 제정되면서 실질적인 국민연금제도 실행의 토대를 갖추게 되었다. 1984년에는 '생활보호법'이 전면 개정되면서 공공부조제도에 대한 전반적인 수정도 이루어졌다. 1980년대 후반이 되면 '모자복지법'이 제정되어 모자가구에 대한 복지정책의 기반도 마련되었다.

1990년대는 사회복지정책이 급격히 확대된 시기라고 할 수 있다. 영유아를 대상으로 보육지원정책의 근거를 마련한 '영유아보육법'이 1991년에 제정되었다. 주요 사회보험법 중에서는 가장 늦게 고용보험법이 1993년에 제정되었다. 1995년에는 '사회보장에 관한 법률'이 폐지되고 '사회보장기본법'이 제정되었다. 사회보장기본법은 기본적으로 국가가 국민을 대상으로 실시하는 사회복지정책 전반의 틀과 정책운용의 원리를 정의하고 있다. 1995년에는 '정신보건법'이 제정되었으며, 1997년에는 '사회복지공동모금회법'도 제정되었다.

1997년의 외환위기는 한국사회가 사회복지제도를 통한 안전망 확보를 절실히 필요로 하고 있다는 점을 명확히 인식시킨 주요 사건이었다. 외환위기로 실업률이 크게 증가하면서 고용보험을 내실화하고 공공부조제도를 현실화할 필요성이 정책적으로 부각되었다. 또한 건강보험제도나 국민연금제도 대상을 적극적으로 보편화해야 할 필요성도 크게 증가하였다. 1993년에 뒤늦게 실행된 고용보험제도는 외환위기 이후 적용 대상자나 급여내용 등을 급격히 확대되었다. 1998년이 되면 상시고용근로자가 1인 이상인 전사업장으로 고용보험제도의 적용범위가 확대되었다. 1999년에는 의료보험체제의 조직적 통합을 내용으로 하는 '국민건강보험법'이 제정되었으며, 전국민 연금실시의 기반을 확보한 국민연금법 개정도 이루어졌다. 또한 과거 생활보호법의 틀을 전면 개정한

'기초생활보장법'도 이 시기에 제정되었다(남기민 · 홍성로, 2008).

〈표 4-1〉 한국 사회복지법 제정 연혁

시기	입법연도	제정법안
1960년대	1961년	생활보호법 아동복리법
	1963년	산업재해보상보험법 의료보험법 사회보장에 관한 법률
1970년대	1970년	사회복지사업법
	1973년	국민복지연금법
	1976년	의료보험법 개정
	1977년	의료보호법
1980년대	1981년	노인복지법 심신장애자복지법
	1986년	국민연금법
	1989년	모자복지법
1990년대	1991년	영유아보육법
	1993년	고용보험법
	1995년	정신보건법 사회보장기본법
	1997년	사회복지공동모금회법
	1999년	국민건강보험법 국민기초생활보장법

2000년대가 되면 사회적 차원에서 복지정책의 성숙화에 대한 사회적 욕구는 더욱 급격히 분출되었다. 사회복지와 관련된 법률의 제정 및 개정이 크게 증가하였으며, 공공부문의 복지예산도 빠른 속도로 확대되었다. 특히 지방분권을 정책적 방향으로 설정한 참여정부는 사회복지정책 사업의 지방이양을 실행하였으며 이는 사회복지서비스 공급체계에 큰 변화를 발생시켰다. 국민연금을 포함한 사회보험제도가 확대되고 사회복지서비스의 종류가 증가하였을 뿐만 아니라, 정책적 대상이 보편적으

로 확대되면서 사회복지예산의 증가율은 급속히 높아졌다. 2007년 이후에는 사회복지서비스를 제공하는 새로운 방식으로 바우처(증서) 방식이 도입되면서 서비스의 종류도 크게 증가하고 있다.

전반적으로 볼 때, 1980년대까지는 다양한 사회복지법이 제정되었다 하더라도 실질적인 의미보다는 복지정책의 형식적인 틀을 구성하는 것에 지나지 않았다면, 1990년대 이후 사회복지법의 제정은 실질적으로 국민의 복지욕구에 부응하기 위한 것이었다고 할 수 있다.

4. 사회복지역사와 과제

서구의 주요 국가들을 중심으로 17세기를 거쳐 21세기에 이르기까지 국가중심의 복지제도화가 꾸준히 진행되어 왔으나, 20세기 후반 이후 복지국가의 역사는 또 다른 전기를 맞이하였다. 특히 1970년대 중반의 석유파동은 세계적 경제위기를 유발하였는데 이는 복지국가 운용을 위한 경제적 자원 조달에 어려움을 가져다주었다. 한편 복지제도 확대의 정치적 필요성을 떠받쳐 주었던 사회주의 국가들의 잇단 붕괴는 복지국가 운영의 정치적인 이념적 기반을 무너뜨리는 결과 또한 가져왔다. 이에 1980년대 이후에는 복지국가의 정당성에 의문을 제기하는 신보수주의적 정치이념이 지속적으로 확산되었다. 그러나 한편 이러한 정치적 이념의 변화와 무관하게, 인구노령화의 급속한 증가, 기혼여성의 경제활동 증가 등도 20세기형 복지제도 자체를 재편해야 할 필요성을 야기하고 있다.

영국의 경우 1980년대 초 신보수주의적 정치이념을 강조한 대처정권이 집권하면서 복지재정의 축소를 강조하였다. 보편적으로 제공되던 보건의료서비스 재정비, 사회복지서비스 이용에 있어서 본인부담 확대, 복지서비스 설계와 실행에 있어서 중앙정부 역할 축소와 지방정부의 역할과 책임 확대 등이 강조된 것이다. 그러나 영국사회를 1940년대 중반부터 실행해 온 영국 복지의 근간을 흔드는 것은 쉽지 않았다. 결과적으로 정치적 수사는 요란하였으나 실질적으로 복지재정이 감축된 정도는 크지 않았다는 것이다(폴 피어슨, 2006). 2000년대 이후 영국은 국가와 시장의 역할 간 균형을 통해 새로운 형태의 복지국가를 건설하겠다는 의미로 제 3의 길(the third way)을 정책목표로 제시하고, 아동과 청소년에 대한 지원을 확대하여 중장기적인 방향에서 복지국가가 사회투자적(social investment) 성격을 갖도록 할 것이라는 것을 강조하고 있다.

한편 독일이나 프랑스의 경우 사회보험제도를 중심으로 복지국가를 형성하면서 상대적으로 사회서비스의 제도화는 북유럽 국가들에 비해 보편화되지 못한 것으로 평가된다. 남성생계부양자 모델에 근거한 사회보험제도가 기혼여성 경제활동참가율이 크게 증가한 20세기의 현실과 부합되지 못한 결과, 저출산 문제를 일찍이 경험하였다. 또 20년 이상 장기근속하는 정규직을 모델로 하여 만들어진 사회보험제도들이 20세기 중반 이후의 노동현실(고실업률, 고용불안정의 증가)과 정합되지 못하는 문제에 직면하였다(Esping-Andersen, 1996). 이러한 문제에 대응하기 위해 20세기 후반부터 독일을 중심으로 한 사회보험제도 중심적 복지국가들이 돌봄을 포함한 사회서비스 예산을 상대적으로 크게 증가시켜왔다(윤영진 외, 2007).

미국은 20세기 후반 신보수주의 이념의 확산을 주도했던 국가이다. 1980년대에 보수정권인 레이건정부가 집권하면서 연방정부의 역할축소, 현금위주의 복지급여 축소, 근로연계복지의 강화를 강조하였다. 결과적으로 1960년대 빈곤과의 전쟁 이후 확대되었던 많은 복지프로그램들이 없어지거나 축소되었다. 특히 1996년에는 공공부조 제도를 중심으로 한 대대적인 복지개혁(welfare reform)을 단행하면서 공공부조 급여수급에 대한 시간적 제한부여 등의 조치를 통해 공공부조의 수급권을 박탈하고 복지에 있어서 개인적 책임을 강화하였다(Mink, 2002).

21세기 들어와서 세계적 금융위기가 발생하면서 자본주의적 자유시장경제 체제의 바람직성이나 사회적 문제에 대한 해결력에 근본적으로 의문을 품는 시각이 확산되고 있다. 1970년대 중반이후에 복지국가에 대한 회의가 증가하면서 자본주의의 힘을 믿고 시장의 자유를 확대해야만 한다는 주장이 힘을 얻었던 상황과는 반대이다. 신보수주의의 등장으로 20~30년에 걸쳐 자본주의적 자유시장경제체제로의 회귀가 이루어진 결과, 소득양극화는 더욱 심화되었으며 빈곤의 고착화는 더욱 심해졌기 때문이다. 이러한 상황에서 사회적 불평등을 완화하려는 복지정책이 어떻게 설계되는 것이 바람직할 것인가를 심도 있게 논의하고, 적절한 실행방안을 도출해내는 것은 현재의 우리에게 주어진 무거운 과제이다.

생각나누기

1. 1980년대 이후 우리나라 사회복지의 역사적 발전과정에 대해 함께 논의해 봅시다. 어떠한 방향을 가지고 발전해 왔을까요?

2. 향후 우리나라의 사회복지는 어떻게 발전해야만 할까요? 다른 생각을 가진 사람들과 의견을 나누어 봅시다.

3. 사회복지의 역사적 발전과정에서 영국 구빈법의 주요 내용은 무엇인가요? 구빈법이 사회복지의 발전에 기여한 점은 무엇인지, 구빈법의 한계점은 무엇인지 논의해 봅시다.

제 5 장 사회복지의 가치와 윤리

사회복지는 빈곤, 심신건강과 질환 및 장애, 폭력과 방임, 다문화, 교정 등 다양한 세부 분야로 구성되고, 가치와 윤리는 지식 및 기술과 더불어 이들 여러 분야를 하나로 묶는 역할을 한다. 나아가 가치와 윤리는 이들 여러 분야에 종사하는 사회복지실천가들에게 휴먼서비스 전문가로서의 정체성을 제공하는 역할을 한다. 사회복지 이념은 인간의 본질과 사회에 대한 믿음으로서 구체적인 사회복지 프로그램, 서비스, 제도를 형성하는 데 지대한 영향을 미친다. 이에 이 장에서는 사회복지에서 선호하는 가치와 사회복지전문가로서 지켜야 할 실천윤리, 사회복지 이념을 알아보고 전문가 조직으로서 사회복지가 내세우는 윤리강령을 소개하고 그 의미를 살펴본다.

사회복지의 가치와 윤리, 이념은 단순히 사회복지 전문직으로서의 유대를 강화하기 위해 필요한 이상으로 실천적 의미를 갖는다. 즉, 사회복지는 실천 학문이기 때문에 가치, 윤리, 이념은 개인, 가족, 집단, 지역사회와 함께 어려움에 대처해 나가는 데서 사회복지사와 클라이언트 체계가 현실을 보고, 느끼고, 행동하는 데 사용하는 관점의 틀에 반영되므로 가치, 윤리, 이념의 차이가 발견되고 갈등을 겪게 된다. 따라서 사회복지 가치, 윤리, 이념을 지식으로 습득하는 것 이상으로 실천 차원에서 갈등상황에 처했을 때 우리가 취해야 할 최선의 대처방안에 대해 고민하고 대안을 마련하는 연습을 해 보도록 한다.

1. 사회복지의 가치

1) 가치의 개념

가치는 간단히 말해 선호되는 것, 바람직한 것을 확인하기 위해 사용된다. 예를 들어, 서구와 달리 우리나라에서는 어른이나 연장자 앞에서 나이가 더 어린 젊은이가 다리를 겹쳐(꼬는) 앉거나 팔짱을 끼는 것은 예의에 어긋나는 행동으로 고려되고 선호되지 않는다. 이는 문화에 따라 선호되는 행동에 대한 가치가 다르기 때문에 나타나는 일상생활의 에티켓으로 고려된다. 즉, 무엇이 좋다, 바람직하다는 가치에 기초한 판단이 개입되어 일상 행동으로 규정되는 것이다.

가치는 여러 사회구성원들, 즉 개인이나 사회집단이 선호하는 행동을 정하는 데 사용하는 공식과 같은 것이다. 즉, 어떠한 행동은 좋다, 안된다, 등의 선호와 비선호를 파악하는 데 가치를 사용하는 것이다. 가치는 어떤 수단이나 목적, 생활 조건에 대한 일상적 선호를 함의하는데, 흔히 여기에는 감정이 동반된다(Pumphrey, 1959, p. 23. Johnson & Yanca, 2004에서 재인용, p. 45). 가치는 그 사회와 문화가 기대하는 바를 반영하여 행동하고 사회적 상호작용을 하는 데에 영향을 미친다. 이에 앱테커(Aptekar, 1967, Johnson & Yanca, 2004에서 재인용, p. 45)는 가치가 한 사회 내에서 제도화된 행동 패턴에 반영된 사회의 중요한 분야에 의해 유지되는 기준(standard)이며, 따라서 사회구성원들은 의식적으로 통제하거나 논리적으로 일관성있게 참조체계로 활용하지는 않지만 상식적으로 이해되는 틀 안에서 다른 사람들과 관계하며 행동하도록 한다. 이는 소수인종과 여성 차별이 심하던 1950년대와 현대사회의 가치를 비교해 보면 쉽게 이해될 것이다.

사회복지와 같이 사람들과 함께 일하는 실천 분야에 활용될 경우에는 가치가 사람을 대하고 돕는 데 관여되기 때문에 더 심각하게 논의될 수 있다. 예를 들어, 사회복지사가 어르신 클라이언트에게 반말을 할 때 이를 보는 사람들은 눈살을 찌푸리게 되고 일반인 입장과 휴먼서비스 전문가로서 바람직한 언행에 대한 가치로 인해 사회복지사의 인격을 의심하게 되며, 그 사회복지기관을 이용하게 될 때 의문을 제기하게 된다. 이렇듯 가치의 적용에는 그 사회문화적 가치 기준이 영향을 미치고 직접 및 간접 경험자들의 인지, 정서, 행동적인 반응을 유발하게 된다.

2) 사회복지의 가치

가치는 사회복지실천 상황마다 관련된다. 아동 클라이언트의 양육자가 양육 방식에 대해 갖는 선호도, 매월 지급되는 지원 금액의 사용방식, 직업재활이 필요한 클라이언트가 하루 시간을 분배하여 기술 숙련에 투자하는 시간의 양 등 수많은 생활 장면에서 사회복지사와 클라이언트 체계의 선호도와 가치는 다를 수 있고 사회복지사는 이에 대해 스스로 타협하고 자신의 행동 지침의 경계를 정해야 한다. 즉, 사회복지실천의 가치인 인간의 존엄성, 자기결정권, 잠재력과 강점, 성장 가능성 등을 되뇌며 과도한 개입과 지시를 삼가게 되는 것이다.

사회복지에서 말하는 가치는 사회복지사 개인이 가지는 가치를 넘어서 사회적 가치와 일맥상통하고 여기에 우리나라 문화의 영향도 고려해야 한다. 즉 사회복지는 사회 구성원들 공동의 선을 목적으로 하고 그 안녕을 추구하므로 사회복지제도와 사회복지서비스들은 한 명의 사회복지사 개인의 가치를 넘어서 그 사회가 일반적으로 가지는 기대, 신념, 선호도 등의 총합인 가치의 영향을 받게 마련이다. 아울러 한 사회가 다른 문화권과 달리 고유하게 가지는 문화적 가치도 전체 사회 가치에 녹아 있다는 것에 유념해야 한다. 예를 들어, 미국 사회의 가치는 자본주의 가치와 민주주의 신념, 기독교 전통, 인간존중과 실증적이고 실용주의적 사상에 기초한다. 우리의 경우 가족, 사회, 정치 생활의 가치에 뿌리깊은 영향을 주고 있는 유교와 불교, 기독교, 천주교 등 여러 종교적 가치가 혼재하고 있다. 따라서 우리 사회 안에 공존하는 이들 가치와 함께 표면적으로 나타나는 민주주의의 추구, 집단주의 행동방식, 가족주의 가치, 개인의 성취를 중시하는 가치 등을 이해할 필요가 있다.

사회복지에서 중시하는 가치는 사람을 이해하기 위해 선호되는 개념, 사람들을 위해 선호되는 성과, 사회복지사가 사람들과 일하는 데서 선호되는 수단 등 세 가지 측면으로 나누어 볼 수 있다(Johnson & Yanca, 2004, pp. 46-47). 사회복지에서 사람을 이해하는 데 선호되는 개념은 우선, 사람은 본래 가치있고 존엄하다는 것이다. 둘째, 각 사람은 본래 능력이 있고 인생을 보다 충만하게 만들 수 있는 변화를 지향해 나간다는 것이다. 셋째, 각자는 그 자신과 다른 사람들과 사회 전체를 위한 책임을 가진다는 것이다. 넷째, 사람들은 소속하고자 하는 욕구가 있다. 끝으로, 사람에게는 인간 공통의 욕구가 있지만 각자는 고유하고 다른 사람과 다르다.

사람들을 위해 선호되는 성과 측면에서 사회복지가 갖는 가치를 보면, 첫째, 사회는 사회구성원 각자가 잠재력을 힘껏 실현하도록 할 성장과 발전을 위한 기회를 제공해야 한다는 것이다. 둘째, 사회는 사람들이 자신의 욕구를 충족시키고 굶주림, 부적절한 교육, 차별, 돌봄 없이 질환을 겪는 것, 부적절한 주거와 같은 문제를 피하도록 할 자원과 서비스를 제공해야 한다. 셋째, 사람들은 사회를 형성하는 데 참여할 동등한 기회를 가져야 한다.

사회복지사가 사람들과 일해 나가는 데서 선호되는 수단 측면에서, 사람들은 존중받고 존엄하게 대우받아야 하고, 자신들의 삶의 방향을 결정할 기회를 최대화하여야 한다. 또, 자신들의 욕구에 반응하는 사회를 세우기 위해 다른 사람들과 상호작용하며, 자신의 특징이나 특정 생애 경험 때문에 편견을 겪기보다는 고유한 개인으로 인식되어야 한다.

사회복지의 이러한 가치는 윤리강령의 근간이 되고 구체적 상황에서 사회복지사가 클라이언트를 위해 그리고 클라이언트와 환경 간의 상호작용을 원활히 하도록 돕는 행동수행에 반영이 되므로 중요하다. 사회복지실천 업무를 가치에 기초하여 수행하는 데는 몇 가지 위험이 따른다(Johnson & Yanca, 2004). 첫째, 가치는 추상적인 특성을 가지고 있어서 상황에 따라 달리 해석될 수 있고 이는 갈등을 유발할 수 있다. 예를 들면, 자기결정권을 존중하는 가치는 자살이나 타살 의도를 행동으로 옮기려는 클라이언트에 대해 어떻게 적용될 수 있는가? 둘째, 개인의 권리와 사회책임, 개인의 욕구 충족과 집단 및 사회의 공공선 등에서 가치가 대립될 수 있다. 셋째, 사회복지서비스를 제공하기 위해 어려움과 문제 상황을 파악하고 자격요건을 심사하기 위한 사회복지 업무를 위주로 개인을 볼 때 인간을 존엄한 존재로 존중한다는 가치가 위배되기 쉽고, 이는 사회복지실천의 거의 모든 경우에 해당한다. 끝으로 사회복지실천의 향상을 위해 과학적 접근을 강조하며 조사연구를 활용하는 데, 이는 인본주의적 가치와 상반될 수 있다. 이외에도 다양한 실천 분야에서 각 클라이언트 체계의 고유한 상황들은 많은 가치와 관련한 이슈들을 제기할 수 있으므로 이에 대한 성찰과 지혜로운 대응을 위해 준비하여야 한다.

2. 사회복지의 이념

한 사회가 사회복지정책이나 제도, 법을 어떠한 형태로 설계하여 실행하는가는 무엇에 의해 결정될까? 그 사회의 주요 구성원들이 어떠한 사회를 이상적인 사회라고 믿고 있는지, 어떠한 사회가 더 바람직한 사회라고 생각하는지는 그 사회의 사회복지정책의 내용과 형식을 결정하는 핵심적 요인이다. 한 개인이 옳다고 믿는 것, 바람직하다고 믿는 삶의 원칙 등을 개인의 신념(belief)이라고 한다면 다수의 신념들이 모여서 사회가 지향하는 이상으로 만들어진 것을 사회적 이념(social ideology)이라고 한다. 개인적인 신념이나 사회적인 이념은 부지불식간에 한 개인의 행동이나 의사결정방향에 영향을 주고, 사회전체의 정책적 방향에 영향을 준다.

사회적으로 지향하는 이념은 사회별로 차이가 있으며, 한 사회 내에서도 역사적 변화에 따라 달라진다. 사회정책 전반에 영향을 줄 수 있는 사회적 이념들은 무엇이며 핵심적 특성은 어떠한지를 이해하는 것은 현재 우리사회의 복지상황을 보다 정확하게 파악하는데 도움을 준다. 나아가 우리가 지향해야하는 복지정책의 방향은 어떠해야 하는지를 고민하는데 나침반을 제공해 줄 수 있다. 바람직한 사회가 지향해야하는 사회적 가치는 무엇인지, 그러한 가치를 실현하기 위해서는 정부가 어떤 역할을 해야 한다고 보는지, 결과적으로 제도적 노력을 통해 이루어나가고자 하는 이상 사회(ideal society)의 모습은 무엇인지를 중심으로 주요한 사회이념의 특성을 간략히 고찰한다.

1) 신우파(The New Right)

신우파는 근대 초기 나타난 초기 우파(Right)와 중시하는 사회적 가치와 정부의 역할, 이상 사회 모습에서 많은 유사점을 갖는다. 그러나 자본주의 시장경제의 사회문제 해결력에 대한 믿음에 차이가 있다. 역사적인 등장 시기를 구분하기 위해 신우파(New Right)라고 명명한다. 신우파는 반집합주의적 이념을 지향하며 자유, 개인주의, 그리고 불평등을 사회가 지향해야 하는 중요한 가치로 간주한다. 특히 자유는 신우파에서 가장 중요시하는 가치로서, 다른 사회적 가치들과 자유가 충돌하는 경우 우선적으로 지켜야만 하는 가치는 자유라고 본다.

자유에 대한 이러한 강조는, 국가개입을 최소화하고 개개인의 자유를 최대한 보호해야 한다는 개인주의에 대한 강조를 포함한다. 스스로에게 가장 이익이 되는 것을 본인 이상으로 제대로 파악할 수 있는 타인이나 집단은 있을 수 없다고 본다. 따라서 어떠한 형태의 사회적, 국가적 개입도 개인의 복지를 극대화할 수 없으며, 그러한 면에서 개인의 자유를 침해하는 형태의 국가개입은 언제나 덜 효율적이다. 자유를 중시하고 개인의 자율성을 중시하는 신우파적 이념은, 결과적인 사회적 불평등은 사회 발전을 위해 필요하며 이를 완화하기 위한 국가 개입은 (불가피한 소수의 경우를 제외하면) 거의 대부분의 상황에서 바람직하지 않다고 본다. 자본주의 시장경제가 제 기능을 할 수 없다는 것이 명백한 상황에서 국가가 개입하거나 시장경제 하에서 자립하여 스스로 기본 욕구를 충족할 수 없는 장애인에 대한 국가의 보호 등이 국가개입이 정당화될 수 있는 불가피한 경우에 해당된다.

결과적으로 국가 개입은 신우파가 가장 중시하는 자유를 침해할 수 있기 때문에 최소화되어야만 한다고 본다. 국가 개입이 최소화되고 자본주의적 시장경제의 자유에 기반 하여 다양한 사회적 자원들이 생산, 소비, 분배되는 사회가 가장 바람직한 사회이다. 신우파에 따르면 시장이라는 기제는 모든 개인들의 선호를 발견하고 이에 대응하여 자원이 배분되도록 하는 가장 효과적인 기제이다. 신우파는 사회의 주요 인적, 물적 자원들은 가능한 자유 시장경쟁을 통해 배분되는 것이 최적 배분(pareto-optimum)을 가능하게 한다고 보기 때문에 이를 저해할 수 있는 어떠한 개입도 정당화될 수 없다는 견해를 갖는다.

2) 중도주의(The Middle Way)

중도주의적 이념은 사회적으로 지향하는 가치나 이상적인 사회의 모습에서 신우파와 많은 점이 닮았다. 중도주의도 가능한 개인의 자유가 보장되고 자율성이 확보되는 사회가 바람직한 사회이며, 이로 인해 결과적으로 발생하는 사회적 불평등도 사회발전의 긍정적 토대가 된다고 본다. 이렇듯 지향하는 사회적 가치에서 중도주의는 신우파와 유사하나, 중도주의는 이러한 사회적 가치를 신우파만큼 절대적으로 신봉하지는 않는다. 즉, 자유, 개인주의, 그리고 사회적 불평등과 같은 가치를 중시하고 이를 사회적 차원에서 구현하는 것이 사회문제를 해결하고 바람직한 사회를 만드는데 기여한다고 보지만, 이러한 가치들을 추구하는 것이 모든 사회적 문제를 해결해 주지 않는다는 것이다.

중도주의는 필요한 경우 자유, 개인주의, 사회적 불평등과 같은 사회적 가치를 다소간 수정할 필요가 있다고 본다. 국가개입이 더 효율적일 경우에는 이것이 정당화될 수 있다는 것이다. 중도주의를 실용주의라고 명명하는 이유가 여기에 있다. 중도주의는 실용주의적 관점에서 비용대비 이익을 고려하여 필요한 사회적 가치를 채택해야 한다고 본다. 중도주의는 특정한 정치적 이념이나 대의명분을 위해 국가가 개입하거나 복지가 확대되는 것에는 반대하며, 반드시 경제발전이나 국익 증진 등과 같이 계량적이고 가시적인 이익을 고려해서 국가개입 여부를 판단해야 한다고 본다. 물론 중도주의도 신우파와 마찬가지로 중시하는 사회적 가치는 자유이기 때문에, 가능한 국가개입이 없는 상태가 바람직한 상태라고 간주하지만, 자유시장 경제체제가 사회의 많은 문제를 해결하는 데에는 제한적인 능력만을 가지고 있다는 점을 인정하는 것이다. 이것이 중도주의가 국가개입의 필요성을 인정하는 이유이다. 결과적으로 국가의 복지정책에 일정정도 정당성을 부여하고 있다는 점에서 중도주의는 신우파와는 차이가 있다.

3) 사회적 민주주의(Social Democratism)

사회적 민주주의(사민주의) 이념은 사회적으로 지향하는 주요 가치의 측면에서 앞서 논의한 신우파, 중도주의 이념과는 완전히 다르다. 사회적 민주주의 이념에서는 평등을 가장 중요한 가치로 고려한다. 자유도 중요한 가치로 간주하지만 사민주의에서 중시하는 우파에서 주장하는 소극적 자유와는 본질적으로 차이가 있다. 사민주의 이념에서는 적극적 자유를 강조하는데, 적극적 자유란 사회구성원들이 원하는 바를 달성할 수 있는 자유를 의미하는 것으로, 속박되지 않는 수준의 소극적 자유와는 근본적으로 다른 의미이다. 자본주의 사회에서 개인이 적극적 자유를 갖기 위해서는 적어도 일정정도 이상의 기본적 자원을 가져야 한다. 이러한 의미에서 적극적 자유의 실현은 일정 수준 이상의 사회적 평등을 전제로 가능한 것이라고도 할 수 있다. 결과적으로 사민주의에서 일차적으로 강조하는 평등을 구현하는 방식은 자유를 구현하는 방식과 유사할 수밖에 없다.

사민주의 이념에서는 평등과 자유를 적극적으로 실현할 수 있는 가장 핵심적 기구로서 국가를 상정한다. 사회복지정책의 실행을 통해 국가가 사회구성원들의 삶에 개입함으로써 사회적 정의(social justice)가 달성될 수 있고 우애(fellowhip)있고 연대감(solidarity)이 강한 사회가 구현될 수 있다고 본다. 사민주의는 자본주의적 시장체계가 사회 공동의 목표를 달성하는 데는 뚜렷한 한계를 가지고 있으며, 사회적 약자들이 지속적으로 손해를 볼 수밖에 없는 구조를 만들어낸다고 본다. 이러한 자본주의의 근본적 문제를 해결하기 위해서는 국가주도적인 사회복지정책을 광범위하게 실행하여 사회적 불평등을 적극 해소할 수밖에 없다. 이러한 의미에서 사민주의 이념은 복지국가로서 국가의 역할을 가장 적극적으로 옹호한다.

4) 마르크시즘(Marxism)

마르크시즘은 사회적으로 지향하는 주요 가치가 사민주의와 유사하나 그러한 사회적 가치를 추구하는 방법이나 이에 대한 국가의 역할, 자본주의적 시장경제체제에 대한 인정 여부 등에 있어서 사민주의 이념과 차이를 보인다. 현대의 마르크시즘은 여러 분파로 나뉘어져 있고 그러한 분파들 간 차이가 크기 때문에, 하나의 이념으로 묶어 마르크시즘의 특성을 정리하기는 어렵다. 여기서는 가장 기본적인 특성만으로 한정하여 마르크스 이념을 간략히 정리한다.

마르크스 이념에서 가장 중요한 사회적 가치는 평등과 자유이며, 사실상 이 두 가치는 동일한 의미를 갖는다. 이들이 주장하는 자유는 매우 적극적인 자유로서, 자신이 원하는 바를 달성할 수 있는 능력이나 가능성을 의미한다. 따라서 평등의 실현이 이루어지지 않으면 자유가 구현되기 어렵다.

사민주의에서 강조하는 우애라는 가치는 마르크스주의에서도 매우 중요하게 간주된다. 자본주의 시장경제체제로는 우애를 실현하는 사회를 만들 수 없다고 본다. 국가주도적인 방식으로 사회를 계획해야 실질적인 의미에서 우애가 실현될 수 있다고 본다. 이를 위해서는 정부가 주요 생산수단을 소유하여야만 하며, 민주주의적 계획을 통해 자원을 배분하는 주체가 되어야 한다. 국가중심의 전체주의적 계획경제와 민주주의의 실현은 동일한 의미이다. 이렇듯 평등, 자유, 우애를 강조한다는 점에서 마르크시즘과 사민주의는 유사하지만 주요 생산

수단의 국유화, 전체적의적 계획경제에 대한 태도에서 사민주의와 마르크시즘은 명백히 차이를 보인다.

5) 기타

이상에서 제시한 사회적 이념 외에도 20세기 중반이후 강조되고 있는 제 3의 길(The Third Way)이나 여성주의(Feminism), 녹색주의(Greenism) 등의 이념도 사회복지정책과 실천 영역에 영향을 미치고 있다. 신우파와 사민주의가 지향하는 사회정책적 목표를 동시에 추구하면서 이 두 이념의 상호 갈등적 요소를 보다 적극적으로 해결하고자 하는 제 3의 길은 1990년대 이후 영미권 국가의 사회개혁 정책실행에 중요한 영향을 미쳤다. 한편 다양한 사회제도들이 여성을 억압하고 차별하는 문제에 주목하여, 여성과 남성의 고유한 차이를 인정하며 이로

인해 발생되고 있는 사회적 성차별을 적극 해소하고자 하는 이념이 여성주의이다. 여성주의 이념은 남녀가 공히 동등한 사회적 시민권을 누려야 함을 강조하며 사회복지서비스의 대상으로 여성과 가족을 중요시한다. 또한 녹색주의는 자본주의적 산업화가 갖는 무분별한 환경파괴의 문제에 주목하여 생태와 생명을 중시하고 경제적 발전보다는 지속가능한 개발을 강조한다.

3. 사회복지의 실천 윤리

윤리는 가치를 행동으로 옮겨 실천한 것으로서 인간이라면 마땅히 지켜야 할 도리라 할 수 있다. 특정 직업을 맡는 사람들에게 있어 윤리는 공통적으로 행동하며 지킬 가치 기준이며, 그 직업분야에서 임무 수행을 하며 지킬 도리이자 공통의 규약으로서 서로 합의한 윤리강령을 만들어 준수해 나간다. 윤리강령은 전문직으로서의 정체감을 형성하고 조직문화의 특성을 형성하는데도 기여한다.

사회복지의 윤리는 개인, 가족, 집단 등 사람들과 직접 상호작용하며 삶의 어려움에 대처하고 해결하는 사회복지업무를 수행하는 데 실제 적용하게 되는 '실천윤리' 차원에서 이해된다. 사회복지사협회는 모든 사람들의 안녕을 위한 휴먼서비스 전문직으로서 사회복지업무에서 윤리를 실천의 지침을 제공하기 위해 윤리강령을 제정하여 사회복지 서비스 제공과 관련 업무 수행에서 이 윤리강령을 준수하여 행동하도록 한다. 우리나라 사회복지사 윤리강령은 다음과 같다.

한국 사회복지사 윤리강령(KASW Code of Ethics)

사회복지 이념은 사회의 안정과 번영을 위하여 정의, 평등, 자유, 민주의 가치를 바탕으로 모든 사회성원들이 인간의 존엄성을 유지하면서 자기실현을 할 수 있도록 사회 전체가 공동으로 책임을 진다는 철학을 기본으로 한다.

위의 이념을 구현하기 위하여 사회복지사는 개인, 가족, 집단, 조직, 지역과 같은 복지대상과 직접 일하거나 사회제도적 개선과 관련된 제반 활동에 적극 개입한다. 위의 사명을 다하기 위하여 사회복지사는 다음의 윤리강령을 준수한다.

1. 사회복지사는 전문가로서의 품위와 자질을 유지하고 관장하는 업무에 대하여 책임을 진다.
2. 사회복지사는 전문직의 가치를 견지하면서 관련지식과 기술을 습득, 개발, 전달하는 데 최선의 노력을 기울인다.
3. 사회복지사는 업무수행과정에서 어떠한 압력에도 타협하지 않으며, 전문적 관계를 이용하여 부당한 영리를 취하지 않는다.
4. 사회복지사는 복지대상자의 권익을 최우선으로 삼는다.
5. 사회복지사는 복지대상자가 자기결정권을 최대한 행사할 수 있도록 돕는다.
6. 사회복지사는 복지대상자의 사상, 종교, 인종, 성별, 연령, 지위, 계층에 따른 차별을 하지 않는다.
7. 사회복지사는 복지대상자의 사생활을 존중하고 직무상 취득한 정보를 전문적 업무 이외에는 공개하지 않는다.
8. 사회복지사는 동료 간의 존중과 신뢰로써 대하며, 동료 간의 전문적 지위의 인격을 훼손하는 언행을 하지 않는다.
9. 사회복지사는 동료나 사회복지기관 또는 단체의 비윤리적 행위에 대하여 공식적인 절차를 통하여 대처한다.
10. 사회복지사는 소속기관과 전문단체 활동에 적극 참여하여 성장발전과 권익옹호에 힘쓰며 기타 유관기관과는 협조적 관계를 유지한다.

〈1980년 9.5. 개정; 1988.2.29 개정; 1992년 9.21 개정; 1992.10.22 공포〉

사회복지의 가치와 연결지어 윤리강령에서도 중시되는 사회복지서비스 이용자 즉 클라이언트의 권익과 자기결정권, 정보에 대한 비밀보장은 특별히 윤리적 딜레마를 유발할 수 있는 사안이므로 사회복지전공 수업과 실천 경험을 통해 이에 대한 준비가 필요하다. 클라이언트 권익 우선과 증진의 원칙은 집단과 사회의 공익 및 공공선과 대립될 때, 자기결정권은 안전과 생명의 위협에 맞설 때, 비밀보장 역시 클라이언트 자신과 타인의 안전과 생명, 공익 등과 맞서게 될 때 윤리적 딜레마의 이슈가 발생하는 것이다. 아울러 연령, 인종과 문화, 심신 건강과 장애 상태로 인한 윤리적 딜레마 또한 고려해야 한다.

사회복지는 사람 즉 클라이언트와 일하는 맥락에서 준수되고 고민되는 실천윤리이다. 이는 윤리적 딜레마가 발생하는 매 상황마다 사회복지사는 개인, 가족, 전체 사회문화적인 다각적 시각에서 가치와 윤리에 대해 성찰하는 행동으로 이어짐을 의미한다. 따라서 윤리적 자각(ethical awareness)은 사회복지사의 자기자각(self-awareness)의 맥락에서 매우 중요하다. 이에 국제사회복지실천연합(International Federation of Social Workers, IFSW, http://www.ifsw.org/f38000138.html)에서는 사회복지실천 업무 수행에서 의식하고 준수할 사항들을 아래와 같이 12가지 지침으로 제시한다.

IFSW가 제시한 사회복지사의 윤리 지침

1. 사회복지사는 자신의 업무를 수행하기 위해 요구되는 기술과 능력을 개발하고 유지하도록 한다. 사회복지 업무를 잘 하기 위한 기술과 능력은 클라이언트뿐 아니라 사회에 대한 책무이다.
2. 사회복지사는 자신의 기술이 사람을 괴롭히거나 폭력을 가하는 등의 비인간적인 목적을 위해 사용되지 않도록 해야 한다.
3. 사회복지사는 성실하게 행동해야 한다. 이는 서비스를 이용하는 사람들과의 신뢰관계를 남용하지 않고, 개인적 삶과 전문가로서의 삶의 경계를 인식하며, 개인적 혜택이나 이득을 위해 자신의 지위를 남용하지

않는 것을 포함한다.

4. 사회복지사는 서비스를 이용하는 사람들과 관련하여 동정심, 공감, 관심을 가지고 행동해야 한다.
5. 사회복지사는 자신의 욕구와 이해관계를 서비스를 이용하는 사람들의 욕구와 이해보다 우위에 두어서는 안된다.
6. 사회복지사는 자신이 적절한 서비스를 제공할 수 있다는 것을 확실히 하기 위해 직장과 사회에서 자신을 전문가답게 그리고 개인적으로 돌보기 위해 필요한 절차를 밟을 의무가 있다.
7. 사회복지사는 서비스를 이용하는 사람들에 관한 정보에 대해 비밀보장을 유지해야 한다. 이 예외는 생명보존과 같은 더 중대한 윤리적 요청에 기초해서만 정당화될 것이다.
8. 사회복지사는 서비스 이용자들, 함께 일하는 사람들, 동료들, 고용주들, 전문가 협회, 그리고 법체계에 대한 자신의 행동에 책임이 있고, 이 책임성은 갈등을 일으킬 수 있다는 것을 인식할 필요가 있다.
9. 사회복지사는 사회복지전공 학생들이 양질의 실천 훈련을 받고 최신의 실천 지식을 얻을 수 있도록 지원하기 위해 사회복지학과 및 학교와 기꺼이 협력해야 한다.
10. 사회복지사는 동료들과 그리고 고용주들과 윤리적 논의를 촉진하고 참여해야 하며 윤리적으로 고지된 결정을 하는 데 책임을 져야 한다.
11. 사회복지사는 윤리적 숙려에 기초하여 결정을 한 합리적 이유를 진술할 준비가 되고 그들의 선택과 행동에 책임져야 한다.
12. 사회복지사는 소속 기관과 나라에서 이 진술문이 나타내는 사회복지실천 윤리 원칙들과 각국의 윤리강령이 논의, 평가, 지지되는 조건들이 창출되게 해야 한다.

생각나누기

1. 그동안 자라면서 가족으로부터, 학교로부터 자신이 보고 배워서 익숙해진 자신에게 중요한 가치에 대해 적어 봅시다. (예. 식습관에서의 가족의 가치, 남녀 역할, 연령 별로 다른 행동 기준이나 역할, 등)

2. 자신이 자라오면서 가족이나 학교를 통해 습득한 가치 중 현재 대학생활을 하며 다른 사람과 비교해 보았을 때 유사하다고 발견한 점, 크게 다르다고 발견한 점 등에 대해 의견을 나누어 봅시다.

3. 사회복지 이념 중 자신은 어떠한 것을 선호하며 앞으로 그 이념이 사회복지 실천에 어떠한 영향을 줄지 생각해 봅시다.

4. 일상생활에서 자신이 겪은 윤리적 갈등(딜레마)을 이야기해 보고 그에 대해 어떻게 대처하는 것이 좋을지 서로 의견을 나누어 봅시다.

제 6 장 전문직으로서 사회복지

전문직은 무엇으로 규정할 수 있을까? 익히 알려진 의료인, 법조인 같은 직업이 요구하는 전문성은 여러 가지 요건에 의해 구성되며 이러한 요건으로 사회복지실천을 생각해 보면 아직 발전되어야 할 부분이 많다. 예를 들면, 오랜 역사를 지닌 의학, 법학 분야 전문직들에 비해 사회복지에 대한 사회적 인식과 승인은 상대적으로 약한 형편이다. 그러나 1990년대부터 종합사회복지관이 확산된 이후 지역민들의 사회복지사와 사회복지의 필요성과 이해는 대단히 돈독해졌다. 조직 차원에서도 의료계나 법조계 전문직들에 비해서는 약하지만 사회복지사협회, 사회복지대학교육협의회, 사회복지관협회, 한국사회복지학회를 비롯하여 각 분야 별 학회나 협의회, 협회 등 많은 조직들이 생성되었고, 사회복지전문가 협회의 조직화와 조직문화 형성이 급속도로 발전해 왔다고 볼 수 있다.

사회복지직이 여타 전문직과 크게 차별화되는 점은 사회복지가 사회구성원 모두를 대상으로 하지만 특히 상대적으로 취약한 위치에 있는 사람들의 안녕과 삶의 질을 위해 비영리 목적 하에 일하고 조직이 운영되며, 또 사회가 이를 기대한다는 것이다. 따라서 사회복지 전공자라면 누구나 주변인들로부터 '좋은 일'로서의 가치에서는 우대를 받지만 시장경제 체제에서의 경쟁력에서는 상반된 의견을 들은 경험이 있을 것이다. 여기에 덧붙여 일부 사회복지기관이나 시설 등에서 서비스 이용자가 피해를 입는 사건이 발생하면 '불쌍한 사람들을 위해 좋은 일을 해야 하는' 사람들로서 '영리를 취하지 않아야 하는' 의무를 저버린 사람들로 사회로부터 오인되고 부정적 정서를 접하게 된다. 일반 사회의 사회복지직에 대한 태도는 정확한 지식에 근거하기 힘들며, 상당히 양가적이다. 따라서 사회복지 전공자 자신이 전문직을 잘 이해하고 역사적 뿌리를 통해 그리고 그간의 사회복지실천이 독립적으로 이루어지지 않고 그 사회의 가치와 철학, 정부의 신념, 사회제도 및 체계들과 상호역동적 관계 속에서 이루어지는 상황을 파악해야 한다. 이에 이 장에서는 전문직의 개념을 정리하고 사회복지 전문가 활동의 역사적 배경과 현대에의 함의, 사회복지가 전문직으로 보다 공고해지기 위해서 필요한 요건과 사회복지 전문성의 특성을 소개하여 사회복지 전공자들이 정체성을 형성하고 전체 사회 맥락 속에서 사회복지직의 위치를 이해하도록 한다.

1. 사회복지전문직의 역사적 뿌리

사회복지직은 빈곤, 폭력, 빈민을 중심으로 하여 질환자와 노인, 아동, 미성년 자녀를 둔 여성 등 여러 사회 취약층에 대한 구휼과 자선사업에서 발달하였으며 19세기말에 본격적으로 직업으로 발전하기 시작했다.[1)] 취약층 사람들의 보호와 이들의 안녕에 대한 일반인의 이해는 역사를 통해 크게 개인과 사회의 책임을 양 극단에 두고 두 가지 축

1) 구빈에 대한 역사적 과정, 영국과 미국의 자선조직협회와 우애방문단의 발전, 활동, 그 변천, 그리고 인보관운동에 대한 상세한 내용은 사회복지역사 교재를 참고하기 바란다. 여기서는 전문직으로서 사회복지실천을 이해하기 위해 요약하여, 설명한다.

사이를 시계추처럼 왔다갔다 하면서 사회문화적 정향에 따라 그리고 개인적 가치와 철학, 인간과 사회에 대한 지식에 따라 변동되어 왔다고 볼 수 있다. 특히 빈곤에 대해 이러한 두 가지 접근이 대비되는데 이는 앞서 살펴본 잔여적 사회복지와 제도적 사회복지 개념 간의 대비와 일관된다. 즉, 한 접근은 가난한 이유가 개인이 충분히 일하지 않았다거나 일에 대한 거부, 게으름 등 개인의 잘못과 문제에 있으므로 개인의 생각을 도덕적으로 바로잡고 행동을 고쳐야 한다고 본다. 다른 한 접근은 가난은 사회구조적 문제에 원인이 있고 개인이 보이는 게으름이나 일을 안하는 것을 사회적 문제의 일환으로 이해하려고 한다. 이러한 이해는 현대에도 첨예하게 대립되는데, 사회복지실천이 직업화하는 과정에서도 개인, 가족이 겪는 어려움의 원인을 개인에게 귀인하는 것과 사회구조나 환경에 귀인하는 두 가지 구분되는 이해에 따라 다른 대응이 있었고 이 대응이 사회복지실천의 가치, 방법, 모델에 반영된다.

1) 자선조직협회와 현대 사회복지전문직에 대한 의의

사회복지실천이 직업으로 발전하게 된 계기는 자선조직협회(Charity Organization Society, COS)의 우애방문단(Friendly Visitors)들의 활동을 통해서이다. COS는 19세기 영국에서 이루어지던 자선사업을 구역별로 조직화하여 체계적으로 전달하고자 하였다. 이와 연결된 또 한 가지 중요한 목적은 물품을 비롯한 자원을 중복지원하지 않고 꼭 필요한 사람에게 자원과 서비스를 제공하기 위한 것이었고, 이를 위해 우애방문단원들이 활동하였다. 이들이 빈민에 대해 접근한 방식은 우선, 가난한 사람들이 도덕적으로 부족하고 결함이 있어 열심히 일을 해야 한다는 중산층의 가치와 자녀양육방식 등에서 중산층 출신인 우애방문단원들이 가르치고 교화해야 한다는 신념이 밑바탕에 깔려 있다. 따라서 우애방문단원은 이러한 가치와 신념을 가지고 가가호호 방문하며 개별적으로 대화하고 도덕적으로 설득하는 방식을 취하였다. 아울러 우애방문단원은 해당 빈민이 정말 가난한지, 자선과 우애방문을 받을 적정한 자격이 되는지 검사하기 위해 각 가정의 집안에 들어가 집기들을 점검하고 사는 형편을 파악하는 자산조사(means test)를 하였다.

이러한 우애방문단의 빈민에 대한 개별적 접근과 대화를 통해 도덕적 교화와 생활방식의 변화를 꾀하려는 노력은 사회복지실천의 삼대 방법론 중 가장 먼저 발달한 개별사회사업의 모태가 되었다. 우애방문단원들이 모여서 그 지역의 개인 혹은 가족의 어려움과 상황에 대해 회의를 한 것이 개별사회사업에서 중시하는 전문가들 간의 사례회의와 슈퍼비전 등의 뿌리가 된다. 아울러 우애방문단이 구역을 나누어 서비스를 조직화한 것은 지역사회조직의 뿌리가 된다고 볼 수 있다. 한편, 우애방문단원들은 빈곤의 사회구조적 측면과 빈민밀집 지역의 환경이 지역민의 심신건강, 아동·청소년의 발달과 교육, 가족기능 등에 미치는 영향에 문제의식이 부족하였고, 빈민들의 열악한 환경을 변화시키려는 노력에는 소홀했다는 점에 한계가 있다.

2) 인보관운동과 현대 사회복지전문직에 대한 의의

인보관운동은 영국의 옥스퍼드대학생들을 포함한 지식인들이 빈곤을 비롯한 지역사회문제에 대한 사회의식을 가지고 빈곤층 사람들과 생활을 함께 하며 교육과 의식의 고양, 지역환경을 바꾸는 등의 노력을 기울인데 기초한다. 미국의 애덤스(Jane Addams)는 영국의 대표적 인보관인 토인비홀(Toynbee Hall)을 방문해 본 후 미국 일리노이 주의 시카고에서 헐 하우스(Hull House)라는 인보관을 운영하였다. 헐 하우스 주변에는 이민해 온 사람들과 소수 인종 및 문화 배경을 가진 사람들이 밀집해 살고 있었고 애덤스는 헐 하우스 내에서 십대 소녀들을 위한 직업교육을 포함하여 다양한 집단 프로그램을 운영하며 지역사회환경 개선과 지역민들의 생활 향상에 기여하였다. 이러한 지역환경을 중시하고 집단으로 교육과 직업훈련을 한 사업은 이후 집단사회사업과 지역사회 환경 변화를 위한 활동의 뿌리가 된다고 할 수 있다.

사회 취약층에 대한 개별적 접근과 집단 접근의 활동은 이후 사회사업(social work)으로 명명된 사회복지실천의 역사에서 큰 두 줄기를 이루며 현재까지 이어진다. 즉 문제의 원인이 개인에게 있다고 보고 개별적으로 접근하는 방법과 사회구조 혹은 사회환경에 초점을 두고 사회적 대응을 하는 접근으로 직업화되고 휴먼서비스 전문직으로 자리매김하는데 두 가지 근원을 이룬 것이다. 자선조직협회가 주안점을 두었던 개별사회사업의 경우 '환경 속의 인간' 관점에서 볼 때 인간의 성격이나 도덕성, 가치, 행동 등을 중심으로 개인 변화에 초점을 두는 전통을 형성하였다. 이는 현대에 사회복지사가 개업을 하여 개인 사무실 중심으로 개인, 가족, 집단에게 치료적 접근을 수행하는 흐름을 형성하여 비판의 대상이 되기도 하였다. 우리나라는 서구와 같이 심리사회적 치료가 사회복지실천의 큰 비중을 차지하지는 않지만 사회복지기관 및 시설 안에서 개인과 가족을 중심으로 문제중심의 접근은 아직도 보편적으로 이루어지고 있는 형편이다. 다시 말하면, 사회복지실천에서 개인, 가족, 집단, 지역사회에 직접적으로 영향을 끼치는 사회구조적 요인들을 변화시키는 노력은 상대적으로 아직 약한 경향이다.

2. 전문직으로서 사회복지실천의 이해

1) 전문직과 전문성의 요건

사회복지분야 내에서 사회복지사는 휴먼서비스 전문직으로 자리매김하였다고 볼 수 있다. 전문성의 기준은 다양하게 개념화된다. 역사적으로 전문직의 다양한 기준에 의해 전문직으로서의 자질에 의문을 제기하고 그 자극으로 교육과 훈련의 체계화, 사회적 위치를 제고하기 위한 협회 차원의 활동들이 계속되고 있다. 이 시점에서 역사적으로 다른 학문분과에서 제시되고 또 연구자들에 의해 많이 인용되는 기준에 비추어 과연 사회복지직이 사회구성원들의 안녕을 추구하는 데 필수적인 휴먼서비스직으로 자타가 그리고 사회가 승인하기 위해서 어떠한 측면에서 좀더 많은 노력을 기울여야 하는가를 생각해 볼 필요가 있다.

먼저 사회복지 직업의 전문성에 대해 의문을 제기한 플랙스너(Flexner, 1915, 강기수, 2002, p. 34에서 재인용)의 경우, 이후 리버만(Liberman, 1956, 강기수, 2002에서 재인용, p. 35)의 자율적 기능을 중심으로 한 전문직의 요건, 그리고 그린우드(Greendwood, 1975)가 제시한 전문직 요건을 요약하면 아래 〈표 6-1〉과 같다.

〈표 6-1〉 연구자들이 제안한 전문성의 요건에 대한 예

Flexner(1915)	Liberman(1956)	Greendwood (1975)
① 전문직 활동은 근본적으로 지적이고 개인적 책임을 수반한다. ② 전문직은 단순히 일상적이 아닌 지식에 근본을 두고 학습되어진다. ③ 전문직은 학구적이고 이론중심이기보다는 실질적이다. ④ 전문직은 전문적 교육에 의해 그 기술이 교습된다. ⑤ 내적으로 조직화된다. ⑥ 사회의 선을 위한 이타주의에 기반을 둔다.	① 유일하고 독특한 사회적 봉사기능을 가진다. ② 그 기능 수행에 있어 고도의 지적기술을 요한다. ③ 장기간의 준비교육을 요한다. ④ 그에 종사하는 개인이나 집단 모두는 광범위한 자율권을 행사한다. ⑤ 자율의 범위 안에서 행사한 행동과 판단에 대하여 종사자의 광범한 책임을 묻는다. ⑥ 자치조직을 가진다. ⑦ 경제적 보수는 사회적 봉사보다 우선되지 않는다. ⑧ 그 자체의 직능을 수행하는 데 준수할 직업윤리를 가진다.	① 체계적 이론과 지식기반 ② 전문가로서의 권위 ③ 지역사회 승인 ④ 전문가 협회의 윤리강령 ⑤ 전문가 문화

2) 사회복지사의 활동과 전문성

사회복지사는 개인, 가족, 집단, 지역사회의 안녕을 위해 소규모체계들(microsystems), 중규모체계들(mezzosystems), 대규모체계들(macrosystems) 차원에서 일하고 개인, 집단, 지역사회의 여러 가지 생활상의 이슈들과 대응에 필요한 지식과 기술을 활용한다. 이러한 다중 지식과 기술을 사용하여 다중체계들(multisystems) 차원에서 사회구성원 모두의 존엄성과 안녕이 실현되도록 다각적인 활동을 하는 데 사회복지사 전문성의 핵심이 있다고 할 수 있다.

사회복지사의 활동은 흔히 크게 공적 사회복지 영역과 민간 사회복지 영역에서 이루어지는 것으로 구분된다. 공적 영역은 시, 도, 구, 군, 읍, 면, 동 등 행정 단위 별로 이루어지는 공공행정기관의 공적 부조를 위시한 사회복지 관련 업무를 담당하는 곳이 해당된다. 민간사회복지 부문은 사회복지기관 및 시설들이 해당된다.

전문성과 관련하여 사회복지 활동을 구분하는 또 하나의 방법은 일반 사회복지(generalist social work)와 전문 사회복지(specialist social work)이다. 일반 사회복지에 입각한 사회복지사는 개인, 가족, 집단, 지역사회에 대해 클라이언트의 주요 사안을 중심으로 통합적인 활동을 한다. 일반 사회복지사는 따라서 클라이언트를 둘러싼 가족, 집단, 지역사회, 그 외 여러 사회체계들에 대한 지식, 이들로부터 클라이언트에게 필요한 자원들, 이들에 대한 개입방법과 기술을 알고 활용하게 된다. 일반 사회복지사는 기관 내에서도 요구되는 다양한 역할들(앞 장의 '사회복지사의 역할' 참조, pp. 49-50)을 편안하고 자유롭게 수행할 수 있다. 이들은 팀으로 다른 휴먼서비스 전문직들과 함께 클라이언트의 어려움과 상황에 접근하며 보완적 역할도 수행할 수 있다.

한편 전문 사회복지는 특수한 클라이언트의 특수한 어려움과 상황에 대해 매우 구체적인 지식과 기술을 사용하여 돕는 활동을 한다. 예를 들어, 폭력 및 학대 피해 아동을 위한 사회복지사는 아동발달과 외상(trauma)의 아동발달에 대한 영향과 그 치료에 특화된 지식과 기술을 사용한다. 또 알코올 중독을 겪는 성인을 위한 사회복지사는 알코올 중독 치료에 대한 집중적인 지식과 기술을 활용하여 치료활동을 수행한다.

일반사회복지와 전문사회복지에 대해 사회복지 전공생 및 실천가들은 어디서부터 사회복지를 시작해야 하는가 의문을 제기할 수 있다. 여기에 대한 답은 없으나 우리나라에서 학부 사회복지교육은 일반 사회복지사를 양성하는 데 초점이 맞추어진다.

생각나누기

1. 주변 사람들에게 사회복지가 무엇이라고 생각하는지 질문해 보고 그들의 의견을 구해 봅시다. 연령과 성별에 따라 차이가 있는지 알아보고 학우들과 의견을 나누어 봅시다.

2. 영국의 사회복지사협회, 미국의 사회복지사협회, 한국의 사회복지사협회 홈페이지에 들어가 정보와 자료들을 살펴봅시다. 사회복지사의 가치와 윤리, 조직체의 신념, 역할, 등에 대해 알아보고 학우들과 의견을 나누어 봅시다.

3. 한국의 사회복지사협회 홈페이지 자료에서 사회복지사의 전문성 강화를 위해 하는 노력을 살펴보고 학우들과 의견을 나누어 봅시다.

제 7 장 사회복지와 복지국가

이 장에서는 복지국가의 개념, 발달과정, 유형, 그리고 향후 과제 등을 다룬다. 20세기 이후 전 세계적으로 복지국가의 확립이 강조되었다. 한국에서도 복지국가의 건설이 1980년대 이래 가장 강조되는 사회정책의 지향점이 되고 있다. 그렇다면 우리가 흔히 말하는 복지국가는 무엇을 의미하는 것이며 어떠한 형태의 국가를 말하는 것인가? 어떠한 형태의 사회복지제도와 정책이 바람직한 복지국가의 확립에 기여하는 것인가? 이러한 중요한 질문에 답하기 위해 본 장에서는 복지국가가 무엇을 의미하는 것인지 그 개념을 우선 살펴보고, 복지국가가 어떠한 사회적 맥락 속에서 형성되었으며 어떠한 과정을 거치면서 발전해 왔는지를 고찰할 것이다.

대부분의 국가에서 근대 자본주의 국가가 발달되어 오는 과정에서 자본주의가 갖는 문제를 해결하기 위해 복지제도들을 확립해 왔다. 이렇듯 역사적 맥락에서 복지국가가 형성된 과정은 유사하지만, 각 국가의 정치, 경제, 문화적 풍토나 환경에 따라 복지수준이나 유형이 매우 상이하게 나타나고 있는 것도 사실이다. 도대체 왜 복지제도의 수준이나 특성은 국가별로 달라지는 것일까? 이 장에서는 복지국가의 유형들을 검토함으로써 이러한 질문에 답하고자 할 것이다. 이 장의 마지막

부분에서는 현재 복지국가의 유형은 변화하고 있는지, 그리고 앞으로 복지국가의 유형은 변화해 갈 것인지에 대해서도 생각해본다.

1. 복지국가(welfare state)의 개념

복지국가란 어떤 국가를 의미하는 것일까? 흔히들 복지국가를 "좋은 국가"로 이해하는데, 과연 복지국가와 좋은 국가가 같은 의미를 갖는 것일까? 또 복지국가는 "잘 사는 국가"와는 어떻게 다른 것일까? 경제적으로 잘 사는 국가를 복지국가라고 할 수 있는 것일까?

만약 경제적으로 부유한 국가를 복지국가라고 한다면 현재 미국은 최고 수준의 복지국가일 것이다. 그러나 성숙한 복지국가라고 하면 북유럽의 스웨덴, 덴마크, 노르웨이 등과 같은 국가를 먼저 떠올린다. 물론 이들 북유럽 국가들도 경제적으로 부유하기는 하나 세계적으로 가장 부자 국가들은 아니다. 반면 미국은 세계적으로 가장 잘 사는 국가 중 하나지만 최고의 복지국가라고 알려져 있지는 않다.

국민의 대다수가 인간의 존엄성을 유지하기 위해 필요한 경제적 자원의 부족을 경험한다면, 우리는 그러한 국가를 복지국가의 범주에 편입시키지 않는다. 경제적으로 잘 사는 것이 복지국가 성숙을 위해 어느 정도는 필요한 조건일 수는 있지만, 경제적으로 부유하다고 해서 모두 성숙한 복지국가는 아니라는 것이다. 다시 말해 일정수준의 경제적인 발전은 복지국가의 성숙을 위한 필요조건에 지나지 않는다는 것이다.

우리는 국가가 잘 사는 것과 국민이 잘 사는 것이 동일한 것은 아니라는 점에 주목해야만 한다. 경제적으로 부유한 국가이지만 국민들의 경제적 수준에 편차가 큰 나라도 있고 경제적 수준은 높지 않아도 국민들 간 소득이나 재산의 편차가 그다지 크지 않은 나라도 있다. 어떠한 국가가 더 복지국가에 가까운가?

일반적으로 많은 사람들은 국가의 경제적 총생산(GDP) 수준이 높은 것과 그러한 국가를 구성하는 국민이 잘 사는 것을 동일한 차원에서 이해하는 경향이 있지만, 현실적으로 보면 이것은 결코 동일하지 않다. 복지국가는 경제적인 부를 증진시키는 것을 목표로 하는 것이 아니라 그것의 분배에 있어서 사회적 정의를 실현함을 목적으로 하는 국가이다. 자본주의 국가에서 존재하는 소득재산의 불평등을 적극 줄일 수 있는 제도를 확립, 실행하고 있는 국가가 복지국가라고 할 수 있다.

복지국가의 보다 정확한 개념을 이해하기 위해 우리는 복지국가의 주체가 누구인지를 생각해볼 필요가 있다. 복지국가의 주체는 말 그대로 국가이다. 복지국가를 '국가가 국민을 대상으로 복지제도를 실행하는 국가'라고 정의한다면, 국가의 다양한 정책들이 무엇을 지향하고 있는지가 복지국가의 수준을 결정한다고 할 수 있을 것이다. 다양한 경제적, 인적 자원들을 어떠한 방식으로 활용하고 배분할 것인가를 의사결정하는 것이 넓은 의미의 정치과정이라고 하자. 복지국가는 이러한 정치과정에서 국민들 간 불평등 해소라는 목표가 얼마나 강조되는가에 따라 그 수준이 결정된다. 즉, 복지국가적 이념을 정치적 통치의 주요 방향으로 갖는 국가가 복지국가이다.

이렇듯 복지국가적 이념을 정치적으로 구현하기 위해서는 일정수준 이상의 경제적 자원이 필요하기 때문에, 경제적 수준과 복지국가의 수준이 밀접히 관련될 수밖에 없다. 그러나 복지국가는 경제적 자원의 생산이나 교환 등을 다루는 경제적 영역과는 달리, 그러한 경제영역의 운용결과 나타난 불평등 문제를 정치적 차원의 개입을 통해 개선하려는 정치적 제도화 방식이다.

요약하면 복지국가란 국민들이 일정수준 이상의 경제적 생활을 영위할 수 있으며, 사회적, 경제적 불평등을 적극 완화할 수 있는 정치제도적 틀을 갖추고 있는 국가를 의미한다. 이러한 의미에서 보자면 현대 대부분의 국가는 복지국가이다. 불평등 완화를 위한 사회제도나 경제제도를 대부분은 확립하고 있기 때문이다. 사실상 복지국가의 개념에서 더 중요한 것은 그 성숙도가 어느 정도인가 하는 것이다. 즉, 복지국가'인가 아닌가'가 아니라 '어느 정도로' 성숙한 복지국가인가가 복지국가가 무엇인지를 이해하는데 훨씬 중요한 의미를 갖는다는 것이다. 아래에서는 성숙한 복지국가와 관련되는 4가지 정도의 주요 특성을 간략히 살펴본다.

1) 복지제도의 수

우선 노령, 질병, 재해, 실업 등과 같이 산업사회를 살아가는 대다수에 대한 사회적인 위험에 대비할 수 있는 사회적 안전망(social safety net)이 얼마나 잘 갖추어져 있는가에 따라서 복지국가의 성숙도는 달라진다. 20세기 중반 이후 신체적, 정서적 돌봄이나 요양 등에 대한 욕구가 커지면서 이러한 사회적 위험 요인에 대한 대비가 얼마나 잘 되어 있는가도 중요해지고 있다.

산업사회의 대다수 노동자들은 개인적으로 대비하기 어려운 많은 사회적 위험들에 노출되어 있으며, 이러한 사회적 위험들은 개인과 가족의 안정적 경제생활을 위협하는 심각한 것들이다. 예를 들어, 노령(노화)은 그 어느 누구도 피할 수 없는 사회적 위험이다. 노령이 되면 노동력 상품의 가치가 크게 하락하기 때문에 임금노동을 하던 많은 사람들은 소득을 상실하게 되는데, 자본주의 사회에서 임금노동자의 소득 상실은 이들의 일상을 심각하게 위협한다.

그런데 노령이라는 사회적 위험에 대비하는데 있어서는 개인적인 노력도 중요하지만, 이것만으로는 역부족이다. 대부분의 사람들은 노후를 대비할 수 있는 재정적 여력을 갖지 못하기 때문에 충분한 노후준비가 어렵다. 또 수년, 수십 년 후의 인플레이션이나 예측불가능한 미래 상황에 개인이 적절히 대비할 수 있을까? 평균수명의 증가로 노후가 길어지고 있기 때문에 불충분한 노후준비의 문제는 더욱 심각해 질 것이다. 결국 개인적 차원이 아니라 집단적, 사회적 차원에서 적어도 일정 수준 이상의 경제생활이 노후에 가능하도록 많은 사람들을 대비시킬 필요가 발생한다. 또 인플레이션 등을 감안하면 현재 노동인구가 일정 수준 노인세대를 지원해 주는 방식 등을 활용하지 않을 수 없다. 이것은 개인적 차원에서는 불가능한 것이며 사회적 차원에서의 제도화를 통해서만 가능하다.

한편 산업사회의 대다수 노동자들의 경제적 안정을 위협하는 위험들에는 노령 외에도 질병, 재해나 사고, 실업, 요양 등이 포함된다. 이러한 사회적 위험들은 대부분 개인 스스로 대비하기에 매우 어렵거나 거의 불가능하다. 가능한 다양한 사회적 위험들에 대해 사회적 차원에서 대응할 수 있는 제도를 확립하는 것은 대다수 국민들의 삶에 안정성을 부여한다는 점에서 복지국가의 중요한 책무이다.

역사적으로 보면 질병이나 재해, 노령, 실업 등과 같은 위험들에 대비하는 제도들을 사회적 보험(social insurance)방식으로 확립하였다.[1)] 한국도 산업재해에 대비하는 산업재해보상보험제도를 1964년부터 실행하였으며, 1977년부터 질병에 대비하는 의료보험제도, 1988년부터 노령에 대비하는 국민연금제도를 실행하였다. 실업에 대비하는 고용보험제도는 1995년부터 실시되었다. 노년기 돌봄에 대한 욕구에 부응하기 위해 2008년부터 노인장기요양보험제도도 실행되고 있다.

2) 복지제도의 대상 인구

다양한 사회적 위험들에 대비하여 개인의 삶의 안정성을 담보해 주는 제도가 수적으로 증가하고 다양해지는 것은 복지국가의 성숙도를 높여준다. 더불어 복지국가의 성숙도는 복지제도를 통해 사회적 안전망 위에 올라가는 인구가 포괄적일수록 높아진다. 아무리 복지제도가 다양하게 확립되어 있어도 이를 통해 삶의 안정성을 확보할 수 있는 사람이 소수에 지나지 않는다면, 그 국가의 복지수준은 높다고 할 수 없다.

1) 영국의 경우 질병에 대한 대비를 사회적 보험방식이 아닌 공공서비스 방식으로 제도화하여 국민의료서비스(National Health Service) 체계를 구축하였다.

전체 인구 중 다양한 형태의 사회적 안전망에 포섭되어 있는 국민의 비중이 높을수록 더 성숙한 복지국가이다.

많은 국가에서 가장 기초적인 복지안전망으로 기능하는 공공부조(Public Assistance)제도는 그 대상인구가 전체 국민의 5~10%선에 머무른다. 이미 발생한 심각한 빈곤상황에 대응하여 사회적 급여를 제공하는 공공부조적 방식은 근로동기를 약화시킬 수 있다는 점, 빈곤의 악순환을 야기할 수 있다는 점 등으로 인해 대부분의 자본주의 국가에서는 대상 인구를 최소화하려고 한다.

이에 비해 사회보험방식으로 빈곤 예방을 하고자 하는 방식은 대부분의 국민을 정책대상으로 포섭하는 것이 가능하다. 서구 유럽의 대부분의 국가에서도 사회보험 제도가 확립되기 시작한 초기인 19세기 후반까지는 전 국민의 약 1/3 미만만이 이러한 제도에 포섭되어 있었다고 한다(김태성·김진수, 2007). 사회보험의 초기제도화 단계에서는 일정규모 이상의 사업장이나 특정한 특성을 갖는 사업장에서 일하는 노동자들만을 대상으로 하였기 때문이다.

점차 사회보험제도의 혜택을 받는 대상은 확대되었고, 현재 유럽의 성숙한 복지국가들에서는 인구의 대다수가 노령이나 질병, 재해, 실업 등에 대한 사회보험에 가입되어 있다. 한국의 경우에도, 예를 들어 1964년부터 실시된 산업재해보상보험은 초기에는 일정 규모 이상의 제조업, 광업 분야 사업장 근로자들만을 대상으로 제도를 실시하였으나 20~30년의 성숙화 과정을 거치면서 현재는 상시고용근로자가 1인 이상인 전 사업장 근로자로 그 대상이 확대되었다.

3) 복지급여 수급의 권리성

성숙한 복지국가라고 불리는 북유럽의 스웨덴이나 노르웨이에서는 국민들이 국가로부터 다양한 형태의 복지급여를 받는 것을 당연한 권리로 인식하는 경우가 많다. 노령연금이나 실업급여, 아동수당 등과 같은 현금급여를 포함하여 보육서비스, 의료서비스, 교육서비스, 요양서비스 등과 같은 일상생활의 유지에 큰 역할을 하는 기본적인 서비스는 당연한 권리로 받을 수 있다고 생각한다. 그리고 국가(중앙정부, 지방정부)는 의무로서 국민들에게 이러한 다양한 급여들을 제공해 주어야만 한다고 믿는다. 그렇기 때문에 이러한 복지급여를 지급받는 대상이나 상황에 대해 부정적인 낙인(stigma)은 최소화되고, 복지급여 수급이 사회적 통합에 긍정적으로 기여하고 있다.

이렇듯 대다수 국민들을 대상으로 보편적 차원에서 복지급여들이 제공될 수 있으려면 당연히 이에 소요되는 재원이 확보되어야만 하는데, 이러한 재원을 확보하는 방식에 대해서는 사회적 합의가 필요하다. 성숙한 복지국가에서는 빈곤이 개인의 잘못이나 도덕적 해이로 인해 발생한다기보다는 사회경제의 구조적 문제로 인해 발생한다고 보는 시각이 우세하다. 따라서 이에 대한 대응도 사회적 차원의 집합적 노력을 통해 이루어져야만 한다고 본다.

성숙한 복지국가를 보면 부유층이 높은 세율의 과세제도를 수용한다는 공통점을 가지고 있다. 즉, 복지국가가 성숙될수록 특정 집단이나 개인이 자본주의 시스템이 생산해내는 부를 독식하는 것이 정당하지 않다는 사회적 인식이 팽배하다. 자본주의 사회에서 발생하는 이익의 상당부분은 그 사회구성원이 공동으로 소유하는 인적, 물적 자원 체계로부터 오기 때문에, 이익의 상당부분을 사회에 환원(세금의 형태로)하는 것이 당연하다는 것이다. 따라서 세금에 근거한 복지급여가 대다수의 국민들에게 하나의 권리로서 제공되는 것 또한 당연해진다.

이렇듯 복지급여가 하나의 사회적 권리로서 제공되는 것은 복지급여의 안정성과 예측가능성을 확보할 수 있도록 해 준다. 여기서 여러분들에게 하나의 질문을 던져본다. 여러분들이 직장을 구한다고 가정해 보자. 직장을 구하는 목적은 여러 가지가 있을 수 있겠지만 특히 경제적 자원을 획득하기 위해서 직장을 구하는 경우만으로 한정해 보자. A라는 직장은 월소득액은 적지만 고용안정성이 높아서 지속적으로 근무할 수 있다. 반면 B 직장은 월소득액은 많지만 고용안정성이 낮아서 중장기적으로 계속 일을 할 수 있을지 예측하기 어렵다. 여러분들의 선택은 무엇인가? 경제적 상황이나 성격, 가치관 등에 따라 다른 선택이 이루어질 수 있겠지만, 적어도 경제적 자원의 양 뿐만 아니라 안정성이라는 다른 차원도 중요한 고려 요인임에도 틀림없을 것이다.

복지급여에 대한 논의로 다시 돌아오자. 국가에 의해 제공되는 복지급여가 국가행정의 결과이거나 시혜적 혜택으로 간주된다면, 제공되는 복지급여의 양이 많고 적음을 떠나서 그러한 급여가 지속적으로 제공될 것이라고 예측하기 어렵다. 그러나 만약 명백한 권리로서 복지급여를 수급한다면 국가는 이를 제공해야만 하는 의무를 갖게 되는 것이다. 급여의 양이 많든 적든 국민은 그러한 급여를 안정적으로 수급할 수 있을 것이라고 믿음을 가질 것이다. 복지급여를 수급하는 상황은 다양한 형태의 사회적 위험으로 인해 빈곤해 질 가능성이 있거나 이미 빈곤한 상태이기 때문에, 안정적으로 그러한 급여를 수급할 수 있는 것은 대다수 국민들에게 매우 중요한 의미를 가질 수 있다.

이상과 같은 의미에서 최근 복지공급에서 강조되고 있는 지역사회나 민간부문은 복지사회의 구현에 기여하는 파트너로서 중요하게 고려될 필요는 있지만, 국가의 복지책무를 완전히 대체할 수는 없다. 기본적 삶의 영역과 관련되는 사회적 안전망의 경우, 국가적 차원에서 안정적으로 급여를 제공할 수 있게끔 제도화되어야 한다. 이는 주요 복지수급권의 확보가 "인간다운 생활을 할 권리"를 의미하는 생존권 확보의 토대를 제공하기 때문이다. 이를 기반으로 개인과 가족의 노력, 지역사회의 지원, 사회의 다양한 영역에서의 자발적이고 참여적인 노력이 확대될 때 풍요로운 복지사회가 구현될 수 있다.

4) 사회경제적 불평등 해소의 적극성

자본주의적 시장경제 체계는 인적, 경제적 자원의 효율적 배분을 강조한다. "효율적" 자원배분이라 함은 주어진 상황에서 다양한 자원들이 가능한 손실(loss)없이 최적(optimal)으로 배분되는 것을 의미하는데, 이 때 최적의 개념은 사회적 공평성이나 공정성과 같은 가치를 배제하고 순수하게 경제적 자원의 최저손실적 할당 이라는 의미를 갖는다. 이러한 최적의 효율상태를 경제학에서는 파레토 최적(Pareto Optimal)이라고 부르는데, 이 상황은 이기심과 합리성을 기반으로 모든 개인이 자신의 이익을 최대한 추구하려는 의도를 가지고 자원배분 시장에 뛰어들어 경쟁을 통해 자원을 배분해 갈 때 형성된다고 본다. 이러한 상황에서만 최적으로 자원배분이 이루어진다고 가정하기 때문에, 경쟁을 통해 시장에 참여하는 개인들 이외에 제 3자가 개입하여 자원배분의 방식을 조정하거나 수정하는 것이 최적 자원배분 상태를 무너뜨린다고 보게 한다.

시장 자본주의가 이상적으로 가정하는 이러한 최적의 자원배분 상태는 제 3자의 개입 없이 경제적 자원교환의 당사자들 간 자유 경쟁이 이루어질 때 발생하기 때문에, 국가의 역할은 최소화될수록 바람직하다고 보는 것이다. 이러한 관점에서는 경쟁에 참여하는 개인의 인적자본의 양이나 질, 정보수집력이나 해독력 등은 이미 주어진 것으로 간주한다. 즉, 경쟁에 참여하는 개인들 간의 불평등 상황은 이미 주어진 것으로 간주한 상황에서, 자원배분의 효율성이나 여타의 논의들이 진행된다. 이러한 불평등 상황 자체를 사회적 자원에서 적극적으로 개선해야만 하는 것이 우선이라는 관점에서 보면, 파레토 배분과 같은 자원의 최적 효율상태를 강조하는 것은 기존 체제를 있는 그대로 수용한다는 의미에서 기득권 집단에 유리하며 취약집단에 불리하다.

근대 자본주의 이전의 사회에서도 사회적 불평등은 항시적으로 존재했다. 하지만 근대 이전에는 불평등이 선천적으로 주어진 것이며 후천적으로 이를 개선할 수 있는 가능성이 거의 없다고 보았다. 근대 이전 사회에서는 사회적 불평등의 적극적 해소가 추구된 적은 거의 없었다. 근대 이후 자유와 평등을 근간으로 하는 사회정책적 이념이 강조되고 시민권 사상이 확대되면서, 개인들 간에 존재하는 불평등은 사회가 적극 개선해야만 하는 중요한 문제로 인식하게 된 것이다.

시민권 사상에서 강조되고 있는 바와 같이, 신체적, 정신적, 경제적으로 타인으로부터 속박되지 않을 자유를 강조하는 자유권, 누구나 법 앞에서 평등할 수 있는 평등권, 자신을 통치하는 통치체계 구성에 참여할 수 있는 참정권은 천부적 권리이다. 나아가 근대 이후 시민들에게는 개인 간의 불평등을 적극 개선함으로써 실질적인 의미에서 자유와 평등을 누릴 수 있도록 하는 사회권(social right) 또한 온전한 시민이 되기 위해 꼭 필요한 권리가 되었다.

이러한 사회권 실현의 주요 도구로서 복지제도는 결과적으로는 자본주의적 시장경제 체계가 갖는 불평등이나 불공정 문제를 완화시키는 것을 목표로 한다. 하지만 자본주의 국가는 사회경제적 불평등을 기본적으로 전제로 운영된다. 따라서 복지제도의 확대가 이러한 불평등을 어느 정도 수준까지는 감소시킬 수 있지만 불평등 자체를 없애는 것을 목표로 할 수는 없다. 이러한 의미에서 사회주의적 사상가들의 경우 복지국가 이념이 자본주의 체제의 유지를 위한 달콤한 유혹일 뿐 사실상 자본주의의 불평등을 영속화시키려는 전략이라고 비판하기도 한다(George & Wilding, 1989).

근대 이후 자본주의가 세계적으로 뿌리내리기 시작한지 약 3~4백년이 지났지만, 자본주의적 시장경제체계가 갖는 불평등 문제가 국가정책적 해결 과제로 등장한 것은 20세기에 들어서이다. 사회보험제도가 실시되기 시작한 19세기 후반에서 복지국가의 황금기라고 불리는 1970년대 중반 정도까지의 약 100년 사이에 많은 국가들에서 이러한 사회적 불평등을 적극 해소하기 위한 복지제도들을 확립하고 확대해 왔다. 그러나 실업률이 증가하고 세계 경제가 어려워지기 시작하면서 20세기 후반부터는 다시금 시장경제에 기반한 자본주의적 원칙을 강조하고 이에 대한 국가의 개입을 감소시키려는 시도들이 증가하였다. 결과적으로 많은 국가들에서 최근 10~20년 사이에 소득과 부의 불평등이 크게 증가하고 있으며 많은 수의 임금노동자들의 삶의 안정성이 감소하고 있다.

복지정책이 얼마나 적극적으로 사회경제적 불평등을 감소시키도록 설계되는가에 따라 그 사회의 불평등도는 크게 달라진다. 복지제도는 시장경제에서 분배된 자원을 재분배하여 자원의 불평등성을 개선하려는 적극적 노력의 산물이기 때문이다. 성숙한 복지국가는 고소득층에 대해 상당히 높은 세율의 누진세를 적용한다거나 재산과 부에 대해서도 높은 세금을 매기는 등, 소득이나 부의 불평등을 보다 적극적으로 감소시킬 수 있도록 복지제도를 설계한다. 사회보험제도도 소득계층별로 재정부담의 편차를 크게 하고 급여혜택은 계층별 편차를 가능한 줄이는 방식으로 설계하여 상대적으로 일정소득 이하 계층의 사람들이 더 큰 혜택을 받을 수 있도록 하고 있다.

2. 복지국가의 형성 및 발달

앞서 복지국가가 무엇인지를 논의하면서 복지국가의 주체는 국가라는 점을 명백히 하였다. 특정 사회의 복지수준 향상은 국가가 주체가 되는 복지제도의 양과 질뿐만 아니라 사회를 구성하는 다양한 주체들의 노력에 의해 이루어지는 것이다. 그러나 복지국가의 성숙도는 국가주도적 복지제도의 실행이 얼마나 안정적이고 적극적으로 이루어지고 있는가, 이를 통해 대다수 국민이 삶의 기본적 안전을 보장받으며 생존권을 영위하고 있는가와 관련된다. 다시 말해 복지국가가 확립되었다는 것은 국민들이 경제적으로 잘 살게 되었다거나 사회적 차원에서 지역사회나 이웃들끼리 상호협조하고 도우며 지내게 되었다는 것과는 간접적으로만 관련될 뿐, 직접적인 관련은 없다고 할 수 있다. 복지국가가 형성된 과정을 이해한다는 것은 국가가 주체가 되어 반영속적 성격을 갖는 복지제도를 확립하고 이에 기반하여 국민들에게 제도적 사회안전망을 제공하는 과정을 이해한다는 것을 의미한다.

1) 복지국가 형성 이전

복지국가를 국가가 주체가 되어 대다수 국민을 대상으로 하는 복지제도를 실행하는 국가라고 한다면, 복지국가의 형성은 이러한 제도가 만들어져 온 과정을 의미한다. 그렇다면 국가가 주체가 되어 복지를 제도화하기 전에는 도움을 필요로 하는 사람들에 대한 사회적 지원체계가 없었을까? 물론 그렇지 않다. 근대적 의미에서 국가가 형성되고 국가의 근간을 형성하는 주요 제도로 복지제도가 확립되기 전에도 빈곤이나 질병, 사고, 장애, 노령 등으로 인해 타인의 도움을 필요로 사람들에 대한 도움은 항시 존재해 왔었다. 어쩌면 도움을 필요로 하는 사람들을 돕는 행위는 인류의 역사와 늘 함께 해 왔다고도 할 수 있다.

국가가 하나의 상시적 제도로서 복지제도를 확립하기 이전에도 사람들은 외부로부터 도움을 구하였을 것이다. 그렇다면 개인은 누구에게 도움을 구하고 또 사회는 어떠한 방식으로 도움을 제공했을까? 일반적으로 근대 이전에는 개인이 도움을 필요로 할 때 가장 일차적이고 직접적인 도움을 제공한 집단이 가족, 친족 등 혈연으로 연결된 1차적 집단이다. 사실상 현대 국가에서도 개인에게 가족이나 친족 등 혈연집단의 역할은 매우 크다. 그러나 근대 이전에는 이들 집단 외 다른 집단이나 국가의 역할이 거의 미미했기 때문에 이들 집단의 중요성이 훨씬 더 컸다고 할 수 있다.

다음으로는 친구, 이웃, 그리고 지역사회의 다양한 자선 기관들이 도움을 필요로 하는 개인들에게 복지적 도움을 제공한 주요 주체가 되었다. 특히 근대 이전에는 지역사회를 기반으로 상호작용이 빈번이 이루어졌기 때문에 이웃들끼리의 상부상조가 서로의 생존을 위해 중요했다. 또 지역사회의 자선기관으로서는 교회와 같은 종교기관의 역할이 컸다. 근대사회로 옮아오는 과정에서는 동종 산업에 종사하는 사람들 간의 조합이나 협회 등이 상호부조의 주체로서 역할을 담당하기도 하였다.

2) 복지국가의 형성기

근대적 의미의 국가가 형성되는 과정에서 복지제도로 가장 먼저 등장한 것은 공공부조 제도이다. 4장에서 살펴본 바와 같이 17세기 초 영국의 구빈법(Poor Law)이 국가적 차원에서 공공부조를 법제화한 대표적인 사례라고 할 수 있다. 그러나 이러한 공공부조 제도는 초기 법제화 당시 빈곤한 자에 대한 항시적 구제제도로서 자리매김했다기보다는 빈자에 대한 시혜나 무차별적인 지원을 막아 근로 가능한 빈자들이 자본주의적 임금노동자로서의 습성을 익히게 하는데 근본적인 목적을 둔 것이었다. 구빈법에서 제도적 차원의 복지급여를 제공받을 수 있는 대상은 노인, 장애인, 그리고 자녀를 양육하는 여성이나 임산부, 그리고 부모를 잃었거나 부모로부터 양육 받지 못하는 아동들로만 한정되었다.

(1) 시민사상과 근대 자본주의의 발달

사회를 구성하는 대다수 구성원들에게 빈곤이나 질병, 사망, 재해, 실업 등으로부터의 위험에 대비할 수 있도록 하는 근대적 복지제도는 사실상 19세기 후반 등장한 사회보험제도로부터 시작된다고 할 수 있다. 이러한 사회보험제도의 형성이 어떠한 사회경제적 맥락 하에서 이루어졌는지를 이해하기 위해서는 근대 자본주의 사회를 이끌었던 주요 사상에 대해 간략히 살펴볼 필요가 있다.

근대 자본주의 사회는 신분적 예속을 거부하고 경제적, 정치적 자유와 평등을 그 이념으로 하는 시민사상을 근간으로 형성되었다. 르네상스 이후 인본주의적 철학과 계몽사상의 발전이 근대 자본주의 사회를 정당화할 수 있는 철학적 기반으로서 시민사상의 확대를 가능케 해주었다. 시민사상은 합리적으로 자신의 이익을 추구하는 추상적 인간상을 설정하고, 이러한 인간들 간의 사회적, 경제적 관계를 규율하는 주요 원칙들을 제시하였다. 대표적인 예가 계약자유의 원칙, 사유재산 불가침의 원칙, 과실책임의 원칙[2] 등이다. 이러한 원칙들은 근대 이전의 중세사회에서 신분적인 예속으로 인해 자유로운 무역이나 자유계약이 불가능했던 사람들에게 그러한 상황을 극복할 수 있는 사회적 정당성을 제공해 주었다. 이러한 시민사상은 근대 자본주의가 형성되던 초기에 많은 국가들의 법과 제도를 형성하는 사상적 기반이 되었으며 시민사회의 주체였던 자본가들이 자유롭게 자본을 축적하는 것을 가능케 했다(윤찬영, 2010).

그러나 이렇듯 자본주의의 형성과 발전에 기여한 시민사상과 이에 근거한 시민법들은 현실적으로 사회의 대다수를 차지했던 임금노동자들에게는 점차 경제적 어려움을 가중시키는 결과를 가져왔다. 예를 들어, 당사자 간의 자유의지에 의한 모든 계약이 유효함을 강조했던 계약자유의 원칙은 사실상 자본가에 비해 매우 불리한 상황에 있는 대다수 임금노동자들에게는 불리한 근로조건을 감수하고 고용계약을 채결할 수밖에 없게 하였다. 이에 19세기가 되면 많은 수의 임금노동자들이 이러한 불리한 상황에 불만을 갖게 되었다. 자본주의가 가장 성숙했던 유럽의 많은 국가들에서 이 시기에 사회주의 운동이 확산된 것은 이러한 맥락이었다. 이에 자본주의적 경제체제를 유지하기 위해서라도 임금노동자들의 경제적 안정성을 증가시킬 수 있는 제도적 장치가 필요하게 되었다. 이것이 자본주의 국가의 생존이나 발전에 필수불가결한 것으로 여겨지기 시작했다.

(2) 사회보험제도의 확립

특히 19세기 중반 이후부터 임금노동자들의 수가 빠르게 증가했으며 보편적 참정권도 확대되기 시작했다. 이러한 변화는 정치권력을 가진 지배계급이 임금노동자들의 정치적 요구에 관심을 갖도록 하는데 결정

2) 계약자유의 원칙이란 양당사자간의 자유의지에 의한 계약이 항상 유효하며 이를 제약해서는 안 된다는 원칙이다. 사유재산불가침의 원칙이란 개인이 자신의 노력으로 얻은 재산에 대해서는 어떠한 경우에도 그 권리를 침해받지 않는다는 원칙이다. 과실책임의 원칙이란 명백히 과실이 인정될 때에만 배상책임을 갖는다는 원칙이다.

적인 역할을 하였다. 국가가 일정 수 이하의 극빈층이나 장애인, 아동 등을 대상으로만 행정적인 관리를 하던 방식을 벗어나, 많은 수의 임금 노동자들을 대상으로 국가행정력이 파급될 수 있도록 하기 위해서는 국가기구 자체의 발전도 필요했다. 19세기 중반 이후가 되면 이러한 다양한 사회, 경제, 정치적 조건들이 성숙하면서 많은 수의 국민을 포괄하는 사회보험제도를 확립할 수 있게 된 것이다.

1883년 독일에서 만들어진 질병보험을 시초로 산재보험, 노령연금, 실업보험이 빠른 속도로 확립되어 갔다. 시기적으로 편차가 존재하기는 하나 대부분의 유럽 국가들은 1880년대부터 1930년대 사이에 이러한 사회보험제도를 확립하였다(김태성 · 김진수, 2007). 사회보험제도는 자본주의 사회에서 대다수의 노동자들의 경제적 안정을 위협할 수 있는 주요 사회적 위험인 노령, 질병, 재해, 실업 등에 대응하여 미리 기여금을 납부하고 위험 발생시 보험급여를 받도록 한 것이다. 국민 개개인은 국가와의 강제적 계약을 통해 이러한 제도의 수혜자가 되기 때문에 사회적 위험이 닥쳐도 기본적인 경제적 안정을 확보할 수 있다. 사회보험제도는 그 이전에 존재했던 유일한 공적 복지제도인 공공부조 제도와 비교해 볼 때, 다음과 같은 측면에서 차이가 있다.

첫째, 사회보험제도는 대부분의 국민을 대상자로 한다. 노령이나 재해, 실업, 질병 등은 누구에게나 닥칠 수 있는 위험요인들로서, 대부분의 사람들에세 이러한 사회적 위험들은 개인적으로는 충분히 대응하기 어렵다. 따라서 가능한 전 국민을 포괄하는 것이 사회보험정책의 주요 목표가 된다. 그러나 이러한 특성이 단순히 이 제도의 포괄대상이 넓다는 것만을 의미하는 것은 아니다. 사회보험제도는 재원을 제공하는 사람이 동시에 급여혜택을 받는 사람이 된다는 점에서, 수혜자와 재정제공자가 극명히 분리되는 공공부조 제도에 비해, 정책적 지지를 얻기 쉽다.

둘째, 사회보험제도는 소득이 상실되거나 격감되기 전에 이를 예방할 수 있게끔 해준다. 공공부조 제도는 이미 발생한 빈곤에 대해 대응하는 특성을 갖기 때문에 그것이 소비적이고 소극적이라는 비판을 받는다.

셋째, 대부분의 사회보험제도에서는 소득계층별로 혜택의 차이를 유지하도록 설계했다는 점에서 자본주의적 시장질서와 소득계층 구조를 유지할 수 있도록 한다. 물론 이러한 특성으로 인해 사회보험제도는 자본주의의 경제적 불평등을 적극적으로 완화시킬 수 있는 능력에는 한계가 있다. 그러나 한편 자본주의적 시장 질서를 유지하기를 원하는 많은 수의 사람들로부터의 정책적 지지를 받을 수 있다는 면에서는 긍정적이기도 하다.

3) 복지국가의 확대기

이러한 사회보험제도는 19세기 후반에 확립되기 시작한 이래 제 1차 세계대전이 끝난 직후인 1920년대까지는 유럽 대부분의 국가에서 실행되었다. 이후 1929년 발생한 세계적 대공황과 1939년 발발한 세계 제 2차 대전을 겪으며 전 국민을 대상으로 하는 사회적 안전망의 필요성이 더욱 강조되었다. 특히 이 시기에는 국가가 주도하는 사회보험과 공공부조, 그리고 고용지원 및 여타 복지서비스와 같은 복지제도의 확립이 자본주의의 문제를 적극 해결하고 성장과 발전을 도모하는데 긍정적으로 기여한다는 신념이 확대되었다.

복지국가의 확립을 통해 사회적 불평등을 감소시키는 분배정책을 실행하는 것이, 자본주의 경제의 성장에 도움이 된다는 이러한 신념은 노사정 조합주의(corporatism)를 국가 운영의 주요 의사결정 방식으로 정착시켰다. 이것이 20세기 중반 이후 복지국가의 황금기를 도래시킨 중요한 사회적 맥락이라고 볼 수 있다. 노사정 조합주의란 국가의 핵심적 정책 사안인 노동정책, 조세정책, 경제정책, 복지정책 등에 대한 의사결정이 노동자, 자본가, 그리고 정부 정책관료 간 의견조율과 합의에 근거하여 이루어지는 체제를 의미한다. 노사정 조합주의가 성공하기 위해서는 이러한 방식의 의사결정이 궁극적으로는 노동자, 자본가, 정부 모두에게 이익이 되어야 한다. 노사정 조합주의에 근거하여 복지국가를 확대시켰던 유럽의 주요 복지선진국들에서는 이 시기에 확대되는 복지정책 및 노동, 조세정책들이 노동자들에게 이익이 될 뿐만 아니라 중장기적으로 생산성과 이윤을 증대시킴으로써 자본가들에게도 이익이 되고, 사회적 안정과 통합을 증진시킴으로써 국가 전체에도 이익이 된다는 합의를 전제하였다.

결과적으로 1960년대가 되면 주요 서구국가들에서 국내총생산 대비 사회보장예산 비중이 10%를 넘었으며, 1970년대 중반이 되면 20~30%에 이르게 되었다(이인재 외, 2002). 대체로 1940년대부터 1960년대 말까지의 이 시기를 복지국가의 황금기(Golden Age of Welfare State)라고 부른다. 이 시기에 미국도 1935년 통과된 사회보장법(Social Security Act)에 기반 하여 뉴딜정책이 실행되고 빈곤에 대한 전쟁이 선포되는 등, 역사상 가장 적극적으로 복지국가가 확대되었다. 영국의 경우에도 2차 대전 종전 이후 영국 재건의 청사진으로 제시된 1942년 베버리지 보고서에 입각하여 보다 적극적인 복지국가 정책이 실행되었다.

4) 복지국가에 대한 성찰기

(1) 복지국가에 대한 비판과 신자유주의

1970년대 몇 차례의 석유파동과 이를 전후로 한 세계적 경기 후퇴는 복지국가 정책의 실효성에 대해 의문을 던지는 계기가 되었다. 세계 경제의 어려움으로 인해 실업률이 증가하자, 완전고용을 전제로 운용되는 사회보험 체계가 흔들리기 시작했다. 인구 고령화와 같은 인구사회학적 특성의 변화도 사회보험제도의 문제를 증폭시킨 요인이 되었다. 이러한 상황 하에서 세계 경제를 주도했던 미국과 영국이 1980년대 초부터 보수정권을 출범시키면서 자본주의 자유 시장경제의 원칙을 제한하는 국가개입은 바람직하지 못하다는 인식을 확대시켰다. 1980년대 중반 이후에는 보수적 정치이념인 신자유주의적 이념이 지속적으로 강화되기 시작했다.

신자유주의적 이념이란 국가 개입 없는 자유 시장경제가 보이지 않는 손(invisible hands)을 통해 많은 사회경제적 문제를 해결하는 최선의 제도라고 믿었던 19세기 자유주의 이념의 20세기 버전이라고 할 수 있다. 근대 자본주의 초기에 득세했던 자유주의 이념에서는 자본주의적 시장경제체제가 자본주의의 모든 문제를 해결할 수 있기 때문에 국가는 치안만 담당하는 야경꾼 역할만 해야 한다는 점 등을 강조한 반면, 신자유주의적 이념에서는 국가가 최소한의 복지는 제공하되 가능한 시장의 역할을 확대하는 것이 바람직하다고 본다는 점에서 차이는 있다. 가능한 국가의 역할을 줄이고 시장경제에서의 자유로운 경쟁이 강화되어야 한다는 믿음은 동일하다. 이러한 신자유주의적 이념이 확산되면서 복시제도를 재편하거나 축소해야만 한다는 주장은 더욱 강화되었고, 1990년대 이후 복지예산의 증가율은 복지황금기에 비해 둔화되어 왔다. 이에 대한 보다 자세한 논의는 다음 장에서 다루도록 한다.

특히 복지제도의 축소나 재편에 대한 논의는 사회적 약자계층을 대상으로 하는 공공부조 제도에 집중되었다. 공공부조 제도의 재원조달방식, 대상자 선정 방식 등은 사실상 자본주의의 문제를 가장 적극적으로 해결하는 구조를 가지고 있다. 공공부조 제도의 재원은 대개 일반조세이며 일반조세의 상당부분은 고소득층이 누진적으로 부담하는 소득세로부터 온다. 결과적으로 고소득층의 부담으로 저소득층의 최저소득을 보장해 주는 방식인데, 이러한 방식은 재원을 제공하는 층과 그 혜택을 받는 인구집단을 명백히 분리한다. 또한 일정소득과 자산 이하이어야 수급의 자격을 갖추게 되기 때문에, 근로동기를 약화시키거나 빈곤의 덫에 빠지게 할 수 있는 위험성 또한 내포하고 있다. 이에 공공부조 제도가 보다 생산적 특성을 가져야 한다는 주장이 강화되었고 이는 근로를 조건으로 공공부조 급여를 제공하는 근로연계복지(welfare- to-work)에 대한 강조로 이어지고 있다(Gilbert, 2002; Mink, 2002; Handler, 2004).

(2) 신사회적 위험에 대한 강조

한편 20세기 중반 이후부터는 많은 국가들에서 "돌봄(care)"의 공백은 새롭게 등장한 사회적 위험이다. 자본주의가 형성되기 시작했던 근대 초기에는 주로 가계경제를 책임지는 가장(주로 남성) 1인의 노동시장참여가 전제되었다. 이에 대부분의 사회보험제도와 여타의 복지제도들은 이러한 1인 생계부양자 모델에 근거하여 설계되고 확장되었다. 그러나 20세기 중반 이후 여성 교육수준 증가, 이혼율과 비정규직 증가로 여성의 경제활동참여율이 지속적으로 높아졌다. 결과적으로 1인 생계부양자 모델에서 가정하는 "노동자로서의 남편과 가족돌보미로서의 아내" 유형이 보편적이지 않게 되면서, 아동이나 노인, 장애인 돌봄의 문제가 사회적 이슈로 등장하였다. 이러한 돌봄 공백은 일부 인구집단에서만 발생하는 문제가 아니라 대다수 사람들에게 발생되고 있다는 점에서 중요한 사회적 위험으로 새롭게 등장하고 있다.

20세기 중반 이전까지 대부분의 복지국가들에서 사회보험방식으로 대응해 온 구 사회적 위험들(old social risks)의 경우 주로 현금급여를 제공해주는 방식이고 1인생계부양자 모델에 근거하여 설계되었다. 반면 돌봄공백을 주 내용으로 하는 신사회적 위험(new social risks)에 대한 대응은 주로 직접적인 서비스 제공 방식이고 2인 생계부양자 모델에 주로 근거한다. 바로 뒷장에서 다루겠지만, 특히 성숙한 복지국가 유형에 속하는 국가들에서는 이러한 사회적 돌봄서비스에 대한 공적인 지원정책이 일찍이 확대되어 왔으며, 결과적으로 복지국가의 위기 문제가 나타나기 시작한 20세기 후반 이후 현재까지도 상당히 성공적으로 복지국가의 틀을 유지하고 있는 것으로 평가된다.

3. 복지국가의 유형

복지국가는 근대 자본주의 국가가 발전해 가는 과정에서 대다수 국민들을 대상으로 일정수준 이상의 사회경제적 안정성을 제공하는 제도를 확립한 국가를 의미한다. 자본주의 국가에서 임금노동자들은 노령이나 실업, 재해, 질병, 그리고 돌봄의 공백 등과 같은 다양한 사회적 위험들로부터 자유롭기 어렵다. 앞서 살펴본 바와 같이, 대다수의 국가들에서 이러한 사회적 위험들에 대한 사회적 안전망을 제도화해 왔으며 19세기 중반이후 20세기 후반에 이르는 약 150년의 기간 동안 복지국가로서의 면모를 갖추고 발전시켜 왔다.

근대 이후 많은 국가들이 복지제도들을 만들고 발전시켜 왔지만, 각 국가가 처한 역사적, 경제적 환경의 차이와 철학적 이념의 차이 등으로 인해 복지 제도화의 내용에는 큰 차이가 있다. 앞서의 논의에서는 복지국가를 하나의 동일한 개념으로 간주했다면 본 절에서는 복지국가들의 차이점에 주목하여 복지국가의 유형을 살펴보고 각 유형별 특성들을 간략히 고찰한다.

1) 복지국가 유형에 대한 논의

국민들을 대상으로 하는 복지혜택들이 국가적 차원에서 제도화되기 시작하고 약 1세기가 지난 20세기 중반 경이 되면 복지국가의 형식과 내용에서 국가별로 큰 차이가 나타난다. 학자들은 이러한 차이에 관심을 갖기 시작했다. 1950년대 말에 웰렌스키와 르보(Wilensky & Lebeaux, 1958)는 복지국가가 크게 대조되는 2개의 유형으로 구분될 수 있다는 관점을 제시하였다. 이들에 따르면 복지국가의 유형은 제도적 복지국가

(institutional welfare state)와 잔여적 복지국가(residual welfare state)로 구분될 수 있다. 전자는 정치제도, 경제제도, 종교제도, 가족제도 등과 같이 사회적으로 중요한 하나의 제도로서 복지제도가 항시적으로 존재하며 이러한 제도를 통해 국민들이 안정적이고 지속적으로 복지급여를 받을 수 있는 국가를 말한다. 이에 비해 잔여적 복지국가는 복지급여가 하나의 안정적인 제도적 틀 내에서 설계되고 주어지는 것이 아니라 사회가 적절히 기능하지 않는 특정시기에 일시적으로만 제공되거나 전 국민 중 소수에 해당되는 특정 인구 집단에 대해서만 복지급여가 제공되는 국가를 의미한다.

결국 제도적 복지국가는 하나의 확립된 제도로서 복지제도를 갖추고 있기 때문에 국민들은 일정한 권리성에 기반 하여 급여를 받을 수 있다. 반면 잔여적 복지국가에서 제공하는 복지급여는 문제가 발생했을 때 그 문제를 해결하기 위해 제공하는 일종의 임시적 처방이다. 따라서 잔여적 복지국가에서는 복지급여를 수급하는 것이 권리로서가 아니라 시혜로 인식된다. 제도적 복지국가와 잔여적 복지국가 간의 이러한 차이는 여러 가지 이유로 발생할 수 있으나, 가장 근본적으로는 자본주의적 시장경제체제에서 사회적 약자집단이나 빈곤집단의 문제를 어떠한 관점에서 보는가와 밀접히 관련된다. 즉, 자본주의적 시장경제가 빈곤을 포함한 다양한 사회적 문제를 구조적으로 양산할 수밖에 없다고 본다면, 항시적 제도를 통해 이러한 문제에 대응하는 것이 필요할 것이다. 이에 비해 자본주의적 시장경제가 대부분의 사회적 문제를 해결할 수 있는 기제라면, 빈곤이나 여타의 사회적 문제들은 사실상 성실하지 못하거나 노력하지 않은 개인적 문제가 된다. 따라서 하나의 항시적 제도로서 복지를 제도화하는 것은 이에 의존하려는 개인들만 양산하게 만드는 잘못된 선택이 되는 것이다.

다소 단순하게 복지국가의 유형을 구분한 것이기는 하지만 윌렌스키와 르보의 제도적, 잔여적 복지국가 유형은 차별적인 복지국가의 특성을 핵심적 기준으로 구분함으로써 향후 복지국가 유형에 대한 여러 논의에 중요한 준거점을 제공하였다(김상균 외, 2010). 이후 티트머스(Titmuss, 1974)의 유형론, 퍼니스와 틸튼(Furniss & Tilton, 1977)의 유형론, 에스핑 엔더슨(Esping-Andersen, 1990)의 유형론 등에도 많은 영향을 미쳤다. 이 중 특히 에스핑 앤더슨의 유형론은 1990년대 이후 복지국가 유형론 논의에 근간을 이루고 있다. 에스핑 앤더슨의 복지국가 유형론을 간략히 살펴보도록 한다.

2) 에스핑 앤더슨의 복지국가 유형

(1) 복지국가 유형 구분 기준

에스핑 앤더슨은 복지국가의 유형을 구분하는 기준으로 다음의 세 가지를 제시하였다. 첫째, 탈상품화 수준, 둘째, 사회적 계층화의 유형과 정도, 셋째, 복지제공에서 국가, 시장, 가족의 역할비중(Esping-Andersen, 1990).

복지국가 유형을 구분하는 첫 번째 기준은 탈상품화(de-commodification) 수준이다. 탈상품화 수준이란 "노동력을 상품으로 판매하지 않아도 일정수준 이상의 생활을 영위할 수 있는 정도"를 의미한다. 즉, 복지국가의 복지제도 실행 결과 국민들이 자신의 노동력을 상품으로 판매하여 그 대가로 임금을 받아 생활하지 못하는 상황에서도 일정수준의 생활을 유지할 수 있는 정도를 의미한다. 의료서비스나 교육서비스를 포함하여 대중교통서비스나 보육, 요양 서비스 등과 같이 일상생활의 유지에 꼭 필요한 다양한 서비스를 개별적인 비용 지불 없이(혹은 아주 적은 비용으로) 이용할 수 있으면 탈상품화의 수준은 높아진다. 또 노령이나 실업 등으로 소득이 상실되더라도 연금급여나 실업급여 등을 수급할 수 있다면 탈상품화 수준이 높아진다. 이때 연금급여나 실업급여가 이전의 소득 수준을 어느 정도나 대체해 주는가에 따라 탈상품화의 수준도 달라진다.

둘째, 사회적 계층화(social stratification)의 유형과 정도이다. 이는 사회적으로 계층화가 이루어지는 방식이 주로 무엇에 의해 결정되는가 하는 것과 그러한 방식으로 계층이 분화되는 정도가 얼마나 큰가를 의미한다. 에스핑 앤더슨은 사회적 계층화의 유형을 자유주의적 계층화, 보수주의적 계층화, 사민주의적 계층화로 구분하였다. 자유주의적 계층화란 자본주의적 시장경제에 의한 계층화와 유사한 개념으로 복지제도가 자본주의적 시장경제 운용결과 나타나는 사회적 계층의 형태를 가능한 유지하도록 하는 것을 의미한다. 대체로 이런 복지국가들은 최소한의 공적 지원제도를 강조하기 때문에 공공부조 제도를 중심으로 복지국가를 운용한다. 노령연금이나 의료서비스 등과 같은 제도들은 국가가 주도하여 관리하기보다는 시장을 통해 상품으로 교환, 판매되는 것이 바람직하다고 본다.

한편 보수주의적 계층화란 직역별 차이나 공공부문과 민간부문간 차이를 그대로 유지하는 방식으로 복지제도를 운영함으로써, 기존의 보수적 계층화를 유지하려는 것을 의미한다. 직역별로 분리된 연금의 수나 공무원 연금이 국민총생산에서 차지하는 비중 등이 높을수록 이러한 보수주의적 계층화 정도가 높다고 본다. 사민주의적 계층화란 복지제도를 통한 사회적 계층화가 자본주의적 시장경제체제의 운용결과 나타난 계층간 격차를 적극적으로 감소시키는 방향으로 진행되는 것을 의미한다. 복지제도가 사민주의적 계층화를 크게 하기 위해서는 가능한 많은 수의 국민들이 복지프로그램에 보편적으로 가입되어야 하며, 의료나 교육, 사회적 서비스 등을 공공서비스로 이용할 수 있어야 한다. 또 이러한 복지제도들을 통해 보장받을 수 있는 급여액의 수준이 높고 계층간 격차가 작을수록 사민주의적 계층화의 정도는 높다.

세 번째로 복지국가 유형을 결정하는 중요한 기준으로는, 국민이 누리는 복지의 제공주체로서 국가, 시장, 가족의 상대적인 역할 비중을 들 수 있다. 예를 들어 65세 이상 노인가구의 총소득 중 국가의 공적연금, 민간시장에서 제공하는 개인연금, 자녀나 기타 가족원으로부터의 사적이전 소득 등이 차지하는 비중에 따라 복지국가의 유형이 달라진다. 국가의 공적연금이 차지하는 비중이 가장 큰 경우 시장이나 가족보다 노후 소득보장에서 국가의 역할이 크다는 것을, 민간시장에서 구매한 개인연금 등의 비중이 가장 높다면 국가나 가족에 비해 시장의 역할이 더 크다는 것을 의미한다.

(2) 복지국가의 3가지 유형

이상과 같은 주요 세 가지 기준에 근거하여 복지국가의 유형을 구분한 결과, 에스핑 앤더슨은 자유주의적 복지국가(liberal welfare regime), 보수주의적 복지국가(conservative welfare regime), 사민주의적 복지국가(social democratic welfare regime)의 3가지 유형으로 구분하였다. 자유주의적 복지국가는 자본주의적 시장경제체제를 가장 적극적으로 옹호하는 복지국가 유형으로서, 시장을 중심으로 사회경제적 질서를 유지하고자 한다. 이러한 자유주의적 복지국가의 국민들은 소득보장이나 의료보장, 교육이나 주거서비스 등에 대한 욕구충족에 있어서 국가나 가족에 비해 시장에 더 많이 의존하는 특성을 보인다. 탈상품화의 정도가 가장 낮기 때문에, 질병, 장애, 실업, 노령 등으로 시장노동에서 배제되는 경우 기본적인 일상생활을 유지하기 가장 어렵다. 이러한 유형의 복지국가에서는 최소한의 복지제도로서 공공부조 프로그램을 강조하며 여타의 복지혜택은 개인이 노동시장을 통해 스스로 해결하거나 준비해야 한다는 것을 강조한다. 대표적인 국가로는 미국, 캐나다, 호주 등을 들 수 있다.

보수주의적 복지국가는 원래 존재하는 사회적 계층화 상태를 유지할 수 있도록 복지프로그램을 제도화하는 것을 강조한다. 개인이 필요로 하는 사회적 안전망의 원천으로 가족의 역할을 가장 강조하며, 시장보다는 국가의 역할을 상대적으로 더 강조하는 편이다. 1인 생계부양자 모델에 근거한 가족단위 복지프로그램이 많으며 사회보험제도가 중심에 있다. 사회보험제도에 포괄된 인구의 비중이 다른 유형의 복지국가에 비해 높다. 사회보험을 통한 복지급여의 수준은 상대적으로 높은 편이지만, 비용부담 없이 보편적으로 이용할 수 있는 공공서비스의 비중이 높지 않은 편이기 때문에 탈상품화의 정도는 중간정도이다. 대표적인 국가로는 독일, 프랑스, 오스트리아 등을 들 수 있다.

사민주의적 복지국가 유형은 앞서 복지국가의 성숙도에 관한 논의에서 제시한 가장 성숙한 복지국가의 속성을 갖는다. 사민주의 복지국가 유형에서 국가의 역할은 다른 어떤 유형에서보다도 크다. 국민들이 누리는 복지의 대부분은 국가로부터 제공되며, 상대적으로 시장이나 가족의 역할비중은 낮은 편이다. 다양한 복지프로그램들이 대다수 국민들에게 보편적으로 제공되며, 노동시장에서 탈퇴하는 경우라도 사회적 안전망이 제도화되어 있기 때문에 탈상품화 수준은 상당히 높다. 공공 복지서비스의 비중이 다른 유형에 비해 상당히 높아서 복지를 통한 소득재분배 효과가 가장 높다.

〈표 7-1〉 복지국가 유형별 특징(에스핑 앤더슨의 복지국가 유형론)

	자유주의 복지유형	보수주의 복지유형	사민주의 복지유형
시장, 가족, 국가 역할 비중	시장: 중심적 가족: 주변적 국가: 주변적	시장: 주변적 가족: 중심적 국가: 보조적	시장: 주변적 가족: 주변적 국가: 중심적
사회적 연대 양식	개인주의적	가족중심적 조합주의적 국가주의적	보편주의적
사회적 연대 근거	시장	가족	국가
탈상품화/탈가족화 정도	탈상품화: 낮음 탈가족화: 높음	탈상품화: 중간 탈가족화: 낮음	탈상품화: 높음 탈가족화: 높음
주요 복지 제도	공공부조 사회보험(제한적)	사회보험(보편적)	공공서비스
복지지출 수준 (GDP 대비)	낮음	중간	높음
주요 해당 국가	미국, 영국, 캐나다, 호주, 뉴질랜드	독일, 프랑스, 오스트리아, 이탈리아	스웨덴, 노르웨이, 덴마크, 네덜란드, 핀란드

출처: Esping-Andersen(1999); 윤영진 외(2007: 89)에서 재인용.

공공부조 프로그램은 일반조세를 재원으로 하기 때문에 구조적으로 소득재분배 효과가 크게 설계되어 있으나 급여대상의 규모가 작다는 한계가 있다. 사회보험 프로그램의 경우 포괄 대상인구 규모는 크나 보험갹출금이 계층별로 차이가 있고 결과적으로 소득계층별 급여액의 차이가 유지되는 구조이기 때문에 소득재분배 효과가 한정적이다. 반면 공공서비스의 경우 혜택을 받는 인구규모도 크고 구조적인 소득재분배 효과도 크다. 따라서 공공서비스를 중심으로 복지프로그램을 설계하는 사민주의 복지국가 유형은 가장 적극적으로 소득불평등을 감소시킬 수 있다. 대표적 국가로는 북유럽의 스웨덴, 노르웨이, 덴마크, 핀란드 등을 들 수 있다.

4. 복지국가의 도전

1) 복지국가와 변화의 주요 요인

19세기 중반 이후 20세기 중 후반에 이르기까지 약 100여년 이상의 기간 동안 여러 국가들에서 최소한의 소득보장, 질병 예방이나 치료의 보장, 사고나 재해 혹은 장애에 대한 사회적 대응 등을 정책 목표로 하여 포괄적인 복지국가의 틀을 형성해 왔다. 한편 한국을 포함하여 늦은 산업화를 경험한 많은 국가들은 20세기 중 후반부터 본격적으로 복지국가의 면모를 갖추기 시작하고 있으며 21세기에 접어들어서는 대다수 국민들을 위한 사회적 안전망 구축 제도를 확대해 나가고 있다.

이렇듯 국가의 경제적 발전수준 등에 따라 복지국가의 제도 확충 시기에 차이가 있고 국가별로 복지정책 개혁의 방향이나 내용 등에서도 차이가 있다. 그러나 전반적으로 보면 1970년대 중반 석유파동이후 세계경제의 악화, 1990년대 사회주의 국가의 붕괴 등으로 인해 시장자유를 강조하는 정치적 보수이념이 확대되었다. 또 국제적으로 보호무역 대신 자유무역이 강조되고 국내적으로는 국가 역할 대신 시장의 역할이 강조되기 시작했다. 이로 인해 자본주의 시장의 힘을 견제하는 강력한 중재기구로서의 국가의 역할은 지난 수십 년에 걸쳐 큰 도전을 받아 왔으며 현재도 그러한 도전 앞에 놓여있다.

복지국가는 정태적인 제도나 정책을 의미한다기보다는 꾸준히 변화하며 확대, 축소되는 동태적 상태를 의미한다. 복지국가의 제도적 틀과 내용은 특정 국가와 특정 시기의 정치적 이념, 경제적 상황, 그리고 인구사회학적 특성에 따라 달라질 수밖에 없다. 앞에서 언급한 대로 1980년대 이후 자본주의적 시장질서를 가능한 훼손하지 않아야 한다는 보수주의적 정치이념의 확대는 복지국가의 축소가 사회적 선(善)이라는 정치적 수사를 증가시켰을 뿐만 아니라 감세정책을 강화함으로써 실질적인 복지감축을 유도했다. 정치적 이념의 변화가 복지국가의 변화에 큰 영향을 미치는 것임을 보여준다고 하겠다.

정치적 이념의 변화뿐만 아니라 경제적 상황의 변화도 복지국가의 내용과 형식에 영향을 미칠 수밖에 없다. 우선적으로 복지국가의 주요 정책 실행이 국민들이 납부하는 세금에 그 원천을 둘 수밖에 없기 때문이다. 실업률이 높아지거나 경제가 침체되면 복지정책을 실행할 재정적 원천이 축소되므로, 복지제도의 내용이나 형식이 변화될 수밖에 없다. 또 복지정책 수혜 대상의 선정기준이나 혜택의 종류나 수준 등이 복지대상자들의 인구사회학적 특성을 반영할 수밖에 없기 때문에, 노령화의 증가, 출산율의 저하, 이혼율의 증가, 독신가구의 증가 등도 복지제도에 큰 영향을 미친다.

요약하면 복지국가의 형식과 내용은 다음과 같은 요인에 따라 달라진다. 첫째, 국가별로 어떠한 사회가 이상적인가라는 사회적 이념에 따라 복지국가를 향한 제도의 범위와 특성이 달라진다. 둘째, 국가의 경제적 능력이나 복지제도의 실행을 위해 필요한 경제적 자원의 확보가능성도 복지국가의 수준이나 특성에 영향을 미친다. 셋째, 노인인구의 비중, 경제활동참여인구의 비중 등 인구경제학적 특성은 복지프로그램에 대한 수요량과 국가의 공급가능성 모두에 영향을 미칠 수 있다. 이처럼 정치적 이념, 경제적 상황, 그리고 인구사회학적 특성 등은 복지국가의 전반적인 틀과 구체적인 제도의 내용과 형식에 영향을 줄 수 있는 주된 요인들이다.

2) 복지국가에 대한 도전과 변화

20세기 후반 이후 자본주의적 자유시장경제 원칙을 적극 옹호하는 신자유주의적 이념이 확대되면서 정치적, 경제적 차원에서 세계화(globalization)가 확산되고 있다. 특히 경제적 측면에서의 세계화는 복지국가의 위기나 도전을 불러일으키는 주요한 요인으로 지목되는데, 경제적 세계화는 대체로 한 국가 내에서만 통용되고 이동되던 자본이 국경을 넘어 자유롭게 이동하게 됨으로써 크게 촉진되고 있다고 본다(미쉬라, 2002).

자본이 국경을 넘어 이동하며 이윤추구를 함으로써 자본은 과거에 비해 특정 국가내에서의 정책적 규제에 속박 받지 않을 수 있게 된다. 사실상 과거에는 특정 국가의 노동정책이나 조세정책이 기업(자본)의 이윤추구를 제한하는 방식으로 실행되어도 시장자본이 그러한 정책적 규제를 벗어나 다른 국가로 이동하기가 어려웠다. 그러나 환율제도의 변화를 포함하여 자본의 자유로운 이동이 가능하도록 하는 다양한 제도들이 확보되었다. 1990년대 이후 자본은 이러한 이동가능성을 토대로, 적어도 상징적인 의미에서라도, 해당 국가의 노동정책적 규제나 조세정책 실행에 있어서 국가나 노동자 집단을 대상으로 상당한 교섭력을 획득하게 되었다고 할 수 있다(미쉬라, 2002).[3]

20세기 중반 이후 복지국가가 크게 확대될 수 있었던 주요 요인들 중의 하나로 앞서 살펴보았던 노사정 조합주의를 떠올려 보자. 노사정

3) 이에 관한 보다 자세한 논의는 미쉬라(2002)를 참고하라.

조합주의가 복지국가의 황금기를 도래시킬 수 있었던 가장 큰 이유 중의 하나는 노동자, 자본가, 정부의 3자가 복지국가의 확장을 통해 상호 이익을 본다는 것에 합의했다는 것이다. 그런데 이러한 상호 이익에 대한 합의는 이들 3자가 갖는 교섭력이 일정 정도 대등했기 때문에 가능했었다. 그런데 경제적 세계화가 확장되고 자본이 국경을 넘어 자유롭게 이동가능해지면서 이들 3자간의 힘의 균형은 사실상 깨어지게 되었다고 할 수 있다. 즉, 국가권력이나 노동권력에 비해 자본권력의 힘이 상대적으로 커진 것이다. 특정 국가를 벗어나 자유롭게 이동가능하게 된 자본은, 그들에게 가장 큰 이익을 제공하는 국가나 노동자들을 선택할 수 있게 됨으로써 노사정 삼자간의 협상테이블에서 과거에 비해 더 큰 힘을 가지세 된 것이다.

〈표 7-2〉 복지국가에 대한 도전(사회·경제적 변화와 압력)

경제의 세계화	생산비 낮은 곳으로 자본이동
인구학적 변동	노령화 심화, 저출산, 이혼율의 증가
복지제도의 비효과성	근로동기 저하, 사각지대 확대
자본주의에 대한 신념	시장경제에 대한 신뢰 증가

출처: Gilbert & Terrell(2005: 462) 재구성

이러한 세계화는 개별 국가들이 보다 자본친화적이고 기업친화직인 환경을 조성하도록 유도함으로써, 상대적으로 노동친화적이고 복지지향석인 성책의 실행을 어렵게 하는 중요한 요인이 되고 있다. 이러한 결과 나타난 신자유주의적 노동유연성의 확대는 시장경제 내에서 비정규직을 양산하면서 노동자들의 고용불안정, 소득불안정을 크게 확대시키고 있다. 이렇듯 20세기 후반 이후 시장경제 영역에서의 불안정과 불평등이 증가하는 가운데 복지정책은 위축되면서 많은 국가에서 소득양극화라 심화되었다(Glyn, 2006).

또한 인구사회학적 측면에서도 복지국가의 위기를 초래하는 다양한 현상들이 나타나고 있다. 특히 노령화의 급속한 진행과 출산율의 저하는 전체 인구에서 경제활동가능인구의 비중을 낮춤으로써 복지제도의

확대를 막는 주요 요인이 되고 있다. 노령화의 급속한 진행은 여러 측면에서 복지국가의 부담이 되고 있는데, 노후 소득보장 급여 지급의 재정적 부담, 의료비용 부담, 돌봄과 장기 요양 부담 등이 여기에 포함된다. 특히 독거노인의 비율이 증가하면서 관련된 사회적 비용과 부담도 급속히 증가하고 있다. 더불어 이혼가정 및 여가장 가구의 증가, 독신가구의 증가 등도 복지국가의 부담을 증가시키는 요인이 되고 있다(Esping-Andersen, 1999).

한편 기존 사회복지제도 자체가 점진적인 사회적 상황의 변화에 맞추어 변화되지 못하여 현실과의 정합되지 못하는 문제도 발생하고 있다. 이는 사회복지제도 자체로 인한 문제라고 할 수 있다. 예를 들어, 공공부조제도의 경우, 보충성의 원칙에 따라 최저생계비 수준에 미달되는 경제적 자원을 국가가 채워주는 방식이기 때문에 빈곤극복의 기반을 제공해 주기보다는 빈곤에 머물게 하는 덫(trap)이 된다는 비판을 받고 있다. 또 다른 예로, 사회보험제도의 경우 초기 이 제도가 형성될 때 주로 1인 생계부양자가 지속적으로 정규직으로 고용되는 것을 가정하였으나 맞벌이 가구가 크게 증가하였고 정규직의 비중도 동시에 크게 증가하였다. 따라서 기존의 제도적 형식을 그대로 고수하게 되면 이러한 틀에서 벗어나는 대상자들이 제도의 사각지대에 놓이거나 제대로 혜택을 받지 못하는 상황이 증가할 수밖에 없다(Esping-Andersen et al., 2002).

사회복지서비스의 경우는 과거에 비해 시설이나 지역사회서비스에 대한 수요보다 재택서비스에 대한 수요가 증가하고 있으며 서비스 이용자들의 맞춤형 서비스에 대한 요구도 커지고 있다. 특히 최근 들어 점차 유연적 근무방식이나 비전형적 근무형태가 증가하면서 이러한 비전형적 근로유형에 맞는 서비스 지원의 필요성 또한 증가하고 있다. 이러한 전반적인 사회적 변화에 적절히 대응할 수 있도록 복지제도를 개선하는 것은 대다수 국민들의 일상생활 유지를 위해 필요할 뿐만 아니라 보다 거시적 관점에서 복지국가 자체의 유지를 위해서도 중요하다. 현재의 우리의 선택이 향후 복지국가의 방향과 수준을 결정하는 제일 중요한 요인이 된다는 것을 인지해야 한다.

생각나누기

1. 복지국가란 무엇일까요? 복지국가의 주요 특성을 함께 논의해 봅시다.

2. 주요 복지국가 유형의 특성에 대해 논의해 봅시다. 우리나라는 어떠한 복지국가의 유형에 가깝다고 보나요? 왜 그렇게 생각하는지 이야기해 봅시다.

3. 고령화와 저출산 경향이 심각해지고 있습니다. 이러한 인구학적 변화들은 향후 복지국가의 발전에 어떤 영향을 줄 것인지 함께 생각해 봅시다.

제 2 부

사회복지 접근방법

제 8 장　사회복지실천 및 실천방법

제 9 장　사회복지제도 및 정책적 접근

제 8 장 사회복지실천 및 실천방법

사회복지실천은 우리 사회 모든 구성원들이 삶의 질과 안녕 즉 행복을 추구하는 것을 돕고자 개인, 가족, 집단, 지역사회 차원에서 구성원들이 겪는 어려움에 함께 대응한다. 구체적으로 사람들이 어려움에 대처하고 해결하는 능력을 향상하도록 돕고, 또 어려움을 해결하기 위해 자신의 내적 힘, 가족, 집단, 지역사회, 그리고 사회 전체의 자원을 원활히 활용하도록 돕는 것이다. 이러한 돕는 활동의 주체가 사회복지사이므로 전문직으로서 사회복지실천에 대해 이해할 필요가 있다. 현재 가장 취약한 부분은 전통적으로 사회복지연구자들과 실천가들이 오랫동안 고민해 온 사회복지 전반에 걸쳐 공통적인 지식과 기술 기반이 약한 것이다. 철학, 수학 등 순수 학문에 비해 응용사회과학으로서 인간과 환경에 관한 제 학문분과 지식과 기술을 차용하고 사회적으로 제기되는 이슈들에 상황 반응적으로 대응하다 보면 사회복지실천 고유성과 타 휴먼서비스 전문직과의 차별성이 약화되고 결국 전문직으로서의 존립이 위험에 처할 수 있다.

이에 이 장에서는 사회복지실천의 주요 단위인 개인, 가족, 집단을 서비스 이용자로서 이해하고, 사회복지실천을 가능하게 하는 요소인 가치, 지식, 기술의 통합적 접근을 위한 이해를 돕는다. 그 다음 사회복지실천 과정을 통해 여러 세부 분야를 아우르는 사회복지실천의 기본 과정을 이해하여 사회복지에 입문하는 전공생들이 자원봉사활동을 하거나 현장 업무를 도울 때 사회복지실천의 정체성을 위한 체계적인 틀을 갖도록 한다.

1. 사회복지실천 이용자[1])에 대한 이해

사회복지실천에서 제공하는 서비스의 이용자 단위는 크게 개인, 가족, 집단, 지역사회로 나누어 볼 수 있다. 사회복지사와의 관계에서 사회복지서비스의 개인 이용자는 '클라이언트'로 불리며, 이용자를 집합적으로 부를 때 '클라이언트 체계'라고 말한다. 클라이언트 체계라는 명칭은 일반체계이론을 배경으로 사회복지 서비스 이용자를 하나의 체계로 고려하는 것과 어려움을 겪는 클라이언트가 보호자나 후견인과 함께 어려움에 대처하여 서비스를 이용하는 하나의 체계로 작용하는 경우를 아우르는 의미에서 사용된다. 사회복지실천 이론과 지식의 많은 부분은 개인 클라이언트를 중심으로 설명된다. 사회구성원의 가장 기초 단위로서 인간에 대한 이해는 '인간행동과 사회환경' 수업과 '사회복지실천론' 수업을 통해서 뿐 아니라 인문과학 및 사회과학의 수업을 통해 돈독히 할 필요가 있다. 사회복지의 세부 분야로서 아동복지, 청소년복지, 여성복지, 노인복지 등 성별과 생애주기에 따른 안녕을 목적으로 하는 사회복지실천에서 개인이 이용자의 핵심으로 이해되므로 인문 및 사회과학 분야를 공부하며 사람에 대한 전인적 지식을 축적할 필요가 있다.

가족은 개인에게 일차적으로 중요시되는 사회환경으로서 사회복지실천 개입의 단위이자 사회복지서비스 이용자로 고려되기도 한다. 일반체계이론 관점에서 볼 때, 가족은 하나의 사회체계로서 가족구성원들의

1) 사회복지실천 대상으로 일컫기도 하지만 여기서는 사회복지서비스 제공자와 동등한 입장을 고려하여 서비스 이용자로 칭한다.

합보다 큰 체계로 고려되고 가족 안에서 식구들 간의 상호작용과 관계 및 기능이 가족 삶의 과정과 내용을 이루고, 동시에 가족은 외부 사회체계들과도 상호작용한다. 가족 역시 앞서 1장에서 살펴보았듯이 가족생활주기를 거치며 가족체계가 생성되고 소멸하는 과정을 거친다. 일반체계론을 적용하면, 가족이 사회복지서비스 이용자일 때 가족 구성원 모두가 사회복지사와 접수부터 종결까지 함께 일할 필요는 없고, 한 가족원의 변화는 다른 가족원의 변화를 일으킬 수 있고 이는 가족전체의 변화로 이어질 수 있다. 집단은 유사한 관심과 염려를 함께 경험하는 사람들로서 사회복지서비스를 이용하는 하나의 단위로 고려된다. 종합사회복지관에서 자원봉사자들의 집단 교육, 알코올 중독 단주모임에 참여하는 사람들이 함께 고려되는 서비스, 가정폭력 행위자들의 지지모임, 파키스탄으로부터 이주한 노동자들의 한국문화에서의 사회화를 목적으로 하는 집단활동 등 집단 사회복지실천을 수행할 수 있고, 이들 각 집단이 구성원 공통의 목적과 목표를 가지고 사회복지서비스를 이용할 수 있다.

지역사회 역시 사회복지서비스가 개입되는 중요한 단위이지만 궁극적으로 일하는 사람들은 지역주민으로서 개인, 가족, 집단이고 또 이들이 서비스 이용자의 실체이므로 지역사회는 이들에게 환경으로서 중시되고 환경 변화를 위한 목적으로 지역사회가 고려된다.

개인, 가족, 집단 등 각 이용자들과 일하는 경우에 대비하여 '사회복지실천기술론' 과목에서 개인, 가족, 집단과의 사회복지실천에 필요한 지식과 기술을 습득하도록 한다. 지역사회 환경의 변화를 꾀하기 위한 사회복지 지식과 방법은 '지역사회복지론'에서 배우게 될 것이다.

2. 사회복지실천의 핵심: 가치, 지식, 기술의 융합

휴먼서비스 전문직으로서 사회복지실천이 앞으로 공고하게 자리잡는 데 가장 중요한 것은 여러 하위분야를 포괄하는 사회복지 전반에 걸쳐 공통적인 지식과 기술 기반을 확고히 하는 것이다. 이러한 목적과 '환경 속의 인간' 관점에서 양측의 다양한 이슈들을 포괄해야 하는 현실을 고려하여 사회복지실천에서 가장 강조되는 것은 가치, 지식, 기술이 융합되는 것이다. 가치, 지식, 기술은 사회복지기관의 체계, 상황, 사회복지사의 초점과 역할 등에 상관없이 사회복지실천을 조직화하는 체계틀을 제공할 수 있고 또 사회복지사의 관계와 돕는 과정의 내용을 구체화하는 데 기여한다(Johnson & Yanca, 2002).

사회복지사의 사회복지실천이 당면하는 이슈는 다양한 경제・문화・사회적 환경에 처한 사람들이 겪는 대단히 복잡 다양한 어려움들이므로 기계를 조작하거나 요리할 때 그 방법을 설명서에 정해진 대로 따라하면 되는 매뉴얼식 실천이 불가능하다. 개인, 가족, 집단이 경험하는 어려운 사정에는 사람으로서 겪는 인류 공통의 측면도 있지만 각 상황의 고유한 특성이 있으므로 가치, 지식, 기술이 사회복지 서비스 이용자인 개인, 가족, 집단과 맞게 창의적으로 활용되어야 하는 것이다. 이러한 점이 바로 사회복지실천의 예술(art)적인 속성을 말하는 것이고 사회복지사는 앞서 언급한 과학적인 기초에 의한 지식과 기술을 소지할 필요뿐 아니라 예술가로서 창의성을 발휘할 것이 요구된다.

1) 사회복지 가치

사회복지의 가치와 지식은 혼동을 일으키며 사용되기 쉽다. 그만큼 사회복지 가치와 지식은 밀접히 관련되고 사회복지 업무 수행에 함께 개입되기 쉬우므로 이 두 가지를 명확히 구분할 필요가 있다. 앞서 언급되었듯이 사회복지 가치는 개인, 가족, 집단 등 이용자들과 일할 때 사회복지사가 각 클라이언트를 이해하는 데 전제하게 되는 생각, 돕는 방식의 결정, 그 방법의 수행에 영향을 주게 된다. 예를 들어, 빈곤은 개인이 게을러 일을 하지 않아서 발생한다고 보는 전제에는 가치가 개입되어 있으나 이는 지식이 아니다. 개인에게 책임 소재를 두는 이러한 가치는 빈곤층 클라이언트와 일하는 사회복지사의 돕는 방식과 과정에, 나아가 사회복지제도를 형성하는 데에도 부정적인 영향을 준다.

사회복지는 사회구성원 모두의 안녕을 추구하지만 자원이 상대적으로 더 부족한 취약층에 관심을 많이 두게 되므로 가치와 지식을 구별하는 작업이 요구된다. 예를 들어, 흔히 부모 사이의 폭력을 목격한 아동기 자녀들이 성장하여 폭력 행위자가 되는 것으로 쉽게 전제하지만 이는 장기적인 경험적 연구에 의해 입증되지 않았다. 여기에는 가정환경이나 교육이 자녀의 성인기를 좌우한다는 가치 혹은 믿음이 개입되며, 이는 가정폭력 피해 여성이나 피해 자녀들에 대한 사회복지사의 태도와 개입에 영향을 줄 수 있다. 따라서 사회복지사는 과학적 지식이 아닌 가치를 지식으로 혼동하여 사용하는 제도 및 실천의 오류를 범하지 않도록 주의해야 한다.

한 가지 가치 기준에 의해 상황을 판단하는 것도 사회복지실천에 위험스러운 일이지만, 기술문명이 급속도로 진보하고, 사회문제가 복잡다양해지며, 지구화 시대를 맞아 세계화와 다문화 사회가 전개되면서 여러 가치가 공존하는 수준을 넘어 혼재하여 어떠한 가치를 가지고 사회복지실천에 임해야 할지에 대해 고민할 필요가 있다. 클라이언트 각 체계에 고유한 상황에 적절한 대응 방법을 마련하기 위해 사회복지사는 다양한 사회문화 현상과 사회적 이슈에 대한 지식을 쌓도록 하는 한편, 사회복지 및 사람들과의 실천에서 중요한 가치를 염두에 두어 고민해야 할 것이다.

2) 사회복지 지식

학문으로서 사회복지에서 살펴보았듯이, 사회복지는 사람과 사람들이 살아가는 세상에 대한 많은 지식을 기초로 하는 분야이다. 지식은 단순히 추상적인 이론이 아니라 다양한 사회문화적 상황에 처한 사람들, 사람들의 인지, 정서, 행동, 사람들과의 상호작용, 사회환경의 특성과 움직임, 사회와 세계를 구성하는 여러 체계들 간의 그리고 사람들 간의 상호작용에 대한 정보와 사실을 제공하고, 그러한 사실을 해석하고 이면의 의미를 파악하며 함의하는 바를 도출할 수 있게 한다.

20세기에 들어서 사회복지는 과학적 기반을 가진 학문분야로 자리잡기 위해 인간과 환경의 상호작용을 서술하고 왜 특정 현상이 일어나는지에 대한 과학적 지식의 중요성이 매우 강조되었다. 사회복지제도는 기존의 경제 및 사회복지제도 과정 속에서 기능적인 면과 시행착오를 파악하여 경험적 근거를 얻는 한편 그간의 사회복지서비스 수행과정에서의 패턴을 이론화하며 앞으로의 상황을 예측하고 방향에 대한 지침을 줄 수 있는 이론을 활용한다. 사회복지실천 역시 환경과 상호작용하는 인간 행동을 이해하고 예측하는 데 이론을 활용하고 사람들의 인지, 정서, 행동 변화를 위해 개발된 많은 이론들 중 적절한 이론을 선택하여 최선의 과정과 성과를 이루어내고 또 이론을 시험하여 현실 개선을 위해 노력하는 것이다. 이러한 이론 사용과 이론의 수정을 파악하기 위해서는 지식의 속성을 이해할 필요가 있다.

한편 사회복지실천은 과학적 지식에만 의존하기에는 한계가 있다. 왜냐하면 사람과 환경 간의 상호작용에는 너무나 많은 다양한 유형이 있고 사회복지서비스를 요구하는 사람들의 어려운 상황들과 그 상황이 나아지고 사람들이 변화하는 기제는 각기 고유한 측면이 있다. 이 모든 개별성과 다양성을 기존 지식만으로 포괄하기에는 한계가 있다. 아울러 각 상황마다 상대적 관점에서 지식을 활용하는 경우 작위적이 될 수 있고 사회복지서비스를 받는 클라이언트에 대한 책임성에 위배되는 위험을 초래할 수 있다.

이러한 한계를 극복하도록 돕기도 하지만 그 나름대로 또 위험이 따르는 것이 '실천지혜'이다. '실천지혜'는 일선에서 클라이언트와 일하는 사회복지사나 정책과 제도 입안자와 같은 사회복지 관계자가 자신의 교육과 훈련 경험에서 그리고 주변 사람들과의 상호작용 속에서 그리고 사회복지 관련자들이 클라이언트들과 일해 본 경험으로부터 알게 된 것이라고 할 수 있다(Goldstein, 1990; Johnson & Yanca, 2002). 실천지혜는 경험적으로 연구된 결과에 의해 지지된 공고한 지식은 아니지만 생활 속에서 반복된 경험을 통해 얻어진 확인되지 않은 지식이라 할 수 있다. 예를 들면, 가정폭력이 잦은 가정에서 자란 아동청소년들이 청소년기에 비행을 저지르거나 미래 성인이 되어 잘못될 위험요인을 소지하고 있다고 전제하고 폭력의 부정적인 영향을 예방하기 위해 조기 개입을 하는 경우 실천적 지혜는 기능적으로 작용할 수 있다. 그러나 그 경각심이 과도하여 폭력을 경험한 아동은 반드시 성인이 되어 폭력 행위자가 된다는 이론을 개발하고 실천에 적용하게 되면 역기능들이 발생하게 된다. 즉, 많은 어려운 상황에서도 탄력성을 발휘하여 밝고 건강하게 자라는 아동·청소년의 잠재력을 간과하게 되고 이러한 건강한 자생력을 지닌 아동·청소년을 뜻하지 않게 미래 폭력 행위자로 색안경을 끼고 보게 되거나 낙인을 부여하게 되는 결과를 낳게 되는 것이다.

따라서 실천지혜도 사회복지에서 공통기초로 하는 생태체계 관점, 인간의 잠재력과 강점을 강화하는 강점관점과 임파워먼트, 개인과 가족의 개별성과 다양성에 대한 지식을 갖추고 활용되어야 한다. 사회복지실천은 가치와 지식, 그리고 사회복지실천 과정을 따라 활용되는 갖가지 기술이 융합되어 나타나는 결정체라 할 수 있다. 기술은 아래 사회복지실천 과정 단계를 정리하며 함께 서술하도록 한다.

3. 사회복지실천 과정과 기술

사회복지실천의 과정은 다양하게 규명할 수 있지만 여기서는 일반적 사회복지실천(generalist social work practice)을 위해 어느 분야에서나 적용 가능한 기본 안을 소개한다.

전반적 사회복지실천 과정을 먼저 정리해 보면, 우선 클라이언트가 사회복지기관으로 내방하거나 사회복지사가 클라이언트를 찾아가 만나서 어려운 사정에 대한 이야기를 듣고 나누면서 사회복지사가 클라이언트가 겪는 어려움과 그 상황이 소속기관에서 도울 수 있는 경우인가를 판단하여 받아들이게 되는 접수로 시작한다. 일단 클라이언트의 경우가 기관에 접수되면 사회복지사는 본격적으로 그 어려운 상황과 클라이언트의 그동안의 대응, 관련된 사람이나 사회체계 등에 대한 사실자료를 수집하고 해석하며 기관과 사회복지사가 할 과업과 기능을 마련하여 개입방법과 과정을 계획하는 자료수집, 사정, 계획 단계에 진입한다. 수집된 자료와 사정 결과에 따라 클라이언트가 바라고 사회복지사도 달성하고자 하는 목표를 세우며, 두 사람과 기관이 함께 일할 사안들과 일이 수행되는 범위와 기간 등을 명시하는 계약단계를 거쳐 본격적으로 클라이언트의 어려운 일과 상황에 대한 개입을 하게 된다. 개입단계를 통해 목표를 달성하게 되면 종결한다. 이 모든 단계별 과정에서 목표달성 정도는 계속 평가된다(〈그림 8-1〉 참조). 각 단계별 내용과 사회복지사와 클라이언트의 과업을 구체적으로 보도록 한다.

〈그림 8-1〉 사회복지실천과정의 5단계

1) 클라이언트와 사례의 접수

접수(intake)는 어려움을 겪는 클라이언트가 전문적 도움을 찾아 사회복지기관이나 시설에 왔을 때 사회복지사가 그 어려움과 클라이언트가 원하는 바를 확인하고, 자신이 속한 기관이 그러한 상황과 욕구충족을 도울 수 있는 서비스를 가지고 있는지, 서비스 제공 절차에 클라이언트의 상황이 적합한지 등을 판단하는 과정이다. 기관마다 접수를 담당하는 사람이 있는 경우도 있고 사회복지사가 접수하고 서비스 제공과정을 담당하여 개입으로 바로 이어지는 경우도 있다. 이러한 접수과정을 통해 도움을 원하는 사람이 클라이언트 위치에 서게 되고 사회복지사라는 전문직과의 관계가 수립된다.

(1) 접수과정 중의 활동

접수과정에서 이루어지는 구체적 활동은 첫째, 클라이언트 문제와 욕구를 분명히 확인하고, 사회복지사는 돕는 목적을 분명히 하며 돕는 과정에서 서로 기대하는 바를 명확히 해야 한다.

둘째, 사회복지사는 그러한 클라이언트의 욕구에 맞는 서비스가 소속기관에서 제공 가능한지, 기관의 자원이 얼마나 용이한지, 클라이언트 상황이 기관의 정책 및 절차와 맞는지 등을 살펴보고 가능한 서비스를 클라이언트에게 소개해야 한다.

셋째, 이러한 상세한 절차와 활동을 통해 클라이언트에 대해 서비스를 제공하기 위해 다음 단계로 진행할지 아니면 다른 보다 적합한 기관으로 의뢰할지를 결정하게 된다.

끝으로 사회복지사가 서비스를 제공하기로 결정한 경우 클라이언트가 사회복지사와 함께하는 돕는 과정에 적극적으로 관여하도록(engage) 도와야 한다.

(2) 클라이언트의 참여를 촉진하는 요인

클라이언트의 참여에 영향을 미치는 요인들 중 유념할 사항 중 하나가 클라이언트의 자발성이다. 클라이언트가 자발적으로 사회복지사에게 왔는지 혹은 판사의 명령이나 교사나 종교지도자가 이끌어 비자발적으로 오게 되었는지는 도움을 받고 서비스를 이용하는 동기와 자신의 어려움에 대처하는 과정에 적극적으로 참여하는 정도에 영향을 준다.

클라이언트의 참여를 촉진하는 가장 중요한 요소는 사회복지사가 클라이언트 상황과 어려움에 대해 공감하고 정서적 고통을 함께 느끼는 것이다. 그러한 어려운 사정을 이해하며 클라이언트가 필요로 하는 사회적 서비스를 최선을 다해 찾아 제공하려는 성실하고 진실한 태도야말로 클라이언트가 자신의 상황을 개방적으로 이야기하고 스스로 돕기 위해 적극적으로 행동하게 되고 사회복지사를 신뢰할 수 있게 한다.

돕는 과정의 초기에 이렇게 클라이언트가 적극 관여하도록 촉진되고 사회복지사와의 신뢰가 형성되어야 클라이언트가 사회복지사와 자신의 어려움을 중심으로 팀워크를 이루어 일하는 원조관계(working relationship)가 잘 이루어진다.

(3) 성공적인 원조관계를 위한 요건

사회복지사가 클라이언트를 돕는 과정에서 특히 초기에 서로 신뢰할 수 있는 관계를 형성하는 데에는 정서적인 차원에서 좋은 인상을 주는 것 이상으로 적극적으로 행동하는 것이 필요하다. 클라이언트가 궁극적으로 바라는 바로서 목적을 정하고 사회복지사와 함께 대처하고 해결해야 할 일로서 목표를 명확히 해야 한다. 이 때 사회복지사가 아니라 클라이언트가 자신의 언어로 목적과 목표가 표현되도록 해야 한다.

둘째, 원조관계를 잘 이루기 위해서는 사회복지사와 클라이언트 각자의 역할을 명확히 해야 한다. 사회복지사는 사회복지기관 및 시설에 소속한 사람으로서 그리고 클라이언트의 안녕과 이해를 도모하는 사람으로서 어떠한 일을 할 수 있고 할 것인지, 구체적으로 클라이언트를 어떻게 도울 것인지를 분명히 하도록 한다. 이는 사회복지사가 할 수 있는 일의 한계, 다른 말로 하면 할 수 없는 일에 대해서도 명확히 하는 작업을 포함한다. 이는 클라이언트가 사회복지사와 사회복지기관에 대해 현실적인 기대를 갖도록 하고, 자신이 해야 할 역할을 분명히 하는 데에도 도움이 된다.

셋째, 이렇게 목적과 목표를 정하고, 각자의 역할을 이야기하는 과정에서 유념해야 할 것은 클라이언트가 많은 이야기를 하고 가능한 대화를 주도하도록 하는 것이다. 이는 말의 양을 기준으로 하기보다 클라이언트가 모든 돕는 과정의 중심이라는 의식을 갖고 자신의 생각과 느낌을 자유롭게 표현하도록 함으로써 가능하다.

끝으로, 순조로운 원조관계를 위해서는 사회복지기관과 사회복지사가 클라이언트 자신을 잘 도우려고 노력한다는 확신을 갖도록 해야 한다. 이는 사회복지사가 보이는 클라이언트의 어려움과 그간에 클라이언트가 노력해 온 과정과 시행착오 등에 관심을 보이고 공감하며, 그러한 노력을 해온 클라이언트를 존중한다는 태도를 보임으로써 가능하다. 아울러 그 어려운 상황을 벗어나 클라이언트가 보다 잘 살 수 있는 방안을 함께 모색하려는 열망을 가지고 돕는 과정을 이루어 나가는 데서 클라이언트는 자신을 위해 사회복지사가 돕고 있다는 확신을 갖게 된다.

2) 자료수집, 사정, 계획

클라이언트와 함께 일하기로 결정이 되어 사회복지기관에 그 사례가 접수 되면, 사회복지사는 본격적으로 클라이언트를 돕기 위해 어려운 사정에 대해 좀 더 알아보아야 한다. 클라이언트가 겪는 어려운 사정과 상황에 대해 알아보는 것이 자료수집과 사정(assessment)이고, 이에 기반하여 개입방법과 과정을 계획하게 된다.

(1) 자료수집

자료수집은 사회복지사가 클라이언트와 클라이언트가 겪는 어려움에 대한 사실 자료와 정보를 모으는 것이다. 사실은 실제 일어난 일들을 포함하고 그 외 자료는 관련된 사람들로부터 어려움에 관한 정보들이다. 예를 들어, 한부모 어머니가 자녀의 학교 부적응에 대해 어려움을 토로할 때, 그 아동이 속한 학교 학급의 교사들로부터 아동의 학업성적, 교우관계, 수업태도 등에 대한 정보를 얻는 것이 중요하게 수집할 자료이다.

사회복지사가 자료를 구하게 되는 일차적 원천은 첫째, 사회복지기관에서 클라이언트가 처음 작성하는 접수서류이다. 여기에는 기본적인 인구사회학적 정보와 개인 정보들이 포함된다. 예를 들면, 출생연도, 교육정도, 혼인상태, 가족 수, 자녀상황, 거주지, 직업 및 경력, 가족 중 장애인이나 질환자 여부, 국민기초생활수급 상태 등이다. 아울러 가장 중요한 자료의 원천은 클라이언트가 직접 말하는 문제와 그 상황, 생각, 정서, 의견 등이다. 스트레스, 심신장애나 비행 등 클라이언트가 겪는 문제가 클라이언트의 보고나 느낌에 영향을 줄 수 있는 경우에도 클라이언트의 정보와 보고의 일차적인 중요성을 고려하고 여유를 가지고 클라이언트와 확인하는 절차를 거쳐 활용하도록 한다.

둘째, 클라이언트의 표정, 몸짓과 자세, 행동 등을 사회복지사가 관찰하여 자료를 얻을 수 있다. 이러한 비언어적 의사소통은 말과는 상반된 주관적 경험을 나타낼 수 있고, 발달단계나 장애로 인해 언어 표현이 힘든 경우 이 비언어적 의사소통 방식과 내용이 특히 중요한 자료의 원천이다. 예를 들어, 생활시설에 있는 노인들의 행동 관찰, 공부방 아동·청소년의 학습태도나 또래 관계 등은 관찰을 통해 현 상태와 변화과정을 잘 파악할 수 있다. 관련하여, 가족 구성원들 간의 상호작용도 말 보다는 관찰을 통해 많은 자료를 얻을 수 있다. 이러한 이점 때문에 가정방문을 통해 가족관계를 파악하는 방법이 활용된다.

셋째, 클라이언트의 친구, 친지, 교사, 종교지도자 등 클라이언트를 잘 아는 제 삼자로부터 자료를 수집할 수 있다. 가족, 집주변, 직장 등 다양한 장소에서 클라이언트의 사회기술, 생활기능, 대인관계와 사회적 상호작용 등에 대해 클라이언트의 일상 행동과 개인 및 가족생활을 잘 아는 주변 사람들의 경험에 의한 정보가 유용할 수 있다.

넷째, 클라이언트의 인지, 정서, 행동에 대한 다양한 검사결과 자료를 사용할 수 있다. 대표적인 검사로는 심신 질환이나 장애에 대한 검사(예., 신체건강 상태에 대한 각종 의료검사, 정신건강 상태에 대한 각종 심리학 및 정신의학 검사), 인지기능 검사, 학습능력 검사, 직업능력 검사, 각종 성격검사 등이다.

끝으로, 사회복지사 자신이 클라이언트와 일정 기간 상호작용을 해 본 경험도 중요한 자료의 원천이다. 이를 위해서 사회복지사는 인간행동에 대한 지식과 경험이 필요하고 과학적으로 검증된 지식과 실천지혜를 구분하며, 실천지혜를 사용함에 있어 주의할 바를 염두에 두어 자신이 관찰한 바, 그에 대한 인식과 해석을 할 필요가 있다. 이 외에 클라이언트에 대한 현재 기관의 다른 사회복지사로부터의 정보, 의뢰된 경우라면 이전 사회복지기관의 실무자 경험 등도 자료의 원천이 될 수 있다.

대개의 클라이언트들이 한 가지 이상의 어려움을 가지고 사회복지기관에 오고, 그 어려운 상황은 복합적이기 때문에 이러한 여러 가지 원천으로부터 자료가 동시다발적으로 수집될 수 있다. 이러한 다각적인 자료를 사용할 때 주의할 점은 여러 가지 어려움의 우선순위에 따라 중요한 것을 중심으로 자료를 수집하고, 여러 사람들의 주관적 느낌과 생각이 개입되는 자료의 경우 인식의 한계(예., 편견, 낙인 등)를 염두에 두어 활용한다. 또, 클라이언트의 동의가 필요한 자료탐색인지 확인하고, 자료를 여러 각도로 확인하는 절차를 거칠 필요가 있다. 무엇보다 중요한 것은 클라이언트가 어떠한 상황이더라도 변화 가능성이 있고 잠재력과 강점이 있는 사람임을 전제로 하여 이러한 여러 자료를 활용하고 개입으로 연결 짓는 것이다.

(2) 사정

사정(assessment)은 사회복지 분야에서 고유하게 사용하는 용어이다. 의료 분야에서는 환자의 병이나 문제를 의학계에서 합의된 한 가지 기준에 의해 진단(diagnose)하지만, 사회복지실천에서는 다양한 사회체계라는 환경 속의 인간의 다양한 측면에 대한 다각적인 검토를 하는 사정을 한다.

사정은 클라이언트의 어려움에 대해 다각적인 자료를 모으는 측면에서는 자료수집과 공통된 면이 있다. 그러나 사정은 사실과 정보를 모으는 것 이상으로 그 자료들을 해석하고 의미를 부여하며 클라이언트가 보다 잘 대처하고 어려움을 해결하도록 돕기 위한 함의를 도출해 내는 작업까지 포함한다. 구체적으로 사정은 클라이언트가 보고하는 어려움과 그 상황을 이해하고 관련된 사실과 정보를 모으면서 그 어려움의 특성, 관련된 사람들과 사회체계(예., 학교, 직장 등)들의 상호작용, 클라이언트의 그간의 대처 노력과 자원 활용 경험에서의 시행착오, 클라이언트의 느낌과 생각 등에 대해 면밀히 파악하고 클라이언트와 함께 어려움이 나아지도록 할 방법을 계획하는 것으로 연결 짓는 작업이다.

사정과정에서 클라이언트의 강점을 찾고 활용하는 것은 자원을 탐색하는 과정 속에서도 이루어진다. 자원은 클라이언트와 그 소속 환경에 대한 자원으로 크게 구분된다. 강점관점에서 클라이언트가 소지한 자원은 다양한데, 예를 들면, 교육수준, 직업훈련 및 취업 경험, 특수 기술이나 재능, 낙관성이나 성실함과 같은 성격, 현재 당면한 어려움을 헤쳐 나가고자 하는 동기와 의지, 심신의 건강상태, 재정적 자원 등이다(Kirst-Ashman and Hull, 1993).

환경적 자원은 부부관계 및 부모자녀관계, 그 밖의 동거 가구구성원들의 관계와 기능, 이웃주민들, 교통, 생활편의시설, 탁아, 노인정, 보건의료기관과 같은 주거환경, 공공기관 및 행정기관들에 대한 접근성 등 지역사회가 가지고 있는 여건도 포함된다. 이러한 자원들에는 잠재해 있지만 클라이언트가 지금까지 사용하지 않은 자원도 있고, 각 자원에 대해 클라이언트의 접근의 용이성도 다양하다. 따라서 이러한 자원들이 기꺼이 활용될 수 있는지 점검하는 과정이 사정에 포함되고 그 다음 단계인 계획으로 연결된다.

자료수집과 사정과정에서 클라이언트는 하나 이상의 어려움을 가지고 오기 때문에 사회복지사는 대단히 많은 정보의 홍수 속에서 혼란을 겪을 수 있다. 여기서 기억하여 몸으로 체화할 일이 바로 자신이 돕는 목적을 지속적으로 의식하고 있으면서 많은 어려움들 중에서 우선적으로 대응해야 할 사안을 클라이언트와 함께 정하는 일이다.

(3) 계획

클라이언트가 겪는 어려움과 그 상황에 대한 자료가 수집되고 여러 가지 사실과 정보에 대한 해석과 판단을 하고 정리하면서 일정 기간 동안 클라이언트와 사회복지사가 함께 우선순위를 정한 일들을 어떻게 해결할지를 계획하게 된다. 예를 들어, 6개월을 기간으로 잡으면 2주 내에 초기 사정을 마무리하고 우선적으로 알아보아야 하는 자원 체계들을 1달 안에 접촉해 보며 그 사이 클라이언트는 직업재활 훈련에 계속 참여하는 것이다. 이런 식으로 주와 월 단위의 과업을 계획하고, 2개월 마나 그 성과를 살펴보고 6개월이 만기되기 직전에 최종 정리를 하며 성과를 알아보는 식으로 계획세울 수 있다.

계획은 일을 체계적으로 해 나가기 위한 틀로 삼되 클라이언트의 어려움의 해결 상황에 따라 변화가 가능하다는 것을 전제로 하여 융통성을 발휘하도록 한다. 이는 사정이 일차적으로는 초기에 집중적으로 이루어지지만 종결 전까지 지속적으로 이루어지는 것과 병행될 것이다. 즉, 지속적인 사정을 통해 클라이언트가 겪는 어려움의 수준과 상황의 진전을 검토하면서 뜻밖에 잘 해결되거나 새로운 일이 발생했을 때 이에 대한 사정과 함께 계획도 수정되는 것이다.

3) 목표세우기와 계약하기

클라이언트와 사회복지사가 함께 해결해야 할 어려움들의 우선순위를 정해 놓은 것들을 해야 할 과업으로 만들어 목표를 세운다. 사회복지사는 클라이언트가 무엇이 이루어지기를 원하는지에 대해 생각하며 목표를 세우도록 돕는다.

목표를 설정하는 데서 유념할 사항은 첫째, 클라이언트가 달성하고자 하는 일을, 인간의 성장을 중심으로 그리고 긍정적인 방식으로 서술해야 한다. 예를 들어, 여성 클라이언트가 토로하는 어려움은 고등학교 2학년인 아들이 자신과 앉아서 이야기를 하거나 식사도 안하고, 집안 물건을 마음대로 가져가 친구들과 외박을 하는 것이라고 하자. 자료수집과 사정 과정에서 알아보니 이 여성의 바람은 아들이 자신과 이야기를 하고, 하루에 아침식사를 하고, 집을 나가면서 어디로 가고 어디에 있는지 자신에게 알려주는 것이다. 사회복지사의 입장에서는 목표가 비행청소년의 귀가, 학교적응 등이 될 수도 있지만 이 여성이 바라는 것을 중심으로 하면, 아들이 어머니와 편안해지는 것, 하루에 한마디라도 이야기를 하는 것이 우선적인 목표가 된다.

둘째, 목표는 구체적이고 그 변화를 측정 가능한 양식으로 만들고, 작은 목표부터 시작하여 달성해 봄으로써 클라이언트가 성취감을 맛볼 수 있도록 해야 한다. 예를 들면, 지역사회복지관의 자활 사업에 적응하지 못하여 자주 결근을 하고 다른 참여자들과 관계 맺는 데 어려움이 있는 클라이언트의 경우, 출석하기와 확인하기, 출근하여 먼저 인사 건네기, 참여자들이 쉴 때 마실 음료수나 차를 미리 준비하여 권하기 등 작은 행동부터 해 나가면서 다른 참여자들의 호응을 얻는 경험을 할 수 있다. 이러한 목표는 클라이언트가 실제 상황에서 적절한 시기에 현실적으로 수행할 수 있는 수준의 과업으로 전환하는 현실성도 고려하여 구성되고 실천할 수 있도록 도와야 한다.

끝으로, 목표는 또한 사회복지실천 가치와 윤리, 지식, 기술과 상응해야 한다. 클라이언트의 안녕과 삶의 질에 대한 권리가 최우선이지만 사회복지의 근본 틀과 부합되는지도 고려되어야 한다. 예를 들어, 폭력 피해자가 자신이 받은 피해에 상응하는 피해를 행위자에게 가하고자 하는 것은 사회복지실천의 목표로 고려될 수 없다.

이와 같이 목표가 설정되면 그간의 과정을 정리, 요약하고 구두로 혹은 서면으로 계약을 하여 본격적인 개입을 하게 된다. 계약은 클라이언트와 사회복지사 각자 역할과 해야 할 과업을 상호 합의하여 약속하는 것이다. 계약은 클라이언트의 어려움에 대한 대응과 해결과정에 그리고 사회복지사의 서비스 제공에 적극 참여할 것을 명확히 하도록 돕는다. 구체적 내용은 클라이언트와 해결할 사안의 목록, 우선순위에 따른 목표, 최종 목표, 클라이언트와 사회복지사의 과업과 책임, 개입방법과 서비스, 평가와 그 방법 등이다. 이러한 사항을 간단히 일목요연하게 정리하여 이에 합의한다는 것에 서명 날인을 한다.

4) 개입

개입은 클라이언트와 사회복지사가 함께 해결하기로 한 목표를 달성하기 위해 계획한 바를 수행하는 단계이다. 개입은 사회복지실천 과정의 핵심으로서 클라이언트가 경험하는 어려움과 그 상황에 변화가 일어나도록 하고 그 변화가 유지되도록 하는 의도적 과정이다. 한편 개입은 단순히 목표 달성을 위한 과업 수행만으로 이루어지지 않고 클라이언트의 상태와 상황을 지속적으로 살펴보는 사정과 달성하고자 하는 목표가 제대로 이루어지는지를 보는 평가가 동시에 이루어지는 상당히 복합적인 단계라 할 수 있다. 개입과정에서 이러한 여러 가지 과업들을 수행하게 되고 복합적인 효과가 나타나므로 개입을 단순히 서비스 제공 단계라고 하기 힘들다.

(1) 사회복지사의 과업과 기능

사회복지사는 개입에 앞서 클라이언트를 접수하고 사정하는 과정에서 어떠한 개입방법을 사용할지를 일차 결정하고 개입단계에서 확정하여 본격적으로 서비스를 제공한다. 사회복지사의 개입은 전통적으로 크게 직접 서비스와 간접 서비스 제공으로 나누어 볼 수 있다. 직접 서비스는 사회복지사가 클라이언트를 직접 대면하여 정서, 인지, 행동 상의 어려움을 사정하고 그 변화를 꾀하는 여러 가지 기법과 기술을 사용하는 것이다. 단순히 심층 면담을 하는 것만으로도 클라이언트의 불안, 좌절, 무망 등이 긍정적으로 변화되기도 하지만, 좀 더 심한 심리사회적 기능상의 어려움에서는 클라이언트의 어려움과 욕구, 상황, 기관 특성, 사회복지사의 교육과 훈련 등에 따라 인지행동이론과 기법, 해결중심 이론과 기법 등 구체적인 개입 모델들 중에서 적절한 것을 선택하여 활용하기도 한다.

이에 대비되는 간접 서비스는 사회복지사가 클라이언트와 그 어려움과 욕구에 맞는 서비스를 연결하고 조정하는 식으로 개입하는 것이다. 이 서비스에는 직업, 자녀양육과 교육, 노인, 아동, 장애인의 보호와 돌봄, 보건의료 등과 관련한 서비스, 구체적인 심리사회 및 행동기능 향상을 위한 치료 프로그램, 레크리에이션 프로그램 등 다양한 사회적 지원 서비스와 행정서비스 등이 포함된다. 또한 지역사회 관계망(network) 개발과 형성, 지역사회 대응(예., 아동 보호, 청소년 비행 예방과 재발 방지, 지역환경 조성 등)을 위한 조직과 인력 연계 등도 포함된다.

(2) 사회복지사의 역할

개입단계에서 사회복지사는 다양한 역할을 수행할 수 있다. 몇 가지 예를 보면 다음과 같다(Compton and Galaway, 1989; Popple & Leighninger, 1993).

① 중개자 역할(broker role)

클라이언트가 필요로 하고 사회복지사와 함께 목표를 달성하는 데 필요한 서비스와 지역사회 자원을 클라이언트가 이용할 수 있도록 연결하는 역할이다. 사회복지사는 지역사회에 산재한 교육, 의료, 레크리에이션, 치료 등 다양한 자원을 알고 있고 알아낼 수 있는 방법을 숙지하고 있어야 한다.

② 조력자 역할(enabler role)

클라이언트가 스스로 어려움에 대처하기 위한 능력을 향상시키고 자원을 찾아 회복하는 것을 가능하게 하는 역할이다. 사회복지사가 이러한 변화를 일으키는 것이 아니라 클라이언트가 자신의 노력으로 변화된다고 경험하도록 돕는 것이 중요하다. 따라서 사회복지사는 클라이언트의 강점을 활용하도록 돕고 어려운 상황을 다르게 인식하는 것을 도와야 하므로 그 사람의 인지, 정서, 행동, 대인 상호작용 기능 등을 잘 파악할 수 있어야 한다.

③ 교사 역할(teacher role)

클라이언트가 어려움을 해결하는 데 필요한 것을 알려주고 새로운 기술을 익히도록 교육을 제공하는 역할이다. 행동 변화를 위해서 사회복지사는 모델링을 해 보일 수도 있다.

④ 중재자 역할(moderator role)

클라이언트와 다른 사람들 간 의견충돌, 갈등 등을 조정해 공동의 합의점을 찾도록 한다. 클라이언트와 다른 사람이나 체계 사이에 관계의 왜곡, 갈등, 충돌이 있는 경우 양측의 입장을 서로 이해하고 타협하도록 돕는다.

⑤ 옹호자 역할(advocator role)]

사회복지사는 클라이언트가 여러 가지 복합적으로 취약한 상태에 있으므로 그 입장을 옹호하여 목표를 달성하기 위한 노력을 한다. 따라서 옹호하는 역할에서는 클라이언트의 이해와 권리를 위해 편향된 입장을 취하게 된다.

⑥ 행동 변화 역할(behavior changer role)

사회복지사는 클라이언트가 개인으로서 그리고 집단 구성원으로서 행동하고 상호작용하는 방식 및 패턴의 변화를 유발하기 위해 일한다.

⑦ 보호 역할(care giver role)

사회복지사는 여느 휴먼 서비스 전문가와 같이 클라이언트가 가족생활, 집단생활, 지역사회 생활을 하는 데 필요로 하는 물리적, 위탁, 재정적 보호를 제공하는 역할을 수행한다.

⑧ 자문 역할(consultant role)

사회복지사는 다른 사회복지사나 휴먼서비스 전문가 혹은 기관이 클라이언트의 어려움을 돕는 데 필요한 지식과 기술을 향상시키기 위해 자문하는 역할을 한다. 기관 내 후임 사회복지사들의 슈퍼비전을 하는 경우에도 자문 역할을 수행한다.

⑨ 자료관리 및 평가 역할(data manager and evaluator role)

사회복지사는 사회복지기관 및 시설에서 클라이언트들에게 제공하는 여러 서비스들과 관계되는 자료들을 모으고, 분류하며, 분석하는 등 자료를 관리하고 평가하는 역할을 한다. 평가는 또한 개인, 가족, 집단 클라이언트를 돕는 과정과 성과를 평가하는 역할도 포함한다.

⑩ 자원동원 역할(mobilizer role)

사회복지사는 현재 어려움에 대응하고 또 새롭게 발생하는 어려움들을 해결하기 위해 자원이 될 만한 사람들, 기존 집단이나 새로운 집단을 모으고 힘을 내도록 하며 조직화하는 역할을 수행한다.

⑪ 행정가(administrator role)

사회복지사는 기관을 운영하고 서비스와 프로그램들을 그리고 이러한 서비스와 프로그램들을 제공하는 팀들을 관리하는 역할을 수행한다.

5) 사회복지실천의 평가와 종결

(1) 사회복지실천의 평가

사회복지실천의 평가는 마지막 단계로 이루어지기는 하지만 사회복지실천 원리대로 작동한다면 초기부터 시작하여 지속되는 과정이다. 즉, 평가는 클라이언트의 어려움과 그 상황에 대한 자료를 수집하고 사정하면서 사회복지사와 함께 설정한 목표와 하위목표들이 제대로 달성되었는지 과학적인 방법을 사용하여 살펴보는 것이다. 평가는 초기에 목표를 설정하면서 계획되어야 하며 수시로 주기적으로 변화가 기대하는 대로 나타나는지 검토되어야 하는 것이다.

① 사회복지실천 평가의 의의

평가는 사회복지사와 클라이언트가 목표로 한 일들이 실제로 이루어졌는지를 알아보는 것이다(Johnson & Yanca, 2007). 근거에 기반한 실천(evidence based practice) 관점에서 평가가 사회복지실천에서 갖는 의의는 첫째, 평가는 휴먼서비스 전문가로서 사회복지사가 수행한 일의 성과를 검토하고 업무의 효과성을 보여야 하는 책임이라는 점에서 의의를 갖는다. 둘째, 평가에 대한 이 책무는 사회복지실천과 관련된 다양한 입장들에 대한 것으로 확장되어 의의가 있다. 즉, 클라이언트의 삶의 질 향상, 사회복지기관, 재정 후원단체와 기관, 일반 사회의 취약한 사회구성원에 대한 관심과 전반적인 삶의 질 향상 등의 욕구와 기대에 부응하는 데 평가가 기여할 수 있다.

② 사회복지실천 평가의 유형

사회복지실천 평가는 크게 성과평가, 과정평가, 사회복지사 평가로 구분할 수 있다.

가. 성과평가

사회복지사와 클라이언트가 초기에 목표로 설정한 사항들이 제대로 달성되어 원하는 결과(outcome)가 나타났는지 그리고 이 결과가 사회복지사가 애초에 의도한 방법으로 나타난 것인지를 검토하는 것이다.

클라이언트의 변화를 포함한 성과에는 다양한 요인들이 영향을 미치므로, 클라이언트 개인의 심리사회적 기능, 가족기능과 관계의 영향, 사회적 자원의 영향, 사회복지사의 특정 개입 방법 등 여러 가지를 고려하여 살펴볼 필요가 있다.

나. 과정평가

클라이언트체계가 사회복지실천의 과정을 어떻게 경험했는지를 살펴보는 평가이다. 즉 사회복지실천 과정이 클라이언트의 여러 측면에 어떠한 영향을 주었는지, 사회복지사가 사용한 방법, 기법을 어떻게 경험하였고 그 영향을 어떻게 보는지 등을 검토한다. 이러한 과정 평가는 사회복지사의 발전에 중요한 피드백이 되는 것으로서, 수정·보완할 사항에 대해 알려 주기도 하지만 자신감을 주고 보람을 느끼게도 한다.

다. 사회복지사 평가

사회복지사의 태도, 행동, 개입방법 등에 대한 평가이다. 여기에는 긍정적, 부정적 평가 모두 포함될 수 있으므로 사회복지사는 자신의 업무수행에 대한 비판을 감수할 자세를 갖추어야 한다.

② 사회복지실천 성과 평가의 방법

위에서 살펴본 사회복지실천 평가 방법 중 성과평가는 기관 및 시설에서 가장 많이 수행하고 있고 중요시되므로 성과평가 방법에 대해 좀 더 알아보도록 한다. 사회복지실천의 성과에 초점을 두어 평가하는 방법에는 개입 전과 개입을 마치고 종결하는 시점의 클라이언트 상태를 비교하는 방법과 유사한 어려움을 겪는 클라이언트들을 실험집단으로 하여 검토하는 방법이 있다.

가. 사전-사후 비교방법

사회복지실천 분야에서 가장 흔히 사용되는 방법이다. 클라이언트와 달성하기로 한 목표에서의 달성 정도 혹은 변화를 측정할 수 있는 도구를 계획단계부터 확실히 해야 한다. 본격적인 개입이 시작되기 직전 클라이언트가 겪는 어려움 혹은 변화되어야 할 사항의 상태를 측정하고 개입을 진행시키며, 종결 직후 다시 그 상태를 동일한 척도와 방법으로 측정하여 변화 정도와 그 통계적 의미를 비교한다. 예를 들면, 아동이 컴퓨터 게임 중독 수준이라고 할 때 집중적인 치료적 개입을 3개월 실시한 전후 컴퓨터 이용횟수와 게임 몰입 시간을 비교하여 성과를 평가할 수 있다.

나. 실험집단과 통제집단의 비교

유사한 어려움을 겪는 클라이언트들의 집단과 일하는 경우 사회복지실천의 개입을 하는 실험집단과 개입을 하지 않는 통제집단을 구분하여 그 사전-사후 성과를 비교하는 것이다. 이 때 주의할 사항은 어려움을 겪는 클라이언트에게 아무런 서비스를 제공하지 않고 관찰만 하는 것이 사회복지실천 윤리에 위배된다는 것이다. 따라서 대안적 방법을 사용하도록 한다. 아울러 실험실에서는 많은 외부 영향요인들을 차단할 수 있지만 사회복지실천은 사람들의 자연스러운 일상생활 속에서 이루어지므로 다양한 영향요인들을 통제하기 힘들다. 따라서 클라이언트와 그 상황에서 일어난 좋은 변화가 정말 사회복지사의 개입으로 인해 일어났는지 단정 짓는 데에는 한계가 있으므로 주의할 필요가 있다.

(2) 사회복지실천의 종결

① 종결의 의미

종결은 사회복지사와 클라이언트 사이의 업무관계를 끝마치는 것을 말한다. 둘 사이의 관계는 처음 계획부터 종결을 염두에 두므로 종결을 향해 진행된다고 보아도 될 것이다. 이렇게 계획적이고 의도적인 관계의 종결이기는 하지만 상당한 기간 동안 클라이언트의 어려움을 둘러싼 여러 가지 사안들에 대해 논의하고 목표 달성을 위해 함께 팀워크를 이루어 일한 만큼 종결을 앞두고 감정이 유발되는 것이 당연하다. 또한 사람 사이의 일이므로 계획되지 않은 종결도 있을 수 있다.

② 종결의 유형

가. 시기상조의 종결

이는 애초에 계획했던 대로 과정이 이루어지지 않고 목표가 아직 모두 달성되지 않은 상태에서 사고나 재해, 혹은 클라이언트의 이사 등 갑작스러운 사고들이 발생하여 종결되는 것이다. 또한 클라이언트가 그동안 응어리진 불만족이나 심경의 변화로 인해 일방적으로 종결을 결심하고 사회복지사나 기관에 통보하여 종결이 이루어지기도 한다.

클라이언트가 사회복지사나 서비스, 기관에 대한 불만족을 경험하여 종결을 결심하게 되는 경우는 사회복지기관과 사회복지사의 실천 능력과 기술, 관계, 업무의 효과성 등에 의문을 제기해 볼 사안이다. 따라서 사회복지사와 그 슈퍼바이저는 클라이언트의 종결에 대한 결정이 이루어지는 전후 사정을 상세히 알아보고 자체적인 평가를 통해 업무과정과 서비스 수행에 대해 반성할 필요가 있다.

나. 계획된 종결

이는 자료수집과 사정을 거쳐 서비스 과정을 계획한 대로 제대로 이루어진 실천 과정에서 종결하는 것이다. 예를 들어, 학교에 적응하기 힘들어 하는 한부모 가정 아동을 위해 부모교육과 아동에 대한 또래관계와 학업 훈련을 4개월 계획으로 수행한 경우 목표달성이 계획대로 이루어진 4개월 즈음에 예정대로 종결한다. 한편, 클라이언트의 변화 진행이 지체되거나 종결 시기의 평가에 근거해 볼 때 개입을 좀 더 연장해야 할 경우 추후 서비스로 혹은 보조 회기들을 추가하는 형식으로 종결이 미루어질 수도 있다.

일시적으로 한정된 서비스로 규정되어 초기부터 종결이 계획되는 경우도 이와 유사하게 종결이 이루어진다. 전형적인 예로서 사회복지실습에서 실습생은 클라이언트와 만날 때 미리 자신의 한정된 업무 수행

일정을 밝히고 4주 혹은 8주 간의 단기 서비스 제공에 대해 고지된 동의를 얻어 면담 및 서비스 전달을 수행해야 한다.

다. 시간제한 없는 개입의 종결

시간의 제한이 없이 지속적으로 개입하는 경우는 정신역동이론에 근거하여 수행하는 심리치료가 전형적인 예가 될 수 있고, 만성 장애나 질환을 겪는 클라이언트에게 사례관리 서비스를 제공하는 경우 해당된다. 심리치료는 사회복지실천에서 흔한 예가 아니지만 사례관리는 복합적 욕구를 가진 클라이언트에 지속적으로 서비스를 제공한다는 그 본래 특성에 맞게 장기화될 수 있다. 이러한 경우라도 매년 회계연도를 고려하여 매년 말에 1년간의 서비스에 대해 종결하고 그간의 성과를 평가한 후 다시 클라이언트와 그 상황을 사정하여 목표와 계획을 세우고, 서비스 제공의 계약을 갱신하는 것이 좋다.

종결을 계획하지 않고 서비스를 지속하는 경우 그리고 공식적으로 종결되지 않고 사회복지사와 클라이언트의 서비스 관계가 지속되는 경우, 클라이언트의 치료적 개입 및 서비스에 대한 의존성이 커질 수 있고 사회복지사 입장에서도 정서적 애착과 의존을 조장하는 데 기여할 수 있으므로 주의할 필요가 있다.

③ 종결기 과업

종결기에는 클라이언트가 다양한 감정적, 행동적 반응을 보일 수 있으므로 이에 적절히 대응하고 그간에 일어난 긍정적인 변화와 성과를 유지하고 클라이언트가 실제 생활에서 활용할 수 있도록 도울 필요가 있다. 아울러, 클라이언트가 지속적으로 나타내는 어려움이 있거나 새롭게 나타나는 어려움들이 있고 사회복지사가 개입하는 데 한계가 있을 경우 다른 서비스로 연계하게 된다.

가. 감정 및 행동 반응에 대한 대처

클라이언트와 사회복지사는 어려움에 대처하고 해결하기 위해 일정 기간 지속적으로 만나게 되므로 공적인 업무 관계이지만 자연스럽게 애착이 형성될 수 있다. 따라서 종결에 대해 클라이언트는 섭섭함과 상실감, 앞으로 닥칠 일들을 혼자 감당해야 한다는 데서 오는 두려움 등을 경험할 수 있다. 대개의 많은 클라이언트들은 사회복지사의 성실한 원조에 감사하고 만족을 표한다(Hepworth, Rooney & Larsen, 1997). 어떤 경우, 클라이언트는 섭섭해 하는 한편, 더 이상 사회복지사에게 의존하지 않아도 된다는 점에서 안도감을 경험하는 양가감정을 경험하기도 한다.

특별히 어려운 상황은 클라이언트가 과도한 애착을 보이고 매달리거나 분노와 같은 부정적 감정을 나타내기도 하여 사회복지사가 난감할 수 있다. 따라서 다양한 감정 반응에 잘 대처하기 위해서는 우선 계획 단계에서부터 클라이언트에게 종결에 대한 계획을 명확히 하고, 종결되기 수주 전부터 주기적으로 종결에 대해 상기시키면서 준비를 할 필요가 있다. 이 때 감정적 반응을 이야기 하면서 서로 공감하고 그동안 얻은 성과를 기초로 역량이 강화된 스스로를 활용해 나아가는 방향으로 이끌도록 한다. 아울러 고려할 사항은 클라이언트 입장에서 미해결되었거나 사회복지사로부터의 서비스가 부족하거나 부적절하다고 경험한 부분이 있는지 확인하고 미리 추가적 원조를 제공하는 것이다.

행동 반응에서도 우려할 바는 클라이언트의 부정적인 행동이다. 클라이언트가 사회복지서비스에 대해 부정적으로 생각하는 주요 원인은 목표 달성의 정도와 사회복지사가 제공한 처우, 서비스 양과 질, 태도, 기타 기관에 대해 불만족하는 것이다. 이러한 생각으로 인해 클라이언트가 흔히 나타내는 부정적인 행동은 클라이언트가 약속에 나타나지 않거나 함께 하기로 한 과업을 거부하는 등이고, 이러한 행동은 종결을 거부하는 행동으로 이어질 수 있다. 거부와 유사한 방어기제로서 철회를 하는 경우도 있다. 즉, 그간에 함께 일하면서 사회적응력이나 사회기술 면에서 향상되었는데 갑자기 후퇴하여 미숙한 상태를 보이며 종결에 응하지 않게 되는 것이다. 또한 심리사회적 개입에서 흔한 것으로 사회복지사에게 과도하게 의존하고 매달리는 행동을 보일 수 있고, 또 다른 의존할 대체 인물을 찾아 나서기도 한다. 또 하나의 종결에 대한 부정적 행동 반응은 이전까지 나타내지 않던 새로운 어려움을 드러내며 종결을 간과하거나 지연시키는 것이다.

이러한 감정 및 행동 반응들에 잘 대처하기 위해서는 예방이 가장 중요하다. 초기부터 모든 사회복지실천 과정은 클라이언트 스스로 살아가는 자활기능을 향상시키기 위한 것임을 강조하고 클라이언트의 강점, 잠재력 등을 활용하여 클라이언트 스스로 성과를 이루어내도록 했다는 경험을 하도록 돕는 것이다. 아울러 사회복지사와 클라이언트 관계는 업무를 위한 공적 관계임을 염두에 두고 이를 클라이언트도 경험하도록 하는 것이다. 종결과 직결하여 클라이언트가 나타내는 감정과 행동은 이후 대인 및 사회관계와도 관련이 되므로 이들을 회피하지 말고 구체적인 감정과 생각을 터놓고 이야기하여 해소하는 것을 돕는다.

나. 변화의 유지와 활용

클라이언트와 사회복지사가 그동안 경험한 긍정적 변화를 유지하기 위해서 종결시기 즈음부터 달성한 목표를 정리하면서 성취한 바, 보람, 종결 이후 그 긍정적인 성과를 지속할 방안 등에 대해 이야기해 보도록 한다. 클라이언트는 다양한 생활 상황 속에서 기능하므로 둘 사이에서 이루어진 변화가 그러한 다양한 상황 속에서도 일어날 수 있는지 확인하고 미리 연습을 하여 능력감을 키우는 것도 유용하다. 이러한 리허설 과정에서 아직 미비한 점이나 새롭게 출현하는 어려움이 있다면 사회복지사와 기관의 여건에 따라 몇 회기를 추가하여 개입을 연장해 볼 수도 있다.

다. 다른 서비스로의 연계

클라이언트들은 대개 복합적인 어려움을 겪으므로 사회복지사와 일차적으로 목표를 달성했다 하더라도 연계된 다른 어려움이 발생할 수 있고, 클라이언트와 관련된 다른 사람(예., 배우자, 자녀, 다른 가족 구성원, 친지, 직장 지인 등)에게 발생한 어려움이 클라이언트에게 압박으로 다가와 문제시될 수도 있다. 이러한 경우 사회복지사는 다른 서비스와의 연결을 제공할 수 있다. 이 때 그냥 단순한 연락처 등 정보만 제공할 것이 아니라 담당자와의 공동 면담, 그 기관에서 제공 가능한 서비스와 클라이언트의 이용 가능성, 이용할 때 발생할 수 있는 잠재적 장애와 어려움 등을 타진하여 성실히 연계하도록 한다(Garvin & Seabury, 1997).

생각나누기

1. 옆 학우와 서로 통성명을 하고 상대방에 대한 정보를 묻는 인터뷰 연습을 해 봅시다. 사회복지실천 과정 중 사정에 포함해야 할 사항을 염두에 두어 질문해 봅시다.

2. 사회복지기관을 방문하여 사회복지사들의 실제 실천 과정에 대해 알아봅시다.

3. 사회복지사들이 가치와 지식, 기술을 어떻게 통합하여 실천하는지도 알아봅시다.

4. 사회복지기관에서 수행하는 평가에 대해 알아봅시다.

제 9 장　사회복지제도 및 정책적 접근

이 장에서는 사회복지에 대한 제도적 혹은 정책적 접근 방식을 다룬다. 사회복지활동의 궁극적 목표는 사회전체의 복지증진이다. 이것은 사회를 구성하는 전 구성원들의 복지(welfare)와 안녕감(well-being)을 증진하는 것을 의미한다. 사회복지학에서는 이러한 목표를 달성하기 위한 사회복지활동은 크게 '제도적 혹은 정책적' 접근과 '실천적 혹은 임상적' 접근으로 구성된다고 보고 있다. 물론 현실에서의 사회복지활동에서는 이러한 두 가지 접근이 혼재되어 나타나고 불가분으로 얽혀있다. 그러나 보다 나은 사회복지활동을 위한 이론개발, 검증과 적용의 방식에서는 두 가지 접근법에 어느 정도 차이가 있다.

아래에서는 우선 사회복지의 거시적 접근인 정책접근이 무엇을 의미하는지를 간략히 개관한다. 이어서 복지정책적 접근의 주요 내용이라고 할 수 있는 복지정책 형성과정과 복지정책분석을 살펴보고자 한다. 사회복지정책에 대한 과정접근이란 복지정책이 어떠한 과정을 거치면서 만들어지는지 그 과정을 이해하고 각 과정별로 정책형성에 영향을 미치는 요인이나 고려해야 할 변수들이 무엇인지를 파악하는 것이다. 반면 사회복지정책 내용분석 접근이란 다양한 복지정책의 내용이 정책목표 달성에 적합한지, 그러한 정책내용에 포함된 사회적 신념이나 가치,

지향성 등은 무엇인지를 분석하는 것이다. 이를 위해서는 정책에 포함된 급여대상자의 선정기준이나 급여 방식, 재원조달 방식, 전달체계 구조에 어떠한 쟁점들이 있을 수 있는지를 분석할 수 있어야 한다.

한편 사회복지행정 분야는 이러한 정책실행의 과정에서 사회복지급부(급여, benefit) 전달체계와 전달과정을 다루는 분야로 협소하게 인식된 경향이 있다. 복지국가의 확립이후 국가 주도적 사회복지사업들이 지속적으로 증가하면서 이러한 복지급여 공급주체로서 국가의 중요성이 커졌고 이에 사회복지행정이 공공행정의 일부라고 간주된 것이다. 그러나 보다 넓은 의미로는 사회복지급여를 공급하는 모든 주체의 활동을 총체적으로 다루는 것을 사회복지행정이라고 할 수 있기 때문에, 사회복지행정에서 다루는 조직은 공공행정조직 뿐만 아니라 민간의 사회복지서비스 공급 조직 모두를 포함한다.

1. 사회복지정책 접근 개관

사회복지를 정책적으로 접근한다는 것은 무엇을 의미하는 것일까? 다양한 사회복지활동은 이것이 달성하고자 하는 목표를 성취하기 위해 이를 계획하고 집행하고 평가하는 일련의 과정을 거치게 된다. 그런데 이러한 사회복지활동은 직접적인 복지대상자와의 상호작용을 포함하는 것도 있지만, 이러한 상호작용의 제도적 환경을 구축하는 활동도 있다. 사회복지실천의 환경을 구축하고 제도적 지원과 정책 틀을 적절히 구축함으로써 사회복지의 향상에 기여하는 접근을 사회복지정책적 접근이라고 한다. 사회복지정책 접근은 구체적으로 사회복지법의 제정과 개정, 사회복지제도의 구축, 사회복지정책사업의 설계 등을 통해 이루어진다.

사회복지정책의 형성과정을 이해하고 관련 쟁점을 분석하는 것은 사회복지정책접근의 중요한 내용이다. 사회복지정책형성의 과정에서 정책

형성을 촉진시키기도 하고 이를 방해하기도 하는 다양한 정책주체들의 영향력을 파악함으로써 바람직한 형태로 사회복지정책이 수립될 수 있도록 하는 것은 사회복지정책 활동의 핵심을 구성한다. 복지정책을 포함하여 많은 사회정책들은 그것이 형성되는 과정에서 정치적 의사결정의 영향을 받게 되는데, 이러한 정치적 과정들을 이해함으로써 사회복지정책 확대를 위해 필요한 개입에 관한 중요한 통찰을 얻을 수 있다.[1)]

한편 사회복지정책을 설계할 때 급여의 대상, 급여의 형태, 급여전달의 체계, 재원의 확보 방식이 어떻게 결정되어야 하는가에 대한 면밀한 분석도 사회복지정책 접근의 중요한 내용이다. 실행되는 정책사업이 적절히 설계되어 있는지를 분석하여 정책목표에 맞게 수정, 개선되도록 하는 것은 매우 중요하다. 사회복지정책에서 누구에게 정책혜택이 가도록 설계할 것인가, 어떠한 형태로 급여를 제공할 것인가, 그러한 급여를 누가 주체가 되어 어떤 과정을 거치며 전달되도록 할 것인가, 그러한 급여제공에 드는 비용을 어떤 방식으로 충당할 것인가는 사회적 이념이나 가치에 의해 크게 영향을 받을 수 있다. 즉, 그 사회가 사회복지정책을 얼마나 중요하게 생각하는지, 소득재분배의 필요성을 어느 정도나 인식하고 있는지, 사회복지정책의 목표를 무엇으로 규정하고 있는지 등에 따라 달라질 수 있다는 것이다. 따라서 이러한 이념적 영향력을 고려한 상태에서 정책설계의 중요 요소들을 분석하는 내용분석 접근은 바람직한 사회복지정책의 설계를 위해 매우 중요하다.

1) 사회복지정책에 대한 이론적 틀을 제시한 길버트와 테릴(Gilbert & Terrell, 2005)에 따르면 사회복지정책에 대한 분석은 과정분석, 산물분석, 성과분석으로 구성될 수 있다. 과정분석은 사회복지정책이 형성되고 결정되는 과정에 대한 분석이며, 산물분석은 정책사업의 내용에 대한 분석이고, 성과분석은 정책사업의 실행결과 최종적으로 얻어진 성과를 효과성이나 효율성 차원에서 분석하는 것을 의미한다.

2. 사회복지정책 형성과정 접근

사회복지정책이 형성되는 과정은 여러 단계로 구분이 가능하겠으나 일반적으로는 정책의제형성, 정책대안개발 및 선택, 정책집행, 정책평가 과정으로 구분한다. 이러한 각 과정들이 단선적으로 진행되는 것은 아니고 다음 과정으로 진행되었다가 다시 이전 과정으로 회귀하기도 하고 그 과정 안에서도 정책의 내용이나 방식이 변화하기도 한다. 아래에서는 각 과정의 의미와 주요 특성들, 고려해야만 할 점들을 간략히 살펴본다(김태성, 2007; 송근원 · 김태성, 1995).

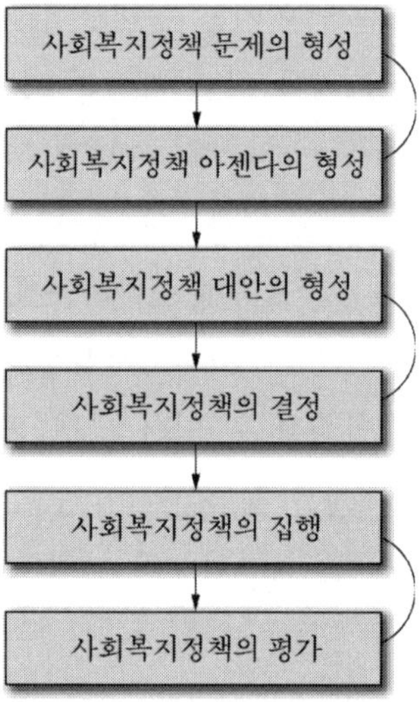

〈그림 9-1〉 사회복지정책의 형성과정

1) 정책의제 형성과정

정책의제의 형성(agenda setting)이란 정책담당자가 정책적으로 논의할 주요 문제임을 인지하고 이를 하나의 의제로 설정하는 것을 말한다. 다시 말해 어떠한 사회적 문제가 정책적으로 해결해야 하는 중요 주제로 인지되는 것을 의미한다. 여기서 정책적으로 풀어낸다는 것은 공적인 개입을 통해 문제를 해결한다는 것이고, 대개 국가 예산을 투여하여 문제를 해결한다는 것을 의미한다. 우리는 거의 매일 다양한 사회적 문제의 홍수 속에 살고 있는데, 특정 문제가 정책적으로 풀어야 할 문제로 공식 인지되는 경우는 생각보다 많지 않다. 왜냐하면 국가의 공적 재원을 활용하여 문제해결을 한다는 것은 (원칙적으로는) 납세자인 대다수 사람들이 그 필요성을 지지해야만 가능하기 때문이다.

많은 사회적 문제들 중에서 다수의 사람들에게 부정적인 영향을 주기 때문에 어떠한 방식으로는 해결을 위한 사회적 노력이 필요하다고 정의되는 것이 정책의제 형성과정에서 첫 번째 단계이다. 이를 위해서는 많은 사람들이 특정 사회문제에 대해 관심을 보여야만 하며, 그러한 관심이 일정정도 지속적 되면서 이슈화될 수 있어야 한다. 나아가 특정 사회문제가 공적인 개입을 통해 해결되어야만 하는 문제라는 것에 대해 많은 사람들이 지지해 주어야만 한다. 일정기간 이상, 일정규모 이상의 사람들의 관심을 끄는 사회적 문제들은 종종 발생하지만, 이것이 국가의 직접적 정책 개입을 통해서 해결해야만 하는 정책의제가 되는 것은 수적으로 볼 때 그다지 많지 않다.

여러 가지 이유로 사회복지와 관련된 사회적 이슈들이 정책의제화되지 못하는데, 중요한 이유 중 하나는 사회복지정책 실행의 주요 수혜자들이 사실상 사회적 이슈를 선점하고 이를 확산시킬 수 있는 여론선도적 입지를 갖고 있지 못한 사회적 약자라는 점이다. 이에 이슈화 과정과 의제형성 과정에서 사회복지대상자들과 복지현황에 전문성을 갖고 있는 사회복지사들의 역할이 크다. 이슈화를 위한 주요 전략으로 언론을 활용하거나 정치적 이벤트를 활용하는 것도 효과적일 수 있다. 그리고 무엇보다 사회복지와 관련된 이슈들은 보수적 정치이념을 가진 집단에 의해 상당한 비판을 받을 수 있으며 이러한 이슈를 제기하는 집단에 대해서도 심각한 견제가 이루어질 수 있다는 점을 충분히 알고 있어야 한다.

한편 특정한 사회문제에 대한 정책적 의제화 과정은 여론주도적일수도 있지만, 국가가 주도적으로 의제를 설정하고 이에 대한 정책적 지지를 얻기 위해 여론을 동원하기도 한다. 어떤 사회에서나 정책관료들은 엘리트집단이기 때문에 이러한 방식으로 정책의제를 형성하는 것을 엘리트모형 혹은 (여론)동원형이라고 한다. 공청회를 개최하거나 전문가 집단이나 언론 등을 동원하여 그러한 정책의 필요성을 제기할 수 있다. 복지정책에 대한 동원형 모형은 사회복지정책의 확대를 정치이념으로 하는 진보적 정권이 집권하게 될 때 많이 활용된다.

2) 정책대안의 개발과 선택

정책의제가 형성되고 나면 그러한 정책적 의제를 해결할 수 있는 다양한 대안들이 개발될 수 있다. 대안이 개발되는 방식은 기존의 정책들과 거의 유사하게 설계하여 잠재적 실패의 위험을 줄이는 방식에서부터, 완전히 새로운 방식으로 대안을 설계하는 창의적 대안개발에 이르기까지 다양할 수 있다. 그러나 일반적으로 가장 많이 활용되는 방법은 유추적인 대안개발 방식으로서, 유사한 문제를 해결하기 위해 이미 개발되어진 선진국의 정책모델을 그 사회의 현실에 맞게 수정, 보완하여 대안을 형성하는 방식이다. 특히 한국 사회와 같이 복지제도의 도입이 선진국에 비해 늦은 국가에서는 새로운 형태의 복지정책 수립 시 선진 복지국가들의 정책프로그램들을 우리의 실정에 맞게 수정, 보완하는 방식으로 정책대안을 설계하는 경우가 많다.

정책대안들은 급여대상의 선정기준이나 규모를 어느 정도로 살 것인지, 급여를 현금으로 할 것인지 현물이나 증서로 제공할 것인지, 공공부문이 직접 관리, 전달하도록 할 것인지 민간부문이 담당하도록 할 것인지, 공적 재원을 사용할 것인지 본인부담을 포함하여 민간자원을 활용할 것인지 등과 관련하여 다양한 차별적 내용들을 포함할 수 있다. 어떤 사회문제를 어떠한 방식으로 해결하려고 하는가에 따라 선정되는 정책대안에 차이가 발생할 수 있다.

그런데 이렇듯 다양한 정책대안들 중 어떤 정책안이 선택되는가 하는 것은 최종 정책의사결정자의 의지에 의해 결정된다는 사실이 중요하다. 정책(policy)이 정치(politic)임을 강조하는 것은 바로 이러한 과정 때문이다. 정책이 만들어지는 과정에서 정책결정자가 어떠한 정책적 대안을 선택하는가는 그 사회의 정치적 이념, 가능한 복지재원의 규모, 확보된 복지급여의 전달체계 등뿐만 아니라 해당 이익집단들의 조직력이나 규모, 정치적으로 요구되는 예산조정의 필요성 등 정치적인 요인들에 의해 영향을 받는다. 합리주의 모델에서는 정책대안들 중 합리적 손익계산의 결과 가장 적은 비용으로 가장 큰 효과를 낼 수 있는 대안이 최종 선택된다고 주장하지만, 이러한 주장은 현실성이 낮다. 특히 사회복지정책과 같이 정책의 단기, 중기, 장기적 효과를 계량화하기 어려운 정책의 경우 정확한 계량적 계산에 근거한 대안 선택은 거의 불가능하다.

3) 정책의 집행

정책의 집행을 위해서는 정책 전반을 책임지는 조직(organization)이 필요하다. 새로운 정책사업이 만들어지면 이것을 실행할 조직이 새로 형성될 수도 있고 기존의 조직이 그것의 집행을 책임질 수도 있다. 혹은 여러 개의 조직이 협업하여 집행을 맡을 수도 있다. 기존의 조직 내에서 실행할 수 있는 정책사업인 경우 조직원의 업무 조정 등과 같은 부분적 조정을 통해 사업이 집행될 수도 있지만, 완전히 새로운 형태의 정책사업이 실행되어야 하는 경우는 새로운 조직 자체가 만들어져야 할 수 있다. 한번 조직이 만들어지면 이를 해체하거나 변경하는 일이 용이하지 않기 때문에 새로운 조직을 만들 때에는 심사숙고해야 한다.

아무리 세심하게 정책대안을 설계했다고 하더라도 실제로 정책을 집행할 때에는 현실적 상황을 고려한 나름의 해석(interpretation)이 필요하다. 특히 중앙정부에서 개발된 정책적 대안이 지방정부를 통해 집행되는 경우 지방정부가 처한 정책 환경이 각기 다르기 때문에 지역현실을 고려한 해석이 필요하다. 이처럼 정책집행과정에서의 이러한 해석은 불가피한 것이기는 하나 지나치게 해석가능성이 클 경우, 다시 말해 정책집행에서 집행권한자(조직)의 자유재량권이 클 경우, 바람직하지 않은 로비가 증가할 수 있다. 또한 잘못된 해석으로 인해 결과적으로 정책 수혜자가 불이익을 당할 가능성도 있다. 따라서 정책의 현실적합성을 높이는 것과 자유재량적 해석가능성을 제한하는 것 간에는 균형이 필요하다.

정책이 집행(implementation)되는 과정에서 그 전 단계로 다시 돌아가 원래의 정책안이 부분 혹은 대폭 수정될 수 있다. 이렇듯 정책집행의 과정은 정해진 정책안을 기계적으로 실행하는 과정이라기보다는 그 이전 단계로 다시 돌아가기도 하는 역동적인 과정이라고 할 수 있다. 정책집행을 하면서 그것의 효과성이나 문제 등을 즉각적으로 피드백 받아 이를 반영할 수 있는 구조를 형성하는 것이 중요하다.

4) 정책의 평가

정책에 대한 평가는 정책의 집행과 동시에 이루어질 수도, 정책집행이 마무리된 후 최종 성과 평가를 통해 이루어질 수도 있다. 정책평가는 정책집행의 책임성을 증가시킨다. 국가의 공적자원은 반드시 효과적이고 효율적으로 사용되어야하기 때문에, 정책평가의 과정은 중요하다. 정책집행 결과 원래 해결하고자 했던 사회적 문제가 해결되었는가, 다시 말해 정책대안이 설계될 때의 정책적 목표가 정책의 집행을 통해 성취되었는가를 평가하는 것은 향후의 정책사업 설계에 직접적으로 영향을 준다.

그러나 사회복지정책에서 정책평가가 갖는 문제는 객관적이고 정량적인 평가가 사실상 매우 어렵다는 것이다. 사회복지정책사업의 경우 정책목표의 달성여부나 정도를 계량적으로 측정하기 어려운 경우가 많다. 예를 들어 다문화가정에 대해 자녀양육지원서비스와 생활보조금을 제공하는 정책을 실행했다고 하자. 이 정책사업의 궁극적 목표가 다문화가정의 사회적 통합성 증진이라고 한다면, 사회적 통합성이 증진된 정도를 어떻게 계량화할 수 있는가? 또 다른 예로 영유아돌봄서비스 정책과 노인돌봄서비스 정책 중 어떤 서비스가 정책적으로 더 중요한 서비스라고 할 수 있는가? 이 두 서비스의 정책평가 결과를 어떤 방식으로 계량적으로 비교할 수 있는가?

이처럼 사회복지정책의 경우 비교가능한 계량적 수치로 평가의 결과를 제시하기가 매우 어렵기 때문에, 정책에 대한 평가가 정치적으로 이루어지기 쉽다. 다시 말해 정책평가가 정치적 이념상 더 필요하다고 간주되는 정책사업의 정당성을 입증하기 위한 도구로서 활용되는 경우가 많다는 것이다. 이러한 정치적 정책평가가 불가피한 부문이 있다고 하더라도, 특정 집단의 이해관계에 의해 정치적으로 활용되어지는 것을 가능한 줄이기 위해서는 다원적인 주체에 의한 평가가 이루어져야 한다. 정책을 직접 집행한 공공부문 뿐만 아니라 의회나 감사원, 연구단체나 대학, 시민단체 등이 다양한 각도에서 정책사업의 효과성을 평가할 필요가 있다. 이러한 평가의 과정에서는 사회복지정책집행의 단기적 효과뿐만 아니라 중장기적 효과를 또한 고려해야만 한다. 사회복지정책의 경우 그 효과가 중장기적으로 나타나는 경우도 많기 때문에 단기적인 정책평가 결과에 근거하여 정책의 계속적 추진여부를 결정하는 것은 바람직하지 않다.

3. 사회복지정책 산물분석 접근

복지정책에 대한 산물분석(혹은 내용분석)이란 정책의 주요 내용이 어떠한 가치에 의해 설계된 것인지, 그러한 내용으로 구성된 정책은 어떠한 정책목표를 달성할 수 있으며 어떤 문제점을 가질 수 있는지, 관련된 주요 쟁점들은 어떤 것들이 있는지를 분석하는 것을 의미한다. Gilbert와 Terrell(2005)은 사회복지정책에 대한 접근 중 이러한 산물분석이 특정한 가치지향성에 치우치지 않고 복지정책을 분석할 수 있는 방법이라고 보고, 다양한 쟁점들을 고려하면서 이러한 산물분석을 시도하였다. 아래에서는 Gilbert와 Terrell(2005)의 이론적 틀에 따라 정책산물 분석의 주요 내용으로 급여대상, 급여의 형태, 전달체계, 재원의 4가지에 대해 간략히 고찰한다.

1) 급여대상

사회복지정책에서 어떻게 급여의 대상을 선정하는가 하는 것은 정책목표의 달성여부를 결정하는 가장 중요한 요인이다. 사회복지급여는 사회적 수단과 자원을 동원하여 특정 복지욕구를 갖는 집단의 욕구를 충족시켜 주는 기능을 갖는다. 그런데 사회적 자원은 한정적이기 때문에 욕구수요가 높은 집단을 제대로 선별하는 것이 정책목표 달성에 결정적으로 중요하다.

사회복지급여 중에서 급여대상자의 선별과정 없이 모든 인구집단을 대상으로 하는 급여도 있지만 보편적으로 급여가 제공된다고 하더라도 적어도 거주지역이나 시민권, 연령, 성별 등의 기본적인 인구학적 특성은 고려하는 경우가 대부분이다. 전 국민을 대상으로 선별적 조건 없이 급여를 제공하는 대표적인 복지서비스로는 영국의 국민의료서비스(National Health Services)를 꼽을 수 있다. 영국의 국민의료서비스는 의료서비스에 대해 욕구가 있는 모든 영국국민들이 무상으로 그러한 서비스를 이용할 수 있도록 설계되었다. 이밖에 보편성이 가장 높은 복지정책으로 아동수당이나 노령수당과 같은 수당제도를 들 수 있는데, 이러한 수당제도의 경우도 국적(시민권) 취득여부, 연령기준 등을 고려하여 해당되는 사람들에게 제공하는 방식을 취하는 경우가 대부분이다. 장애수당의 경우도 대개는 그 나라의 국적을 가지고 있으면서 국가가 정한 특정한 장애를 가지고 있는 사람들에게만 급여가 한정된다.

이러한 경우를 제외하면 많은 경우 복지정책에서는 대상자 선별에 대해 명확한 기준을 제시하고 있다. 사회보험의 경우 보험에 가입하여 보험료를 납부한 사람들만이 급여의 대상이 되는데, 이 경우에도 사회보험에 가입하기 위해서는 일정한 조건(국적, 고용여부 등)을 갖추어야만 한다. 복지정책에서 급여대상의 선별조건이 가장 까다롭고 복잡한 제도는 공공부조제도이다. 대부분의 공공부조 제도는 소득자산조사(means-test)를 근거로 대상자를 선별하는데, 이러한 소득자산조사는 많은 행정비용을 수반한다.

한국의 대표적 공공부조 제도인 기초생활보장제도의 경우도 급여대상자 선정과 관련된 논란이 가장 중요한 쟁점이 되고 있다. 기초생활보장제도에서는 대상자 선정기준으로 소득자산조사 외, 부양의무자 기준을 포함시키고 있다. 수급대상자의 직계 1촌과 그 배우자를 부양의무자로 보고, 이들의 경제적 여건을 고려하여 수급자의 수급가능여부를 판단한다는 것이다. 헌법에서 규정하고 있는 국가의 국민 생존권 보장 의무를 가족에게 전가하는 독소조항이라는 비판과 한국의 가족부양의무라는 미풍양속을 유지하기 위한 조치라는 의견이 대립하고 있다.

공공부조 제도뿐만 아니라 많은 복지서비스들도 소득자산수준에 따라 본인의 비용부담률을 달리 책정하여 형평성을 기하는 경우가 많다.

이에 소득자산조사를 위한 행정비용에 대한 논란이 지속되고 있다. 뿐만 아니라 소득자산조사에 많은 비용을 투여한다고 하더라도 여전히 부정수급의 문제는 끊임없이 제기되고 있다. 소득자산조사와 관련해서는, 이러한 정확성에 대한 논란 외에도, 어떠한 소득과 자산을 조사에 포함시킬 것인가가 논란의 대상이 될 수 있다. 예를 들어 소득 기간(월소득, 연소득 등), 소득계산 대상(개인, 가족 등), 소득 형태(근로소득, 자산소득, 이전소득 등), 자산 가치계산 방식 등에서 다양한 관점이 존재한다.

소득자산조사의 결과 급여대상자를 선정함에 있어서 절대적인 기준선에 근거할 것인가 상대적인 기준선에 근거할 것인가도 중요한 정책적 쟁점이 된다. 절대적인 기준선을 정하는 경우는 일반적으로 절대빈곤선(absolute poverty line)이라는 선을 정하고 이를 기준으로 생계급여나 복지서비스 등의 지원 대상을 선정한다. 이러한 절대빈곤선은 여러 가지 방식으로 설정될 수 있는데 현재 한국에서 채택하고 있는 방식은 전물량방식(market basket method)이라고 하여 정해진 기간 동안 최저한의 생활유지를 위해 필요한 모든 물품의 구매에 필요한 금액을 계산하여 월별 최저생계비를 계산하는 방식이다. 최저한의 식료품비를 계산하여 여기에 일정수치를 곱함으로써 최저생계비를 정하는 반물량방식도 있다.

이렇듯 절대적인 빈곤선을 결정하는 방식은, 최저한의 생활유지를 위해 필요한 물품의 종류와 수준을 어떻게 결정할 것인가와 관련하여 많은 논란이 있을 수 있다. 어쩔 수 없이 최저생계비를 결정하는 주체들의 자의적 해석과 적용이 이루어질 수밖에 없기 때문이다. 또한 경제수준이 발전하면서 중간소득층 이상의 사람들이 누리는 생활수준은 크게 향상되었음에도 불구하고, 최저한의 생활유지 비용은 답보상태인 경우가 발생한다. 따라서 절대빈곤선을 복지지원의 기준으로 삼는 방식은 상대적 박탈감 증가와 같은 문제를 해결할 수 없다.

이에 많은 복지선진국들은 소득자산조사에 근거하여 복지급여 혜택의 대상자를 선정할 때 상대적 빈곤선(relative poverty line)을 기준으로 삼는다. 상대적 빈곤선을 활용한다는 것은 그 사회의 중위소득 집단을 기준으로 하여 일정 비율 이하 소득선을 빈곤선으로 정하여 이를 활용하는 것을 의미한다. 이렇게 상대적 빈곤선을 정하여 복지급여를 제공하게 되면 적어도 일정비율의 사람들은 지속적으로 사회적 지원의 혜택을 받을 수 있기 때문에 상대적인 소득격차가 증가되지 않을 수 있다. 그러나 이러한 방법으로 빈곤선을 정하는 것은 복지수급의 대상자 수를 감소시킬 수 있는 여지를 없애기 때문에 복지축소를 주장하는 보수주의자들의 지지를 얻기 어렵다.[2)]

전체적으로 볼 때 복지급여 수급의 대상자를 선정함에 있어서 까다로운 기준을 설정하여 욕구수준을 측정하고 이에 근거하여 선별함으로 원칙으로 하는가, 가능한 대다수의 사람들을 대상자로 포함시킬 것인가는 특정 사회가 어떠한 복지이념을 가지고 있는가에 따라 결정된다. 보편적으로 복지급여를 제공하는 사회는 사회복지의 혜택이 모든 사람들에게 하나의 사회적 권리로 주어진다고 보는 경향이 강하다. 개인적 문제로 기초소득이나 복지서비스에 대한 욕구가 발생하는 것이 아니라 사회구조적 문제로 인한 것이므로, 개인적 상황이나 조건을 따지지 않고 보편적으로 급여를 제공하는 것이 타당하다고 보는 것이다.

이렇게 보편적으로 급여를 제공하는 것은 복지수급에 대한 부정적인 낙인효과를 발생시키지 않고 하나의 권리로서 급여를 수급할 수 있게 하여 사회적 통합성을 증진한다. 그러나 공적 자원의 희소성을 고려할 때 자원의 효율적인 사용이라는 측면에서 비판받기도 한다. 주어진 자원을 가장 욕구가 높은 집단에 우선적으로 배당함으로써 효율성을 높이는 것이 중요하다는 것이다. 그다지 첨예하지 않은 욕구를 가진 집단에도 복지급여를 제공하는 것이 목표효율성과 대상효율성 측면에서 비효율적이라는 비판을 받는다.

---

2) 최근 개정된 국민기초생활보장법(2015년 7월 1일부터 시행)에서는, 급여 대상자 선정 시 기준중위소득을 기준으로 삼도록 하였다. 절대적 빈곤선만을 고려하던 방식에서 상대적 빈곤선을 활용하는 방식으로 변화하였다.

2) 급여형태

사회복지정책에서 복지급여를 어떠한 형태로 제공할 것인가에 대해서도 많은 논란이 있다. 복지정책을 통해 제공하게 되는 복지급여는 현금급여, 현물급여, 증서, 기회나 권력 등으로 눌 수 있다. 이 중에서 가장 많은 부분을 차지하는 것이 현금과 현물이다. 일반적으로 현금형태의 급여는 수급자들이 자유재량적으로 자신들이 원하는 바를 추구할 수 있는 가능성을 가장 크게 해주기 때문에 수급자 중심성(recipient centeredness)을 극대화시킬 수 있다고 본다. 또 부정적 낙인효과를 최소화할 수 있고 급여지급 과정에서 소요되는 행정 및 관리비용이 최소화된다. 무엇보다 급여수급자들의 개별적 상황을 복지정책설계자가 모두 파악할 수 없을 뿐만 아니라, 파악한다고 하더라도 수급자 맞춤형으로 급여를 제공할 전달체계가 갖추어 있지 못할 가능성이 크다. 결국 수급자 자신의 욕구를 자신만큼 잘 아는 사람은 없기 때문에, 가능한 스스로가 재량껏 활용할 수 있는 현금자원을 주는 것이 정책의 목표를 최대 달성할 수 있다고 본다.

그러나 현금이 갖는 이러한 자유재량적 성격은 동시에 현금 급여의 가장 큰 단점으로도 인식된다. 현금을 수급한 수급자는 원래 복지정책의 목표에 부합되도록 현금급여를 사용하지 않아도 되는 자유재량권(discretion)까지 갖기 때문에, 복지정책의 목표달성도를 사회적으로 직접 평가할 수 있는 방법이 없다. 예를 들어, 기초생활보장을 위한 공공부조 급여가 최저소득보장이 필요한 저소득층 가족의 생계유지와 가족내 아동의 건전한 성장발달을 위해 사용될 것을 목표로 지급되었다. 그런데 실제로는 현금으로 제공된 이러한 생계급여가 가장의 도박이나 알코올 소비 등에 사용될 수 있다. 이러한 경우가 발생한다면 공공부조 급여의 재원공급자인 납세자들은 정책의 유지나 확대를 지지하지 않을 것이다. 납세자들은 그들이 낸 세금이 사회복지의 원래 목표를 달성하는데 사용되기를 희망하며 이에 대한 확신을 갖기를 원한다. 따라서 현금급여에 대한 자유재량적 처분가능성은 수급자 입장에서는 긍정적 측면이지만, 정책집행 측면에서 보자면 가장 결정적인 결함이다.

〈표 9-1〉 급여형태의 장단점

구분	장점	단점
현금	수급자의 자유재량권 큼 행정적 효율성 높음	급여 오용 가능성 높음 (정책목표달성도 측정 어려움)
현물	정책목표달성도 측정 용이	수급자의 자유재량권 실현 불가 행정 비용 높음
증서	수급자 선택가능성 확보 급여 오용 가능성 낮음	수급자 자유재량권 일정수준 제한 급여 오용가능성 완전 배제 불가

한편 현물급여의 경우 명확하게 정해진 정책목표를 달성할 수 있도록 해주기 때문에 납세자들의 지지를 더 받을 수 있는 장점이 있다. 그러나 이처럼 정해진 목표달성을 위해서만 소비될 수 있다는 점은 수급자 입장에서는 단점이 될 수 있다. 예를 들어, 저소득층의 기초생활보장 급여로 현금을 제공하지 않고 쌀, 부식 등을 현물로 제공한다고 가정해 보자. 예를 들어 저소득층 중 쌀과 부식을 친척이나 이웃으로부터 이미 지원받고 있는 사람들이 있다면, 이들은 난방복 구매나 구직교통비를 훨씬 더 필요로 하는 데도 불구하고 국가는 이들에게 그다지 필요하지 않은 급여를 지급한 것이 된다.

뿐만 아니라 현물급여의 경우 이를 보관, 관리, 전달함에 있어서 현금급여에 비해 훨씬 큰 비용을 수반한다. 제공할 현물을 구매하여야 하거나 이를 배송하기 위해 전달비용을 소요해야만 한다. 이러한 행정관리비용은 복지급여제공을 위해 할당된 예산에서 소요되어야 하기 때문에, 엄밀히 말하면 수급자들에게 지급될 수 있는 급여의 총량을 감소시킨다. 이러한 이유로 인해 물품으로 현물급여를 직접 제공하는 경우는 많지 않다. 최근에는 현물로 제공되는 다양한 급여에 대해서도 어느 정도의 선택권을 제공하고 현물전달이나 관리의 비용을 추가적으로 부담하지 않기 위해 바로 아래에서 다루게 될 바우처(증서)를 많이 활용하는 경향이다.

복지정책에서 현물급여의 대표적인 형태는 복지서비스이다. 사회복지서비스는 주로 사회적 약자들의 사회적 통합성을 증진시키기 위해 손상된 여러 기능들을 정상화시키기 위해 제공되는 것으로, 대표적으로 노인, 장애인, 아동, 그리고 가족에 대한 상담, 재활, 돌봄 및 일상지원 등을 포함한다. 이러한 복지서비스가 형성되던 산업화 초기에는 대개 가족 돌봄이나 상담, 요양 등이 제대로 이루어지지 않는 소수의 저소득층이나 장애인들을 대상으로 서비스가 제공되었으나 현재는 점차 수혜대상자의 소득계층이 확대되고 있다.

이렇게 복지서비스 이용자들의 수가 증가하고 구성원들의 특성도 다양해지면서, 정해진 서비스를 공급하는 방식에서 이용자에게 서비스 선택권을 제공하는 바우처(voucher) 방식이 확대되고 있다. 바우처는 현물적 특성과 현금적 특성을 동시에 가지면서도 두 가지 급여의 단점을 어느 정도 보완할 수 있는 도구라고 인식된다. 바우처는 사실상 일종의 교환권으로, 사용처에 제한을 둔 상태에서 가능한 수급자의 욕구에 맞게 선택할 수 있는 기회를 제공하는 급여의 형태이다. 수급자의 선택가능성을 일정정도 보장해 준다는 의미에서 현금급여의 장점을 취하고 있으며, 사용처를 제한하고 있다는 의미에서 현물급여의 장점을 취한 것이라고 할 수 있다. 바우처 형태가 확대되는 것은 표준화된 틀에 따라 서비스를 제공해 주던 방식으로는 보편적으로 확대된 많은 사람들의 욕구를 충족시키기 어렵다고 보기 때문이다. 물론 이것은 시장의 역할과 소비자의 자유선택을 강조하는 신보수적 정책변화와도 관련된다.

바우처 방식의 급여형태를 복지정책의 급여형태로 선호하는 나라들은 미국이나 캐나다와 같이 국가가 직접적으로 복지서비스를 제공해온 역사가 별로 없는 국가이다. 즉, 기존의 민간 조직을 통해 복지급여를 제공하는 경향이 큰 이러한 국가들에서는 복지급여의 수급자들에게 정해진 서비스를 받도록 하는 것보다 가능한 선택권을 주는 것이 더 효율적이라고 본다. 미국의 경우 보육, 주거, 의료, 법률구제, 고용지원,

교육 등의 복지서비스와 식품과 같은 재화제공 영역에서 광범위하게 바우처를 활용하고 있다(Daniels & Trenbilcock, 2005).

바우처는 현물과 현금의 장점을 고루 가지고 있기도 하지만, 반면 현물과 현금의 단점 또한 그대로 가지고 있다. 정해진 정책목표를 명확히 달성하기를 원하는 납세자들의 욕구도, 충분히 자유재량적으로 급여를 소비하고자 하는 이용자의 욕구도 충분히 채워주지 못하기 때문에 정책적 지지도가 그다지 높지 않다는 평가도 받는다. 나아가 바우처 형태가 복지급여 수급자들에게 현물이나 현금형태보다 더 유리하게 작용하려면, 바우처를 통해 이용자들이 더 나은 재화나 서비스를 선택할 수 있어야 하는데 이를 위해서는 충분한 공급량과 정보 등이 필요하다. 재화나 서비스 제공기관 간 경쟁이 더 높은 품질의 복지급여제공으로 이어질 수 있기 위해서는 제공되는 복지재화나 서비스의 특성이 경쟁가능한 것이어야 하며 충분한 수요를 가질 수 있는 것이어야 한다는 제약이 있다. 이러한 특성을 면밀히 고려하여 적절한 정책적 설계가 이루어져야만 바우처 형식의 급여가 갖는 장점이 발현될 수 있다(Daniels & Trebilcock, 2005).

현금, 현물, 바우처 외에도 권력(power)이나 기회(opportunity)도 중요한 복지급여의 형태이다. 사회적 약자들에게 교육이나 정치참여, 지역사회 참여 등의 기회를 적극적으로 부여함으로써 이들을 위한 정책이 더욱 활성화될 수 있다. 또 중장기적으로 사회적 취약계층의 지위를 향상시킬 수 있는 가능성이 높아질 수 있다. 예를 들어, 저소득층 자녀나 소수인종 자녀에게 고등교육을 받을 수 있는 기회를 우선적으로 제공하는 것은 향후 이들이 빈곤으로부터 벗어날 가능성을 높여준다. 이렇듯 보다 중장기적인 관점에서 사회적 취약계층의 역량을 강화시킬 수 있는 급여들도 지속적으로 확장되어야 한다.

3) 전달체계

(1) 공공부문

사회복지정책의 급여들은 여러 가지 경로를 통해 정책 대상자들에게 제공된다. 가장 대표적으로 공공 기관이 주체가 되어 수급자에게 복지급여를 직접 제공해 줄 수 있다. 복지급여 중 주로 현금으로 지급되는 소득보장급여(사회보험급여, 공공부조급여, 수당 등)는 과거부터 현재까지 거의 대부분 공공기관이 수급자에게 직접 전달한다. 한국의 경우를 예로 들면, 사회보훠급여는 국가가 위탁한 공법인인 국민연금공단, 건강보험공단, 근로복지공단 등이 직접 급여를 전달하고 있다. 기초생활보장급여나 공공부조적 성격을 갖는 장애수당, 아동양육수당 등은 모두 지방 정부의 해당부서를 통해 수급자에게 전달된다.

이처럼 공공부문이 급여를 전달하는 경우에도 중앙정부가 직접 제공하는 경우와 지방정부에서 전달하는 경우는 차이가 있다. 지방정부의 경우 지역적 복지욕구에 부응하여 전달되어야 하는 복지서비스의 전달주체로서 적합한 반면, 중앙정부는 지역편차 없이 제공되어야 하는 기초적 소득보장이나 서비스를 제공하는 주체로 적합하다. 지방정부는 주로 다양한 인구집단의 욕구에 대응하는 복지서비스의 전달주체로, 중앙정부는 소득보장 급여나 기초 복지서비스 전달주체로 역할 하는 것이 바람직하다고 본다.

그러나 현실적으로는 중앙정부와 지방정부가 역할분담과 협업을 통해 사회복지급여를 공급하는 협력적 전달주체를 형성하는 경우가 많다. 재정적 측면에서 보면 중앙정부가 지방정부의 복지사업 규모별에 대응하여 예산을 지원하는 대응보조금(matching grant) 방식이 많이 활용된다. 지방정부가 일정한 범주 내의 복지사업에 사용할 수 있는 금액을 중앙정부가 포괄적으로 묶어 포괄보조금(block grant)으로 지불해 주기도 한다. 이 밖에 특정한 세원을 지방정부에 할당하여 자유재량적으로 활용하도록 하는 교부세 방식도 있다. 한국의 경우 2005년 복지사업 중 많은 부분을 지방정부로 이양하면서 그 재원을 분권교부세로 충당하도록 하는 방식을 취하였다.[3)]

급여의 형태에 따라서 중앙정부와 지방정부간 역할분담 방식에 차이가 있다. 현금 중심의 소득보장급여는 중앙정부의 표준화된 정책설계에 따라 관리되는 경향이 강하다. 그러나 미국을 포함하여 자유주의적 성향이 강한 국가들에서는 최근 소득보장 영역에서도 지방정부의 역할을 강화하여 소득보장 대상자 선정이나 급여의 수준, 종류 등에 대한 의사결정에서 지방정부의 자유재량권을 확대시켜 주고 있다. 한편 현금지원이 아닌 복지서비스 제공의 경우에는 서비스의 직접 제공이나 서비스 제공기관 관리, 서비스 제공계약 등의 실질적 주체로서 지방정부의 역할이 크다. 반면 중앙정부는 복지서비스의 품질이나 인력관리, 최종 성과의 관리 틀을 제시하고 정책의 방향을 설계하는 역할을 주로 한다.

(2) 민간부문

공공부문 외에 민간부문도 복지급여 전달주체로서 그 역할이 지속적으로 증가하고 있다. 민간부문은 복지국가 초기에서부터도 복지서비스 전달의 중심적 주체로서 역할을 해왔다. 특히 미국이나 영국, 한국, 일본과 같이 자유주의적 성격이 강하고 국가의 역할이 소극적인 사회에서는 복지서비스 제공의 중심 주체로서 민간부문이 큰 역할을 해왔다. 반면 유럽의 주요 복지국가들은 보편적인 복지서비스의 제공을 국가의 의무로 간주해 왔기 때문에 국가의 역할이 상당히 컸으며, 특히 지방정부가 직접적 서비스 제공자로서 중요한 역할을 담당해 왔다.

그런데 국가의 직접적 서비스 전달은 서비스의 표준적, 보편적 제공이라는 차원에서 긍정적인 기능을 하였으나 20세기 중반 이후, 국가실패(government failure)라는 문제를 만들어내었다. 이에 많은 국가들이 공적 전달체계를 재편하여 복지서비스 전달체계로서 민간부문의 역할

---

3) 2015년부터는 분권교부세가 보통교부세로 전환되었다.

을 증대시키고 있다. 이러한 경향을 복지혼합(welfare mix) 혹은 복지다원화(welfare pluralism)이라고 한다. 특히 20세기 후반부터 신보수주의적 이념이 확대되면서 민간 영리부문이 복지서비스의 전달주체가 되는 경향도 증가하고 있다. 이러한 민간 영리부문의 역할확대는 복지서비스 영역에서의 고용창출, 경쟁 도입을 통한 복지서비스 품질 향상 등과 같은 정책적 목표 하에서 이루어지고 있다(Gilbert & Terrell, 2005).

복지서비스 전달에 있어서 민간부문의 역할이 확대되는 이러한 다원주의적 경향에 대해서는 상반되는 의견들이 존재한다. 특히 민간영리부문의 역할이 확대되는 상업화 경향은 시장영역에서 발생하는 문제점들이 복지영역에서도 발생될 수 있다는 비판에 직면하고 있다. 예를 들어, 이윤추구를 목적으로 하는 영리기관의 경우 서비스 제공에 비용이 덜 드는 이용자를 선별(creaming)하는 행위를 하거나, 노인이나 장애인, 아동 등을 영리추구를 위한 착취의 대상으로 볼 수 있다. 따라서 어떠한 복지급여를 어떠한 방식으로 전달하는 것이 바람직할 것인지에 대해서 보다 체계적인 정책적 논의가 이루어져야만 한다(Ascoli & Ranci, 2002; Evers & Svetlik, 1993).

4) 재원조달

사회복지급여를 제공해 주기 위해서는 대부분의 경우 재원이 필요하다. 사회복지정책은 대부분 국가가 주체가 되어 설계되고 실행되기 때문에, 정책급여 제공을 위해 소요되는 재원 중 많은 부분은 공적 재원이다. 하지만 국가별로 민간재원이 동원되는 경우도 많으며 최근에는 복지국가의 재편과정에서 이러한 민간재원 활용의 필요성이 더욱 강조되고 있다.

(1) 공공부문

강력한 복지국가의 틀을 유지하고 있는 국가일수록 정책급여에 소요되는 재원의 거의 대부분이 공공부문으로부터 조달된다. 스웨덴, 노르웨이, 핀란드 등과 같은 북유럽의 복지국가들은 전체 복지재원의 90~95%이상이 공공부문 재원이며, 이러한 국가들을 제외한 대다수 유럽의 국가들도 거의 80%정도는 공공부문 재원이 차지한다. 한편 복지영역에서 국가의 역할확대를 꺼리는 미국은 총복지재원에서 공공부문이 차지하는 비중이 낮아서 약 60% 선이다(김태성, 2007).

복지재원으로서 공공부문의 재원은 크게 일반조세, 사회보장성 조세, 조세감면 등으로 나눌 수 있다. 일반조세는 소득세(income tax), 소비세(consumption tax), 재산세(property tax)로 구성되며 이 중에서 소득세의 비중이 가장 높다. 복지국가의 주요 재원으로서 소득세는 누진세율이 적용되기 때문에 소득수준이 높아질수록 더 높은 소득세율을 적용받는다. 강력한 복지국가 정책을 실행하고 있는 국가일수록 소득세의 누진세율이 높은데, 누진세율이 높다는 것은 1차 시장에서 분배받은 소득을 국가개입을 통한 2차적 방식으로 재분배하는 정도가 크다는 것을 의미한다.

한편 소비세는 누구에게나 동일하게 적용되기 때문에 실질적으로는 소득계층별 역진적인 효과를 갖는다. 즉 소비세의 부담은 상대적으로 소득수준이 낮은 집단에게 더 크다는 것이다. 특별소비세라 하여 주로 고소득층이 많이 소비하는 물품에 대해 더 높은 소비세율을 적용함으로써 이러한 역진성의 문제를 다소나마 완화하려고 하고 있다. 재산세는 지방정부의 주요 재원인 경우가 많은데, 소득세나 소비세에 비해 세입규모가 작고 실질적으로 세율을 크게 높이기 어려워서 세수로서 그 규모는 상대적으로 작다.

사회보장성 조세(social security tax)란 주로 사회보험제도 운영의 재원이 되는 것으로 사회보험의 급여를 수급할 대상자로부터 갹출하는 보험금을 의미한다. 이러한 사회보험금의 갹출이 강제적으로 이루어지고, 소득세 등이 부과되는 세원과 사회보험료 부과의 세원이 대체로 일치한다고 해서 사회보장성 조세라고 불린다. 사회보장성 조세는 사회보험제도의 종류가 늘어나고 포괄되는 대상자의 수가 증가하면서 복지재원에서 차지하는 비중이 지속적으로 늘어나고 있다. 그런데 이러한 사회보장성 조세는 대개 근로소득에 대해서만 부과가 되고, 부과소득의 상한선이 정해져 있기 때문에 결과적으로는 소득재분배 효과가 크지 않다는 한계를 갖는다. 사회보험 급여지급 시 소득재분배 효과를 가능한 크게 하는 등 제도적 보완을 통해 수정해 가야한다.

조세비용(tax expenditure)은 조세지출, 조세감면이라고도 하는데, 최근 들어 복지재원에서 차지하는 비중이 점차 증가하고 있다. 조세비용은 국가가 조세로 징수해야 할 금액을 징수하지 않음으로써 결과적으로 납세자들에게 복지급여를 제공하는 것과 동일한 효과를 갖는 방식이다. 대부분의 국가에서 서소득층을 위한 조세비용 제도를 운영하고 있으며, 근로동기 약화를 막기 위해 근로소득에 대한 조세비용 제도를 강화시키고 있다. 이러한 조세비용 방식은 행정 비용을 절약시키고 급여제공 절차를 간소화한다. 그러나 조세비용 제도의 혜택을 받기 위해서는 조세를 납부할 정도의 소득이 있어야 하기 때문에, 면세점 이하의 가구는 혜택을 보기 어렵다. 따라서 이러한 방식의 복지지출이 늘어나는 것은 최저빈곤층에게는 불리하다.

(2) 민간부문

민간부문으로부터의 복지재정은 민간의 기부금, 기업복지, 이용자(수급자)의 본인부담금 등으로 구성된다. 민간 기부금이 복지재정에 차지하는 비중은 국가별로 편차가 큰데 이 비중이 큰 대표적인 국가가 미국이다. 이러한 민간기부금을 복지재정의 원천으로 하는 경우 복지급여의 내용이나 형식에 큰 제약 없이 활용할 수 있다는 장점이 있으며, 사회구성원들의 사회적 책임을 중시하는 문화가 형성된다는 점에서 의의가 있다.

그러나 민간을 통한 재원은 안정적 재원이라고 보기 어렵기 때문에, 중장기적으로 복지사업을 계획하여 실행하기에는 한계가 있다. 특히 민간기부금에 대해서는 소득공제의 혜택이 있어 국가의 세수 총액을 감소시키는 효과가 있다는 것도 간과해서는 안 된다. Gilbert와 Terrell(2005)은 미국의 민간기부금 확대가 전체 사회복지에 미친 영향을 분석하면서, 민간기부금은 주로 박물관, 공원, 도서관 등 일정소득 이상의 사람들이 이용하는 기관의 건립에 많이 사용되는데 이러한 기부금으로 인한 소득공제 때문에 줄어든 세수는 최저소득층을 위한 복지비 지출을 줄이는 간접적 효과를 갖는다고 분석하였다.

기업복지란 기업이 피고용인들에게 제공하는 복지급여를 의미한다. 기업복지 급여에 대해서도 대부분의 국가에서는 다양한 세제상의 혜택을 제공하고 있다. 기업복지의 제공은 기업주 입장에서는 피고용인의 생산성을 향상시키고 직장에 대한 충성도를 높일 수 있다는 이점을 갖는다. 그러나 기업복지 또한 국가 주도적 복지에 비해서는 안정성이 떨어지며, 주로 규모가 크고 근로조건이 우수한 기업에서 기업복지를 더 많이 제공하게 된다는 점에서 노동자들 간의 계층 간 편차를 확대시키는 요인이 되기도 한다. 따라서 국가복지의 역할을 줄이고 그 책임을 기업에 전가하는 방식으로 기업복지를 증대시키는 것은 소득계층 간 불평등을 더욱 크게 하는 주요한 요인이 되기 때문에 바람직하지는 않다.

복지서비스 이용자가 부담하는 본인부담금도 민간부문 복지재원의 한 축을 형성한다. 전 국민을 대상으로 하는 의료서비스를 공공서비스 방식으로 제공하는 영국을 제외하면 대다수의 국가들은 의료서비스를 사회보험방식으로 운영하고 있는데, 이 방식은 서비스 이용시 일정비율이나 일정금액에 대해서는 본인부담을 해야 하는 구조로 운영된다. 또한 보육이나 노인돌봄과 같이 보편적으로 서비스가 제공되어야 하는 사회적 서비스(social services)의 경우에도 많은 경우 일정소득 이상의 계층에 대해서는 소득수준별로 부담률을 달리하여 본인부담을 하도록 한다.

이러한 본인부담금은 이용자의 권리성을 진작시키고 서비스 품질이나 성과에 대해 관심을 갖게 만들며 이용자의 욕구가 서비스 제공과정에 반영될 가능성을 높인다. 즉, 서비스 이용자가 보다 적극적인 주체가 될 수 있도록 하는 요인이 된다는 것이다. 이용자가 본인부담을 하는 경우 서비스 제공기관은 품질관리 등에 더 관심을 가지게 되며 보다 책임감 있게 서비스를 제공하려고 노력하는 경향이 커진다. 그러나 적은 양의 본인부담금이라도 그러한 부담금으로 인해 서비스 이용을 못하게 되는 집단이 존재한다는 사실을 간과해서는 안 된다. 따라서 일정소득 이하의 사람들에게 본인부담금을 면제하는 제도적 장치를 확보해 두어야 한다.

4. 사회복지행정적 접근

사회복지행정적 접근이란 이상에서 살펴본 사회복지정책을 구체적으로 급여대상자들에게 적용하는 과정을 다루는 것이다. 사회복지정책급여가 어떠한 전달체계 속에서 어떠한 과정을 거치면서 제공되는지, 그러한 급여를 전달하는 주체(조직)는 어떠한 특성을 가지고 있으며 어떻게 조직관리가 이루어져야만 하는지 등을 다룬다.

사회복지정책의 집행은 많은 경우 국가부문의 전달체계를 통해 공공행정의 중요한 한 분야로서 실행된다. 따라서 국가 중심의 행정관리의 한 분야로서 복지급부를 전달하는 행정과정과 그 내용을 다루는 것은 사회복지행정에서 핵심적인 내용을 구성한다. 그러나 사회복지서비스가 갖는 다양하고 복합적인 특성을 고려하면 단순히 국가 중심의 급여전달체계와 과정만을 다루는 것으로 사회복지행정을 이해하는 것은 한계가 있다. 사회복지서비스 전달을 담당하는 모든 사회복지조직을 다루어야 포괄적으로 사회복지행정을 이해할 수 있다.

복지국가의 제도화가 광범위하게 이루어지고 공공부문이 다양한 복지서비스의 전달 주체로서 역할하고 있는 유럽의 복지선진국들에서는 사회복지행정이 주로 공공부문의 복지급여 전달체계와 전달과정에 대한 논의에 집중될 수밖에 없다. 그러나 사회복지급여를 민간 중심의 사회사업(social work) 위주로 발달시켜온 미국의 경우는 사회사업행정(social work administration)을 실천적 개입의 한 영역으로 이해하는 경향이 있다. 이는 사회사업행정을 사회복지서비스를 생산, 전달하는 사회복지조직(공공을 포함하여 대개 민간조직) 그 자체와 조직의 구성원, 조직의 재원 및 정보체계 등을 통해 사회복지서비스가 보다 바람직하게 전달될 수 있도록 관리하는 활동이라고 보기 때문이다.

사회복지행정을 사회복지의 다양한 급부를 제공하는 과정과 그 체계를 분석하고 연구하는 분야라고 본다면, 급부 제공의 주체인 공공부문과 민간부문 모두를 포함하는 것이 타당하다. 사회복지행정은 공공부문과 민간부문 모두를 포함하여, 소득보장이나 서비스지원 등 사회복지정책을 통해 만들어진 다양한 사회복지급여들을 그 대상자들에게 제공해주는 방식을 다룬다. 즉, 전달주체의 조직적 특성이나 조직 내 인적, 재정적, 정보적 자원의 특성이 어떠해야만 하는지, 전달체계의 특성은 무엇이며, 전달의 과정이 어떻게 진행되어야 하는지를 다루는 분야이다. 이러한 의미에서 사회복지행정적 접근을 이해하기 위해서는 복지급여 전달주체로서 복지조직의 특성, 전달체계의 특성, 그리고 전달과정의 내용과 특성을 간략하게 살펴볼 필요가 있다(박용순, 2008).

먼저 사회복지급여를 제공하는 조직은 공공조직, 민간조직으로 구분될 수 있으며, 민간조직은 민간 비영리조직과 민간 영리조직으로 구분될 수 있다. 이렇듯 사회복지조직은 개념적으로는 공적, 사적 조직 모두를 포함하고 영리조직까지도 포함가능한데, 현실적으로는 국가별로 사회복지급여를 제공하는 조직의 주된 특성에 차이가 있다. 공공부문을 중심으로 사회복지급여를 제공하는 전통이 강한 북유럽의 복지선진국들은 주로 공공조직이 많은 반면 그 밖의 주요 서구국가들의 경우 사회복지조직 중 민간조직의 비율이 증가하고 있다.

또한 과거에는 민간 비영리조직의 비중이 매우 높았었지만 최근에는 민간 영리조직의 비율도 일정정도 증가하고 있다(Smith, 2007). 미국이나 일본, 그리고 우리나라의 경우에는 전통적으로 민간비영리 조직이 직접적으로 사회복지급여를 제공하는 주요 주체로 기능하였기 때문에, 사회복지조직의 특성을 논할 때에는 민간비영리기관으로서의 사회복지조직의 특성이 언급되는 경향이다.

사회복지전달체계는 공적 전달체계와 사적 전달체계로 구분될 수 있다. 공적 전달체계는 사회복지급여를 전달함에 있어서 국가부문이 주체가 되는 체계를 의미하는데, 사회복지급여에서 전 국민을 대상으로 표준화된 급여관리가 필요한 사회보험급여는 공적체계를 통해 전달되는 것이 특성이다. 한국의 경우도 사회보험관련 행정은 국가가 위탁한 공법인이 직접 급여전달을 담당하고 있다. 예를 들어, 국민연금의 경우 보건복지부 장관이 위탁한 공법인인 국민연금공단이 각 지역별 지부를 통해 직접 급여대상자들에게 급여를 전달한다. 또한 기초 소득보장 급여인 공공부조는, 급여의 기획과 의사결정은 중앙정부에서 이루어지지만 급여의 직접적 전달은 지방정부의 행정체계를 통해 이루어진다.

사회복지서비스의 경우는 국가가 직접 전달할 수도 있고 민간기관이 전달할 수도 있는데, 한국의 경우는 대개 민간비영리단체인 사회복지기관을 통해 서비스 이용자에게 전달되어왔다. 이렇듯 민간의 사회복지조직을 통해 사회복지서비스가 제공되는 경우, 개별조직이 자체적으로 기획하고 실행하는 서비스들도 있지만 공공부문이 기획한 서비스를 공급하는 경우가 많다. 따라서 공공부문은 민간조직을 대상으로 서비스 제공과정이나 성과 등을 관리·감독하는 권한을 행사한다.

한편 북유럽의 스웨덴, 덴마크 등의 국가는 사회복지서비스 중 아동대상 보육서비스나 노인요양서비스, 장애인활동지원서비스 등을 공공부문이 직접 공급하는 비중이 높다. 공공부문이든 민간부문이든 사회복지급여의 전달을 담당하는 주체들의 체계를 구축함에 있어서는 전문성, 적절성, 포괄성, 지속성, 통합성, 평등성, 책임성, 접근용이성 등이 확보될 수 있도록 하는 것이 바람직하다(박용순, 2008).

사회복지행정의 주요 과정이란 사회복지급여전달의 주요 과정이라고도 할 수 있다. 대체로 복지급여를 전달하는 과정은 기획 및 의사결정 과정, 인사관리 · 재정관리 · 정보관리의 과정, 사업평가 과정 등으로 구성된다. 기획 및 의사결정 과정은 목표설정, 정보 수집 및 활용가능한 자원검토, 대안설정 및 비교평가, 최종대안선택과 실행의 단계를 거치면서 이루어진다. 행정집행의 효과성과 효율성 달성을 위해서는 인사관리와 재정관리, 정보관리가 적절히 이루어져야 한다. 조직구성요소들에 대한 관리와 급여전달의 주요 방식과 과정에 대한 의사결정에 기반 하여 급여 전달이 실행되고 나면, 그 결과에 대한 성과와 효과를 평가하는 것 또한 매우 중요한 과정이다.

생각나누기

1. 사회복지정책이 형성되는 과정에 대해 논의해 봅시다. 사회복지정책이 바람직하게 형성되려면 각 과정별로 어떠한 노력이 있어야 하는지 생각해 봅시다.

2. 사회복지정책 급여의 대상이 되는 사람들은 주로 어떤 특성을 가지고 있나요? 급여대상의 주요 특성에 대해 함께 논의해 봅시다.

3. 사회복지정책 급여를 현물로 제공하는 경우와 현금으로 제공하는 경우의 장단점에 대해 생각해 봅시다.

제 3 부

사회복지의 주요 분야와 사회복지인력

제10장 사회복지 정책 분야
제11장 사회복지 실천 분야
제12장 사회복지실천의 개척 분야
제13장 사회복지인력

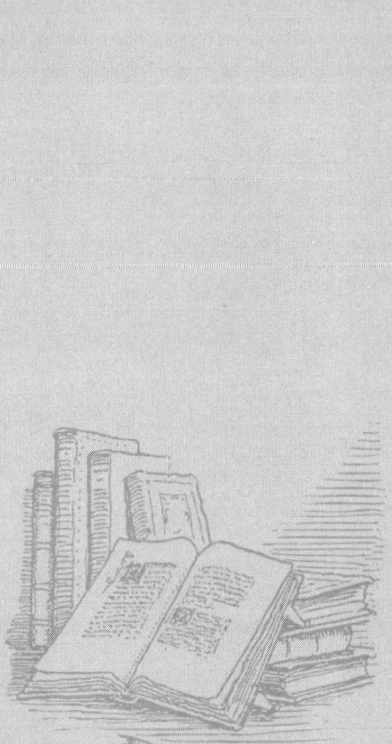

제10장 사회복지정책 분야

본 장에서는 사회복지의 영역 중 사회복지정책 분야의 주요 내용들을 살펴본다. 최근 사회복지사업들이 확대되고 예산이 증가하면서 사회복지정책 분야의 중요성이 크게 증가하고 있다. 이는 사회복지정책의 주요 방향을 어떻게 설정하고 사업의 틀을 어떻게 설계하는가 하는 것이 구체적인 사회복지사업의 효과성과 효율성에 큰 영향을 주기 때문이다. 사회복지정책의 주요 영역은 공공부조정책, 사회보험정책, 그리고 사회복지서비스정책이라고 할 수 있다. 아래에서는 이러한 사회복지정책의 주요 영역별 개념과 특성을 간략히 살펴본다.

1. 공공부조정책

1) 공공부조정책의 의의와 한계

공공부조정책은 사회복지정책에서 가장 기초를 이루는 영역이다. 인간의 존엄성 유지에 필요한 자원이 부족하여 스스로는 기초적 욕구충족이 어려운 사람들을 대상으로 최소한의 생계유지에 필요한 자원을 지원해 주는 정책이 공공부조 정책이다. 인간의 생존권 실현이라는 헌법상 이념이 복지정책의 확립과 실행에 가장 기초적인 정당성을 부여해 준다는 점에서, 이러한 공공부조 제도는 핵심적 복지정책이라고 할 수 있다. 20세기 복지국가 건설의 체계적인 청사진을 제시한 베버리지 보고서에 따르면, 공공부조 제도는 전 국민을 대상으로 하는 다양한 복지정책들이 실행되고도 여전히 빈곤한 사람들에게 최후의 사회적 안전망 기능을 해야만 한다.

이렇듯 공공부조 정책은 사회복지정책 분야에서 최후의 사회적 안전망으로 의미를 갖지만, 제도 자체의 특성상 극복해야만 하는 한계를 가지고 있다. 우선 공공부조는 기초 욕구충족을 위해 필요한 자원을 국가가 보충해 주는 성격을 갖기 때문에, 사람들이 스스로 노력하려는 자조노력(self-help)을 경감시킬 수도 있다. 즉, 공공부조 정책은 결과적으로 동일한 수준까지 경제적 자원을 보충해 주는 특성을 갖기 때문에, 공공부조 수급자들에게 조금이라도 더 자원을 획득하고자 하는 노력을 할 동기를 부여하지 못한다.

또한 공공부조의 수급권은 여타의 다른 복지혜택들과 결부되어 있기 때문에, 공공부조 수급권을 유지하기 위해 가능한 오래 빈곤상태에 머물고자 하는 성향을 갖도록 만들 수 있다. 빈곤문제를 해결하기 위해 고안된 공공부조 정책이 오히려 빈곤의 덫(poverty trap)을 양산한다는 비판이 많은 것도 바로 이 때문이다. 공공부조제도가 근로동기를 약화시킬 수 있다는 점은 이 제도의 가장 큰 한계라고 할 수 있다. 따라서 대부분의 국가에서는 공공부조 정책을 설계할 때 근로동기를 약화시키지 않으면서 기초적인 생활을 보장할 수 있는 방법을 고민하게 된다.

2) 공공부조정책의 일반적 특성

공공부조정책 설계에서 가장 핵심적인 부분은 대상자 선정 기준이다. 이는 17세기에 국가주도적 공공부조제도가 최초로 확립될 당시 가치 있는 빈민(deserved poor)과 가치 없는 빈민(undeserved poor)을 어떻게 구분하여 이를 지원할 것인가가 가장 중요한 부분이었던 것과 같은 맥락이다. 공공부조는 사회보험제도와 달리 기여금(사회보험금) 납부를 전제로 하지 않는다. 다만 공적 부조를 받을 자격이 있다고 판단되는가 아닌가에 따라서 급여수급 여부가 결정된다. 따라서 공공부조정책에서 "자격(entitlement)"을 결정하는 것은 이 제도의 핵심을 이룰 수밖에 없다. 대개 공공부조 정책에서 대상자로 선별되는 사람들은 그 사회에서 가장 빈곤한 사람들이지만, 장애인, 노인, 아동, 한부모 가족 등과 같은 특정한 인구집단은 보다 적극적으로 공공부조 대상으로 포함시키기도 한다. 예를 들어, 미국의 공공부조제도는 장애인이나 노인을 대상으로는 수급기준이나 급여의 수준 등을 더 관대하게 적용한다.

공공부조 대상자 선정시 반드시 실시되는 것이 소득자산조사(means-test)이다. 소득자산조사는 대체로 가구를 단위로 이루어진다. 가구원수나 지역별 특성을 고려하여 일정 수준 이하의 소득자산을 가진 가구에 대해 공공부조의 수급자격을 부여한다. 한국의 경우 이외에도 부양의무가 있는 가족원의 경제적 능력을 고려한다.

대체로 공공부조 급여는 현금을 위주로 한 생계급여가 근간이 되며, 여기에 부가하여 현물과 각종 서비스가 제공된다. 미국의 경우 노인, 장애인 공공부조인 보충적 보장소득(Supplemental Security Income: SSI)이나 빈곤가정임시부조(Temporary Assistance for Needy Families: TANF), 긴급일시보조(Emergency Assistance Fund), 그리고 주정부별로 독자적으로 운영하는 일반부조(General Assistance) 등이 현금중심의 생계비 지원프로그램이다(Gilbert & Terrell, 2005). 이밖에 주거바우처, 식품권, 영유아 및 산모 영양지원 등 바우처로 제공되는 공공부조 프로그램이 있다. 의료서비스 지원 공공부조는 메디케이드(Medicaid)이며, 임대공공주택과 같은 현물지원도 있다(Daniels & Trebilcock, 2005).

공공부조의 재원은 대체로 일반조세이다. 일반조세에 근거한 복지제도의 실행은 구조적 차원에서 소득재분배 효과가 가장 크다. 고소득층이 누진적으로 부담하는 소득세를 주요 재원으로 하여 최저소득계층에게 직접적으로 급여를 제공하기 때문이다. 하지만 어느 국가나 공공부조정책의 대상인구는 크지 많지 않기 때문에 사회보험이나 공공서비스보다 실질적인 의미에서 소득재분배 효과가 크지는 않다.

공공부조는 국가에 의해 직접 관리되고 운영되는 특징을 갖는다. 특히 급여 중 생계급여 위주의 현금 급여는 국가의 행정을 통해 급여대상자에게 직접 전달된다. 공공부문은 독자적인 전달체계를 가지는데, 대체로 지방정부의 공공부조 전달 전담부서가 이를 담당한다. 현물이나 서비스 제공 방식의 공공부조 급여도 이를 위한 재원의 관리나 전달과 관련된 총체적 책임은 국가가 지는 것이 일반적이다. 그러나 최근 들어 서비스 전달의 주체로 민간이 활용되는 예도 증가하고 있다. 공공부조 전달주체의 특성이나 전달체계의 구조는 국가별 편차가 크다.

3) 한국의 공공부조정책: 기초생활보장정책

한국의 공공부조정책은 2000년부터 시행되고 있는 국민기초생활보장법에 의해 실시되고 있는 기초생활보장정책이다. 1961년에 대한민국 최초로 제정된 생활보호법에 근거하여 약 40년에 걸쳐 시행되었던 생활보호정책이 전면 수정, 보완되면서 기초생활보장정책이 2000년부터 실시되고 있다. 과거의 생활보호정책과 현재의 기초생활보장정책을 비교하는 것은 현행 공공부조제도의 특성을 이해한다는 측면에서 중요하다. 생활보호정책과 비교하여 기초생활보장정책이 갖는 주요 특성은 다음과 같다.

첫째, 공공부조 수급대상을 "보호"해 준다는 제도적 취지가 수급자들의 생활을 "보장"해 주는 것으로 변화했다. 이러한 변화는 단순한 용어상의 변화가 아니라 국가가 공공부조 수급자들에게 급여를 제공해 주는 의미나 관점의 변화를 반영하는 것이다. 즉, 가부장적 보호의 차원에서 국가가 급여를 제공하는 것이 아니라 수급자들의 수급권 보장 의무를 행하기 위해 국가가 반드시 급여를 제공해야 하는 것으로 의미가 변화하였다. 공공부조급여가 가져야 할 주요 특성으로 적정 급여수준, 급여의 포괄성도 있지만, 이보다 앞서 급여수급의 안정성이 확보되어야 한다. 안정적 급여 확보란 수급권자들이 공공부조 급여를 권리에 입각하여 수급할 수 있도록 한다는 것을 의미한다. 이러한 의미에서 공공부조 제도 실행에서 "보장"의 개념을 명확히 했다는 점은 큰 의미가 있다.

둘째, 수급자 선정 기준이 공공부조 제도의 실행 목적에 비추어 바람직하게 개선되었다. 과거 생활보호제도에서는 수급자로 선정되기 위해서는 소득조건과 재산조건이 각각 부합되어야만 하며 인구학적 조건(65세 이상의 노인/ 18세 이하의 아동/ 임산부/ 장애등 근로능력결핍등)을 충족하고 부양의무자가 없거나 부양능력이 없는 등의 조건을 충족하였어야만 했다. 이렇듯 범주적 조건들이 모두 충족되는 경우에만 보호대상자로 선정될 수 있었던 과거 제도에 비해, 기초생활보장정책에서는 급여수급대상 선정의 기준이 소득과 재산기준을 통합한 소득인정액 기준과 부양의무자 기준의 2가지로 간략해졌다. 공공부조 수급 대상자 선정의 기준으로 추가적 조건제시 없이 소득자산조사만을 포함시키는 것이 선진 복지국가의 경향인데, 한국의 경우 여기에 부양의무자 기준이 추가적으로 존재한다는 점에서 여전히 후진적 특성을 보이고 있다. 그러나 과거의 생활보호제도와 비교해서는 진일보한 것이다.

〈표 10-1〉 국민기초생활보장제도와 생활보호의 비교

구분	국민기초생활보장제도	생활보호제도
법적 용어	-저소득층의 권리적 성격 -보장, 수급자	-국가에 의한 보호적 성격 -보호, 피보호자
대상자 구분	-대상자 구분폐지 -단 조건부 생계급여자는 예외	-인구학적 기준에 의한 대상자 구분
대상자 선정기준	-부양의무자 기준 충족자 -소득인정액이 기준중위소득 이하인 자 -급여별로 선정기준 달리 설정하여 개별급여체제로 전환	-소득과 재산이 기준 이하인 자 -부양의무자 기준 충족자
급여 내용	생계급여, 주거급여(신설), 긴급급여(신설), 의료급여, 교육급여, 해산급여, 장제급여, 자활급여	생계보호, 의료보호, 자활보호, 교육보호, 장제보호, 해산보호
자활 지원계획	근로능력자 가구별 자활지원을 계획·수립하여 자활을 촉진시킴	-

출처: 남기민(2010: 251); 개정 국민기초생활보장법(2015.7.1.시행)

셋째, 급여의 종류가 확대되고 강조점에 변화가 발생하였다. 생활보호제도에서는 생계보호와 의료보호, 교육보호, 장제보호, 해산보호, 그리고 자활보호를 제공하였다. 그리고 자활보호의 경우 공공부조에서 핵심급여인 생계보호를 제공하지 않았다. 과거 생활보호제도에서 자활보호 대상자들은 공공작업참여 기회 등만을 제공받았기 때문에 사실상 이들이 실질적인 공공부조의 대상이었다고 보기는 어렵다. 자활보호 대상자들은 공공부문 고용지원 프로그램의 정책대상이었다고 보는 편이 더 적절할 것이다. 결국 기존의 생활보호정책에서는 선정된 대상자에게 생계보호, 의료보호, 교육보호를 제공하고 거의 일회성 급여인 장제와 해산보호를 제공하는 것이 전부였다고 할 수 있다. 이에 비해 기초생활보장정책에서는 생계급여, 의료급여, 교육급여, 장제급여, 해산급여와 함께 자활급여와 주거급여를 제공한다. 주로 임차료, 주거개선비 등을 제공하는 주거급여가 신설되었으며, 자활급여의 경우도 자활대상자에게 생계급여를 포함 기초생활보장급여를 제공하고 자활에 필요한 다양한 서비스를 제공해 주는 것으로 변화하였다(현외성, 2008).

넷째, 기초생활보장제도가 2015년 7월부터 급여체계를 변경하였다. 과거 공공부조제도의 가장 핵심적인 문제점은 빈곤층에게 실질적인 자립의 기반을 제공하지 못한다는 것이었다. 2015년 7월 이전 기초생활보장정책은 공공부조 수급자들에게 전부 혹은 전무(all or nothing) 방식으로 급여를 제공함으로써, 수급자들이 스스로 빈곤의 함정에 빠지도록 만들 수 있는 통합급여 방식이었다. 기초생활보장급여 수급자로 선정되면 7가지 급여 중 해당급여를 모두 받을 수 있는 반면, 수급자로 선정되지 않으면 어떤 급여도 지급받을 수 없는 체계였다. 수급자로 선정되는 것과 선정대상에서 탈락되는 것 간에 복지급여 혜택의 차이를 너무 크게 만드는 것은 빈곤층들로 하여금 가능한 탈수급하려는 의지를 갖기 어렵게 한 것이다. 결과적으로 국가의 정책이 빈곤한 사람들로 하여금 추가적으로 근로하거나 적극적으로 자활하고자 하는 의지를 갖지 않게 만드는 간접적 효과를 만들어낸다는 비판을 지속적으로 받아왔다.

특히 수급자들이 잠재적으로 취업가능한 저임금 고용시장은 고용안정성이나 임금 등이 열악하기 때문에, 공공부조 정책의 이러한 전무 혹은 전부 방식은 수급자들이 쉽게 빠져나올 수 없는 빈곤의 덫을 만들어 내었다고 할 수 있다. 이러한 문제를 (부분적으로나마 해결하기 위해서) 통합급여체계가 개별급여체계로 전환된 것이다. 개별급여들을 수급할 수 있는 자격을 달리 설정하여 과거 통합급여가 갖던 문제를 해결하고자 시도하고 있다. 개별급여체계에서도 급여수준이나 대상선정기준의 적정성 문제 등이 여전히 정책적 쟁점으로 남아 있지만, 공공부조제도가 빈곤의 덫으로 작용할 우려는 다소나마 감소되었다고 하겠다.

4) 기초생활보장정책의 향후 과제

이상에서 살펴본 바와 같이 한국의 공공부조정책인 기초생활보장정책은 과거 생활보호정책에 비해 대상자 선정 기준이나 급여의 종류, 수급자들의 권리성 등에서 한 단계 개선되었으나, 다음과 같이 해결해야만 하는 과제들을 안고 있다. 첫째, 대상자 선정 기준으로 부양의무자 기준은 빈곤에 대한 사회적 책임을 가족적 책임으로 전가하는 것이라는 점에서 문제가 있다. 소득자산기준 외에 이러한 가족관련 부양능력을 대상자 선정기준으로 하고 있는 국가는 많지 않다. 부양의무자 기준이 기초생활보장제도의 취지를 고려할 때 실질적으로 필요한 것인지 재검토 하여야 한다. 만약 현실적인 이유로 이 기준을 당장은 유지해야 한다면, 적어도 적용범위는 현실화될 필요가 있다. 기초생활보호정책이 실행된 이후 몇 차례 법 개정을 통해 부양의무 적용 범위가 "1촌 직계 혈족과 그 배우자"로 좁혀졌다. 그러나 여전히 "배우자"를 포함시키는 것이 현실적인 측면에서 적절하지 않을 수 있다.

부양의무자의 부양능력 판정과 관련하여 현재 부양의무자의 가계소득인정액이 최저생계비의 130%이상만 되면 부양능력이 있는 것으로 판정하는 것 또한 현실적으로 문제가 있다. 통상적으로 최저생계비의 120% 소득을 갖는 집단은 차상위계층으로 분류되며, 이들이 빈곤상태로 전락하지 않도록 각종 사회적 안정망을 제공해 주고 있다. 그런데 부양의무자의 경우 최저생계비의 130% 소득만 있어도 부양능력이 있는 것으로 판정받는다면, 부양제공과 동시에 부양의무자 본인의 가계가 빈곤상태로 전락할 가능성이 커질 수 있다. 이러한 이유로 실제로 부양의무자로부터 부양을 받는 경우는 많지 않아서 실질적인 의미에서 공공부조의 사각지대가 발생하고 있다.

둘째, 주거급여가 신설되고 자활급여의 내용도 보강되는 등 급여의 종류와 내용에 있어서 어느 정도 보강이 이루어진 것은 사실이나, 향후 급여의 내용은 더욱 내실을 기해야만 한다. 전체적으로 보자면 주거급여나 교육급여, 자활급여, 장제, 해산급여가 전체 공공부조 급여예산에서 차지하는 비중은 미미하며, 생계급여와 의료급여로 거의 대부분의 예산이 소진되고 있다(윤영진 외, 2007). 교육급여의 경우도 중고등학교 재학 자녀를 둔 가정에 한 해서 입학금, 교재비 등에 대한 지원만을 포함하고 있어서 실질적인 자녀교육지원이라는 측면에서 그 내용이 크게 허술한 것이 사실이다. 자활급여의 경우도 실질적인 자활이 되도록 포괄적인 자립지원 프로그램이 실행되기보다는 정해진 자활 프로그램에 맞추어 자활대상자들이 의무적 근로를 행하는 방식으로 운영되고 있다는 비판을 받고 있다.

가능한 전 국민의 최저생활을 보장함으로써 사회구조적으로 발생하는 빈곤에 사회적으로 공동대응하고 이를 기반으로 사회적 연대를 강화하는 것은 사회정의의 실현이라는 측면에서 매우 중요하다. 공공부조제도가 갖는 이러한 사회적 중요성을 감안하여 제도의 내실화를 기하되, 제도적 혜택이 사회적 취약계층으로 하여금 오히려 빈곤에 안주하고 빈곤을 세습하게 만드는 기제가 되지 않도록 설계되어야만 한다.

2. 사회보험정책

1) 사회보험정책의 의의와 한계

사회보험정책은 산업사회에서 발생할 수 있는 노령, 질병, 재해, 실업, 장애, 사망 등과 같은 사회적 위험에 대비하여 미리 보험금(기여금)을 납부하고 사회적 위험이 발생하여 소득이 상실되거나 격감하는 경우 소득을 지원해 주고 필요한 경우 치료나 재활서비스를 제공해주는 정책이다. 이러한 사회보험정책은 대표적인 사회적 안전망 정책이다. 사회보험정책은 기존의 사회복지정책과 비교할 때 그 대상이 대다수의 국민들이라는 점, 그리고 빈곤이 발생되기 전에 이를 예방할 수 있도록 해 준다는 점에서 의의가 있다. 또한 사회보험정책은 그 혜택을 받는 수급자들이 수급 이전에 기여를 하고 이러한 기여를 전제로 급여를 받기 때문에, 수급자들의 권리성이 명확하다는 장점을 갖는다.

이러한 사회보험 급여 수급자들의 권리성은 이 제도의 보편화를 가능케 한 요인이었다. 사회보험제도는 재원공급자와 혜택자가 동일하기 때문에, 급여 수급시 부정적 낙인이 발생하지 않는다. 명확한 권리로서 급여를 수급하고 이러한 급여를 수급하는데 부정적 낙인이 발생하지 않기 때문에, 사회보험정책은 대중의 지지를 얻기 쉽다. 또한 공공부조제도에 비해 형식적인 측면에서는 소득의 재분배 효과가 크지 않도록 설계되어 있으나, 포괄인구의 수가 워낙 많기 때문에 실질적인 의미에서 소득재분배 효과도 크게 나타날 수 있다.

그러나 사회보험제도는 제도설계방식 그 자체로 인해 복지정책으로서 뚜렷한 한계도 가지고 있다. 사회보험제도를 포함하여 사회복지정책들은 소득의 재분배를 정책운영의 기본적 원리로 삼는다. 이에 사회보험제도는 대체로 소득수준이 높아질수록 보험금 납부액이 많아지도록 설계함으로써 일정소득이상의 집단이 더 많은 재정적 부담을 지도록 하고 있다. 그러나 대부분의 사회보험제도들은 납부액이 많을수록 급여수준도 높아지도록 설계되어 있다는 점에서 소득재분배 효과가 반감된다. 물론 이러한 소득비례적 급여체계의 확립이 일정소득이상의 계층을 사회보험제도 안으로 포섭하고 이 제도를 확대시키는데 가장 큰 기여를 했다는 점도 부인할 수 없다. 그러나 여전히 이 제도는 자본주의적 시장경제에서 결정된 경제적 지위의 순위를 바꾸지 않은 채, 가능한 그 격차를 줄이는 효과만을 갖는다. 뿐만 아니라 사회보험료는 대체로 근로소득에 대해서만 부과되기 때문에, 일반적으로 계층별 격차가 훨씬 큰 부의 편차를 반영해 내지 못하고 근로소득자들에 대해서 더 많은 재정적 부담을 지우기도 한다.

2) 사회보험정책 개요

사회보험정책에서는 정책의 대상자를 전 국민으로 포괄하는 것이 원칙이다. 사회보험에서 대비하고자 하는 사회적 위험이 전 국민에게 발생할 수 있기 때문이다. 연금이나 건강보험, 장기요양보험 등은 가능한 모든 국민이 포괄되어야만 하며, 산재보험이나 고용보험의 경우에는 전체 피고용인이 대상이 되도록 하여야만 한다. 사회적 안전망으로서 사회보험정책이 의미를 갖기 위해서는 전체 사회 구성원에게 그 혜택이 가야한다. 따라서 전 국민이나 해당인구 전체로 제도적 대상의 폭을 넓히는 것은 이 제도의 바람직한 운영차원에서 핵심적이다.

사회보험은 제도 확립 초기부터 국가가 주체적으로 관리, 운영하는 것이 원칙이었다. 소득에 근거하여 보험률이 부과되고 보험료가 강제징수되어야 하며 전 국민을 대상으로 급여관리가 되어야 하기 때문에 국가와 같은 공권력을 사용할 수 있는 주체가 아니면 사회보험제도를 운영하기 어렵다. 특히 제도가 소득재분배효과를 강하게 가지기 위해서는 국가의 직접 관리가 필수적이다.[1] 한국의 경우도 국가가 위탁한 공법인이 주요 사회보험제도를 관리, 운영한다.

사회보험에서 제공하는 급여는 현금과 현물(서비스)을 모두 포함한다. 노령연금이나 실업보험 등의 경우에는 주로 연금급여, 실업급여 등 생계를 위해 필요한 현금급여가 주를 이루고 기타 각종 지원프로그램 등이 추가적으로 제공되기도 한다. 건강보험의 경우 치료, 입원, 재활, 간호 등 직접적인 의료서비스와 같은 현물급여가 주를 이룬다. 질병으로 인해 경제활동이 중단된 경우 상병급여가 현금급여로 제공되기도 한다. 현재 한국의 건강보험에서는 상병급여가 제공되지 않는다. 산재보험의 경우 재해로 인해 발생한 질병이나 부상 등에 대한 직접적인 의료서비스와 함께 소득보상금인 휴업급여 등도 제공된다. 대체로 노령연금과 산재보험에는 장애발생시 소득을 보장해주는 장애연금 등이 포함되며, 급여발생조건이 2개 이상 사회보험에서 중복해서 충족된 경우에는 병급조정을 통해 적절한 사회보장 급여의 수준을 유지하도록 한다.

사회보험의 재정은 피고용인의 경우 가입자의 보험금(기여금)과 고용주의 부담금, 지역가입자인 경우 가입자의 보험금으로 구성되며 국가

1) 사회보험의 운영, 관리 주체를 민영화하려는 시도가 20세기 후반 이후 몇몇 나라에서 이루어졌으나 여전히 많은 논란이 되고 있다(Gilbert & Terrell, 2005).

가 제도전반의 운영관리비를 부담한다. 독일에서 사회보험제도가 처음 확립될 당시에는 노사정 3자 재정부담을 원칙으로 하였으나, 국가의 직접적인 재정부담은 현재 몇몇 사회보험에서 특정한 경우에만 이루어지는 형태이다. 예를 들어, 고용주의 부담금이 재원이 되지 못하는 지역가입자에 대해서는 한시적으로(혹은 영구적으로) 국가가 재정의 일부를 부담해 주기도 하며, 농어촌 지역 거주자나 장애인, 저소득층 등에 대해 보험료가 일부 국고 지원되기도 한다. 일반적으로 국가의 재정부담은 주로 일반조세에 근거하게 되는데, 일반조세를 사용하는 것은 소득재분배효과를 크게 한다. 따라서 사회보험재정에 국가의 기여분이 높아지는 것은 사회보험의 소득재분배효과를 높이는 하나의 방법이 된다.

사회보험정책은 대상자 범위, 관리운영 및 전달의 주체, 급여의 형태, 재원부담 방식 등에서 이상과 같은 일반적인 특성을 갖는다. 그러나 노령연금정책, 건강보험정책, 산재보험과 실업보험정책, 장기요양보험정책 등은 각각 포괄하려는 사회적 위험의 특성이 다르기 때문에 이에 대해 정책을 운영하는 방식의 차이도 크다. 아래에서는 한국의 주요 사회보험정책의 내용과 특성을 정책별로 나누어 간략히 살펴본다.[2)]

3) 국민연금정책

국민연금정책은 1986년에 제정되고 1988년부터 실행된 국민연금법에 근거하여 실시되고 있는 정책이다. 이에 앞서 1973년에 국민복지연금법이 제정, 공포되었으나 70년대 중반 이후 세계적 경제불황 등으로 인해 제도적 실행은 무기한 미뤄졌다. 1980년대에 들어서면서 노령인구가 증가하면서 노후 소득보장에 대한 사회적 관심이 커졌고, 실질적인 의미에서 노령연금의 필요성이 대두되었다.

이 제도가 실행된 초기에는 상시고용근로자가 10인 이상의 사업장에

2) 다음의 국민연금정책, 건강보험정책, 산재보험정책, 고용보험정책, 노인장기요양보험정책에 대해서는 보건복지부(2010), 김태성·김진수(2007), 이명남(2010), 원석조(2010)를 참고로 하였다.

고용된 근로자만 대상이 되었다가 1992년에는 5인 이상 상시고용근로자가 있는 사업장까지 확대되었으며, 1995년에는 농어촌 거주 지역가입자, 1999년이 되면 도시지역의 자영업자까지 대상자로 포함됨으로써 전국민 연금시대가 개막되었다고 할 수 있다. 국민연금정책은 특수직역연금(공무원연금, 사립학교교직원연금, 군인연금)가입자를 제외하고 18세 이상 60세 미만의 전 국민을 대상으로 하고 있다.

국민연금정책은 보건복지부 장관이 위탁한 공법인인 국민연금관리공단에 의해 관리운영되고 있으며 급여전달의 총체적 책임을 관리공단이 가지고 있다. 국민연금의 보험료는 직장가입자인 경우 근로자와 고용주가 각각 반반씩 부담하며 지역가입자인 경우 본인이 전액 부담한다. 농어촌가입자의 경우는 국가가 보험료의 일부를 지원해주고 있다. 보험요율은 제도 시행 초기 3%였는데, 2009년 현재 9%로 상향조정되었다. 제도 시행 20여년이 다소 지난 시점에서 보험요율이 3배 이상 올랐기 때문에 가입시점에 따른 가입자 부담의 형평성 문제도 제기되고 있다. 한편 국민연금 보험요율이 부과되는 소득은 상한과 하한선이 정해져 있다.

국민연금에서 제공하는 급여는 노령연금, 장애연금, 유족연금, 반환일시금, 미지급금 등이다. 이 중 가장 주된 급여인 노령연금은 조기노령연금, 재직노령연금, 감액노령연금, 완전노령연금 등으로 분류된다. 이러한 급여는 대체로 가입기간이 길수록 급여액이 높아지도록 설계되어 있으며, 가입기간 20년을 기준으로 가입년수가 증가할수록 급여액이 많아지도록 설계되어 있다. 또한 급여는 기본연금과 가급연금(부양가족연금)으로 구성되어 있다. 가급연금은 일종의 가족수당적 성격으로 피부양가족의 수나 연령, 장애여부 등을 반영하여 추가 지급되는 금액이다. 기본연금은 연금수급 3년 전 전체 가입자의 평균적 소득월액을 반영하는 균등부분과 본인이 납부한 보험금의 액수만큼이 반영되는 소득비례부분으로 구성되어 있다. 균등부분이 국민연금의 소득재분배효과를 발생시키는 부분이라고 할 수 있다.

국민연금정책의 주요 쟁점은 현재 기금운영의 적정성 문제를 포함하여 재정적 불안정성의 문제이다. 노령인구는 급속히 증가하고 경제활동 참가 인구는 상대적으로 그 비중이 감소하고 있기 때문에, 이러한 재정적 우려는 어쩌면 당연한 것이다. 한국의 경우 노령연금제도가 상대적으로 늦게 도입되어 연금수급인구의 비중이 낮지만, 서구 복지국가의 경우 약 100여년의 역사를 가지면서 노령연금제도 운영과 관련된 많은 변화를 겪어왔다.

노령연금의 경우 가입자의 보험금을 적립하여 추후 이를 연금급여로 제공하는 적립방식과 현 세대 노인에 대한 연금지출 부담을 현 세대 경제활동인구에게 부과하는 부과방식으로 재정을 충원할 수 있다. 완전 적립방식이나 완전 부과방식만으로 연금을 운용하기는 어려우며 적립방식과 부과방식의 비율을 조정하면서 중장기적 재정적자문제에 대응하고 있다고 할 수 있다. 국민연금의 경우도 재정적 압박이 높아지게 되면 부과방식으로의 전환비율을 높일 수밖에 없을 것인데, 이것이 생산인구에게 상당한 재정적 부담으로 작용할 것이기 때문에 적립기금의 성공적 투자 등을 통해 이러한 부담을 가능한 낮추어야 한다.

국민연금은 국가가 법적으로 급여지불의 책임을 갖기 때문에, 여타의 다른 노후소득보장제도에 비해 안정성은 상대적으로 높은 편이다. 또한 연금급여를 수급하는 기간 동안 급여액은 실질적 가치를 보장하기 위해 물가상승분을 고려하여 연동한다. 이러한 측면에서 국민연금은 노후 기초적 소득보장체계로서 전 국민의 기본적 노후 생활안정에 중요한 역할을 한다. 따라서 비정규직의 확대 등으로 인해 증가하고 있는 국민연금의 사각지대를 적극적으로 줄여야 한다. 또 소득파악력을 높여 소득계층간 보험료 부담이 역진적이 되지 않을 수 있도록 해야 한다.

4) 건강보험정책

건강보험정책은 전 국민의 건강증진을 위해 예방, 치료, 재활 등 의료서비스를 사회보험방식으로 제공해 주는 정책이다. 사회보험방식이란 소득수준에 따라 보험료를 납부하고 질병이나 부상 등으로 인해 의료서비스가 필요한 상황이 발생하면 보험급여를 수급하는 방식을 말한다. 건강보험료 납부는 소득수준별로 차등해서 이루어지는 반면 그 혜택은 소득수준과 관련 없이 동일하게 주어진다는 면에서 구조적 측면의 소득재분배 효과가 크게 설계되어 있다. 그러나 고비용의 의료서비스에 대해 건강보험 적용이 되지 않거나 이용자의 본인부담률이 높으면 저소득층은 의료서비스 이용에 제한을 받을 수 있다. 의료서비스는 인간의 존엄성 유지를 위해 제공되어야 하는 가장 기초서비스이다. 따라서 가능한 건강보험 적용범위를 넓히고 특히 고비용 서비스에 대한 적용가능성을 확대하며 본인부담금 비중을 낮추어야 한다.

한국에서 실질적인 의미에서 의료보험정책이 실행되기 시작한 것은 1977년이다. 상시고용근로자가 500인 이상의 대규모 사업장 근로자만이 적용 대상이 되었다. 1988년에는 농어촌지역의료보험이 실시되었고 1989년에는 도시지역의료보험이 실시되면서 전 국민 의료보험시대가 열렸다. 이후 직장보험과 지역보험으로 분리 운영되던 의료보험이 조직적, 재정적 차원에서 점진적으로 통합되어 2003년부터는 건강보험체계로 완전통합 운영되고 있다.

건강보험정책은 공공부조서비스인 의료급여 수급자들을 제외한 전 국민을 대상으로 한다. 의료서비스는 헌법상 기본권인 사회권 확보에 기초가 되는 서비스로서, 경제적 수준이나 여타의 이유로 의료서비스에 대한 접근권이나 이용권에 제한을 받지 않아야 한다. 자본주의적 시장경제에서는 거의 대부분의 재화나 서비스가 상품화되지만, 의료서비스는 공공성을 가져야 한다는 가치를 많은 국가가 갖고 있다. 전 국민이 의료서비스에 대한 접근성을 갖도록 하고 의료서비스 이용에서 차별받지 않을 수 있도록 하는 것은 복지국가의 중요한 정책적 목표가 되고 있다.

현재 건강보험정책의 실행주체는 보건복지부이지만 이 제도의 실질적 관리운영은 건강보험공단이 맡고 있다. 건강보험공단은 보험료 징수, 대상자 관리, 급여관리 등의 총체적 역할을 담당하고 있다. 한편 요양급여 비용을 심사하고 급여청구의 적절성을 평가하며 보험적용 여부와 범위 등을 심사하여 최종적으로 건강보험공단이 요양기관에 지급해 주어야 할 비용을 결정하는 주체는 건강보험심사평가원이다. 건강보험가입자에게 직접 요양급여를 제공하는 요양기관으로는 의료법에 근거해 개설된 의료기관, 약사법에 의해 등록된 약국, 지역보건소, 한국희귀의약품센터 등이 포함된다.

건강보험정책을 통해 제공되는 급여는 주로 현물서비스로서, 치료, 입원, 간호, 재활 등의 요양서비스와 건강검진 서비스이다. 현금으로 제공되는 급여는 부득이한 사정으로 직접 요양서비스를 받을 수 없는 경우 현금으로 제공받는 요양비, 본인부담액보상금, 장애인보장구급여비, 장제비 등이 포함된다.

건강보험의 보험료 부담은 직장가입자와 지역가입자간에 차이가 있다. 직장가입자는 본인과 고용주가 각각 보험료를 반반 부담하며, 지역가입자는 보험료 전액을 본인이 부담한다. 국가는 (한시적이지만) 지역가입자 보험료의 일부를 부담해 주거나, 노인, 장애인 가입자 보험금 등에 대해 특별 지원금을 제공해 주기도 한다. 고비용질병 등에 대한 보험적용확대를 포함하여 의료비용의 증가로 인해 건강보험요율은 꾸준히 증가하고 있다.

건강보험은 제도 시행 후 30여년 만에 전 국민을 포괄하면서 기본적인 의료안전망으로서의 기능을 담당하고 있다고 평가할 수 있다. 그러나 보험요율은 꾸준히 증가하고 있는데 비해 소득파악력이 여전히 제한적이다. 이로 인해 고소득 자영업자들의 재정부담이 임금노동자들의 부담과 비교해서 상대적으로 낮아 재정부담의 형평성 문제가 지속적으로 제기되고 있다. 또한 과거에 비해 보험적용 질병의 범위가 넓어졌으나 여전히 비보험 급여나 질병이 많고 본인부담률은 높은 편이어서 의료비 부담의 역진성 문제가 지적되고 있다. 이는 실질적인 의미에서 건강보험제도가 소득재분배 효과에 제한이 있다는 것을 의미한다. 향후 이러한 문제에 대한 제도적 보완을 통해 건강보험이 전 국민에게 실질적인 의료안전망으로써 손색이 없도록 해야 할 것이다.

5) 산재보험정책

산재보험은 재해를 입은 근로자를 즉각 치료하고 재활, 간호, 요양, 상담 등의 지원을 통해 사업장으로 다시 복귀할 수 있도록 도우며, 근로자와 그 가족의 생활상의 안정을 보장해 줌으로써 안정적 근로생활을 할 수 있도록 지원하는 사회보험제도이다. 또한 사업주가 산재로 인한 경영불안정 위험으로부터 벗어나 안정적 사업운영을 가능케 하는 제도이기도 하다. 산재보험은 전 국민을 대상으로 포괄하는 사회보험 중에서 가장 먼저 시행된 제도로서 1963년 제정된 산업재해보상보험법에 정책실행의 근거를 두고 있다.

산재보험은 실행 초기에 광업과 제조업 분야 상시고용근로자가 500인 이상의 사업장 근로자들만을 대상으로 하였으나, 점차 적용대상을 확대시켜 왔으며 현재는 상시고용근로자가 1인 이상인 모든 사업장이 보험적용의 대상이 된다. 산재보험의 가입대상 사업장은 당연적용사업장과 임의적용사업장으로 나뉜다. 농업·임업·어업·수렵업 등과 같이 산재발생가능성이 낮은 분야에서 상시고용근로자가 5인미만인 소규모 사업장이나, 가사업이나 기타 소규모 건설업 사업장 등은 임의적용사업장으로 분류된다. 임의적용사업장은 산재가입이 사업주의 선택에 의해 결정될 수 있다. 이러한 임의적용사업장을 제외한 모든 사업장은 당연적용사업장으로 분류되어 산재보험에 강제로 가입하여야만 한다.

산재보험은 고용노동부 장관이 주관하도록 되어 있으며, 산재보험의 관리운영은 현재 고용노동부 장관이 위탁한 공법인인 근로복지공단에 의해 이루어지고 있다. 보험료는 전액 사업주가 부담하며 근로자의 재정부담은 전혀 없다. 그런데 사업주가 부담하는 보험료는 업종별 요율

(업종별 산재발생가능성에 따라 보험료 부과)과 개별실적요율(동일업종이라 하더라도 실질적 산재발생율의 차이를 감안하여 보험료 부과)이 있다. 업종별 요율과 개별실적요율에 따라 사업주가 부담하는 보험료는 차이가 발생되게 된다.

어떻든 사업주가 전액 산재보험료를 부담하는 것은 근대초기 시민법의 주요 원칙이었던 과실책임주의를 전면 수정하여 산업재해에 대해서는 무과실책임주의를 실현한 것이라고 할 수 있다. 즉, 사업주가 산업재해 발생에 직접적 과실이 전혀 없어도 발생한 재해에 대한 치료, 재해발생 예방의 책임, 재해 발생 후 사업장 복귀를 위한 재활지원 등에 대한 책임을 진다는 것을 제도화한 것이라고 할 수 있다.

그러나 산재보험 급여를 수급하기 위해서는 발생한 질병이나 부상이 업무상 발생한 것이라는 것을 입증해야 한다는 점에서 원인주의를 기반으로 한다. 즉, 업무에 기인한 질병이거나 업무 수행 중 발생한 사고나 부상이라는 점을 재해를 당한 근로자가 입증할 수 있어야만 한다는 것이다. 이러한 원인주의는 대개 시장에서 제공되는 민간보험의 주된 운영원칙으로서, 사회보장 제도에서는 일반적으로 이러한 원인주의적 특성을 줄이고 결과주의적 보상 방식을 강조한다. 이러한 면에서 현재 한국의 산재보험은 민간보험의 특성과 사회보험의 특성을 함께 가지고 있다고 할 수 있다.

산재보험의 급여는 현금급여로는 휴업급여, 상병보상연금, 장제급여를 포함하며, 현물급여로 요양급여, 간병급여, 장해급여, 유족급여, 재활상담, 근로복귀지원 등 다양한 서비스를 제공해 주고 있다. 현재 산재보험정책에서는 산재보험 예방관련 급여들을 확대시키고 있으며, 산재보험기금을 활용하여 이러한 예방사업을 펼치고 있다. 휴업급여는 재해로 인해 근로하지 못한 기간 동안 발생한 소득 손실분을 지원하는 급여로 해당 근로자의 평균임금의 약 70%에 상당하는 금액을 급여로 지급한다. 그런데 재해발생 이후 2년이 경과된 상태에서도 치유가 되지 않아 폐질상태에 있는 경우 휴업급여 지급을 종료하고 이를 상병보상연금으로 대체하여 지급한다. 한편 산재발생시 제공하는 의료서비스인 요양급여는 공단이 인정하는 의료시설을 통해 제공된다. 부득이한 경우 현금으로 요양비를 지급할 수 있도록 되어 있다. 재해 발생 후 2년이 지난 시점에서도 지속적으로 간호, 간병이 요구되는 경우에는 요양급여를 중지하고 간병급여를 지급하게 된다.

산재보험은 그 재원을 전액 사업주가 부담하고 산재를 당한 근로자의 재활치료, 경제적 안정을 위한 기초소득을 지원하며 사업장 복귀를 지원하는 서비스를 제공하는 등, 재해라는 사회적 위험에 대응하여 근로자들에게 사회적 안전망을 제공해 주는 정책이라는 점에서 의의가 있다. 그리고 현재 산재보험은 상시고용근로자가 1인 이상인 전 사업장에 적용되도록 제도화되어 있다.

그러나 실질적으로는 적용이 제외되고 있는 근로자들이 존재하여 산재보험의 사각지대 문제가 정책적 쟁점이 되고 있다. 또한 개별실적요율 적용 등으로 인해 사업주 입장에서 산재발생을 은폐하려는 시도가 늘어나서 그 피해를 재해근로자들이 보는 경우도 발생하고 있다. 뿐만 아니라 산재보험 적용 방식이 다른 사회보험제도와 비교해서 상당히 까다롭게 원인주의를 적용하고 있어서, 산재라는 것을 직접적으로 입증하기 어려운 많은 경우 보험급여를 지급받지 못하는 문제도 많이 발생하고 있다. 이러한 문제들은 결국 재해 근로자들이 실질적으로는 산재보험 혜택을 받지 못하게 만드는 것이므로, 이러한 문제를 개선하여 산재보험이 실질적인 사회적 안전망이 될 수 있도록 제도적 성숙을 기해야 한다.

6) 고용보험정책

고용보험은 실직한 근로자들에게 구직을 위한 기초생계를 보장하고, 직업능력을 개발하여 실업을 예방할 수 있도록 다양한 프로그램을 지원하며, 사업장이 실업 예방을 위해 적극 노력할 수 있는 환경을 조성함으로써 근로자들의 생활안정을 유도하기 위한 사회보험제도이다. 실업은 산업사회에서 노동자들의 생활안정을 크게 위협할 수 있는 사회적 위험이다. 실업은 즉각적인 소득단절을 야기하고, 소득단절은 노동력을 유일한 상품으로 가진 많은 수의 임금노동자들에게는 급격한 생활의 변화를 야기한다. 이러한 의미에서 실업이후 구직할 수 있는 일정기간 동안 최저한의 생활은 유지될 수 있도록 기초소득을 지원하는 것은 헌법상 보장하고 있는 인간의 존엄성 유지, 생존권의 실현을 위해서 반드시 필요한 것이라고 할 수 있다.

그러나 고용보험이 제공하는 이러한 혜택은 근로동기를 직접 약화시킬 수 있는 것이기 때문에 비판도 상당하다. 근로동기를 약화시킬 수 있는 정책을 공공정책으로 제도화하는 것은 자본주의 시장경제 체제 내에서는 용이하지 않은 일이기 때문이다. 한국의 경우도 고용보험은 1980년대 중반부터 제도화의 필요성이 꾸준히 대두되었으나 많은 논란 끝에 1995년이 되어서야 처음 실시되었다. 초기 도입당시에는 상시고용근로자가 30인 이상인 사업장은 실업급여의 당연적용사업장이었으나, 직업능력개발사업 · 고용안정사업의 경우는 상시고용근로자가 70인 이상인 대규모 사업장에만 당연적용을 실시하였다. 1997년 외환위기 이후 고용보험의 필요성이 커지면서 1998년이 되면 상시고용근로자가 1인 이상인 전 사업장으로 그 대상이 보편화되었다.

고용보험에서 제공하는 급여는 크게 실업급여 부분과 직업능력개발 · 고용안정사업과 같은 실업예방 부분, 그리고 2001년부터 도입된 육아휴직급여 및 출산전후휴가급여 부분으로 나누어진다. 앞서 설명한 바와 같이 제도시행 초기에는 실업급여 부분과 여타의 부분이 분리되어 적용, 관리되어지다가 적용사업장이나 관리운영 방식 자체가 점진적으로 통합되었으며, 후에 육아휴직급여와 같은 모성보호급여 부분이 고용보험정책으로 편입되었다. 실업급여는 실직한 근로자의 생활상의 안정을 제공하기 위해 제공하는 구직급여와 재취업을 촉진하기 위해 제공하는 취업촉진수당으로 구성된다.

고용보험정책은 고용노동부장관이 주관하며, 실질적인 정책 관리운영은 고용노동부장관이 위탁한 공법인인 근로복지공단을 통해 이루어진다. 근로복지공단은 앞서 살펴본 산재보험도 관리하며 산재보험과 고용보험 모두 근로자들만이 대상이 되기 때문에 제도 운영상 공통점이 많다. 고용보험의 재원부담은 급여종류별로 차이가 있다. 실업급여부분에 대한 보험금은 근로자와 사업주가 각각 보험료의 반반을 부담하는 반면 직업능력개발사업과 고용안정사업에 대한 보험금은 사업주가 전액 부담한다.

고용보험정책은 모든 근로자들에게 직접적인 경제적 불안정을 초래하는 실업에 대해 사회적 안전망을 제공해 주는 정책으로서 고용불안정이 지속적으로 증가하고 있는 현 시점에서 그 중요성은 더욱 커져가고 있다. 이러한 의미에서 전체 근로자들이 고용보험에 가입되어 그 혜택을 받아야 하는데, 현재 고용보험제도가 갖는 가장 핵심적인 문제는 여전히 사각지대에 놓인 근로자들이 많다는 것이다. 비정규직 근로자들이나 외국인 근로자 등은 고용보험 가입에서 제외되어 있는 경우가 많다. 또한 실업급여를 받기 위해서는 비자발적 해고를 당했다는 것을 입증해야만 하는데, 현실적으로 자발성과 비자발성을 뚜렷이 구분하기 어려운 경우도 많아서 실직 근로자가 그 혜택을 받지 못하는 경우도 발생한다. 직업능력개발사업이나 고용안정사업 등의 경우 대체로 보험급여의 수혜율이 사업장 규모와 비례하고 있다. 이는 고용보험사업 혜택이 사업장 규모별로 역진적으로 나타나고 있다는 것을 의미한다. 소규모 영세사업장에서 보다 적극적으로 이러한 실업예방 사업이나 프로그램의 운영이 이루어질 수 있도록 제도적 보완이 필요하다.

7) 노인장기요양보험정책

노인장기요양보험정책이란 65세 이상의 노인이나 노인성질환을 갖고 있는 사람들 중 6개월 이상 스스로 자신의 일상생활을 영위하기 어려운 사람들을 대상으로 간호, 가사지원, 신체돌봄 등 다양한 지원을 사회보험방식으로 제공하는 정책이다. 이 정책은 2007년 제정된 노인장기요양보험법에 근거하여 2008년부터 시행되고 있다.

이처럼 장기요양이 필요한 노인들을 대상으로 서비스를 제공함에 있어서 한국과 마찬가지로 사회보험방식을 활용하는 대표적인 나라는 독일, 일본 등이다. 사회보험방식은 사회적 위험이 닥치기 전에 미리 보험금을 내어 재원을 준비하는 것을 특징으로 한다. 질병 발생에 대비하여 건강보험 제도를 운영하는 것과 마찬가지로 한국은 장기요양서비스에 대한 욕구가 발생할 것에 대비하여 미리 보험금을 내고 그러한 욕구가 발생하게 되면 서비스를 제공하는 방식으로 제도화하였다. 반면 영국이나 스웨덴, 호주 등은 이를 공공서비스 방식으로 제도화하여 일반조세(그리고 본인부담금)에 근거하여 운영하고 있다. 어떤 방식으로 운영되든지, 장기요양서비스는 대부분의 서구 복지국가에서 공공적 성격을 갖는 사회적 서비스로 인식되고 있기 때문에 국가의 직·간접 개입이 이루어지고 있다.

노인장기요양보험정책의 대상은 건강보험가입 대상과 동일하여 전국민이 그 대상이 된다. 가입자의 종류는 직장가입자와 지역가입자로 구분되며, 이들로부터 보험료를 징수하고 급여를 관리하는 등의 총괄적 운영은 보건복지부 장관이 위탁한 공법인인 건강보험공단이 담당한다. 장기요양보험급여 신청자가 건강보험공단을 방문하여 급여신청을 하면 장기요양등급판정위원회를 통해 요양등급판정이 이루어지고 이에 따라 장기요양급여 제공기관이 급여대상자에게 서비스를 제공하게 된다. 한편 장기요양보험료율이나 요양비, 간병비 등의 지급기준, 재가 및 시설 급여비용 등에 대한 심의는 장기요양위원회에서 이루어진다. 장기요양 인정여부나 등급판정, 급여액수, 부당이득 등에 관한 이의신청에 대해서는 장기요양심의위원회가 심의, 의결한다.

노인장기요양보험정책 실행에 필요한 재원조달은 보험가입자의 보험금을 통해 주로 이루어지고 국가는 관리운영에 관한 비용을 부담한다.

보험료부담은 직장가입자의 경우 근로자와 고용주가 반반이며 지역가입자의 경우 본인이 전액 부담한다. 요양보험급여 수급시 본인부담금은 재가서비스의 경우 총비용의 15%, 시설서비스의 경우 20%이며 공공부조 수급자는 본인부담금이 면제되고 일정 소득 이하의 사람들은 본인부담금을 50% 정도 경감해 준다.

노인장기요양보험정책에서 제공하는 급여는 크게 재가급여, 시설급여, 특별현금급여로 구분된다. 대부분 재가와 시설을 통한 서비스 급여(현물급여)이며 현금급여는 특별한 경우에 한해서 제공된다. 재가급여는 방문요양, 방문목욕, 방문간호, 주야간보호, 단기보호 등을 포함한다. 시설급여는 시설에 입소하여 장기요양서비스를 받을 수 있는 급여이며, 특별현금급여에는 가족요양비, 특례요양비, 요양병원간병비 등이 있다.

평균수명의 지속적 증가로 인해 노인인구의 규모가 증가하고 요양을 필요로 하는 노인의 규모도 커져가고 있는 반면, 노인에게 그러한 서비스를 제공할 수 있는 가족의 역할은 기혼취업여성의 증가 등으로 인해 지속적으로 감소하고 있다. 노인요양(돌봄)에 대한 수요와 공급간 이러한 불일치로 인해 돌봄의 공백이 발생할 가능성이 커지고 있다. 노인요양서비스를 적절히 지원받지 못하는 것은 노인의 입장에서는 스스로 인간의 존엄을 유지하면서 노후생활을 할 권리가 박탈되는 것을 의미한다. 노인이 사회에 기여한 부분에 대한 공적 보상은 사회적 질서의 유지, 사회연내의 강화라는 차원에서 필요하기 때문에, 대부분의 국가에서는 장기요양서비스를 사회적 서비스로 간주하여 공적 지원을 하고 있다. 이러한 측면에서 우리사회에서 실시되고 있는 노인장기요양보험정책은 중요한 의미를 갖는다.

그러나 노인장기요양보험정책은 노인장기요양서비스에 대한 총괄적 관리체제가 확보되지 않은 상태에서 다소 시급하게 실행되었다. 이로 인해 가장 큰 문제점으로 제시되고 있는 것은 요양서비스의 질을 결정하는 서비스 제공인력(요양보호사) 관리가 부실하다. 이들에 대한 교육과 재교육, 서비스 모니터링 관리가 적절히 이루어지고 있지 못하다.

이러한 문제는 서비스 제공기관의 난립 및 과다경쟁 문제와도 밀접히 관련된다. 인력의 적절한 관리를 통해 품질경쟁을 할 수 있는 여건이 조성되지 못하고 여러 가지 편법을 통해 서비스 제공기관 간 소비적 경쟁이 일어나고 있는 현실이다. 이 밖에도 등급판정위원회와 요양서비스 제공기관, 상담기관이나 여타의 의료기관 등 간의 체계적 연계가 노후건강 및 복지향상을 위해 매우 중요함에도 불구하고 현재의 정책에서는 이러한 부분이 미비하다는 점도 문제점으로 지적된다.

3. 사회복지서비스 정책

아동, 장애인, 노인 그리고 가족 등 집중적이고 포괄적인 돌봄을 필요로 하는 인구집단에 대해 신체적 돌봄, 일상생활지원, 재활 및 상담지원, 교육적 지원 등을 제공하는 복지서비스에 대한 중장기적 설계가 사회복지정책에서 중요한 쟁점이 되고 있다(Cameron & Moss, 2007; 윤영진 외, 2009).

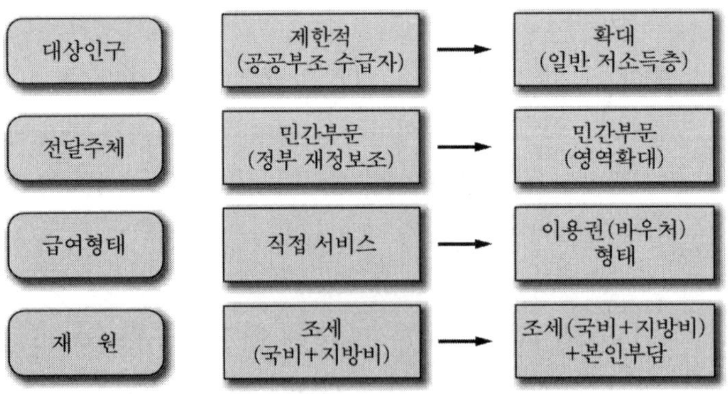

〈그림 10-1〉 복지서비스 정책의 주요 변화

1) 대상인구의 보편화

과거 사회복지서비스는 주로 사회적으로 가장 취약한 집단의 사람들에게 제공되는 서비스로 인식되었다. 그러나 최근 들어서는 포괄적인 의미에서 공적 서비스를 필요로 하는 인구집단이 보편화되고 있으며 이에 국가 정책도 이러한 보편적 욕구에 적절히 대응하지 않을 수 없게 되었다. 앞서 살펴보았지만, 요양을 필요로 하는 노인인구의 규모가 일정수준 이상 커지면서 이들에 대한 사회적 개입이 필수적으로 요구될 수밖에 없었다. 결과적으로 2008년부터는 이러한 노인인구의 장기적 요양서비스에 대한 욕구를 충족시키기 위해 전인구를 포괄하는 사회보험방식의 정책이 실행되게 되었다. 과거에는 주로 기초생활보장급여 수급 노인들만을 대상으로 한정적으로 국가의 공적 요양서비스가 제공되었으나, 그러한 방식으로는 급증하는 노인요양서비스에 대한 수요에 적절히 대응할 수 없다고 본 것이다.

장애인에 대한 활동보조서비스나 일상생활지원서비스의 경우도 과거 한정적 집단만을 대상으로 제공되었으나, 이러한 서비스에 대한 장애인들의 욕구에 보편적으로 대응하기 위해 2011년부터는 장애인활동지원법에 근거하여 장애인활동지원서비스가 보편적으로 제공되고 있다. 아동보육서비스에 대한 보편적 지원 확대도 2000년 이후 가시적으로 증가하고 있다. 특히 우리사회에서 1990년대 이후 저출산 문제가 심각해지면서 출산장려책의 일환으로 영유아나 아동에 대한 복지서비스가 빠른 속도로 증대되고 있다. 사회적 연대강화를 위해 국가의 공적 개입이 이루어지는 사회적 서비스(social services)는 주로 교육서비스, 의료서비스, 사회복지서비스를 포함한다고 보는데, 교육서비스나 의료서비스가 그 대상을 보편화하고 있는 것과 마찬가지로 사회복지서비스에 대한 공적 지원도 그 대상을 보편화해야 할 필요성이 지속적으로 증가하고 있다.

2) 전달주체의 다원화

이렇듯 서비스 지원대상이 보편적으로 확대되면서, 서비스 전달주체의 특성도 변화하고 있다. 서구 복지국가들에서는 주로 국가가 책임지고 서비스 기획과 전달을 담당하던 틀을 벗어나 민간 비영리기관 및 영리기관의 참여를 확대시키고 있다. 한국의 경우 민간 비영리기관이 사회복지서비스의 전달주체로서 가장 큰 역할을 담당했는데, 최근에는 서비스 대상을 보편적으로 확대시키면서 민간 영리부문의 참여도 증가하고 있다. 민간 영리부문이 사회복지서비스 전달주체로 참여하게 되면, 이윤추구라는 기관 목표와 공공적 서비스 제공이라는 복지정책적 목표 간의 모순이 발생할 수 있다. 이에 사회복지서비스에 대한 체계적인 품질관리체계 확립의 필요성이 강조되고 있다(이봉주 · 김용득 · 김은정, 2012).[3)]

3) 급여형태의 다양화

사회복지서비스가 확대되면서 정책적 급여의 형태도 변화하고 있다. 과거에는 국가가 보조금이나 서비스 위탁방식으로 민간기관에 재정을 지원하고 민간기관이 이용자에게 직접 서비스를 제공하는 방식이었다면, 현재는 이용자들이 직접 서비스 기관을 선택할 수 있도록 하는 방식이 증가하였다. 그러나 이러한 선택권의 제공이 실질적으로 복지서비스의 질을 향상시키고 이용자들의 만족을 증진시키기 위해서는 정보지원 체계를 확보하고, 서비스 제공기관이 이용자를 선별하는 것과 같은 실질적인 문제를 해결할 수 있는 방안 등이 확립되어야만 한다.

---

3) 이봉주 · 김용득 · 김은정. 2012. 사회서비스 품질관리전담기구 설치에 관한 연구. 보건복지부 연구보고서.

4) 재원조달방식의 다양화

일반적으로 복지서비스의 경우 일반조세에 근거하여 제공되어 왔다. 대개의 경우 일반조세에 근거한 정책의 집행이 소득재분배효과가 가장 크고 정책사업 지속성이나 안정성이 높기 때문에, 사회적으로 중요한 공적 서비스에 대해서는 일반조세가 그 재원의 대부분을 형성해왔다. 그런데 서비스 대상자의 범위가 넓어지고 보편화되면 일정수준 이상 본인부담금을 부과하는 방식이 확대된다. 이것은 재원충당, 사회적 형평성 제고, 서비스 남용 방지 등의 차원에서 필요하다. 이에 일반조세에 근거하여 복지서비스를 제공하면서 그 대상을 가능한 보편적으로 확대하고 있는 많은 국가들은 일정소득 이상의 집단들에 대해 본인부담금을 부과하고 있다.

한편 사회복지서비스의 보편적 확대 추세에 맞게 재원조달의 방식으로 사회보험 방식을 활용하는 경우도 증가하고 있다. 사회보험 방식은 사회복지서비스가 필요한 상황이 오기 전에 미리 보험금을 납부하고 그러한 상황이 발생했을 때 서비스를 이용할 수 있게끔 하는 것이다. 대표적인 예가 앞서 살펴본 노인장기요양보험이다.

생각나누기

1. 건강보험이 없다면 어떤 문제가 발생할까요? 구체적인 사례를 들어 이에 대해 논의해 봅시다.

2. 최근 사회복지서비스의 대상이 확대되면서 다양한 변화가 발생하고 있습니다. 이것이 사회복지의 발전에 어떠한 영향을 미칠 것인가 함께 생각해 봅시다.

3. 노인장기요양보험정책에 대해 조사해 보고, 주변에서 이 보험의 혜택을 받고 있는 분들로부터 이 제도에 대한 의견을 들어 봅시다.

제11장 사회복지실천 분야

사회복지는 다양한 현장에서 서비스가 제공되고 있다. 서비스 대상자가 누구냐에 따라 아동복지, 청소년복지, 노인복지, 장애인복지, 여성복지 등으로 구분할 수 있다. 또한 실천현장이 어디냐에 따라 의료복지, 교정복지, 학교사회복지, 산업복지 등으로 구분될 수 있다. 이 장에서는 한국의 대학 교육에서 사회복지 교과과정에 개설되어 독립적인 교과목으로 가르치는 있는 11개 분야에 대해 소개하고자 한다. 각 분야별로 분류하여 개념과 주요 정책 및 서비스 내용을 공통적으로 다룬다. 먼저 개념에서는 용어의 정의, 필요성, 목적, 주체 및 대상을 포괄적으로 다룬다. 다음으로 주요 내용에서는 서비스 대상자가 가진 욕구 및 문제를 해결하기 위하여 한국에서 시행되고 있는 정책 및 서비스의 주요 내용을 간략히 제시한다. 필요에 따라 실천현장을 소개한다.

1. 가족복지

1) 개념

우리나라 법에 나타난 가족의 개념을 살펴보면, 「민법」 제779조에서는 가족의 범위를 ① 배우자, 직계혈족 및 형제자매 ② 생계를 같이 하는 직계혈족의 배우자, 배우자의 직계혈족 및 배우자의 형제자매로 규정하였다. 「건강가정기본법」 제3조에서는 "가족이라 함은 혼인 · 혈연 · 입양으로 이루어진 사회의 기본단위를 말한다. 가정이라 함은 가족구성원이 생계 또는 주거를 함께 하는 생활공동체로서 구성원의 일상적인 부양 · 양육 · 보호 · 교육 등이 이루어지는 생활단위를 말한다"고 명시되어 있다.

한국사회는 급격한 산업화와 도시화로 인하여 대가족 제도가 핵가족화되었으며, 최근에는 한부모가족, 조손가족, 국제결혼이민자의 증가로 인한 다문화가족이 등장하였다. 이 밖에 위성가족, 딩크족, 통크족, 패치워크가족[1] 등의 새롭고 다양한 가족형태가 나타나고 있다.

현대사회에서 가족은 상부상조의 복지기능을 많이 상실하였으나, 사회의 기본 제도이자 정서적 욕구를 충족시켜 주는 장소로서의 기능을 하며, 또한 가족은 사회문제의 해결을 위한 일차적인 역할을 담당하고 있다. 가족복지는 가족 전체의 행복을 유지하고 가족해체를 예방하기

---

1) · 위성(satellite) 가족: 맞벌이 부부가 보편화되면서 부모집 근처에서 살면서 육아 등의 도움을 받는 가족.
· 딩크족(DINK: Double Income No Kids): 맞벌이하면서 자녀를 낳지 않고 사는 가족.
· 통크족(TONK: Two Only No Kids): 전통적인 조부모 역할을 거부하고 자신의 인생을 추구하는 노부부.
· 패치워크(patchwork)가족: 재혼으로 결합된 부부와 성이 다른 자녀로 구성된 가족.

위해 가족이 제 기능을 발휘할 수 있도록 돕는 지원활동을 말한다. 가족의 문제가 특정 구성원 때문에 발생하는 것이 아니라 가족 구성원들 간의 상호작용 속에 유발되므로 가족복지의 대상은 개인이 아닌 가족 전체(family as a whole)이다(문혁준 외, 2010).

2) 주요 내용

우리나라의 가족복지 관련법으로는 「건강가정기본법」, 「한부모가족지원법」, 「영유아보육법」, 「남녀고용평등과 일·가정 양립 지원에 관한 법률」 등이 있다. 여기서는 건강가정, 한부모가족, 다문화가족을 위한 지원책을 살펴본다.

(1) 건강가정지원

정부에서는 가정문제의 발생을 예방하고 해결하기 위한 여러 가지 조치와 가족의 부양·양육·보호·교육 등의 가정기능을 강화하기 위하여 2004년 「건강가정기본법」을 제정하였다. 주요 내용으로는 건강가정에 관한 주요 시책을 심의하기 위하여 국무총리 소속하에 중앙건강가정정책위원회를 두며, 건강가정의 생활문화를 고취하며, 이혼예방 및 이혼가정지원, 결혼준비교육, 부모교육, 가족윤리교육 실시 등이다. 또한 가정의 중요성을 고취하고 건강가정을 위한 개인·가정·사회의 적극적인 참여분위기를 조성하기 위하여 매년 5월을 가정의 달로 하고, 5월 15일을 가정의 날로 정하였다.

(2) 한부모가족지원

「한부모가족지원법」 제4조에 나타난 정의를 살펴보면 "한부모가족이란 모자가족 또는 부자가족을 말한다. 모자가족이란 모가 세대주{세대주가 아니더라도 세대원(世代員)을 사실상 부양하는 자를 포함한다}인 가족을 말하며, 부자가족이란 부가 세대주인 가족을 말한다"고 명시되어 있다.

이혼, 사별 및 경제적 어려움 등으로 인해 한부모가족이 지속적으로 증가함에 따라 저소득 한부모가족, 미혼모 등을 내실 있게 지원함으로써 보호대상자의 생활안정과 자립 기반 조성을 목적으로 「한부모가족지원법」이 제정되었는데 주요 사업은 다음과 같다.

① 한부모가족의 아동에게 양육비 · 교육비를 지원한다.

② 저소득 한부모가족으로서 근로능력 및 자립자활 의지가 뚜렷하고 현실성 있는 사업계획을 제시하는 자에게 자금을 대출한다.

③ 미혼모 · 부 지원 거점기관을 운영하고 있는데, 전국의 건강가정지원센터를 통해 자녀양육 및 경제자립을 위한 포괄적이고 종합적인 지원서비스를 제공한다.

④ 한부모가족복지시설로 다양한 종류가 운영되고 있다.

- **모자가족을 위한시설**: 모자보호시설, 모자자립시설, 모자 공동생활가정
- **부자가족을 위한 시설**: 부자보호시설, 부자자립시설, 부자 공동생활가정
- **미혼모 가족을 위한 시설**: 미혼모자시설, 미혼모자 공동생활가정(출산 후의 미혼모와 해당 아동으로 구성된 미혼모자가족이 공동으로 가정을 이루어 아동을 양육), 미혼모 공동생활가정(출산 후 해당 아동을 양육하지 아니하는 미혼모들이 일정 기간 공동으로 가정을 이루어 생활하면서 자립을 준비할 수 있도록 지원하는 것을 목적으로 하는 시설)
- **일시보호시설** : 배우자(사실혼 관계에 있는 자를 포함한다)가 있으나 배우자의 물리적 · 정신적 학대로 아동의 건전한 양육이나 모의 건강에 지장을 초래할 우려가 있을 경우 일시적으로 또는 일정기간 그 모와 아동 또는 모를 보호함을 목적으로 하는 시설
- **여성복지관** : 모자가족과 미혼여성에 대한 각종 상담을 실시하고 생활지도, 생업지도, 탁아 및 직업보도를 행하는 등 모자가족과 미혼여성의 복지를 위한 편의를 종합적으로 제공하는 것을 목적으로 하는 시설

• **한부모가족복지상담소** : 한부모가족에 대한 조사, 지도, 시설 입소 등에 관한 상담 업무를 수행할 것을 목적으로 하는 시설

(3) 다문화가족 지원

다문화가족의 안정적인 가족생활을 통해 삶의 질 향상과 사회통합을 도모하기 위해 전국에 다문화가족지원센터를 설치하고, 입국 전 결혼준비기, 입국 초 가족관계형성기, 자녀양육 및 정착기, 역량강화기 등 생애주기별로 필요한 서비스를 지원하고 있다. 다문화가족지원센터는 한국어·문화교육, 가족교육·상담, 자녀지원, 직업교육 및 다문화인식개선 등 다양한 프로그램을 통합적으로 제공 및 연계하는 원스톱 서비스 기관으로 주요 사업은 다음과 같다.

① **방문교육사업** : 경제적 어려움 및 지리적 접근성의 문제로 집합교육에 참석하기 어려운 결혼이민자 및 그 가족 대상으로 전문지도사를 양성하여 가정으로 파견한다.

② **통번역서비스 사업** : 결혼이민자를 통·번역 전문 인력으로 채용하여 의사소통이 어려운 결혼이민자에게 통·번역 서비스를 제공한다.

③ **다문화 가족 자녀 언어발달 지원** : 다문화가족의 자녀에 대한 체계적이고 전문적인 언어발달지원을 통해 이들이 건강한 사회 구성원, 나아가 글로벌 인재로 성장할 수 있도록 지원한다.

④ **이중언어교실 운영** : 결혼이민자 주요 출신국 언어수업을 통해 초등 및 미취학 아동들이 다문화 감수성을 지닌 인간으로 성장하도록 지원한다.

2. 교정복지

1) 개념

교정복지는 범법행위를 한 사람과 그 가족을 대상으로 사회복지의 정책과 실천기술을 활용하여 교정교화 및 재사회화를 지원하는 활동이다(홍봉선, 2008). 범죄는 사회적, 심리적, 경제적 요인이 복합적으로 상호작용이 되어 발생하는 것이므로 총체적으로 원인을 분석하여야 한다. 범죄자들에 대해 자유형, 생명형, 명예형, 재산형 등의 형벌이 주어지고, 범죄자들은 형량에 따라 교정시설에서 수감생활을 하게 된다. 그러나 재소자에 대한 처우나 출소자의 사회복귀가 잘 이루어지지 않아 재범률이 매우 높은 편이다. 따라서 처벌 이외에 심리적, 사회적 교정의 필요성을 인식하게 되었다.

교정복지의 대상자는 범죄자로 체포된 후 재판을 받고 교도소에 수감된 재소자와 형기를 마치고 퇴소한 출소자이다. 최근에는 범죄피해자를 비롯하여 그 가족까지도 서비스 대상자에 포함시킨다. 또한 범죄예방 차원에서 전 국민이 대상자에 포함될 수 있다.

2) 주요 내용

교정의 최종 목표는 범죄자의 사회복귀를 도와 재범을 방지하고 더 나아가 사회에 통합하도록 하는 것이다. 이를 위해 크게 재소자를 위한 시설 내 처우와 사회 내 처우, 그리고 출소자를 위한 사회복귀서비스가 있다.

(1) 시설 내 처우

시설 내 처우는 교정시설 내부에서 행해지는 재소자를 위한 서비스를 말한다. 주요 내용은 다음과 같다.

① **교화처우** : TV 시청 및 신문열람, 종교생활, 음악, 미술 등 치료적 프로그램, 그리고 문화 및 예술활동 등을 통해서 심성을 순화시킨다.

② **학과교육** : 검정고시 교육, 방송통신고등학교 교육, 독학학위취득교육, 방송통신대학 교육, 전문대학 위탁교육, 외국어 회화 및 컴퓨터 전문교육 등이 있다.

③ **직업능력개발훈련** : 기능장 및 산업기사 전문 과정의 고급기술교육을 실시하고 있으며, IT관련 산업 등 첨단기술을 필요로 하는 기능인력을 양성한다. 직업훈련을 수료한 수형자는 각종 기술검정에 응시하게 하여 소정의 기술자격을 취득하게 하고 있다.

④ **사회복귀지원** : 수형자의 사회복귀를 지원하기 위한 내용으로는 기초생활보장 제도 주선, 운전면허 갱신제도 운영, 신원보증보험제도 운영, 귀휴, 사회견학 및 봉사체험, 가족 만남의 날, 가족만남의 집 운영 등이 있다.

(2) 사회 내 처우

사회 내 처우는 시설 내 처우의 문제점을 보완하고 사회와의 접촉을 증가시키기 위해 교정시설 외부인 사회에서 행해지는 처우를 말한다. 주요 내용은 다음과 같다.

① **보호관찰** : 범죄인을 구금하는 대신 일정한 준수사항을 이행하는 조건으로 보호관찰관이 지도·감독을 실시하여 건전한 사회복귀를 촉진하고 재범을 방지한다.

② **사회봉사명령** : 유죄가 인정된 자에 대하여 법원이 일정시간 무보수로 사회에 유익한 근로를 하도록 명하는 제도이다.

③ **수강명령** : 유죄가 인정된 자에 대하여 법원이 일정시간 강의를

수강하도록 명하는 제도이다.

④ **선도위탁** : 범죄동기, 범죄자 연령, 제반환경 등을 고려하여 검사가 기소를 유예하면서 보호관찰관에게 재범방지를 위해 전문적인 선도를 위탁하는 제도이다.

⑤ **성구매자 교육** : 검사가 초범 성구매자를 기소유예하면서, 대상자가 갖고 있는 잘못된 인식이나 행동습관을 개선하기 위한 보호관찰소의 전문교육을 받도록 하는 제도이다. 성매매 재발 예방프로그램인 존스쿨(John School)이 있다.

⑥ **전자감독제도** : 전자장치, 위성수신정보(GPS) 및 이동통신망을 활용하여 24시간 특정 범죄자의 이동경로를 추적하고 그 위치정보를 활용한 보호관찰관의 밀착 지도・감독을 통해 재범을 억제하는 제도이다.

(3) 출소자의 사회복귀

한국법무보호복지공단에서 출소자 구직활동 및 취업 촉진을 위해 기초생활비, 직업훈련수당, 취업교통비 등을 지급하고, 기술은 있으나 창업을 하지 못하는 출소자에게는 창업지원금을 지원하고 있다. 출소자 지원에 대한 전 국민적 관심을 제고하고, 출소자 후원기금 마련을 위해 출소자 후원의 밤 즉 '노란 리본달기 콘서트(tie a yellow ribbon concert)' 등의 행사를 진행하고 있다.

(4) 범죄피해자 지원제도

1987년 「범죄피해자구조법」과 2005년 「범죄피해자보호법」을 제정하여 범죄피해자에 대해 지원을 하고 있는데, 구체적인 내용은 다음과 같다.

① 국가 및 지방자치단체는 범죄피해자의 피해정도, 보호 지원의 필요성 등에 상응하여 범죄피해자에게 상담, 의료제공, 관련 법령에 따른 구조금 지급, 법률구조, 취업관련 지원을 한다.

② 민간 차원의 보호 지원 활성화를 위하여 범죄피해자지원센터를

지원 육성한다.

③ 형사절차 참여 보장 : 범죄피해자가 당해 사건과 관련하여 수사담당자와 상담하거나 재판절차에 참여하여 진술하는 등 형사절차상의 권리를 행사할 수 있도록 보장하고, 가해자에 대한 수사결과, 공판기일, 재판결과, 형집행 및 보호관찰 집행 사항 등 형사절차 관련 정보를 제공받을 수 있도록 한다.

④ 사생활의 평온과 신변의 보호 : 범죄피해자의 명예와 사생활의 평온을 보호하고 범죄피해자가 형사소송절차에서의 진술 증언과 관련하여 보복을 당할 우려가 있는 경우 범죄피해자를 보호하기 위한 법적, 제도적 장치이다.

⑤ 형사 조정 : 재산범죄, 사적분쟁에 대한 고소 사건의 경우 수사단계에서 범죄피해자지원센터에 설치된 화해중재위원회의 중재를 통해 피해자가 가해자로부터 신속하게 피해를 구제받을 수 있는 제도이다.

3) 실천현장

교정복지 실천기관으로는 교도소, 보호관찰소, 법무보호복지공단, 범죄피해자지원센터 등의 교정기관이 있다. 재범방지를 위한 교정교육의 확대와 강화, 사회 내 처우 증가, 교정기관의 개방화에 따라 전문 인력의 필요성이 증대되고 있다. 교도소의 민영화도 시작하였는데, 2010년 9월 여주에 아가페재단이 운영하는 최초의 민영교도소인 '소망교도소'를 개관하였다. 이에 따라 교정분야에 혁신이 기대되며, 교정사회복지사가 중요한 역할을 담당하리라 기대된다.

3. 노인복지

1) 개념

노인이란 “노화의 과정 또는 그 결과로서 생리, 심리, 사회적 기능이 약화되어 자립적 생활능력과 환경에 대한 적응능력이 약화되고 있는 사람”이라고 규정할 수 있다(권중돈, 2010: 21). 노인을 정의할 때 역연령에 따른 정의가 보편적으로 사용되는데, 우리나라에서는 법에 따라 차이가 난다. 즉 「노인복지법」에서 65세 이상인 자를 노인으로 규정, 「연령차별 및 고령자고용촉진에 관한 법률」에서 고령자는 55세 이상, 준고령자는 50세 이상 55세 미만인 자이다. 「국민연금법」에서는 60세(특수직종 근로자는 55세)부터 기초노령연금 수급권자인 노인으로 규정한 반면, 「기초연금법」에서는 연금지급대상을 65세 이상인 자로 규정하고 있다.

한국은 2000년 노인인구가 전체인구의 7%를 넘는 고령화사회에 진입하였고, 2018년에는 노인인구 비율이 14%가 되는 고령사회, 2026년에는 20%가 되는 초고령사회가 될 것으로 전망되고 있다. 또한 한국은 고령화속도가 다른 선진국에 비해 매우 빠른 속도로 진행되고 있다(〈표 11-1〉 참조). 이는 노년부양비의 부담을 증가시키는데, 2010년 노년부양비는 15.0으로 생산가능인구(15~64세) 6.6명이 노인 1명을 부양하는 수준이지만, 저출산이 지속될 경우 2020년에는 생산가능인구 5명이 노인 1명을, 2040년에는 2명이 노인 1명을 부양해야 할 것으로 전망되고 있다(통계청, 2006).

〈표 11-1〉 주요 국가별 인구고령화 진전현황 비교

국 가	도달년도			증가 소요연수	
	고령화(7%)	고령(14%)	초고령(20%)	7%→14%	14%→20%
한 국	2000	2018	2026	18	8
일 본	1970	1994	2006	24	12
프랑스	1864	1979	2018	115	39
이태리	1927	1988	2006	61	18
미 국	1942	2015	2036	73	21
스웨덴	1887	1972	2014	85	42

출처: 통계청. 「장래인구추계」. 2006.

2) 주요 내용

노인문제 해결을 위한 노력의 일환으로 1981년 「노인복지법」, 2007년 「노인장기요양보험법」, 2014년 「기초연금법」[2]을 제정하였다. 또한 노인인구의 증가와 함께 노인관련산업이 성장될 것이 예상되고 있어, 2005년 「고령친화산업진흥법」의 제정으로 제도적 기반을 갖추었다.

노인이 겪고 있는 빈곤, 건강약화, 학대 등의 문제를 해결하기 위한 구체적인 지원책을 살펴보자.

(1) 소득보장

노인들의 경제적 어려움을 해결하기 위해 국민연금, 공무원연금, 사립학교교직원연금, 군인연금 등 연금제도가 확립되었고, 2014년부터 소득기반이 취약한 70퍼센트의 노인에게 기초연금이 지급되고 있다. 취업을 원하는 노인들을 위해 「연령차별 및 고령자고용촉진에 관한 법률」을 제정하여 고령자의 고용을 돕고 있으며, 노인일자리 사업을 통해 일거리를 제공하고 있다.

2) 2014. 5. 20. 기초연금법 제정에 따라 기초노령연금법은 폐지됨.

(2) 건강보장

가족들의 노인부양부담을 경감시키기 위해 2008년부터 노인장기요양보험제도가 실시되고 있다. 노인장기요양보험제도는 고령이나 노인성 질병 등으로 목욕이나 집안일 등 일상생활을 혼자서 수행하기 어려운 이들에게 신체활동·가사지원 등의 서비스를 제공하여 노후 생활의 안정과 그 가족의 부담을 덜어주기 위한 사회보험제도이다. 급여대상은 65세 이상 노인 또는 치매, 중풍, 파킨슨병 등 노인성 질병으로 6개월 이상의 기간 동안 혼자서 일상생활을 수행하기 어려운 사람이다. 장기요양등급은 1등급, 2등급, 3등급, 4등급, 5등급으로 구분하고 있다. 급여내용으로는 ① 요양시설에 장기간 입소하여 신체활동 지원 등을 제공하는 시설급여, ② 가정을 방문하여 신체활동, 가사활동, 목욕, 간호 제공, 주간보호센터 이용, 복지용구 구입 및 대여 등을 포함하는 재가급여, ③ 도서벽지지역에 가족요양비를 지급하는 특별현금급여 등이 있다.

(3) 노인학대

"노인학대라 함은 노인에 대하여 신체적·정신적·정서적·성적 폭력 및 경제적 착취 또는 가혹행위를 하거나 유기 또는 방임을 하는 것을 말한다"(노인복지법 제1조의 2항 제4호).

노인학대 문제는 주로 가정 내에서 발생되고 있고, 노인학대 특성상 외부 노출이 안 되는 등의 제반여건을 고려하여 초기에는 국가에서 직접 개입하여 해결하기보다는 가정 내 또는 지역사회 내에서 자연스럽게 해결방안을 모색해 나가는 방향으로 하여 정부 간여를 최소화해 왔다. 2000년부터 민간을 중심으로 노인학대 상담 활동이 태동하기 시작하여, 2002년도 사회복지공동모금회의 운영비 일부 지원을 계기로 민간의 노인학대상담센터가 활발하게 운영되었다. 그러나 2004년 「노인복지법」 개정을 계기로 민간의 자율적 노인학대상담 활동을 정부 지원체제로 전환하여 노인학대예방·보호를 전문적, 체계적으로 운영하고 있다.

노인학대에 관한 업무를 담당하는 노인보호전문기관을 설치 운영하고 있는데, 주요 사업으로는 ① 노인학대의 예방 및 방지를 위한 홍보 ② 학대받은 노인의 발견·상담·보호와 의료기관에의 치료의뢰 및 노인복지시설에의 입소의뢰 ③ 노인학대행위자, 노인학대행위자로 신고된 자 및 그 가정 또는 업무·고용 등의 관계로 사실상 노인을 보호·감독하는 기관이나 시설 등에 대한 조사 ④ 노인학대행위자에 대한 상담 및 교육 등이 있다.

(4) 노인복지시설의 종류

「노인복지법」에 나타난 노인복지시설의 종류는 다음과 같이 4가지로 구분된다.

〈표 11-2〉 노인복지시설의 종류

구 분	종 류	근 거
노인주거 복지시설	·양로시설 ·노인공동생활가정 ·노인복지주택	노인복지법 제32조
노인의료 복지시설	·노인요양시설 ·노인요양공동생활가정	노인복지법 제34조
노인여가 복지시설	·노인복지관 ·경로당 ·노인교실	노인복지법 제36조
노인재가 복지시설	·방문요양서비스 ·주·야간보호서비스 ·단기보호서비스 ·방문 목욕서비스	노인복지법 제38조

출처: 노인복지법

4. 산업복지

1) 개념

산업복지는 학자에 따라 기업복지, 직업복지, 노동복지 등 여러 가지 용어로 사용되고 있다. 산업복지는 산업조직에 속한 사람들의 개인적·

사회적 욕구에 대응하는 복지급여와 서비스의 체계라고 정의될 수 있다(조흥식 · 김진수 · 홍경준, 2001). 산업복지의 기능은 근로자 입장에서는 생활안정 등의 기본적 욕구를 충족시키며, 고용주 입장에서 보면 근로자의 생산성 및 기업 경쟁력 증대, 노동력의 확보 및 유지, 사업장의 안정유지, 기업의 이미지 개선의 역할을 한다. 국가적으로는 경제발전을 가져오며, 국가의 복지부담을 감소시킨다(노병일, 2008).

2) 주요 내용

산업복지는 주체에 따라 국가 및 지방자치단체, 기업, 노동조합 및 유관 단체에 따라 공공산업복지, 기업복지, 자주복지로 구분된다(노병일, 2008; 조흥식 외, 2001).

① 공공산업복지

국가 및 지방자치단체가 주체가 되어 근로자와 그 가족의 복지증진을 위해 실시하는 제도 및 서비스 체계를 말하는 것으로, 사회보험과 공공산업복지서비스로 구분할 수 있다. 사회보험은 산업현장에서 발생할 수 있는 사고와 어려움으로부터 근로자를 보호하기 위한 것으로 모든 근로자는 의무가입 대상이 된다. 사회보험으로는 국민연금, 국민건강보험, 산업재해보상보험, 근로고용보험 등이 있다.

공공산업복지서비스로는 「근로복지기본법」제9조에 명시된 근로복지 증진에 관한 기본 계획에 따라 근로자의 주거안정, 생활안정, 재산형성, 우리사주제도, 사내근로복지기금제도, 선택적 복지제도 지원, 근로자지원프로그램 운영, 근로자복지시설의 설치 및 운영, 근로복지사업 재원 조성 등으로 구분된다.

② 기업복지

기업이 주체가 된 기업복지는 임금이나 근로조건 이외에 추가로 제공하는 각종 편익을 의미하는 것으로 개별 기업의 자율 결정에 의해 이루어진다. 여기에는 고용주, 사업주, 조직이 포함된다. 기업복지는 온정주의에서 출발되었으나, 오늘날은 근로자의 권리로서 요구되고 있다.

③ 자주복지

노동조합이나 자치회 등을 통해 근로자 스스로가 자신의 복지를 위해 행하는 제반 조치를 말하는 것으로, 공제협동조합사업, 근로자복지매장, 보육사업, 자녀 장학금 지원, 퇴직금누진제, 경조비 등이 해당된다.

5. 아동복지

1) 개념

아동복지는 모든 아동을 대상으로 행복하고 인간다운 생활을 할 수 있도록 예방·치료하는 총체적인 노력을 말한다. 아동복지의 대상은 부모가 양육할 수 없는 아동에 대한 보호로 시작하였으나, 점차 아동을 사회적 약자이기보다는 권리의 주체로 인정하게 되었다. 1989년에 발효된 UN 아동권리협약에서도 아동의 권리가 명확히 드러나고 있다. 즉 아동에 관한 모든 활동에서 아동의 최상 이익이 최우선적으로 고려되어야 하고, 아동은 자신에게 영향을 미치는 모든 문제에 대해 자신의 견해를 자유롭게 표현할 권리가 있으며, 아동의 견해에 대해서는 아동의 연령과 성숙도에 따라 정당한 비중을 부여하여야 한다는 것이다(김민경, 2010).

연령으로 아동의 나이를 어떻게 정의하는가에 대한 기준이 일정치 않다. 한국의 「아동복지법」 제2조에서 "아동이라 함은 18세 미만의 자를 말한다"고 명시하고 있어 아동의 범위를 청소년기까지 포함하여 폭넓게 규정하였다. 「근로기준법」에서는 13세 미만인 자를 소년으로 규정하며, 18세 미만인 자를 보호대상으로 하고 있다.

2) 주요 내용

카두신과 마틴(Kadushin & Martin, 1988)은 아동복지 서비스의 유형을 다음의 3가지로 구분하였다.

• **지지적 서비스(supportive service)**

지지적 서비스란 부모와 아동이 각자의 책임을 효율적으로 수행할 수 있도록 능력을 지원하고 강화시켜 주는 서비스를 말한다. 지지적 서비스의 종류로는 상담서비스, 가정교육 프로그램, 집단상담 프로그램 등이 있으며, 필요에 따라 의료, 정신보건, 주거서비스 등을 제공할 수 있다.

• **보완적 서비스(supplemental service)**

보완적 서비스는 가족의 형태는 그대로 있으나 질병, 실직 등으로 부모의 역할이 약화되었을 때 가정 외부에서 지원해 줌으로써 부모의 역할을 대행하거나 도와주는 것이다. 보완적 서비스에는 보육서비스, 가사 전반을 돌보는 가정봉사원 서비스, 유기나 학대받는 아동을 위한 학대아동보호서비스가 있다.

• **대리적 서비스(substitutive service)**

대리적 서비스는 부모-자녀관계가 일시적 또는 영구적으로 해체되었을 때 부모 책임의 일부 혹은 전부를 대체하기 위한 서비스로 아동을 보호하는 것이다. 대표적인 서비스로는 위탁가정보호, 입양, 시설보호서비스가 있다.

위의 세 가지 구분에 따라 한국에서 시행되고 있는 주요 아동복지서비스에 대해 살펴보자.

① 빈곤가정 아동을 위한 서비스

가족해체에 따른 가족기능 약화 · 사회양극화 등에 따라 빈곤 대물림

이 심화되고 있어 빈곤층 취약아동에 대한 문제가 심각하다. 또한 이혼율의 증가와 함께 가족이 해체됨으로써 발생되는 한부모 가족의 아동, 조손가정의 아동들이 적절한 교육 및 보호를 받지 못하는 경우가 발생하고 있다.

아동 빈곤은 아동의 전 생애는 물론 사회 전체의 발전가능성을 저해한다. 국가 성장잠재력 제고를 위한 선제적 인적투자로서 아동투자가 필요하다는 인식에서 0~12세 저소득 아동 300명 이상 거주하는 빈곤아동 밀집지역에 드림스타트(Dream Start) 센터를 설립하여 지역사회 실태 및 아동욕구 조사를 실시하며, 아동 및 가정의 욕구 및 위기 정도에 따른 사례관리를 통해 건강, 기초학습, 사회성 함양, 부모교육, 가족지지 등 맞춤형 통합서비스를 제공하고 있다. 또한 저소득 아동의 사회진출 시 필요한 자립자금 마련에 도움을 주기 위하여 아동복지시설 아동, 가정위탁 아동 등을 대상으로 아동발달지원계좌(CDA : Child Development Account) 즉 디딤씨앗통장이 2007년 도입되었다.[3)]

② 아동학대로부터의 보호

"아동학대는 보호자를 포함한 성인에 의하여 아동의 건강 · 복지를 해치거나 정상적 발달을 저해할 수 있는 신체적 · 정신적 · 성적 폭력 또는 가혹행위 및 아동의 보호자에 의하여 이루어지는 유기와 방임을 말한다"(아동복지법 제2조).

아동학대로부터의 보호에 관한 구체적인 사업으로는 ① 아동학대 신고접수 및 현장조사 실시 ② 학대피해아동과 학대행위자에게 전문적인 서비스 제공 및 연계 ③ 아동보호전문기관 운영 지원 ④ 아동학대 예방을 위한 교육 및 홍보 ⑤ 관계기관 협력체계 구축 ⑥ 아동학대 신고 및 상담전화 운영 등이 있다.

③ 가정위탁지원

부모가 아동을 직접 기르지 못하는 경우에는 친인척이나 대리양육가

3) 자세한 내용은 디딤씨앗통장 홈페이지 http://www.adongcda.or.kr/ 참조

정에 위탁하여 보호할 수 있다. 가정위탁지원의 목적은 요보호 아동을 보호·양육하기를 희망하는 가정에 위탁 양육함으로써 가정적인 분위기에서 건전한 사회인으로 자랄 수 있도록 하는 것이다. 주요 지원사업으로는 ① 양육보조금 및 국민기초생활보장법에 의한 생계비 등 지원 ② 가정위탁아동 상해보험료 지원 ③ 대리양육·친인척 위탁 가정 전세자금 지원이 있다.

④ 입양

입양의 목적은 보호가 필요한 아동에게 건강한 가정을 영구적으로 제공하여 건강하게 보호 육성될 수 있도록 하는 것이다. 혈연이 중요시 여기는 한국 사회에서는 아이들이 국내 입양보다 해외로 입양되는 경우가 더 많이 발생하고 있는데, 해외입양아는 정체성 갈등으로 어려움이 가중되기도 한다. 정부는 국내입양우선추진제를 도입하여, 입양가정에 대한 경제적 지원, 입양 가능 양부모 자격 확대, 공무원 대상 입양 휴가제를 도입하였다. 그리고 해외입양인 사후서비스 지원으로 모국방문 해외입양인에 대한 한국어 교육 및 체류 쉼터 지원과 뿌리찾기를 위한 해외입양인 모국방문단 및 고충상담 등을 지원하고 있다.

⑤ 아동복지시설 운영

「아동복지법」 제16조에 나타난 아동복지시설의 종류에는 11개가 있다. 입소시설로는 아동양육시설, 아동일시보호시설, 아동보호치료시설, 아동직업훈련시설, 자립지원시설, 아동단기보호시설, 공동생활가정 등이 있다. 아동전용시설로는 어린이공원, 어린이놀이터, 아동회관, 체육, 연극, 영화, 과학실험전시시설, 아동휴게숙박시설, 야영장 등 아동에게 건전한 놀이·오락 기타 각종 편의를 제공하여 심신의 건강유지와 복지증진에 필요한 서비스를 제공하고 있다. 아동문제 상담 및 아동의 건전육성을 위한 서비스를 제공하는 아동상담소와 아동복지관이 있다. 또한 지역사회 아동의 보호·교육, 건전한 놀이와 오락의 제공, 보호자와 지역사회의 연계 등 아동의 건전육성을 위하여 종합적인 아동복지서비스를 제공하는 시설인 지역아동센터가 있다.

3) 실천현장

아동복지의 실천기관으로 영유아보호시설, 지역아동센터, 입양기관, 아동학대 문제를 다루는 아동보호전문기관, 성폭력피해아동의 상담을 전담하는 해바라기아동센터가 있다. 이외에 취업부모의 자녀를 대상으로 하는 국공립, 직장, 민간, 소규모 가정 보육시설 등이 있다.

6. 여성복지

1) 개념

여성복지는 현존하는 여성억압 및 성차별 문제를 해결하고 남녀평등적 사회를 구현하기 위해 필요한 정책 및 서비스를 제공하여 건강한 가정의 구현과 국가 및 사회발전에 남녀가 공동으로 참여하고 책임을 분담할 수 있도록 하는 것이다(최선화 외, 2009).

여성만이 가지는 자녀의 임신, 출산, 양육의 특수한 상황, 아동을 포함한 가족 구성원과의 관계 때문에 다양한 여성의 욕구에 효과적으로 대처할 수 있는 제도화가 요구된다. 또한 여성은 선진경제 도약을 위한 국가의 성장 동력으로서 여성인력의 양성 및 활용의 극대화가 필요하다. 그러나 교육수준, 노동시장 참여구조, 의사결정 참여에의 배제 등 여성들의 생활보장이 이루어지지 않고 삶의 질이 떨어지는 성차별적 현실은 '빈곤의 여성화(feminization of poverty)'라는 새로운 형태의 차별을 낳고 있다(조흥식, 2008). 최근에는 결혼이주여성의 문제가 한국사회에서 큰 이슈가 되고 있다. 한국남성과 외국여성의 결혼은 증가하고 있지만 국제결혼은 문화적 갈등, 언어문제 등으로 가정폭력, 이혼

등 사회문제가 되고 있다. 국제결혼 이주여성의 가정폭력 경험은 일반 가정의 폭력발생률보다 높으며, 심지어 가정폭력으로 이주여성이 사망하는 사건이 보도되었다.[4] 이런 현실에서 여성의 인간다운 삶을 위한 소득, 의료, 주거, 교육, 출산 등을 보장해 주는 여성복지의 중요성은 매우 크다.

2) 주요 내용

초기의 여성복지는 요보호여성들에게서 파생되는 빈곤 모자가족문제, 매매춘, 미혼모, 가출, 근로여성문제 등에 국한되어 왔으나, 최근에는 일반 여성의 인권문제와 복지문제, 사회참여와 자아실현을 돕는 여건조성, 성차별 철폐운동으로 확대되었다.

1995년에 제정된 「여성발전기본법」은 성평등을 실현하기 위한 법적 토대를 마련하는 계기가 되었다. 이 법은 "개인의 존엄을 기초로 한 남녀평등의 촉진, 모성(母性)의 보호, 성차별적 의식의 해소 및 여성의 능력 개발을 통하여 건강한 가정을 이루고 국가와 사회의 발전에 남녀가 공동으로 참여하며 책임을 분담할 수 있도록 함을 그 기본이념으로 한다"(여성발전기본법 제2조). 또한 여성의 발전을 도모하고 범국민적으로 남녀평등의 촉진 등에 대한 관심을 높이기 위하여 1년 중 1주간을 여성주간으로 한다.

여성복지의 주요 내용은 아래와 같다.

첫째, 요보호여성에 대한 지원 사업으로 저소득모자가족에 대한 생활보장 서비스, 미혼모 예방 및 보호서비스, 매매춘여성에 대한 자립자활서비스 등을 실시하고 있다.

둘째, 여성노동에 대한 지원을 살펴보면, 먼저 임신, 출산 및 수유를 이유로 불이익을 받지 않도록 모성보호를 강화하고 있다. 근로자의 채

4) 가정폭력으로 이주여성이 사망한 사건의 예를 살펴보면 2007년 6월 충남 천안에서 가정폭력으로 베트남신부 후안마이 사망, 2008년 2월 경북 경산에서 베트남신부 쩐타인란 자살 사건 등이 있다.

용, 교육, 훈련, 승진, 퇴직 등 고용 전반에 걸쳐 남녀평등이 이루어지도록 노력하고 있다. 또한 경력이 단절된 여성의 취업지원을 전담하는 '여성새로일하기센터'를 설립하여 직업상담, 직업교육훈련, 취업알선, 취업 후 사후관리까지 취업지원서비스를 종합적으로 제공하고 있다.

셋째, 여성에 대한 성폭력과 가정폭력을 예방하고 피해자를 보호하기 위하여 「가정폭력방지 및 피해자보호 등에 관한 법률」, 「가정폭력범죄의 처벌 등에 관한 특례법」, 「성폭력범죄의 처벌 및 피해자 보호 등에 관한 법률」, 「성폭력범죄의 처벌 등에 관한 특례법」 등을 통해 폭력 피해여성에 대한 보호 및 가해자 처벌을 위한 제도적 기반을 마련하였다.

넷째, 성평등을 위하여 성희롱 방지를 위한 교육을 실시하고, 대중매체의 성차별적 내용이 개선 되도록 지원하고, 대중매체를 통하여 남녀평등의식이 확산되도록 노력하고 있다. 또한 양성평등교육을 효율적이고 체계적으로 추진하고 진흥시키기 위해 '한국양성평등교육진흥원'을 설립하였다.

다섯째, 결혼이주여성의 인권보호를 위하여 폭력피해 이주여성 대상 통역 상담 및 현장 지원을 하며, 이주여성 쉼터를 설치하였다. 이주여성 및 동반아동의 거주와 직업훈련 등 자활을 함께 지원하는 '이주여성자활공간터'를 설치 · 운영하고 있다. 또한 국제결혼 전후 남성 교육을 통해 양성평등에 대한 이해를 증진시키고 있다.

7. 의료사회복지

1) 개념

의료사회복지는 의료기관에서 치료팀의 일원으로 사회복지의 전문적인 방법을 활용하여 환자 및 가족의 심리적, 사회적, 경제적 문제를 해결하여 회복을 돕는 것을 말한다. 반면에 거시적 개념에서의 의료사회복지는 질병의 예방과 건강의 증진을 달성하기 위해 보건의료와 관련된 제반정책과 제도 및 행정 분야에서 환자와 가족을 포함하여 의료욕구를 가진 지역주민과 보건의료 분야의 타 전문직을 대상으로 사회복지사가 수행하는 전문적 활동이다(김규수, 2004).

2) 주요 내용

병원은 여러 직종의 전문가들이 환자의 치료를 위해 협력하고 있으며, 의료사회복지사도 치료팀의 일원으로 활동하고 있다. 의료사회복지사는 환자의 질병치료에 장애가 되는 문제를 최소화 또는 제거하기 위하여 사회복지실천기술을 활용하는 전문적인 상담을 제공한다. 현대의 의료계가 세분화, 전문화가 되면서 재활의료사회복지사, 장기이식전담사회복지사 등 의료사회복지사 활동영역도 전문화되고 있다.

의료사회복지사의 주된 직무를 살펴보면 다음과 같다(윤현숙 외, 2001; 한인영 외, 2006).

(1) 심리 · 정신적 문제해결

의료사회복지사는 질병으로 인해 환자 및 가족이 가질 수 있는 심리사회적 문제를 상담한다. 환자가 보이는 불안, 두려움 등의 일반적 반응과 환자의 성격과 환경에 따라 나타나는 특수한 욕구를 파악하여 질병의 회복과 사회 복귀에 부정적 영향을 미치지 않도록 돕는다.

(2) 경제적 문제 해결

경제적으로 어려움을 겪고 있는 환자에 대한 치료비 지원을 위해 병원 내 · 외부의 후원기관에 연결한다. 또한 각종 사회복지제도를 연결하여 환자가 국가로부터 경제적 도움을 받을 수 있도록 도와준다.

(3) 사회복귀 및 재활

장애를 가진 환자의 재활 또는 환자의 지속적인 치료를 위하여 퇴원 계획 상담을 실시한다. 장애인 등록 및 장애인을 위한 정보를 제공하며, 퇴원 후 생활 및 치료과정 등 환자의 심리사회적 재활상담을 한다.

(4) 지역사회 자원 연계

현대적 의료는 치료 위주에서 예방과 재활로 그 영역을 확대하고 있으며, 지역사회로의 의료적공간의 확대를 불러왔다. 이에 따라 의료사회복지사의 지역사회와 연계된 활동 및 자원동원활동이 더욱 강화되었다. 지역사회 자원은 자원봉사자를 개발하고 배치 · 관리하는 인적자원과 후원자개발을 통한 기금모금인 재정자원으로 나눌 수 있다.

(5) 호스피스 서비스 연계

의료사회복지실천 과정에서는 죽음으로 사례가 종결되는 경우가 생길 수 있다. 사회복지사는 죽어 가는 환자와 솔직하게 대화하여 그가 적절한 존엄성과 인간성을 유지하며 삶을 마감할 수 있도록 도와야 한다. 또한 필요한 경우 의사가 죽음을 알릴 수 있도록 돕고 환자와 가족이 적응적 방식으로 죽음을 다룰 수 있도록 도와야 한다. 임종 환자와 가족에게 정서적 지지와 구토, 호흡 곤란 등의 증상 조절의 서비스를 제공하는 호스피스(hospice)서비스를 연결해 준다.

8. 장애인복지

1) 정의

국제노동기구(ILO)는 "장애인이란 신체 또는 정신상의 결함의 결과 적절한 직업을 확보 · 유지해 나갈 전망이 없는 실질적으로 손상을 받는 개인"이라고 정의 내렸다(조흥식, 2008; 295). 세계보건기구(WHO)에서는 1980년 장애를 손상(impairment), 기능장애(disability), 사회적 불리(handicap)라는 개념을 사용하여 설명하였으나, 2001년에는 인간과 환경의 상호작용이라는 긍정적 개념으로 변화된 ICF(International classification of functioning, disability and health)를 제안하였다. 이는 손상(impairment), 활동제한(activity limitation), 참여제한(participation restrict)을 사용하여 장애인의 사회통합과 지역사회 생활을 강조하고 있다(남기민, 2005).

우리나라 「장애인복지법」 제2조에 따르면, "장애인이란 신체적·정신적 장애로 오랫동안 일상생활이나 사회생활에서 상당한 제약을 받는 자를 말한다. 신체적 장애란 주요 외부 신체 기능의 장애, 내부기관의 장애 등을 말한다. 정신적 장애란 발달장애 또는 정신 질환으로 발생하는 장애를 말한다"고 명시되어 있다. 장애인복지법 시행령에 제시되어 있는 장애인의 종류에는 지체장애, 뇌병변장애, 시각장애, 청각장애, 언어장애, 지적장애, 자폐성장애, 정신장애, 신장장애, 심장장애, 호흡기장애, 간(肝)장애, 안면장애, 장루·요루장애, 간질장애 등 15가지이다. 우리나라의 장애인 출현율을 살펴보면 1995년 2.37%, 2000년 3.09%, 2005년 4.59%, 2011년 5.61%로 증가하고 있음을 보여주고 있다(〈표 11-3〉 참조).

〈표 11-3〉 장애인 출현율 변화추이

연도	출현율(%)	추정수(명)
1995	2.37	1,028,837
2000	3.09	1,449,496
2005	4.59	2,148,686
2011	5.61	2,683,477

출처: 보건복지부. 2014. 「2014 보건복지통계연보」. p.277.

2) 주요 내용

국제연합(UN)은 1975년 '장애인의 권리선언'을 통해 장애인은 장애의 원인, 특질, 정도에 상관없이 같은 연령의 시민과 동등한 기본적 권리를 가진다는 것을 선언하였다(조흥식, 2008). 그러나 장애인들은 장애에 따른 빈곤과 취업의 어려움, 의료재활의 기회 부족, 그리고 장애인에 대한 부정적 인식으로 인한 차별 대우 등을 경험하고 있다.

「장애인복지법」 제3조에서는 "장애인복지의 기본이념은 장애인의 완전한 사회 참여와 평등을 통하여 사회통합을 이루는 데에 있다"고 명시되어 있다. 장애인복지서비스에서 강조되는 이념은 정상화(normalization)와 사회통합(social integration)이다. 정상화란 장애인의 생활조건과 환경을 정상화한다는 의미로 장애인도 비장애인처럼 지역사회 내 일반가정에서 정상적이고 일상적인 생활을 영위하는 것을 의미한다. 사회통합은 장애인이 가치를 인정받는 일상 시민과 접촉하고, 가치 있는 물리적·사회적 환경에서 가치 있는 활동과 관계에 참여하는 것을 의미한다(김상균 외, 2001).

우리나라에서는 「장애인복지법」이 제정[5]되어 장애인을 위한 다양한 서비스를 제공하고 있다. 또한 2007년 「장애인차별금지법」, 2010년 「장애인연금법」, 2011년 중증장애인의 활동지원을 통한 자립 및 가족부담을 경감하기 위한 「장애인활동 지원에 관한 법률」[6]을 제정하였다.

「장애인복지법」에 나타난 주요한 내용을 살펴보면 다음과 같다.

---

5) 1981년 「심신장애자복지법」으로 제정되었다가 1989년 「장애인복지법」으로 전면 개정.

6) 2011. 1. 4. 제정, 2011. 10. 5. 시행. 2011년 장애인활동지원제도 시행으로 2010년 활동보조사업에 비하여 지원 규모가 3만명에서 5만명으로 대폭 확대되며, 서비스도 신체활동·가사활동 등 일상생활지원 외에 방문간호, 방문목욕 등이 추가 지원되고, 급여 규모도 월평균 58만원에서 69만원으로 확대된다.

(1) 장애인차별해소 및 사회참여

장애인에 대한 국민의 이해를 깊게 하고 장애인의 재활의욕을 높이기 위하여 매년 4월 20일을 장애인의 날로 하며, 장애인의 날부터 1주간을 장애인 주간으로 한다.

(2) 장애인 소득보장

장애인의 소득을 보장하기 위한 사업으로는 주택 보급, 자금 대여, 생업 지원, 자립훈련비 지급, 생산품 구매 및 인증, 고용 촉진, 장애아동수당과 보호수당 등이 있다.

(3) 장애인 직업재활

공공직업능력개발훈련시설이나 사업장 내 직업훈련시설에서 하는 직업훈련 또는 취업알선을 필요로 하는 자를 관련 시설이나 직업안정업무기관에 소개하는 것이다.

(4) 장애인 의료재활지원

장애인복지시설에 위탁하여 그 시설에서 주거편의·상담·치료·훈련 등의 필요한 서비스를 제공하며, 또한 국·공립병원, 보건소, 보건지소, 그 밖의 의료기관에 의뢰하여 의료와 보건지도를 받게 하고 있다.

(5) 장애인복지시설의 종류

① 장애인 생활시설 : 장애인이 필요한 기간 생활하면서 재활에 필요한 상담·치료·훈련 등의 서비스를 받아 사회복귀를 준비하거나 장애로 인하여 장기간 요양하는 시설.

② 장애인 지역사회재활시설 : 장애인을 전문적으로 상담·치료·훈련하거나 장애인의 여가 활동과 사회참여 활동 등에 편의를 제공하는 장애인복지관·의료재활시설·체육시설·수련시설 및 공동생활가정 등의 시설.

③ 장애인 직업재활시설 : 일반 작업환경에서는 일하기 어려운 장애인이 특별히 준비된 작업환경에서 직업훈련을 받거나 직업 생활을 할 수 있도록 하는 시설.

④ 장애인 유료복지시설 : 장애인이 필요한 치료·상담·훈련 등 편의를 제공받고 그에 소요되는 모든 비용을 시설 운영자에게 납부하여 운영하는 시설.

3) 실천현장

장애인을 대상으로 서비스를 제공하는 기관으로 장애인종합복지관, 시각장애인복지관, 청각장애인복지관, 장애인학교 등이 있다. 장애인의 자립을 위하여 직업훈련을 강조하고 있는데, 장애인복지사업 지침에 따라 장애인 직업재활시설 및 지역사회재활시설에서 직업재활사를 채용하도록 규정하고 있다.

9. 정신보건사회복지

1) 개념

정신보건사회복지는 정신질환자와 그 가족에게 서비스를 제공하는 분야이다. 「정신보건법」 제3조에서는 "정신질환자라 함은 정신병(기질적 정신병을 포함한다)·인격장애·알코올 및 약물중독 기타 비정신병적 정신장애를 가진 자를 말한다"고 정의하고 있다.

도시화·산업화로 인한 급격한 생활환경의 변화와 사회구조가 복잡·다양해짐에 따라 정신질환자의 증가와 이에 따른 사회문제가 대두되고 있다. 한국에서는 급변하는 현실 부적응으로 스트레스, 알코올중독, 자살 등 정신건강문제가 야기되고 있다. 정신질환은 단기치료가 곤란한 만성질환이며 발병원인도 알 수 없는 경우가 많을 뿐만 아니라 완치율도 낮고, 장기치료로 인한 과중한 진료비 부담으로 가정파탄을 초래하기도 한다. 또한 정신질환자의 우발적인 범죄행위가 발생함에 따라 사회적 불안요인이 되고 있다.

보건복지부의 2011년도 '정신질환실태 역학조사'에 따르면 정신질환 1년 유병률은 18세 이상 64세 이하 인구의 13.5%로 매년 약 487만명이 정신질환에 이환되고 있다. 이 중에 알코올사용장애의 1년 유병률은 4.4%(약 158만명)이며, 불안장애, 기분장애, 정신병적 장애의 1년 유병률은 10.8%(약 394만명)이다(〈표 11-4〉 참조).

〈표 11-4〉 정신장애 일년 유병률 및 추정환자 수

	남자		여자		전체	
	유병률(%)	추정 환자수(명)	유병률(%)	추정 환자수(명)	유병률(%)	추정 환자수(명)
알코올사용장애	6.6	1,188,916	2.1	379,756	4.4	1,588,289
정신병적 장애	0.2	36,028	0.5	90,418	0.4	144,390
기분장애	2.3	414,319	4.9	886,096	3.6	1,299,509
불안장애	3.7	666,514	9.8	1,772,193	6.8	2,454,629
모든 정신장애* 니코틴사용장애 제외	11.5	2,071,597	15.5	2,802,958	13.5	4,873,160

* 지난 일 년 사이에 한번이라도 정신장애를 앓은 적이 있는 대상자.
출처: 보건복지부. 2014. 「2014년 정신건강사업안내」. p.10.

2) 주요 내용

정신보건사업의 기본 방향은 정신질환에 대한 편견해소 및 인식개선, 지역사회 정신보건 체계 및 기반확충, 정신질환자 치료여건 개선 및 권익증진을 목표로 하고 있다. 정부는 1995년 「정신보건법」을 제정하여 정신보건복지서비스에 대한 제도적 토대를 마련하였다.

현재 시행되고 있는 주요 내용을 살펴보면 아래와 같다.

(1) 정신질환에 대한 인식개선

정신질환에 대한 인식개선 및 정신질환자 권익증진을 위해 정신보건 법령에 규정된 입원요건 및 절차 준수, 진정함 설치·운용 등을 하고 있다. 또한 가족, 지역주민 등을 대상으로 인식개선 교육을 실시하며, 정신질환자 자조집단을 운영하고 있다.

(2) 자살예방대책 수립 및 시행

정신건강전화(1577-0199) 및 희망의 전화(국번없이 129번) 운영을 통한 정신건강증진 및 위기관리를 도모하고 있다.

(3) 알코올중독자에 대한 치료·재활체계 강화

알코올상담센터 운영을 통해 알코올 의존자, 가족 및 지역주민에게 알코올중독 예방, 상담, 재활훈련 등의 서비스를 제공하여 사회에 복귀할 수 있도록 지원하고 있다. 또한 과도한 음주로 말미암은 유병률 및 사고율을 감소시키기 위해 국가적 알코올 종합대책 '파랑새플랜 2020'을 추진 중이다. 이는 지난 2006년부터 추진해 온 '파랑새플랜 2010'의 경험과 성과를 바탕으로 수립되었다.

(4) 정신보건시설의 요양 및 치료 환경 개선

정신질환자의 요양·보호수준 및 질 향상을 위해 각종 정신보건서비스 즉 일상생활, 건강진단, 진료 및 투약, 의료기관 이용, 정신재활 및 사회복귀훈련 등을 제공하고 있다. 또한 양질의 정신의료서비스를 지속적으로 제공하기 위하여 정신의료기관의 치료환경을 개선하고 있다.

(5) 정신보건센터

정신보건센터는 지역사회 내 정신질환자의 등록관리, 사례관리, 주간재활(day care), 교육·훈련, 타 기관 연계 등 정신질환자 관리, 재활사업 추진 및 지역주민의 정신건강, 자살예방 등 지역사회 정신건강 증진

사업을 수행하고 있다.

(6) 정신보건기관 · 시설

「정신보건법」 제3조에 나타난 시설의 종류와 정의를 보면 다음과 같다.

① 정신보건시설은 정신의료기관 · 정신질환자사회복귀시설 및 정신요양시설을 말한다.

② 정신의료기관은 의료법에 의한 의료기관 중 주로 정신질환자의 진료를 행할 목적으로 제12조 제1항의 시설기준 등에 적합하게 설치된 병원과 의원 및 병원급 이상의 의료기관에 설치된 정신과를 말한다.

③ 정신질환자사회복귀시설은 정신질환자를 정신의료기관에 입원시키거나 정신요양시설에 입소시키지 아니하고 사회복귀촉진을 위한 훈련을 행하는 시설을 말한다.

④ 정신요양시설은 정신의료기관에서 의뢰된 정신질환자와 만성정신질환자를 입소시켜 요양과 사회복귀촉진을 위한 훈련을 행하는 시설을 말한다.

3) 실천현장

정신보건사회복지의 실천현장은 매우 다양하여 정신의료기관, 정신요양시설, 정신질환자 사회복귀시설, 정신건강증진센터, 자살예방센터, 알코올상담센터(2014년 중독관리통합지원센터로 기능 개편) 등이 있다. 정신보건 분야에서 일하기 위해서는 정신보건사회복지사 자격증[7]을 취득하여야 한다.

7) 정신보건사회복지사 자격증 취득에 관한 사항은 제13장 참조.

10. 청소년복지

1) 개념

「청소년기본법」 제3조에서는 9세 이상 24세 이하의 자를 청소년으로 정의하였다. 「청소년보호법」에서는 "청소년이라 함은 만 19세 미만의 자를 말한다. 다만, 만 19세에 도달하는 해의 1월 1일을 맞이한 자를 제외한다"고 규정하였다.

청소년 시기는 제2의 성 특징이 나타나면서 신체적 변화와 함께 심리적 갈등을 경험하게 되는 질풍노도의 시기이다. 부모로부터의 간섭에서 벗어나 좀 더 자율적으로 행동하고 싶은 시기이기도 하다. 한국사회에서 청소년은 대학 입시에 대한 심리적 압박으로 균형있는 성장을 위한 기회를 박탈당하고 있다. 심리적 압박은 학교폭력, 인터넷중독, 약물중독. 음주, 흡연 등 부정적인 양상으로 나타나며, 심하면 청소년비행 및 가출이 청소년범죄로 발전되기도 한다. 또한 청소년기는 성에 대한 왕성한 호기심이 발동하는 시기이므로 건전하게 성욕구를 풀지 못하는 경우 성매매, 성폭력(강간) 등에 이를 수 있다.

청소년복지는 청소년의 기본적 욕구의 충족과 건강한 성장 발달을 촉진하며 주체적인 삶을 영위하도록 돕는 전문적 활동이다. 청소년복지의 주요 대상은 요보호청소년, 비행청소년, 학교청소년, 근로청소년 등이다. 청소년복지의 원칙과 특성을 살펴보면 다음과 같다(홍봉선·남미애, 2007). 첫째, 청소년은 독립적이고 통합된 인격체로서 존중되어야한다. 둘째, 청소년은 완성된 존재가 아니라 성장과정 속에 있기 때문에 접근은 지속적으로 이루어져야 한다. 셋째, 청소년기를 고려한 과학적, 체계적 개입이 필요하다. 넷째, 청소년 개인의 변화 뿐 아니라 환경의 변화도 함께 다루어져야 하며, 관련 사회정책을 통합적으로 다루어야 한다.

2) 주요 내용

청소년 관련법으로는 「청소년기본법」, 「청소년보호법」, 「청소년복지지원법」, 「청소년활동진흥법」 등이 있다. 법에 나타난 주요 내용을 살펴보자.

(1) 청소년의 인권보장

청소년은 인종·종교·성·연령·학력·신체조건 등 여타의 조건에 의하여 차별을 받아서는 아니된다. 또한 청소년은 외부적 영향에 구애받지 아니하면서 자기 의사를 자유롭게 표명하고 스스로 결정할 권리를 가진다(청소년복지지원법 제3조).

(2) 청소년의 건강보장

청소년의 건강증진과 체력향상을 위하여 체력검사와 건강진단을 실시하고 있다(청소년복지지원법 제8조와 제9조).

(3) 특별지원청소년의 지원

청소년은 미래의 일군으로서 국가 및 지방자치단체는 특별지원청소년에 대하여 필요한 지원대책을 강구하여야 한다. 이들을 위해 기초적인생활지원·학업지원·의료지원·직업훈련지원·청소년활동지원 등을 하고 있다(청소년복지지원법 제12조). 특히 가출청소년을 위하여 일시적인 생활지원과 선도, 가정·사회로의 복귀를 지원하기 위하여 청소년쉼터를 설치·운영하고 있다(청소년복지지원법 제14조). 또한 국가 및 지방자치단체는 청소년 본인의 동의와, 당해 청소년의 보호자 또는 학교의 장의 신청에 의하여 당해 청소년에 대한 청소년상담사 등 전문가를 통한 상담과 교육 · 자원봉사 · 수련 · 체육 · 단체활동 등의 교육적 선도를 실시하고 있다(청소년복지지원법 제15조).

(4) 청소년 유익환경의 조성과 유해환경의 규제

청소년의 정보화 역량을 배양하기 위한 환경조성, 청소년에게 유익한 매체물의 제작 · 보급 등을 장려, 주택단지의 청소년시설 배치 등 청소년을 위한 사회환경과 자연환경의 조성에 노력하여야 한다(청소년기본법 제51조와 52조).

특히 "청소년에게 유해한 매체물과 약물 등이 청소년에게 유통되는 것과 청소년이 유해한 업소에 출입하는 것 등을 규제하고, 청소년을 청소년폭력 · 학대 등 청소년유해행위를 포함한 각종 유해한 환경으로부터 보호 · 구제함으로써 청소년이 건전한 인격체로 성장할 수 있도록 함을 목적으로 한다"는 「청소년보호법」을 제정하였다.

(5) 청소년시설

청소년시설의 종류에는 청소년활동에 제공되는 시설, 청소년복지에 제공되는 시설, 청소년보호에 제공되는 시설이 있다(청소년기본법 제17조).

(6) 청소년활동 진흥

청소년기본법 제47조제2항의 규정에 따라 다양한 청소년활동을 적극적으로 진흥하기 위하여 필요한 사항을 정함을 목적으로 하는 「청소년활동진흥법」을 제정하였다. 한국청소년활동진흥원을 설치하여 다양한 활동을 전개하고 있다. 청소년 활동에는 수련활동 · 교류활동 · 문화활동 등이 있으며, 청소년수련시설로는 청소년수련관 및 청소년수련원, 청소년문화의집, 청소년특화시설, 청소년야영장, 유스호스텔 등이 있다.

3) 실천현장

청소년복지의 실천현장은 한국청소년단체협의회, 한국청소년상담원, 청소년쉼터, 청소년기관, 청소년수련원 등이 있다. 또한 사회복지사업 분야로 종합사회복지관, 청소년방과후 아카데미, 청소년대상 지역아동센터, 청소년재활지원관 등이 있으며, 교정시설인 소년원이나 보호관찰소에서 활동할 수 있다. 또한 학교에서 학교사회복지사로 활동하면서 청소년을 지도할 수 있다. 청소년활동 분야에서 일하기 위해서는 청소년지도사와 청소년상담사 자격증[8]이 필요하다.

11. 학교사회복지

1) 개념

모든 국민은 자기 능력에 따라 균등하게 교육을 받을 권리와 의무가 있다(헌법 제31조). 이를 위해 국가는 국민 모두에게 공평한 교육기회를 제공하고 최적의 교육환경을 조성할 책임이 있다. 그러나 입시위주의 교육과 처벌중심은 학생들에게 스트레스를 주고 잠재력개발에 장애요인이 되고 있다. 학교에서 일어나는 학생의 문제들은 개인의 문제만이 아닌 개인을 둘러싼 환경과의 상호작용의 결과이다. 학교사회복지는 가정-학교-지역사회의 연계를 통해 학생 개개인의 잠재력과 능력을 최대로 발휘할 수 있도록 돕는 동시에 사회환경이나 교육환경에 개입하여 학교가 주어진 역할과 기능을 극대화할 수 있도록 도와주는 사회복지실천의 전문분야이다(한인영 외, 2004).

8) 청소년지도사와 청소년상담사 자격증에 관한 사항은 제13장 참조.

학교사회복지의 대상자는 학생과 학생을 둘러싸고 있는 가족 및 지역사회라 할 수 있다. 청소년기에 있는 학생들은 심리적 특성으로 인한 불안과 부모와의 관계, 친구관계, 이성교제 등으로 정서적 문제나 부적응 행동을 보일 수 있다. 빈곤가정, 조손가정, 한부모가정에 속한 학생, 학교규칙위반학생, 폭력, 범죄 등 범법행동 학생들에게 더욱 관심을 집중하여야 한다. 특히 학교폭력, 집단따돌림 등으로 고민에 빠진 학생들도 있을 것이다. 이에 정부는 「학교폭력예방 및 대책에 관한 법률」을 제정하였는데 제1조에서 "학교폭력의 예방과 대책에 필요한 사항을 규정함으로써 피해학생의 보호, 가해학생의 선도·교육 및 피해학생과 가해학생 간의 분쟁조정을 통하여 학생의 인권을 보호하고 학생을 건전한 사회구성원으로 육성함을 목적으로 한다."고 명시하고 있다.

2) 주요 내용

학교사회복지에서 사용되는 6가지 실천모델로는 전통적 임상 모델, 학교변화 모델, 사회적 상호작용 모델, 지역사회학교 모델, 학교-지역사회-학생관계 모델, 학교연계통합서비스 모델이 있다.[9] 학교사회복지사의 역할은 교육자, 자문가, 조정자, 자원개발자 등 매우 다양하며, 대면상담이나 심리검사 등의 개별개입, 공통의 욕구를 가진 학생들을 집단으로 구성하여 프로그램을 제공하는 집단개입, 가정방문 및 학부모 면담, 그리고 학교 밖 자원개발 및 지역사회연계 활동을 한다. 학교사회복지사업 실천 세부업무는 〈표 11-5〉와 같다.

9) 학교사회복지모델에 관한 자세한 내용은 성민선 외(2004)와 한인영 외(2004) 참조.

〈표 11-5〉 학교사회복지사업 실천 세부업무의 예

목표		세부업무의 예
학교사회복지실천을 위한 여건조성		· 관련협의체 및 협력부서 조직 · 사무실 및 학생상담 공간 마련과 환경구성 · 학생/학부모/교사/지역사회 대상 홍보활동 · 자원봉사자 모집, 배치 · 학교욕구조사 및 지역사회 조사
학생 대상 활동	개별사회사업	· 수시 개별상담 및 전문가 의뢰 · 복합적인 문제와 욕구를 가진 학생을 위한 다양한 전문가로 구성된 지원팀 운영 · 심리검사
	집단사회사업	· 자아성장을 위한 집단활동 · 문제해결을 위한 집단활동 · 예방교육
	기타 문화행사	· 문화체험 행사 및 방학 중 캠프 · 즐거운 학교생활을 위한 이벤트 · 건강한 청소년문화를 위한 학생활동지원
가족지원활동		· 가정방문, 부모상담 · 장학금, 생활보조금 등 연계 · 결손가정학생을 위한 정서적 후원자 결연
학교변화를 위한 활동		· 학생복지 이해증진을 위한 교사연수 · 학생 원조를 위한 교내 서비스 체계 마련 · 학생 옹호활동 및 학교 체계 변화를 위한 활동
지역사회자원 구축 및 연계 서비스		· 지역사회자원 조사 및 개발활동 · 전문가, 전문기관과의 공조 체계 마련 · 지역사회 학생복지 지원협의체 결성, 운영 · 지역사회 인식개선과 환경개선을 위한 캠페인
기타		· 활동기록, 평가, 자문 · 서비스 효과성 조사연구 · 활동홍보 및 보고서 작성 배포

출처: 한국학교사회복지사협회 홈페이지 http://www.kassw.or.kr/

3) 실천현장

한국에서는 1990년 이후 학교사회복지사업이 본격적으로 시작되었으며, 한국학교사회복지학회와 한국학교사회복지사협회가 설립되었다. 교육인적자원부와 교육청의 지원 하에 학교사회복지사업들이 진행되고 있고, 2003년부터는 교육복지투자우선지역 지원사업을 시작하여 저소득층 지역 학생들에게 교육, 복지, 문화 서비스를 제공하고 있다. 학교사회복지사로 일하기 위해서는 학교사회복지사 자격증[10])이 필요하다.

생각나누기

1. 각 분야별로 문제나 이슈를 다룬 책이나 영화를 보고 문제의 원인과 대책에 대해 토론해 봅시다.

2. 각 분야별로 미래의 과제와 전망에 대해 의견을 나누어 봅시다.

3. 각 분야별로 사회복지사에게 필요한 지식과 기술, 자질, 자격증에 대해 이야기해 봅시다.

4. 정보화, 세계화, 경제적 효율성에 대한 가치부과 등 급변하는 사회환경의 변화가 아동, 청소년, 노인, 여성, 가족 등에 가져올 변화는 무엇이며 이에 따른 문제와 그 대책은 무엇인지 토의해 봅시다.

10) 학교사회복지사 자격증에 관한 내용은 제13장 참조.

제12장 사회복지실천의 개척 분야

본 장에서는 사회복지에서 새롭게 관심이 집중되고 있는 분야를 탐색한다. 먼저 군사회복지를 소개한다. 군대는 외부로부터 고립되고 민간인의 접근이 자유롭지 않은 조직이었는데, 사병들의 총기사건 등으로 사회적 관심이 고취되어 군인의 부적응 문제를 해결하기 위한 노력들이 있어 왔다. 다음으로는 기차역이나 길거리에서 흔히 볼 수 있는 노숙인 문제를 다룬다. 정부는 노숙인 보호체계의 미흡함에서 발생하는 문제를 노숙인·부랑인 복지사업의 재정비를 통해 복지사각지대를 해소해 나가겠다고 밝혀 이를 소개한다. 마지막으로 이주노동자, 북한이탈주민, 결혼이주여성의 증가로 도래한 다문화사회에서 그들을 대상으로 서비스를 제공하는 다문화사회복지에 대해 검토한다.

1. 군사회복지

1) 개념

우리나라는 의무병제도를 채택하고 있다. 풍요로운 환경에서 자유롭게 살던 병사들은 군입대후 상급자와의 가치관의 차이, 가혹행위, 외부와 차단된 주위환경, 고된 훈련 등과 권위적이고 강압적인 군부대의 조직문화 적응에 어려움이 따른다. 이에 따른 군부대 부적응문제는 이탈 장병수의 증가, 자살사고의 증가와 매스컴에 보도된 군 관련 사건사고[1])들로 사회적인 관심을 끌게 되었다. 이를 계기로 신병영문화 구축과 새로운 리더십, 상담서비스 등의 필요성이 대두되었다.

우리나라에서 군사회복지와 관련된 개념이 처음 도입된 것은 1964년 국군군의학교에서 발간된 '육군사회사업'이다. 그러나 군사회복지의 제도화가 이루어지지 못하고 군의료사회사업에 중점을 두고 발전해왔다(한인영 외, 2011). 2007년 「군인복지기본법」이 제정되어 2008년부터 시행됨으로써 법적인 제도화가 이루어졌다. 군인복지기본법 제 1조에 나타난 목적을 살펴보면, "군인의 생활안정과 삶의 질 향상을 도모하고 군의 사기를 높이며 나아가 군인으로 하여금 임무수행에 전념할 수 있도록 하기 위하여 군인에 대한 복지정책의 수립 및 복지사업의 수행에 필요한 사항을 규정함을 목적으로 한다"고 명시되어 있다. 여기서 말하는 "군인이란 현역으로서 「군인사법」 제2조제1호에 따른 장교·준사관·부사관 및 병을 말한다."(군인복지기본법 제2조).

군사회복지는 군인과 그 가족이 지닌 기본 욕구를 충족시키기 위한 사회복지적 노력의 일환으로 정의할 수 있으며, 군사회복지실천의 목적은 군인들이 환경에 잘 적응하고 보다 향상된 삶의 질을 누릴 수 있노록 하며, 가족 및 대인관계상의 문제, 군생활적응의 문제를 해결하도록 도우며, 최적의 환경에서 생활할 수 있도록 서비스를 개발하는 것이다. 군사회복지사의 역할로는 첫째, 군인의 전투수행 능력을 증진시키고 또한 전투 이후의 회복을 돕는다. 둘째, 군대라는 구조적 경계 내에서 군 구성원의 복지를 극대화하고 심리사회적 손상을 극소화하는 군 정책 및 절차를 개발하고 자문한다. 셋째, 가정폭력, 물질남용, 정신질환 등

1) 2005년 6월 19일 연천 GP(전방초소) 총기난사사건, 2006년 8월 10일 가평 군부대 총기사건, 2008년 11월 27일 철원군 GP 수류탄 투척사건 등이 있다.

과 같은 심리사회적 문제로 인해 발생할 수 있는 손상을 줄이는 프로그램을 계획하고 실행한다. 넷째, 군대 내에서 사회서비스의 기능을 향상시킨다(박미은, 2005).

2) 주요 내용

국방부에서는 군인복지의 4대 비전으로 ① 군 임무 수행여건을 보장하는 튼튼한 기초복지구현, ② 가족의 지지는 군임무 수행에 필수적인 요소이므로 직장과 가정이 조화될 수 있도록 지원하는 가족복지, ③ 인생을 풍요롭게 만들어 줄 다양한 문화적 욕구충족에 대한 지원, ④ 대상별, 유형별로 복지 수요자 요구에 맞춘 효율적인 복지 인프라 구축을 제시하고 있다. 현재 실시되고 있는 직업군인과 병사복지 지원에 대한 내용을 살펴보면 다음과 같다(국방부 홈페이지 http://www.mnd.go.kr/).

(1) 직업군인복지

첫째, 소득보장정책: 1963년에 「군인연금법」이 별도로 제정되어 운영되고 있는데, 군인이 상당한 기간 복무하고 퇴직하거나 심신의 장애로 인하여 퇴직 또는 사망한 때 또는 공무상의 질병, 부상으로 요양하는 때에 본인 또는 그 유족에게 연금을 지급한다.

둘째, 전직지원: 장병 사기 진작 및 전역 후 안정된 생활여건 조성을 위해 전역예정 간부에게 전직지원교육, 취업알선 등의 전직지원서비스를 제공한다.

셋째, 주거보장: 군 숙소를 현대적이고 쾌적하게 변화시키는 것이며, 또한 내 집 마련을 위한 실질적인 혜택을 제공한다.

넷째, 가족지원: 직업군인이 본연의 임무에 전념할 수 있도록 직장과 가정, 일과 여가가 조화를 이룰 수 있는 가족친화적인 서비스를 제공한다. 대표적으로 지역별 가족지원센터를 설치해 군인가족을 위한 다양한 지역생활정보 및 가족지원서비스를 제공하며, 지자체-국방부-각 군이 연계된 가족지원 포털을 구축해 이용의 편의성을 제공하고 있다. 또한 영유아 보육 지원 및 아이돌보미 서비스 확대, 군인자녀를 위한 기숙사 증축 및 운영 지원, 학비보조와 일부 대학 특별전형 확대 등의 가족지원 정책을 시행하고 있다.

(2) 병사복지지원

첫째, 의료체제 개선: 장병들의 생명과 건강을 지키기 위하여 1·2·3차 진료능력을 고르게 보강하고, 응급의료체계를 개선하는 등 전·평시 완벽한 의무지원체계를 구축한다. 사단급 이하 1차 의료기관에 인력·장비·시설 보강, 군병원을 선택과 집중에 따라 군병원 전문화·특성화 추진, 우수 의료인력 확보, 의무 후송 전용헬기도입 및 장병 응급처치 능력을 강화한다.

둘째, 병영생활개선: 병영조직의 핵심가치는 인간중심의 문화이며, 위에서 아래로의 의식전환이 필요하다는 인식 아래 상·하 일치된 건전한 가치관 정립을 위하여 분야별 민간전문가를 초빙하여 교육안보교육, 인성교육, 충효예, 전통문화, 민주시민의식, 문화예술 분야 등을 실시하고 있다.

셋째, 자기개발: 군은 장병들의 자기개발 욕구를 해소시켜 주기 위해 군 복무기간동안 학점취득과 국가기술자격 취득여건을 확대하는 등 군이 필요로 하는 인력을 효율적으로 육성함과 동시에 평생교육차원에서 장병 개개인의 자기발전을 지원하여 생산적인 병영생활과 개인, 군 및 국가 경쟁력 향상을 위해 노력하고 있다.

넷째, 복무 인센티브: 군복무 가산점 제도, 현역병 학자금 대출이자 납부, 사회봉사활동 인증제도 시행으로 군 생활 가치를 제고한다.

우리나라의 경우 지금까지 군사회복지사라는 제도가 도입되지는 않았지만, 병영생활 전문상담관을 채용하고 있다. 2009년 국방부 훈령으로 '병영생활 전문상담관 운영에 관한 훈령'을 제정하였다. 훈령 제17조에 의하면 전문상담관의 임무는 복무부적응 장병 식별·관리 및 관련 사항 지휘관 보좌, 보호·관심장병 현장위주 상담 및 관리, 장병 기본권 제한사항 식별 및 시정 지휘조언, 간부 및 상담병 상담능력 향상 교육, 장병·군인가족에 대한 사회복지 관련 상담, 다문화가족 구성원인 장병 관리 및 고충처리 관련 지휘관 보좌 등 6가지를 제시하고 있다. 훈령 제18조의 전문상담관의 세부 업무는 다음과 같다.

① 병영생활 전문상담관실 세부 운영계획 수립 시행

② 사고우려자 및 보호관심장병 등에 대한 현장위주 상담 관리

③ 장병 기본권 보장 관련 갈등관리 및 지휘조언

④ 군내 사용하는 인성검사 분석 및 후속조치 조언

⑤ 각종 집단상담 프로그램 지도 및 시행

⑥ 비전캠프(Vision Camp) 운영지원 및 장병 상담교육

⑦ 군생활, 개인신상, 가족관계 및 자녀교육 등으로 인한 어려움을 겪고 있는 군인 및 장기복무 군인가족에 대한 상담 조언

⑧ 주기적 상담결과 분석 및 분석결과의 지휘 참고자료 제공

⑨ 그 밖에 운영부대장이 상담관에게 요청한 업무

병영생활 전문상담관의 지원자격은 군 경력자와 민간 경력자로 구분되어 있다. 군경력 지원자의 경우에는 10년 이상 현역 장교나 준·부사관으로 복무한 자 가운데 채용연도를 기준으로 3년 이전인 1월 1일부터 채용공고 3개월전 말일까지 사이에 전역한 자이어야 한다. 민간경력 지원자의 경우에는 3년 이상 상담경력을 가진 자로, 남자는 군복무를 필한 자이어야 한다(병영생활 전문상담관 운영에 관한 훈령 제9조).

병영생활 전문상담관의 학력·경력 및 자격요건은 〈표 12-1〉에 나타나 있다.

〈표 12-1〉 병영생활 전문상담관 학력·경력 및 자격요건

학력요건	• 상담 및 사회복지 관련학과 학사학위 이상 ※ 군 경력자의 경우 국방부장관이 따로 정할 수 있음.
자격요건	① 청소년상담사(1, 2급), 임상심리사(1급), 정신보건임상심리사(1,2급), 정신보건사회복지사(1급), 상담심리사(1,2급), 수련감독전문상담사, 전문상담사(1,2급), 임상심리전문가 ② 임상심리사(2급), 정신보건사회복지사(2급) ③ 청소년상담사(3급), 사회복지사(1,2,3급), 전문상담교사(1,2급), 기타 상담 관련 자격증 ※ 1. ①, ②의 자격증 소지자를 우대하여 평가할 수 있음. 2. 정책환경의 변화에 따라 우대 자격증 변경 · 적용 가능.

출처: 병영생활 전문상담관 운영에 관한 훈령 [별표 2]

2. 노숙인복지

1) 개념

노숙인은 주로 경제적 빈곤으로 인하여 정해진 주거 없이 공원, 길거리, 지하철 등을 거처로 삼는 사람을 말한다. 즉 노숙인은 주거권이 보장되지 못한 집단으로 노숙생활의 직접적인 이유는 주거공간이 없다는 것이다

'부랑인 및 노숙인 보호시설 설치 · 운영규칙' 제2조에 나타난 노숙인과 부랑인의 정의를 살펴보면, "부랑인은 일정한 주거와 생업수단 없이 상당한 기간 거리에서 배회 또는 생활하거나 그에 따라 부랑인복지시설에 입소한 18세 이상의 자를 말한다. 노숙인이라 함은 일정한 주거 없이 상당한 기간 거리에서 생활하거나 그에 따라 노숙인 쉼터에 입소한 18세 이상의 자를 말한다"로 정의하고 있다. 이와 같이 생계수단의 유무로 노숙인과 부랑인으로 이원화하였으나, 노숙인과 부랑인은 서로 구별될 수 있는 개념이 아니며, 홈리스(the homeless)란 개념이 적절하다는 견해도 있다. 2011년 노숙인복지법(약칭) 제정으로 부랑인 · 노숙

인 체계가 노숙인 등으로 통합되었다.

2013 보건복지백서에 따르면 2013년 노숙인 총수는 12,656명으로 집계되었다. 이 중에서 거리노숙인은 1,197명, 쪽방주민은 5,992명이다. 노숙인에게 서비스를 제공하는 기관으로는 전국적으로 노숙인 자활시설 67개소, 노숙인 재활·요양시설 56개소, 노숙인 종합지원센터 10개, 쪽방상담소 10개가 있다.

노숙인의 증가 이유는 IMF 당시 구조 조정 실시 등으로 실업자가 늘어나면서 노숙인들이 발생하였다고 본다. 이들은 새로운 신빈곤층으로 인간의 기본욕구인 주거에 대한 보장을 받지 못하고 있는 실정이다. 또한 질병, 알코올중독으로 고통을 받고 있지만 치료의 기회없이 방치되어 있는 상황이며, 이들을 이용한 범죄도 증가하고 있다. 국가인권위원회의 2005년 '노숙인 인권상황실태조사'에 따르면 불규칙한 식사와 영양 및 수면부족이 건강권을 위협, 안정적 노동을 통한 소득의 미획득, 폭력, 신분매매, 명의도용(사기), 공공부조의 착복, 강제철거동원, 노동기회의 차별, 주거권 문제 등 노숙인 인권침해 실태는 각 영역에서 다차원적으로 발생하고 있으며, 동시에 각각의 요소가 상호 연관되어 있다고 보았다.

아래의 사례에서 보는 것처럼 노숙인 유씨의 죽음은 지병 탓도 있으나 주변의 무관심과 노숙인 응급구호 시스템이 제대로 작동하지 않은 점이 복합적으로 작용하여 발생한 불행한 사건이라 할 수 있다.

〈사례〉 "지난 19일 새벽 1시께 서울지하철4호선 서울역사에 119구급대와 경찰이 출동했다. 노숙인 유모(60)씨가 통증을 호소한다는 역무원의 신고 때문이었다. 그러나 호흡과 맥박 혈압 등에서 이상이 발견되지 않자 구급대 등은 일정시각 이후 주요 시설물에 외부인 통행을 차단한다는 역 운영방침에 따라 유씨를 역사 밖으로 옮긴 뒤 그대로 돌아갔다. 그로부터 3시간 남짓 뒤 유씨는 싸늘한 주검으로 발견됐다. 영하 10도를 웃도는 혹한에 따른 동사로 추정했지만 국립과학수사연구원의 부검 결과는 달랐다. 그는 간경화, 폐혈증, 폐결핵 등 각종 지병과 합병증을 앓고 있었다는 것이다. 경찰은 유씨가 낮은 기온에 장시간 노출되면서 폐결핵이 악화해 숨졌다는 결론을 내렸다."(2011. 1. 21. 한국일보)

2) 주요 내용

노숙인에게 필요한 서비스로는 일자리, 사생활이 보호되는 집, 의료지원 등 다각적인 지원이 필요하다. 민관협력에 의한 보호사업, 노숙인 쉼터 입소를 통한 자활지원이 시행되고 있다.[2)]

보건복지부는 2011년을 노숙인· 부랑인 복지사업의 패러다임 전환기로 삼는다고 밝히고 법률 제정을 추진하여 6월 7일 「노숙인 등의 복지 및 자립지원에 관한 법률」을 공포하였다. 이 법의 주요 내용을 살펴보면 아래와 같다(보건복지부 홈페이지 http://www.mw.go.kr/).

첫째, '부랑인 및 노숙인' 용어를 '노숙인 등'으로 통일하였다.

둘째, 노숙인 등의 권리와 의무를 규정하고 국가 및 지자체의 책임을 강화하였다.

셋째, 노숙인시설 설치근거를 마련하였다. 시설을 크게 노숙인복지시설과 노숙인종합지원센터로 구분하고, 노숙인복지시설로 일시보호시설, 자활시설, 재활시설, 요양시설, 급식시설, 진료시설 등을 설치할 수 있도록 하였다.

넷째, 국가 및 지자체는 노숙인 등에게 주거지원, 급식지원, 의료지원, 고용지원, 응급조치 등 복지서비스를 제공할 수 있도록 하였다.

다섯째, 노숙인 등의 인권보호를 강화하였다.

또한 법의 제정을 통해 기대되는 효과를 살펴보면 다음과 같다.

첫째, 기존에 부랑인과 노숙인으로 이원화되어 운영된 지원체계가 통합됨에 따라 정책집행의 효율성이 강화될 것으로 기대된다.

---

2) 노숙인에 대한 자세한 지원정책은 남기철(2009)의 「노숙인복지론」 참조.

둘째, 노숙인 등에 대한 총체적 보호를 통해 거리 노숙인의 감소, 겨울철 노숙인의 동사 방지 효과와 함께, 알코올·결핵 등으로부터의 재활, 주거 및 일자리 지원 등을 통해 노숙인 등이 건강하게 지역사회로 복귀할 수 있는 기틀이 마련될 수 있을 것으로 기대된다. 이를 위한 구체적인 활동은 아래와 같다.

- 경제적·개인적 사정으로 노숙위기에 봉착한 사람들에 대해 노숙 이전 단계부터 상담 및 필요한 서비스를 받을 수 있도록 한다.
- 노숙에 빠진 사람들에 대해서는 거리노숙 단계에서 집중 상담을 통해 각자 특성에 맞는 서비스를 제공하거나 관련시설로 입소하여 특성화된 서비스를 향유토록 한다.
- 근로의욕이 있는 노숙인 등에 대해서는 일자리 제공, 주거지원 등을 통해 원활한 지역사회 복귀가 가능하도록 한다.
- 지역사회에 복귀했다가 다시 노숙으로 빠지는 회전문 현상을 차단하기 위해 맞춤형 사례관리 및 사후관리를 강화한다.

3. 다문화사회복지

1) 개념

다문화사회복지는 세계화 추세에 따른 인구 이동 현상으로 급속히 다문화사회화되어 가는 한국 사회가 부딪치게 되는 사회적 이슈들에 대한 사회복지적 접근이다. 다문화사회복지는 클라이언트의 문화적 차이와 다양성을 고려하는 것으로 사회복지사는 문화적 유능성을 갖는 것이 중요하다. 문화적 유능성(cultural competence)은 문화적 역량, 문화적 민감성, 문화적 대응력으로도 명명된다(최명민 외, 2009). 문화적으로 역량있는 사회복지실천이란 서비스 제공자가 모든 집단에게 좀 더 반응적인 새로운 이론과 실천, 정책, 조직구조의 발전을 효과적으로 촉진하면서, 다양한 배경을 가진 내담자의 입장에서 의사소통하고 상호작용하며 협상하고 개입할 수 있는 능력을 말한다(이은주 역, 2010).

한국사회는 체류 외국인 수가 증가되고 있는데, 외국인노동자, 북한이탈주민, 결혼이주여성, 외국인 기업종사자, 유학생 등 다양한 집단으로 구성되어 있다. 국내 체류 외국인들이 경험하는 문제는 국적취득 및 인권관련문제, 사회문화적 적응의 문제, 한국 사회로의 통합문제 등이다(최명민 외, 2009). 이에 중앙정부와 지방자치단체 등이 관련 법안을 제정하고 사회적 지원방안을 모색하여 왔다. 여기에서는 한국사회에서 이슈가 되고 있는 이주노동자, 북한이탈주민, 결혼이주여성의 실태와 지원책에 대해 고찰한다.

2) 대상자의 실태

(1) 이주노동자

이주노동자는 자신의 생활 근거지를 벗어나 타 지역으로 이주하여 취업한 노동자를 통칭하는데 특히 언어나 사회적 관습이 다른 타국으로 유입되어 온 외국인 노동자를 말한다. 한국의 경제성장이 개발도상국의 외국인들에게 가난에서 벗어날 수 있는 기회로 여겨지고 국내 노동자들이 3D 업종을 기피하게 됨으로 인해 1990년대 초부터 외국인 노동자의 국내 유입이 늘어났다. 1991년에 약 4만 5천명이던 외국인 노동자는 2014년 12월 약 61만 7천명으로 급증하였다. 또한 체류기간을 넘어 불법체류자로 국내에 거주하는 외국인 노동자는 약 7만명으로 전체의 약 11.3%를 차지하고 있다(〈표 12-2〉 참조). 외국인 노동자들은 주로 한국계 중국인을 비롯하여 베트남, 필리핀, 태국, 몽골, 인도네시아, 스리랑카 등의 국가출신이다. 그들은 주로 제조업, 건설업, 서비스업에 종사하고 있다(법무부 통계월보, 2011).

정부에서는 산업연수생제도를 도입하여 불법체류 외국인 노동자들에 대한 대책을 마련하였으나 산업연수생제도의 경우 고용주에 의한 착취 등 비인간적인 요소가 많아 연수취업제로 수정된 후, 2004년에 외국인 고용허가제가 시행되어 인권침해 등의 문제를 해소시키려 하고 있다. 고용허가제로 온 노동자는 2013년 약 49만명에 이르고 있다(2014년 고용노동백서).

외국인 노동자들이 겪는 어려움으로는 노동권에 대한 문제, 근무 작업장에서의 폭력과 폭언 등으로 인한 인권에 대한 문제, 불법체류자의 경우 사기나 사고를 당해도 권리 주장을 못하는 문제, 언어소통의 문제, 내국인과 결혼하여 가족을 이루는 문제, 여성 외국인 노동자의 불합리한 대우의 문제 등이 있다.

〈표 12-2〉 취업자격 체류외국인 현황

(2014. 12. 31. 현재, 단위 : 명)

구 분		총체류자	합법체류자	불법체류자
총계		617,145	547,220	69,925
전문인력	소계	49,503	44,085	5,418
	단기취업(C-4)	593	451	142
	교수(E-1)	2,664	2,648	16
	회화지도(E-2)	17,949	17,870	79
	연구(E-3)	3,195	3,186	9
	기술지도(E-4)	186	184	2
	전문직업(E-5)	645	622	23
	예술흥행(E-6)	5,162	3,504	1,658
	특정활동(E-7)	19,109	15,620	3.489
단순기능인력	소계	567,642	503,135	64,507
	비전문취업(E-9)	270,569	217,809	52,760
	선원취업(E-10)	14,403	9,429	4,974
	방문취업(H-2)	282,670	275,897	6,773

출처: 법무부(2015). 「출입국 · 외국인정책 통계월보」 2014년 12월호.

(2) 북한이탈주민

북한이탈주민은 월남 귀순자, 탈북자, 탈북 난민, 귀순 북한동포, 북한이주민, 귀순동포 등 여러 가지로 명칭으로 불리우고 있다. 1997년 1월 13일에 제정된 「북한이탈주민의 보호 및 정착지원에 관한 법률」 제2조에서는 북한이탈주민을 "북한에 주소·직계가족·배우자·직장 등을 두고 있는 자로서 북한을 벗어난 후 외국의 국적을 취득하지 아니한 자"라고 명시하고 있다. 그러나 '북한이탈주민'이라는 용어에 거부감을 갖는 사람이 많아 여론조사를 통해 통일부에서 국민 여론을 반영하여 2005년 7월부터는 비공식적으로 '새터민'이라는 새 용어로 바꾸어 부르고 있다. 여기서는 법에 나타난 북한이탈주민이라는 용어를 사용하기로 한다.

북한이탈주민의 발생배경과 유입경로를 살펴보면, 1994년 북한의 김일성 주석 사망 이후 북한의 경제가 악화되었고, 또한 북한에 닥친 가뭄과 홍수로 인한 식량 부족현상으로 탈북현상이 급격히 증가하였다. 북한에서 남한으로 직접 넘어오기도 하며, 일부는 식량을 찾아 중국으로 들어가 장기 체류하며 불법체류자의 신분으로 남아 있거나, 그들 중 일부는 브로커를 통해 남한으로 입국하고 있다(최명민 외, 2008). 통일부의 통계자료에 따르면, 북한이탈주민의 국내입국 규모는 1998년 이후 매년 꾸준히 증가하여, 2015년 5월까지 총 28,133명의 북한이탈주민이 국내에 입국하였다. 성별 입국비율을 살펴보면, 여성의 입국비율은 2002년을 기점으로 남성을 추월하여 2014년도에는 전체의 약 78%를 차지하고 있다(〈표 12-3〉 참조).

〈표 12-3〉 북한이탈주민 입국인원 현황(단위: 명)

구분	~'98	~'01	'02	'04	'06	'08	'10	'12	'14	'15.6월(잠정)	합계
남성	831	565	519	626	515	608	591	404	305	106	8,358
여성	116	478	632	1,272	1,513	2,195	1,811	1,098	1,092	508	19,775
합계	947	1,043	1,142	1,898	2,028	2,803	2,402	1,502	1,397	614	28,133

*북한이탈주민 입국인원은 보호결정을 기준으로 집계

출처: 통일부 홈페이지 http://www.unikorea.go.kr/

북한이탈주민이 국내에서 정착하며 겪는 어려움으로 가치관 및 정체성의 혼란, 탈북자들에 대한 남한 사회의 편견, 경제적 어려움, 심리적 적응 스트레스 등이 있다. 북한을 이탈하면서 겪은 폭력, 성폭행, 인신매매 등으로 인한 외상증후군도 탈북자들이 겪는 어려움이다. 탈북청소년의 경우, 남한사회에의 적응문제, 학교적응 문제, 진학문제, 연고가 없는 문제 등의 어려움이 있다. 또한 가족을 북한이나 제3국에 남겨 놓고 온 경우 그에 따른 심리적 스트레스가 높으며, 중국을 거쳐서 남한으로 오는 경우 그곳에서 생긴 가정의 자녀를 중국에 두고 오는 경우도 있어 심리적 고통이 따르고 있다(이기영, 2002; 최명민 외, 2009).

(3) 결혼이주여성

결혼이주여성은 결혼이주자, 결혼이민자, 국제결혼이주여성 등 다양한 호칭으로 불리고 있다. 결혼이민자는 국제결혼을 목적으로 이주해 온 외국인을 의미하며, 주로 결혼중개를 통해 아시아 국가에서 유입된 이주여성에 대한 호칭이다(최명민 외, 2009). 「재한외국인처우기본법」 제2조3항에서는 "결혼이민자란 대한민국 국민과 혼인한 적이 있거나 혼인관계에 있는 재한외국인을 말한다."고 정의하고 있다. 여기서는 한국인 남성과 결혼하는 외국인 여성의 비율이 높으므로 결혼이주여성이란 용어를 사용하기로 한다.

한국에서의 국제결혼 형태는 시대에 따라 다른 유형으로 나타나고 있다(설동훈, 2006). 첫째, 한국전쟁을 계기로 1950~1970년대에 한국에 주둔한 미군 남성과 한국 여성의 결혼 유형으로 한국에 함께 거주하거나 본국으로 이주하는 것이다. 둘째, 한국의 경제력이 신장된 1980년대 해외 진출이 활발하던 시기에 외국인 남성 전문직 종사자와 한국인 여성의 결혼 형태가 있다. 셋째, 1980년대 말에 '북방정책'을 통해 중국·소련과의 교류가 시작되었고, 1990년대 초에는 국내에서 '농촌총각장가보내기 운동'의 일환으로 국제결혼을 추진하면서 한국인 남성과 외국인 여성의 국제결혼이 증가하기 시작하였다. 1995년 이후 한국인 남성과 외국인 여성의 결혼 유형은 그 반대보다 더 많아지게 되었고, 현재에도 이런 추세가 계속되고 있다. 넷째, 1980년대 말부터 국내로 들어온 이주노동자들이 한국인과 결혼한 유형으로 주로 한국인 여성과 외국인 남성의 국제결혼이 주류를 이루고 있다.

국제결혼 건수를 보면 2000년에 총 결혼의 3.5%에서 2006년 11.7%로 계속 증가하였다. 이후 감소추세를 보이고 있으며, 2014년 한 해 동안 외국인과의 혼인은 총 23,316건으로 총 혼인건수(305,507건)의 7.6%를 차지하고 있다(〈표 12-4〉 참조).

〈표 12-4〉 국제결혼건수(단위: 건, %)

연도	2000	2002	2004	2006	2008	2010	2012	2014
총결혼	332,090	304,877	308,598	330,634	327,715	326,104	327,073	305,507
국제결혼	11,605	15,202	34,640	38,759	36,204	34,235	28,325	23,316
비율	3.5	5.0	11.2	11.7	11.0	10.5	8.7	7.6

출처: 통계청. 「인구동태통계연보(혼인·이혼편)」

3) 주요 내용

(1) 이주노동자를 위한 지원

외국인 노동자를 노동의 대체인력으로만 볼 것이 아니라 우리 사회의 구성원으로 받아들여 사회통합을 이루어야 한다. 2007년 제정된 「재한외국인처우기본법」 제1조에서 이런 의식이 잘 나타나 있다. 즉 "이 법은 재한외국인에 대한 처우 등에 관한 기본적인 사항을 정함으로써 재한외국인이 대한민국 사회에 적응하여 개인의 능력을 충분히 발휘할 수 있도록 하고, 대한민국 국민과 재한외국인이 서로를 이해하고 존중하는 사회 환경을 만들어 대한민국의 발전과 사회통합에 이바지함을 목적으로 한다."고 명시되어 있다.

외국인 노동자의 경우, 합법취업자는 국민연금, 국민건강보험, 고용보험, 산업재해보상보험의 4대 사회보험 혜택을 받을 수 있지만, 보험의 적용은 체류자격에 따라 각기 다르다. 공공부조의 경우 외국인 노동자는 원칙적으로 대상자가 아니나, 경우에 따라 외국인 노동자의 가족은 공공부조의 혜택을 받기도 한다(설동훈 · 이란주, 2006).

2006년 11월 행정자치부가 외국인 지원 표준 조례를 만든 이후 각 지방자치단체는 관련 조례 법률을 마련하기 시작하였다. 이러한 조례를 근거로 지방자치단체들은 외국인근로자 지원사업을 직영하거나 민간단체에 위탁하여 운영하고 있다.[3] 민간 이주노동자 지원단체는 종교단체의 후원, 민간인의 후원회비 등을 재원으로 한글교육, 외국인 근로자 공동체 지원, 각종 행사 등을 수행하고 있으며, 시민단체를 중심으로 이주노동자의 인권옹호활동을 하고 있다(최명민 외, 2009).

(2) 북한이탈주민을 위한 지원

정부에서는 탈북자의 남한 정착을 돕기 위해 일정 기간 동안 사회적응 교육을 제공하며, 그 후에 지역사회에 편입시키고, 정착금과 교육 및 취업에 관련된 재정적 지원을 하고 있다. 거주지 편입 후에는 거주지의 '북한이탈주민종합지원센터'를 통해 사후지원서비스를 제공하고 있다. 그러나 탈북자에 대한 한국사회의 선입견과 편견을 바로잡을 수 있는 교육 또한 필요하다. 이는 고용주들이 탈북자를 고용하는 데에 긍정적인 영향을 줄 것이며, 탈북자들이 겪고 있는 취업난을 풀어 나갈 수 있는 중요 요소가 될 것이다. 또한 탈북자들이 사회적 안전망에 잘 편입되고 필요한 서비스와 상담을 잘 받을 수 있도록 하고 탈북자들을 위한 서비스와 프로그램의 개발은 미래의 남북통일의 시대를 위한 준비가 될 수도 있을 것이다.

정부는 북한이탈주민들이 우리사회 일원으로 자립 · 자활 의지를 갖고 안정적으로 정착하도록 「북한이탈주민 보호 및 정착지원에 관한 법률」(1997. 1. 13 시행)에 따라 다양한 정책적 지원을 하고 있다. 구체적

3) 외국인 밀집거주 도시인 안산시는 외국인 전담부서를 설치하고 거주 외국인 지원 조례 제정 등 제도적 장치를 마련하였으며, 외국인들의 정착지원과 내 · 외국인 지역공동체 '국경없는 마을' 조성 등을 위해 다각적인 시책을 운용하고 있다.

인 내용을 살펴보면 다음과 같다.

① 초기 정착금 지급제도

정착금 지급은 북한이탈주민이 사회생활 초기에 기초적인 생계를 해결할 수 있도록 북한이탈주민 모두에게 일정금액을 지급하는 제도이다. 정착금 내역은 정착기본금 이외에 개개인의 자립자활 노력 및 사정에 따라 정착장려금과 정착가산금으로 구분하여 지급토록 세분화하였다.

② 취업지원제도

북한이탈주민 취업을 지원하기 위하여 직업훈련 기회 제공, 사업장 알선, 지역별 취업박람회 개최, 북한이탈주민을 고용하는 사업주에게 고용지원금을 지급하고 있다. 하나원은 사회에 진출하는 북한이탈주민의 자립·자활을 지원하기 위해서 2008년에 노동부·직업훈련기관·기업체가 협력하여 '맞춤형 직업훈련-취업연계 프로그램'을 추진하고 있다. 노동부 산하종합고용지원센터에 전문적인 취업상담 공무원을 북한이탈주민 취업보호담당관으로 지정하였다.

③ 교육지원제도

북한이탈주민은 북한이나 제3국에서 이수하였던 학력을 인정받아 교육관계 법령이 정하는 바에 따라 대학에 진학할 수 있으며, 입학할 때 학비지원이 가능하다.

가족동반으로 또는 단독으로 입국하는 북한이탈 청소년의 숫자도 크게 증가하고 있으나 이들 중 일부는 남북한간 이질화된 문화 및 탈북과정에서의 학업중단 등으로 학교생활에 적응하는데 어려움을 겪고 있다. 따라서 북한이탈 청소년들의 사회적응과 일반학교 편입 지원을 위해 디딤돌학교 성격의 탈북청소년 특성화학교인 '한겨레 중고등학교'를 운영하고 있다

④ 사회보장제도

북한이탈주민을 위한 사회보장제도에는 「국민기초생활보장법」에 따라 생계급여와 의료급여가 있다. 생계급여의 경우, 북한이탈주민이 하

나원을 수료하고 사회에 나온 뒤 6개월까지는 조건부과를 면제하여 시행하며, 6개월이 경과한 이후에는 조건부 수급권자로 편성하고 자활사업에 참여하는 것을 조건으로 현금을 지급한다. 한편 생활이 어려운 북한이탈주민과 그 가족은 의료급여법이 정하는 소득인정액 기준에 따라 1종 의료급여 수급권자로 지정되어 의료혜택을 받을 수 있다.

⑤ 거주지보호제도

거주지에 주택을 배정받아 편입한 북한이탈주민은 정착도우미와 보호담당관 및 북한이탈주민후원회와 각 지역협의회, 지역 민간단체로부터 다양한 유형의 지원을 받게 된다. 거주지보호담당관은 각 지방자치단체별로 지정되어 거주지 편입과정에서부터 주민등록, 생계급여 지급, 의료급여 대상자 지정 등 사회보장제도의 편입과 증명서 발급과 같은 각종 행정지원 업무를 담당한다. 신변보호담당관은 북한이탈주민의 거주지 관할 경찰서에서 지정하는데, 북한이탈주민의 신변을 보호하고 관련 상담업무를 수행한다. 지역협의회는 지역 내 보호담당관과 지역사회복지관, 민간단체 등을 중심으로 구성되어 북한이탈주민의 정착과정에 필요한 생활실태자료를 파악하고 각종 애로사항 해결을 위해 협조체계를 구축하는 역할을 담당하고 있다.

⑥ 주거지원제도

하나원 퇴소 후 거주지 전입한 북한이탈주민에 대해 임대주택을 알선하거나 임대보증금 지급을 위해 주거지원금을 지급한다.

⑦ 민간지원

북한이탈주민후원회가 확대 개편되어 2010년 9월 27일 '북한이탈주민지원재단'으로 출범하였는데, 하나원 이후 민간차원의 정착지원 서비스를 총괄하고 있다. 또한 심층적 이해를 바탕으로 종합적 상담서비스를 제공하는 북한이탈주민 전문상담사를 육성하고 있다.

⑧ 협력 네트워크 구축

통일부는 현대차미소금융재단과 북한이탈주민 창업지원을 포스코와는 취업지원을 위한 업무협약을 체결하였다. 또한 한국여성경제인협회와는 탈북여성 취업지원 관련 업무협약을, 전국지방의료원연합회와는 진료지원협약서를, 대한변호사협회와는 북한이탈주민 법률지원을 위한 업무협약을 체결하였다. 이밖에 한국일보, 국민은행은 북한이탈주민에 대한 지역사회 관심과 조기정착을 위한 지원에 기여할 수 있도록 적극 협력하고 있다.

위에서 언급된 지원제도에 대한 내용을 요약하여 〈표 12-5〉로 제시하였다.

〈표 12-5〉 북한이탈주민 지원제도

구 분	항 목	내 용
정착금	기본금	1인 세대 기준 600만원 지급
	장려금	직업훈련, 자격증 취득, 취업장려금 등 최대 2,440만원
	가산금	노령, 장애, 장기치료 등 최대 1,540만원
주 거	주택알선	임대 아파트 알선
	주거지원금	1인 세대 기준 1,300만원
취 업	직업훈련	훈련기간 중 훈련수당 월 약30만원 지급(노동부)
	고용지원금(채용기업주에 지급)	급여의 1/2(70만원 한도)을 최대 3년간 지원
	취업보호담당관	전국 55개 고용지원센터에 지정, 취업상담·알선
	기타	취업보호(우선구매), 영농정착지원, 특별임용 등
사회복지	생계급여	국민기초생활보장 수급권자(1인 세대 월 약 42만원)
	의료보호	의료급여 1종 수급권자로서 본인 부담없이 의료 혜택
	연금특례	입국 당시 50세 이상~60세 미만은 국민연금 가입특례
교육	특례 편·입학	대학진학 희망자의 경우 특례로 대학 입학
	학비 지원	중·고 및 국립대 등록금 면제, 사립대 50% 보조
정착도우미	-	1세대당 1-2명의 정착도우미를 지정, 초기 정착지원(전국 2,000여명)
보호담당관	-	거주지보호담당관(200여명), 취업보호담당관(55명), 신변보호담당관(800여명)

출처: 통일부 홈페이지 http://www.unikorea.go.kr/

(3) 결혼이주여성을 위한 지원

초기에는 결혼이주여성만을 대상으로 하여 서비스를 제공하였으나, 자녀, 남편, 시부모들을 포함하여 다문화가족 전체를 지원하는 방향으로 정책이 시행되고 있다. 보건복지부는 결혼이민자가족의 지원사업 등을 관리하고, 여성가족부는 결혼이주여성 긴급전화센터를 운영하는 등 이주여성에 대한 가정폭력 등 인권 피해 상담을 진행하고 있다.

2008년 「다문화가족지원법」을 제정하였는데, "다문화가족 구성원이 안정적인 가족생활을 영위할 수 있도록 함으로써 이들의 삶의 질 향상과 사회통합에 이바지함을 목적으로 한다(제1조)". 이 법의 주요 내용으로는 다문화가족의 현황 및 실태 파악, 다문화가족에 대한 사회적 차별 및 편견을 예방, 생활정보 교육 및 정보제공, 평등한 가족관계 유지를 위한 가족상담, 부부교육, 가정폭력 피해자에 대한 보호와 지원, 아동보육 및 교육 지원, 다문화가족지원센터 설치 등이 있다.

〈표 12-6〉 다문화가족 생애주기별 서비스

단계	명칭	서비스 내용
1단계	입국 전 결혼준비기	· 국제결혼 과정의 인권보호와 교육프로그램
2단계	입국초 가족관계 형성기	· 결혼이민자의 조기적응 및 안정적 생활지원 · 다양한 매체를 통한 한국어교육: 집합교육, 방문교육, 한국디지털대학교의 온라인교육, 방송교육 · 위기개입 및 가족통합교육 실시
3단계	자녀양육 및 정착기	· 다문화가족 자녀의 양육 · 교육 지원 : 아동양육 가정방문지도, 다문화가족 자녀 이중언어 역량 개발
4단계	역량 강화기	· 결혼이민자의 경제 · 사회적 자립 지원 : 결혼이민자의 직업교육 · 훈련 실시, 결혼이민자 적합 직종 개발, 국가별 결혼이민자 자조모임 지원
전단계	다문화역량 강화	· 대국민 인식개선 및 홍보 : 다문화가족 모니터링단 운영, 다문화가족 포털사이트 '다누리' 운영, 다문화 인식개선을 위한 콘텐츠 개발 및 보급 · 다문화가족 실태 조사 · 분석

출처: 여성가족부 홈페이지 http://www.mogef.go.kr/

여성가족부의 다문화가족 지원정책은 입국 전 결혼준비기, 입국 초

가족관계형성기, 자녀양육 및 정착기, 역량강화기 등으로 나누어 생애주기별로 필요한 서비스를 체계화하였다(<표 12-6> 참조).

생각나누기

1. 군인, 노숙인, 이주노동자, 북한이탈주민, 결혼이주여성을 직접 인터뷰하고 느낀 점을 나누어 봅시다.

2. 다문화 전문가가 되기 위해 사회복지사가 가져야 할 문화적 역량 또는 민감성의 구성요소가 무엇인지 토의해 봅시다.

3. 한국사회에서 새롭게 대두되거나 심각해질 사회 문제에 대해 조사한 후 무엇이 사회복지의 개척분야가 될 것인지 토의해 봅시다.

제13장 사회복지인력

이 장에서는 대상자에게 서비스를 직접 제공하는 인력에 대해 살펴본다. 먼저 사회복지사에 대한 정의, 활동분야 및 단체, 자격기준, 처우에 대해 고찰한다. 또한 각 분야별 사회복지사로 사회복지전담공무원, 의료사회복지사, 정신보건사회복지사, 청소년지도사와 청소년상담사, 학교사회복지사를 소개한다. 전문성을 요구하는 추세와 학문의 다학제적 접근으로 사회복지사 자격증만으로 충분하지 않을 수 있다. 따라서 전문적인 사회복지활동과 취업에 도움이 될 수 있는 관련 분야의 자격증을 소개한다.

1. 사회복지사

1) 정의

「사회복지사업법」 제11조 제1항에 의하면 사회복지사를 "사회복지에 관한 전문지식과 기술을 가진 자"로 규정하고 있다. 1970년대 사회사업가 또는 사회복지사업종사자로 호칭되었으나, 1983년 5월 「사회복지사업법」이 개정되면서 사회사업종사자의 명칭이 사회복지사로 규정되었고 사회복지사 자격증이 발급되기 시작하였다.

2) 활동분야 및 단체

공적사회복지영역에서 일하는 사회복지사로 사회복지전담공무원이 있다. 「사회복지사업법」에 따라 사회복지사업에 관한 업무를 담당하게 하기 위하여 시도, 시군구 및 읍면동 또는 복지사무전담기구에 사회복지사 자격증을 가진 사회복지전담공무원을 두도록 규정하고 있다.

사회복지사의 활동분야는 1차 실천 현장과 2차 실천현장으로 나눌 수 있다. 1차 실천현장은 사회복지사가 주체가 되어 일하는 곳으로 노인복지관, 장애인복지관 등 각종 사회복지기관 및 시설을 말한다. 2차 실천현장은 학교, 병원, 교도소 등으로 사회복지사는 교사, 의사, 교도관 등 다른 전문직과 협동하여 활동을 하게 된다.

사회복지사들의 단체로 한국사회복지사협회가 있다. 한국사회복지사협회는 「사회복지사업법」 제46조에 의한 법정단체로서 사회복지에 대한 전문지식과 기술을 개발·보급하고 사회복지사의 자질향상을 위한 교육훈련 및 사회복지사의 복지증진을 도모함을 목적으로 하고 있다.

3) 자격기준

한국에서 사회복지사는 「사회복지사업법」에 근거하여 자격을 부여받고 활동하게 된다. 사회복지사업법 제11조에는 사회복지에 관한 전문지식과 기술을 가진 자에게 사회복지사 자격을 부여할 수 있다고 명시되어 있다. 전문대학과 대학교에서 필수 10과목, 선택 4과목을 이수하거나 또는 대학원에서 필수 6과목과 선택 2과목을 이수하면 사회복지사 2급 자격증이 수여된다. 사회복지학 관련 교과과목은 〈표 13-1〉과 같다.

〈표 13-1〉 사회복지학 전공교과목과 사회복지관련 교과목 및 학점

구분	교과목	이수과목(학점)	
		대학원	대학·전문대학
필수과목	사회복지개론, 인간행동과 사회환경, 사회복지정책론, 사회복지법제, 사회복지실천론, 사회복지실천기술론, 사회복지조사론, 사회복지행정론, 지역사회복지론, 사회복지현장실습	6과목 18학점(과목당 3학점)이상	10과목 30학점(과목당 3학점)이상
선택과목	아동복지론, 청소년복지론, 노인복지론, 장애인복지론, 여성복지론, 가족복지론, 산업복지론, 의료사회사업론, 학교사회사업론, 정신건강론, 교정복지론, 사회보장론, 사회문제론, 자원봉사론, 정신보건사회복지론, 사회복지지도감독론, 사회복지자료분석론, 프로그램개발과 평가, 사회복지발달사, 사회복지윤리와 철학	2과목 6학점(과목당 3학점)이상	4과목 12학점(과목당 3학점)이상

출처: 사회복지사업법 시행규칙 [별표 1]

사회복지사업법 제2조 1항과 관련하여 시행령 별표 1에 사회복지사의 등급별 자격기준을 규정하고 있는데, 1, 2, 3급으로 구분되어 있다. 1급은 국가시험에 의해 합격한 자에게 부여된다. 사회복지사 1급 국가시험 과목은 사회복지기초(인간행동과 사회환경, 사회복지조사론), 사회복지실천(사회복지실천론, 사회복지실천기술론, 지역사회복지론), 사회복지정책과 제도(사회복지정책론, 사회복지행정론, 사회복지법제론)이다. 1급 국가시험 응시자격은 사회복지사업법 시행령 별표 3에 제시되어 있다. 등급별 자격기준은 〈표 13-2〉를 참조하기 바란다.

〈표 13-2〉 사회복지사 등급별 자격기준

등급	자격기준
사회복지사 1급	법 제11조제3항의 규정에 의한 사회복지사 1급 국가시험에 합격한 자
사회복지사 2급	가. 「고등교육법」에 따른 대학원에서 사회복지학 또는 사회사업학을 전공하고 석사학위 또는 박사학위를 취득한 자. 다만, 대학에서 사회복지학 또는 사회사업학을 전공하지 아니하고 동 석사학위를 취득한 자는 보건복지부령이 정하는 사회복지학 전공교과목과 사회복지관련 교과목 중 사회복지현장실습을 포함한 필수과목 6과목 이상(대학에서 이수한 교과목을 포함하되, 대학원에서 4과목 이상을 이수하여야 한다), 선택과목 2과목 이상을 각각 이수한 경우에 한하여 사회복지사 자격을 인정한다. 나. 「고등교육법」에 따른 대학에서 보건복지부령이 정하는 사회복지학 전공교과목과 사회복지관련 교과목을 이수하고 학사학위를 취득한 자 다. 법령에서 「고등교육법」에 따른 대학을 졸업한 자와 동등 이상의 학력이 있다고 인정하는 자로서 보건복지부령이 정하는 사회복지학 전공교과목과 사회복지관련 교과목을 이수한 자 라. 「고등교육법」에 따른 전문대학에서 보건복지부령이 정하는 사회복지학 전공교과목과 사회복지관련 교과목을 이수하고 졸업한 자 마. 법령에서 고등교육법에 따른 전문대학을 졸업한 자와 동등 이상의 학력이 있다고 인정하는 자로서 보건복지부령이 정하는 사회복지학 전공교과목과 사회복지관련 교과목을 이수한 자 바. 「고등교육법」에 따른 대학을 졸업하거나 이와 동등 이상의 학력이 있는 자로서 보건복지부장관이 지정하는 교육훈련기관에서 12주 이상 사회복지사업에 관한 교육훈련을 이수한 자 사. 사회복지사 3급자격증 소지자로서 3년 이상 사회복지사업의 실무경험이 있는 자
사회복지사 3급	가. 「고등교육법」에 따른 전문대학을 졸업한 자 또는 법령에서 이와 동등 이상의 학력이 있다고 인정하는 자로서 보건복지부장관이 지정하는 교육훈련기관에서 12주 이상 사회복지사업에 관한 교육훈련을 이수한 자 나. 고등학교를 졸업하거나 이와 동등 이상의 학력이 있는 자로서 보건복지부장관이 지정하는 교육훈련기관에서 24주 이상 사회복지사업에 관한 교육훈련을 이수한 자 다. 3년 이상 사회복지사업의 실무경험이 있는 자로서 보건복지부장관이 지정하는 교육훈련기관에서 24주 이상 사회복지사업에 관한 교육훈련을 이수한 자 라. 법 제2조제1항의 규정에 의한 업무에 8급 또는 8급상당 이상으로 3년 이상 종사한 공무원으로서 보건복지부장관이 지정하는 교육훈련기관에서 4주 이상 사회복지사업에 관한 교육훈련을 이수한 자

출처: 사회복지사업법 시행령 [별표 1]

4) 사회복지사의 처우

한국사회복지사협회에 따르면 2014년에 사회복지사 75,606명에게 사회복지사 자격증을 교부하였다. 이로써 1996년부터 2014년까지 총 713,224명이 사회복지사 자격증을 교부받았는데, 1급 116,894명, 2급 583,403명, 3급 12,926명이다(한국사회복지사협회 홈페이지 http://www.welfare.net/).

과도한 사회복지사의 공급은 수요와 공급 구조를 왜곡시킬 뿐 아니라 사회복지사의 열악한 근무환경과 낮은 처우 수준을 고착화하는 악순환의 고리를 형성하게 된다는 우려가 높다. 사회복지 서비스의 양적 확대에 이어, 책무성과 서비스 질에 대한 사회적 요구가 증가하고 있는 가운데 사회복지사의 노동조건에 대한 개선이 우선되어야 한다는 자각과 함께 2011년 3월 30일 「사회복지사 등의 처우 및 지위 향상을 위한 법률」이 제정되었고, 2012년 1월 1일부터 시행되었다. 이 법률의 제3조에서 사회복지사 등의 처우개선과 신분보장에 대해 명시하고 있는데, 구체적인 사항은 아래와 같다.

① 국가와 지방자치단체는 사회복지사 등의 처우를 개선하고 복지를 증진함과 아울러 그 지위 향상을 위하여 적극적으로 노력하여야 한다.

② 국가와 지방자치단체는 사회복지사 등의 보수가 사회복지전담공무원의 보수수준에 도달하도록 노력하여야 한다.

③ 보건복지부장관과 지방자치단체의 장은 사회복지사 등의 보수 수준 및 지급실태 등에 관하여 3년마다 조사하여야 한다.

④ 사회복지사 등은 사회복지법인 등의 운영과 관련된 위법·부당행위 및 그 밖의 비리 사실 등을 관계 행정기관과 수사기관에 신고하는 행위로 인하여 징계 조치 등 신분상 불이익이나 근무조건상 차별을 받지 아니한다.

또한 제4조에서 "사회복지사 등은 생활안정과 복지증진을 도모하기 위하여 보건복지부장관의 인가를 받아 사회복지공제회를 설립할 수 있다. 사회복지공제회의 사업으로는 회원에 대한 공제급여의 지급, 사회복지시설의 안전 · 화재 등에 대한 공제사업, 자금조성을 위한 사업, 회원의 복지 · 후생을 위한 사업 등이 있다"고 명시하고 있다.

2. 분야별 사회복지사의 역할과 자격요건

클라이언트의 특수한 상황과 문제를 해결하기 위해서는 일반사회복지사(generalist)로의 지식과 기술 이외에 보다 전문적인 개입기술이 필요할 것이다. 전문사회복지사(specialist)가 되기 위해서는 추가교육 및 수련기간, 시험 등을 통해 엄격한 자격이 요구된다. 현재 한국에서 이런 조건을 갖춘 사회복지사로 사회복지전담공무원, 의료사회복지사, 정신보건사회복지사, 청소년지도사 및 상담사, 학교사회복지사 등이 있다.

1) 사회복지전담공무원

(1) 역할

사회복지전담공무원은 복지사회를 지향함에 따라 노인, 장애인, 아동 등을 위한 사회복지를 담당하는 공무원의 필요성이 증대됨에 따라 사회복지를 전담하기 위해서 마련된 일반직 공무원이다. 복지전담공무원의 업무에 대해 「사회복지사업법」 제14조에서는 "그 관할 지역 안의 사회복지를 필요로 하는 사람 등에 대하여 항상 그 생활실태 및 가정환경 등을 파악하고, 사회복지에 관하여 필요한 상담과 지도를 행한다"고 명기되어 있다.

(2) 자격요건

「사회복지사업법」 시행령 제7조에 따르면 "사회복지전담공무원은 사회복지사의 자격이 있는 자 중에서 임용하되, 그 임용 등에 관하여는 지방공무원임용령이 정하는 바에 의한다. 다만, 사회복지전담공무원중 별정직 공무원인 자의 임용 등에 관하여는 당해 지방자치단체의 조례가 정하는 바에 의한다"고 명시되어 있다. 따라서 사회복지전담공무원이 되기 위해서는 공무원 시험에 합격한 자이어야 한다. 시험은 학력, 경력의 제한이 없으며, 만 18세-32세인 자는 응시가 가능하나 3급 이상의 사회복지사자격증 소지자만 응시가능하다. 응시하고자 하는 시·도에 주민등록이 되어 있어야 하며, 응시과목은 영어, 국어, 한국사, 행정법총론, 사회복지개론 등 총 5과목이다.

(3) 전망

사회복지전담공무원은 시청, 구청, 동사무소 등 공공행정기관에 배치되어 활동한다. 2013년 사회복지전담공무원은 14,184명으로 사회복지사 1급 10,518명, 2급 3,571명, 3급 95명으로 구성되어 있다(보건복지통계연보, 2014).

사회복지공무원이 담당하는 대상자가 너무 많아 기초생활수급자에 대한 생활형편이나 욕구파악이 힘들다. 앞으로 복지혜택의 중복을 방지하고 개개인에게 적절한 맞춤형 서비스를 전달하기 위해 또한 국민들의 높은 복지욕구를 충족시키기 위해 국가적 핵심사업의 일환으로 사회복지전담공무원의 배치를 의무화하였다. 지방자치단체는 복지예산 증가와 수요확대를 뒷받침할 인력이 부족하여 복지전담공무원을 확충하고 있다.

2) 의료사회복지사(Medical Social Worker)

(1) 역할

의료사회복지사는 병원, 의원, 진료소 등에서 임상치료팀의 일원으로 질병의 직·간접적인 원인이 되고 치료에 장애가 되는 환자의 심리·

사회적인 문제들을 해결하도록 도와주며, 환자가 퇴원한 후에도 정상적인 사회기능을 발휘할 수 있도록 환자와 그의 가족에게 전문적인 사회복지서비스를 제공한다.

(2) 자격요건

한국사회복지사협회와 그 산하단체인 대한의료사회복지사협회에서는 의료현장에서의 사회복지 실천의 전문성을 강화하고, 보다 차별화된 의료사회복지 서비스를 제공하며, 의료사회복지 실천의 질 관리를 위해, 의료사회복지사 자격시험을 공동시행하고 있다.

의료사회복지사 자격시험에는 아래의 자격기준에 해당하는 자가 응시할 수 있다. 즉 ① 사회복지사 1급 자격증 소지자 ② 의료사회복지 실무경력 1년 이상, 또는 의료사회복지 연구 및 교육에 1년 이상의 경력을 가지고 있는 자 ③ 응시원서 마감일까지 최근 3년간 연회비 납부 의무를 이행한 자. 또는 가입년도 이후 연회비를 완납한 자 ④ 응시원서 마감일까지 최근년도 협회 인증 연수평점 20점 이수 확인 서류를 제출할 수 있는 자이다.

(3) 전망

「의료법」 시행규칙 제38조 제2항 6호에서 "종합병원에는 「사회복지사업법」에 따른 사회복지사 자격을 가진 자 중에서 환자의 갱생·재활과 사회복귀를 위한 상담 및 지도 업무를 담당하는 요원을 1명 이상 둔다"고 규정되어 있다.

의료사회복지사는 종합병원, 요양병원 등 의료기관뿐만 아니라 보건센터, 재활센터, 호스피스 프로그램 등 광범위한 영역에서 활동할 수 있다. 현대적 의료는 치료위주에서 벗어나 점차 예방과 재활로 그 영역을 확대하고 있다. 이제 병원에서는 병의 치료 뿐 아니라 퇴원 후 사후관리를 위한 서비스도 중요시되고 있다. 한편 보험이 되지 않는 치료로 어려운 사람들이 실제로 건강보험의 혜택에서 제외되는 경우도 발생하고 있다. 환자의 심리사회적 문제를 해결하고, 환자에게 맞춤형서비스 제공 등 병원 서비스의 질을 향상시키고 더 나아가 병원의 이미지 개선을 위한 의료사회복지사의 역할이 부각되고 있다.

3) 정신보건사회복지사(Psychiatric Social Worker)

(1) 역할

정신보건사회복지사는 정신보건전문요원(정신보건임상심리사, 정신보건간호사, 정신보건사회복지사)의 일원으로 공통 업무를 수행하며, 각자의 전공영역에 따라 업무의 범위 및 한계가 정해져 있다(〈표 13-3〉 참조). 정신보건사회복지사는 정신보건분야의 전문적인 지식과 기술을 가지고 정신질환자의 개인력 및 사회조사, 정신질환자에 대한 사회사업지도 및 방문지도, 사회복귀 촉진을 위한 생활훈련 및 직업훈련, 정신질환자와 그 가족에 대한 교육·지도 및 상담업무, 정신질환 예방 활동 및 정신보건에 관한 조사연구를 한다.

〈표 13-3〉 정신보건전문요원의 업무의 범위 및 한계

종별	업무의 범위 및 한계
공통	· 사회복귀시설의 운영 · 정신질환자의 사회복귀 촉진을 위한 생활훈련 및 작업훈련 · 정신질환자와 그 가족에 대한 교육· 지도 및 상담 · 법 제25조제1항의 규정에 의한 진단 및 보호의 신청 · 정신질환 예방활동 및 정신보건에 관한 조사· 연구 · 기타 정신질환자의 사회 적응 및 직업재활을 위하여 보건복지부장관이 정하는 활동
정신보건임상심리사	· 정신질환자에 대한 심리평가 · 정신질환자와 그 가족에 대한 심리상담
정신보건간호사	· 정신질환자의 병력에 대한 자료수집, 병세에 대한 판단, 분류 및 그에 따른 환자관리 활동 · 정신질환자에 대한 간호
정신보건사회복지사	· 정신질환자에 대한 개인력조사 및 사회조사 · 정신질환자와 그 가족에 대한 사회사업지도 및 방문지도

출처: 정신보건법 시행령 [별표 1]

(2) 자격요건

정신보건사회복지사는 1급과 2급으로 구분되어 있는데, 자세한 자격 기준은 〈표 13-4〉에 나타난 바와 같다.

〈표 13-4〉 정신보건사회복지사의 자격요건

등급	자격기준
1급	·「고등교육법」에 따른 대학원에서 사회복지학 또는 사회사업학을 전공한 석사학위 이상 소지자로서 보건복지부 장관이 지정한 전문요원 수련 기관에서 3년 이상 수련을 마친 자 ·2급 정신보건사회복지사 자격 취득 후 정신보건시설, 보건소, 또는 국가나 지방자치단체로부터 지역사회정신보건사업을 위탁받은 기관이나 단체에서 5년 이상 정신보건분야의 임상실무경험이 있는 자
2급	·「사회복지사업법」에 따른 사회복지사 1급 자격소지자로서 보건복지부 장관이 지정한 전문요원 수련 기관에서 1년 이상 수련을 마친 자

출처: 정신보건법 시행령 [별표 2]

(3) 전망

정신보건사회복지사는 병원의 정신과를 비롯하여 정신질환자 사회복귀시설, 정신건강증진센터, 중독관리통합지원센터 등에서 활동하게 된다. 단체로는 한국정신보건사회복지사협회가 있으며, 협회에서 등급관리를 위한 수련 및 교육을 관리하고 있다.

급격한 사회변화로 한국은 OECD 국가 중 자살률이 높은 국가 중의 하나이다. 또한 술에 대해 허용하는 사회분위기로 만성 알코올중독자도 많다. 국민들은 삶의 질의 향상과 함께 정신적인 안정 추구에 관심이 높아지고 있으며, 예전보다는 정신적인 문제를 치료하기 위해 전문적인 치료기관을 찾고 있다. 또한 퇴원 후 지역사회 내에서 사후관리를 받을 수 있는 지역사회정신보건시설이 필요하다. 이에 따라 정신건강관련 기관 및 시설의 확충이 요구되므로 정신보건사회복지사의 역할에 대한 수요도 증가할 것으로 예상된다.

4) 청소년지도사와 청소년상담사

(1) 역할

급격한 사회변화에 따라 심각해지고 있는 청소년문제를 적극적으로 해결하고 체계적인 청소년활동을 위해서는 청소년수련활동에 대한 전문지식과 지도기법 및 자질을 갖춘 청소년 지도자의 양성이 필요하다. 청소년지도자의 체계적이고 전문적인 양성을 위해 「청소년기본법」에서는 청소년지도사와 청소년상담사 양성 및 배치에 관한 내용을 규정하여 1993년부터 국가공인 청소년지도사를 양성해오고 있다.

'청소년지도자'는 「청소년기본법」에 의한 청소년지도사 및 청소년상담사와 청소년시설, 청소년단체, 청소년관련기관 등에서 청소년육성 및 지도업무에 종사하는 자를 총칭한다. 청소년지도사는 청소년수련활동을 전담하여 학생, 근로, 복무, 무직청소년 등 전체 청소년의 신체단련, 정서함양, 자연체험, 예절수양, 사회봉사, 전통문화활동 등을 지도한다. 청소년상담사는 심리사회적 문제 해결을 위한 개별상담 및 집단상담을 한다.

(2) 자격요건

「청소년기본법」 제21조 따르면 여성가족부장관은 청소년지도사 자격검정에 합격하고 연수기관에서 실시하는 연수과정을 마친 자에게 청소년지도사의 자격을 부여한다. 청소년지도사 자격검정의 등급별 응시자격기준과 과목 및 방법은 각각 청소년기본법 시행령 별표 1 및 별표 2에 제시되어 있다. 자격검정의 과목 및 방법은 〈표 13-5〉에 나타난 바와 같다.

〈표 13-5〉 청소년지도사 자격검정의 과목 및 방법

<table>
<tr><th>구분</th><th>검정과목</th><th colspan="2">검정방법</th></tr>
<tr><td>1급</td><td>청소년연구방법론, 청소년 인권과 참여, 청소년정책론, 청소년기관운영, 청소년지도자론</td><td colspan="2">주・객관식 필기시험</td></tr>
<tr><td>2급</td><td>청소년육성제도론, 청소년지도방법론, 청소년심리 및 상담, 청소년문화, 청소년활동, 청소년복지, 청소년프로그램 개발과 평가, 청소년문제와 보호</td><td>객관식 필기시험</td><td>면접 (3급청소년지도자 자격증 소지자는 면접시험 면제)</td></tr>
<tr><td>3급</td><td>청소년육성제도론, 청소년활동, 청소년심리 및 상담, 청소년문화, 청소년지도방법론, 청소년문제와 보호, 청소년프로그램 개발과 평가</td><td>객관식 필기시험</td><td>면접</td></tr>
</table>

출처: 청소년기본법 시행령 [별표 2]

「청소년기본법」 제22조에 따르면 여성가족부장관이 청소년상담사 자격검정에 합격하고 청소년상담사 연수기관에서 실시하는 연수과정을 마친 자에게 청소년상담사의 자격을 부여한다. 청소년상담사 자격검정의 등급별 응시자격기준과 과목 및 방법은 각각 청소년기본법 시행령 별표 3 및 별표 4에 제시되어 있다. 자격검정의 과목 및 방법은 〈표 13-6〉에 나타난 바와 같다.

〈표 13-6〉 청소년상담사 자격검정의 과목 및 방법

<table>
<tr><th rowspan="2">등급</th><th colspan="2">검정과목</th><th rowspan="2" colspan="2">검정방법</th></tr>
<tr><th>구분</th><th>과목</th></tr>
<tr><td rowspan="2">1급 청소년상담사</td><td>필수</td><td>상담사 교육 및 사례지도, 청소년관련 법과 행정, 상담연구방법론의 실제</td><td>필기 시험</td><td>면접</td></tr>
<tr><td>선택</td><td>비행상담, 집단상담, 가족상담, 학업상담 중 2과목</td><td>필기 시험</td><td>면접</td></tr>
<tr><td rowspan="2">2급 청소년상담사</td><td>필수</td><td>청소년 상담의 이론과 실제, 상담연구방법론의 기초, 심리측정 평가의 활용, 이상심리</td><td rowspan="2">필기 시험</td><td rowspan="2">면접</td></tr>
<tr><td>선택</td><td>진로상담・집단상담・가족상담・학업상담 중 2과목</td></tr>
<tr><td rowspan="2">3급 청소년상담사</td><td>필수</td><td>발달심리, 집단상담의 기초, 심리측정 및 평가, 상담이론, 학습이론</td><td rowspan="2">필기 시험</td><td rowspan="2">면접</td></tr>
<tr><td>선택</td><td>청소년이해론, 청소년수련활동론 중 1과목</td></tr>
</table>

출처: 청소년기본법 시행령 [별표 4]

(3) 전망

청소년지도사의 활동분야는 청소년 수련관, 청소년 수련원, 유스 호스텔, 청소년 야영장, 청소년 문화의 집, 청소년 특화시설, 청소년단체 등이다. 청소년상담사의 활동분야는 한국청소년상담원, 시 · 도 청소년 상담지원센터, 시 · 군 · 구 청소년지원센터, 검찰청, 법무부 등 청소년 업무지원부서, 사회복지관, 초 · 중 · 고등학교 상담교사, 대학의 학생상담소 등이다.

「청소년기본법」 제23조에서 청소년지도사 · 청소년상담사의 배치 등에 대해, 제24조에서는 청소년지도사 · 청소년상담사의 채용 등을 규정하고 있다. 또한 청소년지도사와 청소년상담사 배치대상 및 배치기준에 대한 자세한 사항은 청소년기본법시행령[별표 5]에 명시되어 있다. 소년범죄, 청소년 자살 등의 증가는 미래의 주역인 청소년의 지도가 절실함을 보여주고 있다. 따라서 청소년시설 및 단체, 그리고 학교에서 청소년지도사 및 상담사에 대한 요구 증가가 예상된다.

5) 학교사회복지사(School Social Worker)

(1) 역할

학교사회복지사는 학생 개개인의 지적, 사회적, 정서적 욕구와 문제해결을 도와주며, 이를 통하여 모든 학생들이 학교에서 공평한 교육기회와 성취감을 제공받을 수 있도록 하기 위해 사회복지의 다양한 실천 방법을 활용한다.

(2) 자격요건

학교사회복지사 자격시험에 응시하기 위한 필수 자격과 선택 자격은 다음과 같다. 필수자격요건은 ① 사회복지사 1급 자격증 소지자 ② 학교사회복지론을 이수한 자 ③ 아동복지론과 교육학 관련 교과목 중

1과목 이상을 이수한 자 등 3가지 사항 모두 충족되어야 한다. 그리고 선택자격요건은 다음의 3가지 중 한 가지 이상이 충족되어야 한다. ① 240시간 이상의 학교사회복지 관련 실습을 이수한 자 ② 초·중·고등학교에서 학생복지 업무를 전담하는 사회복지사로 6개월 이상 근무한 자 ③ 사회복지기관에서 학교사회복지 관련 실무를 1년 이상 담당한 경력이 있는 자이다.

(3) 전망

학교는 미래의 일군을 길러내는 교육의 현장이지만 입시위주의 경쟁을 부추기는 현실 속에서 아동 및 청소년은 학교폭력, 왕따, 성폭력 등에 위협 당하는 환경에 처해 있다. 이에 정부에서도 건전한 교육환경 조성과 학교 내의 제 문제를 해결하려는 노력을 계속 추진하고 있다. 초·중·고등학교의 상담실 등에서 활동하는 학교사회복지사의 배치는 이런 노력의 일환이라 볼 수 있다. 학생들의 학교적응력 향상, 정신건강 증진, 안정적인 정서발달에 기여하기 위해서 지방자치단체에서 '학교사회복지활성화 지원사업에 관한 조례'를 제정하고 학교사회복지사업을 실시하고 있다.

3. 관련 분야 자격증

전문성을 요구하는 추세와 학문의 다학제적 접근으로 사회복지사 자격증만으로 충분하지 않을 수 있다. 본인의 적성과 흥미에 적합한 직장을 찾아 사회복지전공을 살리면서 일할 수 있기를 원하는 사람들도 있다. 다음은 사회복지사 자격증을 취득하고 관련 분야에 진출하는데 도움이 될 수 있는 자격증을 소개하고자 한다.

1) 건강가정사

2004년 제정된 「건강가정기본법」 제35조에 따르면 "국가 및 지방자치단체는 가정문제의 예방·상담 및 치료, 건강가정의 유지를 위한 프로그램의 개발, 가족문화운동의 전개, 가정관련 정보 및 자료제공 등을 위하여 중앙, 시·도 및 시·군·구에 건강가정지원센터를 둔다. 센터에는 건강가정사업을 수행하기 위하여 관련분야에 대한 학식과 경험을 가진 전문가 즉 건강가정사를 두어야 한다"고 명시되어 있다.

또한 「건강가정기본법」 시행령 제15조에서 건강가정사의 직무를 다음과 같이 규정하고 있다.

① 가정문제의 예방·상담 및 개선
② 건강가정의 유지를 위한 프로그램의 개발
③ 건강가정 교육(민주적이고 양성평등한 가족관계 교육을 포함한다)
④ 가정생활문화운동의 전개
⑤ 가정관련 정보 및 자료제공
⑥ 가정에 대한 방문 및 실태파악
⑦ 아동보호전문기관 등 지역사회자원에의 연계
⑧ 그 밖에 건강가정사업과 관련하여 여성가족부장관이 정하는 활동

건강가정사의 주된 활동분야는 건강가정지원센터, 다문화가족지원센터이며, 이밖에 사회복지기관에서 가족상담을 할 수 있다.

건강가정사는 대학 또는 이와 동등 이상의 학교에서 사회복지학·가정학·여성학 등 여성가족부령이 정하는 관련교과목(핵심과목 5개와 관련과목 7개)을 이수하고 졸업한 자이어야 한다. 건강가정사가 되기 위하여 이수하여야 하는 관련 교과목에 대한 것은 건강가정기본법 시행규칙 [별표]에 나와 있다(〈표 13-7〉 참조).

〈표 13-7〉 건강가정사가 되기 위하여 이수하여야 하는 관련 교과목

구 분		교 과 목
핵심과목(5)		건강가정론, (건강)가정(족)정책론, 가족상담(및 치료), 가정(족)생활교육, 가족복지론, 가족과 젠더, 가족(정)과 문화, 건강가정현장실습, 여성과 (현대)사회, 비영리기관 운영관리 중 5과목 이상
관련과목(7)	기초이론(4)	가족학, 가족관계(학), 가족법, 아동학, 보육학, 아동(청소년)복지론, 노년학, 노인복지론, 인간발달, 인간행동과 사회환경, 가족(정)(자원)관리, 가계경제, 가사노동론, 여가관리론, 주거학, 생애주기 영양학, 여성복지(론), 여성주의이론, 정신건강(정신보건사회복지)론, 장애인복지론, 가정생활복지론, 상담이론, 자원봉사론, 성과 사랑, 법여성학, 여성과 문화, 일과 가족(정), 사회복지(개)론 중 4과목 이상
	상담·교육 등 실제(3)	생활설계상담, 아동상담, 영양상담 및 교육, 소비자 상담, 주거상담, 부모교육, 부부교육, 소비자교육, 가정생활과 정보, 가계재무관리, 주택관리, 의생활관리, 지역사회 영양학, 프로그램 개발과 평가, 사회복지실천기술론, 지역사회복지론, 연구(조사)방법론, 부부상담, 집단상담, 가족(정)과 지역사회, 여성과 교육, 여성과 리더십, 여성주의 상담, 사회복지실천론, 위기개입론, 사례관리론 중 3과목 이상

출처: 건강가정기본법 시행규칙 [별표]

2) 보육교사

보육이란 "영유아를 건강하고 안전하게 보호·양육하고 영유아의 발달 특성에 맞는 교육을 제공하는 보육시설 및 가정양육 지원에 관한 사회복지서비스"를 말한다(영유아보육법 제2조). 보육교사는 영유아의 성장·발달의 자연스런 과정에 있어 보호와 교육적 측면의 전문가로서 신체적, 사회적, 정서적, 지적 발달을 균형있게 격려할 수 있도록 교육방법을 연구하고 적용하며, 교실 환경을 구성하고 영유아를 가르치는 교육자로서 영유아의 연령과 발달수준을 의식하여 적절한 자극을 제공한다. 또한 부모들이 자녀걱정 없이 안심하고 사회 경제 활동을 할 수

있도록 부모와의 정보교환 교류자로서 원활한 의사소통을 통해 교사나 보육시설에 대한 신뢰감을 형성하도록 하는 역할을 담당하게 된다.

보육교사는 보호자의 위탁을 받아 영유아를 보육하는 시설인 보육시설에서 일한다. 보육교사의 자격요건은 1, 2, 3급으로 구분되는데 자세한 사항은 〈표 13-8〉과 같다.

〈표 13-8〉 보육교사의 자격기준

등급	자격기준
보육교사 1급	가. 보육교사 2급 자격을 취득한 후 3년 이상의 보육업무 경력이 있는 사람으로서 보건복지부장관이 정하는 승급교육을 받은 사람 나. 보육교사 2급 자격을 취득한 후 보육 관련 대학원에서 석사학위를 취득하고 1년 이상의 보육업무 경력이 있는 사람으로서 보건복지부장관이 정하는 승급교육을 받은 사람
보육교사 2급	가. 전문대학 또는 이와 같은 수준 이상의 학교에서 보건복지부령으로 정하는 보육관련 교과목 및 학점을 이수하고 졸업한 사람 나. 보육교사 3급 자격을 취득한 후 1년 이상의 보육업무 경력이 있는 사람으로서 보건복지부장관이 정하는 승급교육을 받은 사람
보육교사 3급	고등학교 또는 이와 같은 수준 이상의 학교를 졸업한 사람으로서 보건복지부령으로 정하는 교육훈련시설에서 정해진 교육과정을 수료한 사람

출처: 영유아보육법 시행령 [별표 1]

3) 사회조사분석사

사회조사분석사란 다양한 사회정보의 수집·분석·활용을 담당하는 새로운 직종으로 기업, 정당, 지방자치단체, 중앙정부 등 각종 단체의 시장조사 및 여론조사 등에 대한 계획을 수립하고 조사를 수행하며 그 결과를 분석, 보고서를 작성하는 전문가이다.

사회조사를 완벽하게 하기 위해서는 사회조사방법론, 자료분석을 위한 통계지식, 통계분석을 위한 통계패키지프로그램 이용법 등을 알아야 한다. 또한 사회조사의 많은 부분이 기업과 소비자를 중심으로 발생하기 때문에 마케팅관리론, 소비자행동론, 기획론 등 관련분야의 지식도 필요하다.

사회조사분석사의 활동분야는 한국갤럽, 한국리서치 등 전문조사기관을 비롯하여 각종연구소, 연구기관, 국회, 정당, 통계청, 행정부, 지방자치단체, 용역회사, 기업체 등 활동분야가 넓다. 자격종목으로 1급과 2급이 있다. 1급은 해당종목의 2급 자격을 취득한 후 해당실무에 2년 이상 종사한 자이다. 시험과목은 〈표 13-9〉에 나타난 바와 같으며, 시험은 한국산업인력공단에서 주관하고 있다.

〈표 13-9〉 사회조사분석사 검정과목

자격종목	검정방법	시험과목
사회조사분석사 1급	필기시험	고급조사방법론(I), 고급조사방법론(II), 고급통계처리 및 분석
	실기시험	사회조사 분석실무
사회조사분석사 2급	필기시험	조사방법론(I), 조사방법론(II), 사회통계
	실기시험	사회조사 분석실무(설문작성, 단순통계처리 및 분석)

출처: 한국산업인력공단 자격시험 관련 홈페이지 http://www.q-net.or.kr/

4) 요양보호사

「노인복지법」 제39조의 2항에 따르면 "노인복지시설의 설치·운영자는 보건복지부령으로 정하는 바에 따라 노인 등의 신체활동 또는 가사활동 지원 등의 업무를 전문적으로 수행하는 요양보호사를 두어야 한다"고 명시되어 있다.

요양보호사는 재가급여를 제공하는 노인장기요양기관에 소속되어 기관의 관리, 배치, 감독을 받으며 노인 대상자를 방문하여 서비스를 제공한다. 또한 노인요양시설 및 요양병원 등에 소속되어 교대로 업무를 수행하게 된다. 구체적으로 요양보호사가 수행하는 역할을 살펴보면 다음과 같다.

① 방문요양 : 장기요양요원이 수급자의 가정 등을 방문하여 신체활동 및 가사활동 등을 지원한다.

② 방문목욕 : 장기요양요원이 목욕설비를 갖춘 장비를 이용하여 수급자의 가정 등을 방문하여 목욕을 제공한다.

③ 주·야간보호 : 수급자를 하루 중 일정한 시간 동안 장기요양기관에 보호하여 신체활동 지원 및 심신기능의 유지·향상을 위한 교육·훈련 등을 제공한다.

④ 기타 재가서비스 : 수급자의 일상생활·신체활동 지원에 필요한 용구를 제공하거나 가정을 방문하여 재활에 관한 지원 등을 제공한다.

⑤ 시설서비스 : 노인의료복지시설 등에 장기간 동안 입소하여 신체활동 지원 및 심신기능의 유지·향상을 위한 교육·훈련 등을 제공한다.

이제 노인의 수발은 가족만이 책임지던 시대는 지나고 가족의 부양부담을 감소시키기 위해 국가와 함께 일한다. 2008년 노인장기요양보험제도의 실시로 수발이 필요한 노인들은 등급판정을 받고 요양서비스를 받을 수 있다. 평균수명의 연장과 등급의 확대로 이용자의 비율이 증가되고, 장기요양기관의 확대로 요양보호사의 수요도 증가되리라 전망된다.

요양보호사의 자격기준은 요양보호사교육기관에서 교육과정을 마치고 시·도지사가 실시하는 요양보호사 자격시험에 합격하여야 한다(노인복지법 제39조의2). 이미 간호사 자격증을 가진 사람들은 이론 강의 26시간, 실기연습 6시간, 현장실습 8시간 등 총 40시간을 이수하여야 한다. 사회복지사 자격증을 가진 사람들은 이론 강의 32시간, 실기연습 10시간, 현장실습 8시간 등 총 50시간의 교육을 이수하여야 한다. 사회복지사에게 필요한 교육내용과 교육시간은 〈표 13-10〉과 같다.

〈표 13-10〉 사회복지사에게 필요한 요양보호교육과정

구분	과목	교육내용	교육시간	
			이론	실기
이론강의 (32시간) / 실기연습 (10시간)	요양보호개론	요양보호 관련 제도 및 서비스	3	
		요양보호업무의 목적 및 기능	2	
		요양보호사의 직업윤리와 자세	8	
	요양보호관련 기초지식	의학적·간호학적 기초지식	10	4
	기본요양보호각론	기본요양보호기술	4	3
		요양보호 업무 기록 및 보고	2	
	특수요양보호각론	치매요양보호기술	3	3
	소 계		① 32	② 10
현장실습 (8시간)	노인요양시설 또는 재가노인복지시설 등 실습		③ 8	
	총 계(①+②+③)		50	

출처: 노인복지법 시행규칙 [별표 10-2]

5) 직업상담사

우리나라는 1957년에 중·고등학교 카운슬러(Counselor)제도를 설립함을 시초로 하여 중·고등학생을 위한 진로사업이 전개되어 왔다. 1961년 「직업안정법」이 제정·공포되고, 1968년 국립중앙직업안정소가 설치되었으며, 1995년 고용보험제의 도입으로 직업상담이 본격적으로 대두하게 되었다. 이에 직업상담업무의 전문성을 높이고 내담자에 대한 질 높은 서비스를 제공하기 위해 자격제도를 도입하였다.

직업상담사는 개인의 직업발달을 지원하기 위하여 고안된 자격제도로서 직업선택, 취업처 결정, 직업전환, 직업적응, 실업위기, 은퇴 등의 과정에서 내담자의 개인적 특성을 평가하고 적합한 직업의 종류, 준비전략 등의 상담활동을 수행하는 자를 말한다. 직업상담사의 직무를 구체적으로 살펴보면 아래와 같다.

① 적성검사 등의 실시: 개인과 집단에 대한 적성·흥미 등의 심리검사를 실시하여 그 결과를 토대로 개인과 집단에게 적절한 조언을

한다.

② 직업지도 프로그램 개발 및 적용: 피상담자에게 알맞는 직업지도 프로그램을 실시하여 올바른 직업의식과 자아탐구, 자아개발, 성취감 등을 발휘하도록 하는 지도교육 프로그램을 개발·실행한다. 또 청소년, 여성, 중·고령자, 실업자 등을 위한 직업지도 프로그램을 개발·실행한다.

③ 직업정보 제공원, 인력알선 및 직업관련 기관과의 협조: 직업정보 자료 수집을 위하여 관련기관과 협조체제를 구축하여 수집된 정보를 제공하고, 노동시장·직업세계 등의 다양한 정보를 수집하고 통계 및 내용을 분석처리한다.

④ 직업상담실 운영: 상담실 내의 직업정보 관리, 상담일지 작성, 피상담자 관리 등의 직업상담실을 운영한다.

⑤ 직업박람회 등과 관련된 행사를 기획하고 실행한다.

직업상담사의 취업처는 고용안정센터와 인력은행 등의 국립직업안정기관, 공공직업안정기관, 무료직업안정기관, 유료직업안정기관 등이며, 이 밖에 헤드헌터업체, 인력알선업체, 공공직업훈련기관, 인정직업훈련기관, 각급 학교의 취업지도실 등이다. 이와 관련하여 현재 노동부가 각 지방사무소의 고용안정센터와 인력은행 등에서 실업자를 위한 실업급여, 취업알선 등과 관련된 업무를 수행할 직업상담원을 수시로 모집하고 있다. 또한 직업상담사는 직업상담원으로 활동하다가 경력을 쌓으면 헤드헌터업체를 창업할 수 있다.

직업상담사의 자격요건을 살펴보면 1차 필기시험, 2차 실기시험으로 구분되며 시험과목은 〈표 13-11〉에 나타난 바와 같다.

〈표 13-11〉 직업상담사 자격규정

		직업상담사 1급	직업상담사 2급
응시자격		· 해당 종목의 2급 자격을 취득한 후 해당실무에 3년 이상 종사한 자 · 해당 실무에 5년 이상 종사한 자 · 대학졸업자 등으로서 졸업 후 해당 실무에 3년 이상 종사한 자 · 전문대학졸업자 등으로서 졸업 후 해당 실무에 4년 이상 종사한 자	제한없음
검정방법	1차 필기시험 과목	고급직업심리상담학, 고급직업정보론(노동시장론 포함), 노동관계법규	직업심리상담학, 직업정보론(노동시장론 포함), 노동관계법규
	2차 실기 시험 과목	직업상담실무(직업상담심리학, 직업심리학, 직업정보론, 노동시장론)	직업상담실무(직업상담심리학, 직업심리학, 직업정보론, 노동시장론)

출처: 한국직업상담협회 홈페이지 http://www.kvoca.org/

6) 평생교육사

평생교육사는 법이 정한 평생교육사 양성기관에서 관련 과목을 일정 학점 이상 이수한 후 국가로부터 자격증을 부여받은 자로 평생교육 프로그램에 대한 요구분석, 개발, 운영, 평가, 컨설팅과 학습자 상담 및 교수 등을 수행하는 전문가이다.

한국평생교육사협회에서 제시한 평생교육사의 역할과 임무를 살펴보면 아래와 같다.

① 기획자(planner): 학습자의 학습요구 및 사회적 요구 진단을 통해 프로그램을 기획한다.

② 조직자(organizer): 평생교육기관 내 각종 위원회의 조직 및 학습자의 조직 관리를 담당한다.

③ 촉진자(facilitator): 평생학습 참여 동기 및 저해요인 분석을 통해

구체적 촉진 내지 해결을 위한 지원 즉 간접적으로 학습을 자극하고 동기화시켜 준다.

④ 교수자(teacher): 학습자 특성을 고려한 내용과 방법을 고안하며, 특정과목을 가르치는 역할을 담당한다.

⑤ 지도자 및 상담자(mentor): 학습자들의 다양한 문제에 대한 깊은 인식을 바탕으로 해결해 나가는 지도력 및 상담능력 발휘, 현장성을 요구한다.

⑥ 개척자(pioneer): 평생교육사는 동방학습지국을 열어갈 개척자의 마인드를 필요로 한다.

평생교육사의 자격요건을 살펴보면, 필수 4과목, 선택 2과목을 이수하고 평생교육실습을 4주간 받아야 한다. 관련교과목은 〈표 13-12〉와 같다.

〈표 13-12〉 평생교육사 자격규정

구분	과목명	
필수 (5)	평생교육론, 평생교육방법론, 평생교육경영론, 평생교육프로그램개발론, 평생교육실습(4주간)	
선택 (21)	평생교육 대상 관련 영역(8)	아동교육론, 청소년교육론, 여성교육론, 노인교육론, 시민교육론, 문자해독교육론, 특수교육론, 성인학습 및 상담(1과목 이상 선택하여야 함)
	평생교육 내용 관련 영역(13)	교육사회학, 교육공학, 교육복지론, 지역사회교육론, 문화예술교육론, 인적자원개발론, 직업·진로설계, 원격(이러닝, 사이버)교육론, 기업교육론, 환경교육론, 교수설계, 교육조사방법론, 상담심리학(1과목 이상 선택하여야 함)

출처: 평생교육법 시행규칙 [별표 1]

생각나누기

1. 사회복지사로서 갖추어야 할 자질은 무엇이라고 생각하는지 의견을 나누어 봅시다.

2. 한국사회에서 일반인들이 사회복지사에 대해 어떠한 인식 또는 이미지를 가지고 있는지 조사한 후 토의해 봅시다.

3. 사회복지사의 전문성을 증진시키기 위해 필요한 관련된 지식, 기술, 자격증 등은 무엇인지에 대해 의견을 나누어 봅시다.

참고문헌

강기수. 2002. 『인간학적 교사론』. 세종출판사.

고용노동부. 2010. 「2010고용노동백서」. 고용노동부.

권중돈. 2010. 『노인복지론』. 학지사.

권중돈 · 조학래 · 김기수. 2008. 『자원봉사의 이해와 실천』. 학지사.

국가인권위원회. 2005. 「노숙인 인권상황실태조사」. 국가인권위원회.

김규수 · 2004. 『의료사회복지실천론』. 형설출판사.

김기원. 2007. 『사회복지법제론』. 나눔의 집.

김민경. 2010. 『아동복지론』. 형설출판사

김상균 · 최일섭 · 최성재 · 조흥식 · 김혜란. 2001. 『사회복지개론』. 나남출판.

김상균 · 최일섭 · 최성재 · 조흥식 · 김혜란 · 이봉주 · 구인회 · 강상경 · 안상훈. 2011. 『사회복지개론』. 나남.

김종일. 2009. 『사회복지정책론』. 학현사.

김태성. 2007. 『사회복지정책입문』. 청목출판사.

김태성 · 김진수. 2007. 『사회보장론』. 청목출판사.

남기민. 2005. 『현대사회복지학』. 양서원.

남기민. 2010. 『사회복지정책론』. 서울: 학지사.

남기민 · 홍성로. 2008. 『사회복지법제론』. 공동체.

남기철. 2009. 『노숙인 복지론: Homeless의 사회적 통합』. 집문당.

남찬섭 옮김. 1994. 『이데올로기와 사회복지』. 빅조지 · 폴윌딩. 한울아카데미.

노병일. 2008. 『현대산업복지론』. 공동체.

문혁준 · 김진이 · 양성은 · 이은주 · 천희영 · 황옥경. 2010. 「가족복지」. 창지사.

박경일. 2006. 『사회복지정책론』. 공동체.

박미은. 2005. 우리나라 군사회복지의 필요성과 제도화방향. 2005년 한국사회복지학회 추계공동학술대회 발표자료집.

박병현. 2005. 『복지국가의 비교: 영국, 미국, 스웨덴, 독일의 사회복지역사와 변천』. 공동체.

박병현. 2010. 『사회복지의 역사』. 공동체.

박시종 역. 2006. 『복지국가는 해체되는가: 레이건, 대처, 그리고 축소의 정치』. 피어슨(Pearson, P). 성균관대학교 출판부.

박용순. 2008. 『사회복지개론』. 학지사.

법무부. 2011. 「2011통계월보」. 법무부.

법무부. 2011. 「출입국· 외국인정책 통계월보」. 법무부.

보건복지부. 2010 「2009보건복지백서」. 보건복지부.

보건복지부. 2011 「2010보건복지통계연보」. 보건복지부.

보건복지부. 2011. 「2011정신보건사업안내」. 보건복지부.
설동훈. 2006. 이민과 다문화사회의 도래. 김영기 편. 「한국사회론」. 전북대학교 출판부.
설동훈 · 이란주. 2006. 「외국인근로자지원사업 제도개선 및 중장기계획수립을 위한 연구」. 근로복지공단연구용역보고서.
성민선 외 20인. 2004. 『학교사회복지의 이론과 실제』. 학지사.
원석조. 2008. 『사회보장론』. 양서원.
원석조. 2010. 『사회복지정책론』. 공동체.
윤영진 · 이인재 · 곽채기 · 김은정 · 김태일 · 박정수 · 이재원. 2007. 『복지재정과 시민참여』. 나남.
윤영진 · 장승옥 · 지은구 · 김은정. 2009. 『사회복지서비스 재정지원방식』. 청목출판사.
윤찬영. 2010. 『사회복지법제론』. 나남.
윤현숙 · 김연옥 · 황숙연. (2001). 『의료사회사업론』. 나남출판.
이기영. 2002. 탈북청소년의 남한사회적응에 관한 질적분석. 「한국청소년연구」. 13(1), 175-224.
이명남. 2010. 『사회복지법제론』. 창지사.
이원숙. 2008. 『사회복지실천론』. 학지사.
이은주 역. 2010. 「다문화 사회복지실천」. Sue, Derald Wing. Multicultural social work. 학지사.
이인재 · 류진석 · 권문일 · 김진구. 2002. 『사회보장론』. 나남출판.
이혁구 · 박시종 역. 2002. 『세계화와 복지국가의 위기: 지구적 사회정책을 향하여』. 미쉬라 (Ramesh, M.). 성균관대학교 출판부.
이화여자대학교 사회복지연구회 옮김. 1999/2001. 『가족복지실천론』. Collins, D., Jordan, C., & Coleman, H. 나눔의 집.
조성숙 옮김. 2009. 「이데올로기와 복지」. 게리테일러. 신정.
조흥식. 2008. 『인간생활과 사회복지』. 학지사.
조흥식 · 김진수 · 홍경준. 2001. 『산업복지론』. 나남출판.
최명민 · 이기영 · 최현미 · 김정진. 2009. 『문화적 다양성과 사회복지』. 학지사
최선화 · 주정 · 이영주 · 김향선. 2009. 『여성복지론』. 양서원.
통계청. 2010 「2009년 혼인통계」. 통계청.
한국임상사회사업학회. 2006. 『사회복지개론』. 신정
한인영 · 최현미 · 장수미. 2006. 『의료사회복지실천론』. 학지사.
한인영 · 홍순혜 · 김혜란. 2004. 『학교와 사회복지실천』. 나남출판.
현외성. 2008. 『한국사회복지법제론』. 양서원.
홍봉선. 2008. 『교정복지론』. 공동체.
홍봉선 · 남미애. 2007. 『청소년복지론』. 공동체.

Abbot, A.(1988). *The system of professions.* Chicago, IL: University of Chicago

Press.

Aptekar, H.(1967). "The values, functions and methods of social work in an aintegrated report of the Honolulu Seminar." In CSWE(ed.). *An intercultural exploration: Universals and differences in social work values, functions, and practice*(pp. 3-59). New York, NY: Council on Social Work Education.

Ascoli, U. & Ranci, C. 2002. *Dilemmas of the Welfare Mix.* Plenum Publishers.

Barker, R. L.(2003). *The Social Work Dictionary,* (5th ed.). Washington, DC: National Association of Social Workers.

Cameron, C., & Moss, P. 2007. *Care work in Europe : current understandings and future directions.* New York, NY: Routledge.

Chatterjee, P.(1996). *Approach to the Welfare State.* Washington, DC: National Association of Social Workers.

Compton, B. R. and Galaway, B.(1989). *Social Work Processes*(4th ed.). Wadsworth Publishing Company.

Daniels, R. J., & Trebilcock, M. J. 2005. *Rethinking the welfare state : the prospects for government by voucher.* London ; New York: Routledge.

DiNitto, D. M. 2003. *Social welfare : politics and public policy.* Boston: Allyn and Bacon.

Edin, K. & Lein, L. 1997. *Making Ends Meet.* Rusell Sage Foundation.

Erikson, E. (1978). *Adulthood.* New York, NY: W. W. Norton & Company, Inc.

Esping-Andersen, G. 1990. *The three worlds of welfare capitalism.* Cambridge, UK: Polity Press.

Esping-Andersen, G. 1999. *Social foundations of postindustrial economies.* New York: Oxford Univ. Press.

Esping-Andersen, G. et al. 2002. *Why we need a new welfare state.* New York: Oxford University Press.

Esping-Andersen, G. (ed.). 1996. *Welfare states in transition : national adaptations in global economies.* London ; Thousand Oaks, Calif.: Sage.

Evers. A. & Svetlik, I. (Eds.). 1993. *Balancing Pluralism: New Welfare Mixes in Care for the Elderly.* Ashgate Publishing Company.

Friedlander, W. A.(1961). *Introduction to Social Welfare.* Englewood Cliffs, NJ: Prentice Hall.

Friedlander, W. A. and Apte, R. Z.(1980). *Introduction to Social Welfare.* Englewood Cliffs, NJ: Prentice Hall.

Garvin, C. D. & Seabury, B. A.(1997). *Interpersonal Practice in Social Work*(2nd ed.). Needham Heights, MA: Allyn and Bacon.

George, V., & Wilding, P. 1989. *Ideology and social welfare Completely rev., expanded and updated.* London ; New York: Routledge.

Gilbert, N. 2002. *Transformation of the welfare state : the silent surrender of public responsibility.* Oxford ; New York: Oxford University Press.

Gilbert, N. & Specht, H.(1974). *Dimensions of Social Welfare Policy.* Englewood Cliffs, NJ: Prentice Hall.

Gilbert, N. & Terrell, P.(2002). *Dimensions of Social Welfare Policy*(5th ed.). Boston, MA: Allyn and Bacon.

Glyn, A. 2006. *Capitalism unleashed : finance globalization and welfare.* Oxford ; New York: Oxford University Press.

Goldstein, H.(1990). "The knowledge base of social work practice: Theory, wisdom, analogue, or art?" *Families in Society*, 71(1), 32-43.

Handler, J. F. 2004. *Social citizenship and workfare in the United States and Western Europe : the paradox of inclusion.* Cambridge, U.K. ; New York: Cambridge University Press.

Johnson, L. C. and Yanca, S. J.(2004). *Social Work Practice: A Generalist Approach.* Boston, MA: Pearson.

Kadushin, A.(1972). *Developing Social Policy in Conditions of Dynamic Change.* New York, NY: International Council on Social Welfare.

Kadushin, A. and Martin, Jane (1988). Child Welfare Services(4th ed.). New York: Macmillan.

Kirst-Ashman, K. K. and Hull, G. H. Jr.(2006). *Understanding Generalist Practice*(4th ed.). Belmont, CA: Thomson Brooks/Cole.

Popple, P. R. & Leighninger, L.(1993). *Social Work, Social Welfare, and American Society.* (2nd ed.). Needham Heights, MA.

Pumphrey, M. W.(1959). "The teachings of values and ethics in social work education." Vol. 3. In *The Curriculum Study Council on Social Work Education*(p. 23). New York, NY: Council on Social Work Education.

Rhodes, S. L.(1977). "A developmental approach to the life cycle of the family." *Social Casework*, 58(May), 301-311.

Romanyshyn, J. M.(1971). *Social Welfare: Charity to Justice.* New York, NY: Random House.

Saleeby, D.(2002). *Strengths Perspective in Social Work Practice*(2nd ed.). New York, NY: Longman.

Skidmore, R. Thackerary, M., Farley, O., Smith, L. & Boyle, S.(2000). *Introduction to Social Work.* Needham heights, MA: Allyn & Bacon.

Smith, S. R. 2007. "Privatization and Devolution in social Services: Contracting and Its Policy and Practice Implications." 사회서비스연구센터 국제학술대회 자료집.

Zastrow, C.(2007). *The Practice of Social Work: A Comprehensive Worktext*(8th ed.). Belmont, CA: Thomson Brooks/Cole.

국방부 홈페이지 http://www.mnd.go.kr/
대한의료사회복지사협회 홈페이지 http://www.kamsw.or.kr/
디딤씨앗통장 홈페이지 www.adongcda.or.kr/
법제처 홈페이지 http://www.moleg.go.kr/
보건복지부 홈페이지 http://www.mw.go.kr/
사회복지공동모금회 홈페이지 http://www.chest.or.kr/
여성가족부 홈페이지 http://www.mogef.go.kr/
통일부 홈페이지 http://www.unikorea.go.kr/
한국사회복지사협회 홈페이지 http://www.welfare.net/
한국산업인력공단 자격시험 관련 홈페이지 http://www.q-net.or.kr/
한국정신보건사회복지사협회 홈페이지 http://www.kamhsw.or.kr/
한국직업상담협회 홈페이지 http://www.kvoca.org/
한국평생교육사협회 홈페이지 http://kale.lll.or.kr/
한국평생교육진흥원 홈페이지 http://www.nile.or.kr/
한국학교사회복지사협회 홈페이지 http://www.kassw.or.kr/
International Federation of Social Workers, IFSW.(2011). http://www.ifsw.org/f38000138.html)

찾아보기

(ㄱ)

가정위탁지원 277
가정의 날 263
가족복지 262
가족생활주기 23, 177
가치 61, 118, 178
간전문직 67
간접 서비스 192
강점 120, 201
강점관점 23, 38, 188
개방성 36
개방체계 36
개별사회사업 60, 67, 136
개인의 생애주기 23
개인주의 123, 124
개입 191
개입방법 185
거부 200
건강가정기본법 262
건강가정사 332
건강보험정책 246
겸시 187
결혼이주여성 310
경계 35
계약 191
계약자유의 원칙 153
계획 189
고령화사회 270
고립 29
고용보험정책 251
고지된 동의 199
공공부조(Public Assistance) 146
공공부조 제도 90
공공산업복지 274
공공선 130
공공재원 77
공식부문 71
공익 130
공적 전달체계 81
공적 지지체계 22
과실책임의 원칙 154
과업 182
과정평가 195
과학 180
관여 183, 184
교사 역할 193
교우관계 29
교정 118
교정복지 266
구빈 134
구빈법 93
구빈제도의 확립 92
구황정책 109
구휼 50
국가실패(government failure) 221
국민건강보험법 113
국민기초생활수급 186
국민복지연금법 112
국민연금법 113
국민연금정책 244
국민최저선(national minimum) 100
국제사회복지실천연합 64, 130
군사회복지 298
권력(power) 75, 219
권익 130
근거에 기반한 실천(evidence based practice) 195
급여내상 212
기독교 121
기부금 80
기술 178

기업복지 274
기초생활보장법 113
기초생활보장정책 236
기회(opportunity) 75, 219
길버트 22
길버트법 96

(ㄴ)

낙수효과(트리클 다운, trickle down) 54
낙인 55
네겐트로피(negentropy) 34, 36
노년기 26
노동통제적 입법 93
노사정 조합주의(corporatism) 156
노숙인복지 303
노인보호전문기관 273
노인복지 270
노인복지법 113
노인복지시설 273
노인장기요양보험정책 253
노인장기요양보험제도 272
노인학대 272
노턴(Dolores Norton) 33
녹색주의 127
뉴딜(New Deal) 107

(ㄷ)

다문화 118, 179
다문화가족 생애주기별 서비스 316
다문화가족지원센터 265
다문화사회복지 306
다중종결(multifinality) 36
다중체계 139
당근과 채찍 102
대공황 105
대규모체계 138
대리적 서비스 276
대응보조금(matching grant) 220
도리 128
돕는 과정 184
동등종결 36
동서대비원 109
듀발 30
드림스타트 277
디딤씨앗통장 277

(ㄹ)

리치먼드(Mary Richmond) 60
리허설 201

(ㅁ)

마르크시즘 126
매슬로 20
맥골드릭 30
메디케어(Medicare) 108
메디케이드(Medicaid) 108
모자복지법 113
목민심서 109
목표 182, 190
문제중심의 접근 137
문화적 상대주의 33
문화적 유능성 306
미국사회복지사협회(National Association of Social Workers, NASW) 51
미국사회사업가협회(NASW) 63
미군정 110
민간재원 79
민주주의 121

(ㅂ)

바우처(voucher) 75, 218
바틀릿 61
반집합주의 123, 124
발달적 관점 23
방어기제 200
배제 29
범죄피해자구조법 268
범죄피해자보호법 268
베버리지 보고서 45, 99

병영생활 전문상담관 301
보수주의적 복지국가(conservative welfare regime) 164
보완적 서비스 276
보육교사 333
보조 회기 198
보편적 사회복지 44
보호 역할 194
복지개혁(welfare reform) 116
복지국가(welfare state) 142
복지국가의 황금기(Golden Age of Welfare State) 157
복지다원화(welfare pluralism) 148
복지제도의 축소 158
복지혼합(welfare mix) 222
부양능력 판정 240
부양의무자 240
부양의무자 기준 213
북한이탈주민 309
불평등 123
비공식부문 71
비공식적 사회 지지체계 46
비공식적 지원체계 50
비밀보장 130
비스마르크 101
비영리부문 71
빈 둥지(empty nest) 31
빈곤 118, 179
빈곤과의 전쟁(War on Poverty) 107
빈곤의 덫(poverty trap) 234
빈곤의 여성화(feminization of poverty) 279

(ㅅ)

사례 185
사례관리 68, 199
사민주의적 복지국가(social democratic welfare regime) 164
사실 자료 186
사용자 부담금 80
사유재산 불가침의 원칙 154
사적 전달체계 82
사정(assessment) 182, 185, 188
사회 43, 45
사회공동체 53
사회 구성원 44
사회관계 46
사회관계 이슈 62
사회기능 47
사회 내 처우 267
사회망이론 66
사회맥락 46
사회문제 18, 43, 44
사회민주주의 126
사회보장기본법 113
사회보장법(Social Security Act) 106
사회보장성 조세(social security tax) 223
사회보장에 관한 법률 112
사회보험료 78
사회보험제도 100
사회복지공동모금 80
사회복지공동모금회법 113
사회복지관협회 133
사회복지대학교육협의회 133
사회복지사 52, 318
사회복지사 평가 195, 196
사회복지사업법 112, 319
사회복지사의 처우 322
사회복지사협회 128, 133
사회복지서비스 50, 51
사회복지실천(social work practice) 18, 44, 58
사회복지실천가 52
사회복지실천기술론 177
사회복지실천 과정 182
사회복지실천론 176
사회복지실천 윤리 197
사회복지전담공무원 323
사회복지제도 18, 40, 179
사회복지조사(social work research) 59
사회복지조사연구 68
사회사업(social work) 53, 58, 137
사회사업교육협의회 63
사회사업행정(social work administration) 227
사회위험 18, 39, 43

사회적 계층화(social stratification) 162
사회적 민주주의(Social Democratism) 125
사회적 배제 44
사회적 불평등 124
사회적 상호작용 119
사회적 안전망(social safety net) 144
사회적 인식 133
사회적 정의(social justice) 126
사회적응 46
사회제도(social institutions) 39, 43, 48
사회조사분석사 334
사회지원 49
사회책임 122
사회체계 47, 176, 188
사회체계이론 66
사회통합 46
사회통합론 66
사회투자적(social investment) 116
사회화 48
사회환경 18, 180
산업복지 273
산재보험법 112
산재보험정책 249
삶의 질 50
삼대 방법론 67
상대적 빈곤선(relative poverty line) 215
상호부조의 152
상호원조 48
새로운 사회적 위험(new social risks) 159
새터민 309
생산성 과업 26
생애주기 176
생태체계 관점 23, 34
생활보호법 111
서비스 49
선별적 사회복지 44
성과 196
성과평가 195, 196
성인 전기 25
성인기 중기 26
성장 65, 120
세계화(globalization) 168, 179
소규모체계 138
소극적 자유 126
소득세(income tax) 223
소득자산조사(means- test) 235
소망교도소 269
소비세(consumption tax) 223
수급자 중심성(recipient centeredness) 216
슈퍼바이저 198
슈퍼비전 136, 194
스트레스-대처 이론 65
스펙트 22
스핀햄랜드법 97
승인 133
시기상조 198
시민권 128
시민사상 153
시설 내 처우 267
시설서비스 75
시장 48
시장경제 124
시장제도 49
식품권(Food Stamp) 108
신구빈법 98
신뢰 184
신우파 123
신자유주의적 이념 158
실용주의 121, 125
실증적 121
실천윤리 128
실천지혜 181, 187
실험집단 196, 197
심리사회적 발달 단계 24
심리치료 199

(ㅇ)

아동복지 275
아동복지법 113
아동 전기 24
아동 후기 24
안녕(well-being) 18, 34, 50, 52, 120
안전 21

애덤스 136
애보트(Abott) 67
앱테커(Aptekar) 119
양가감정 200
양육체계 34
어머니연금법(Mother's Pension Law) 105
에릭슨(Erik Erickson) 23
에스핑-안데르센(Esping-Andersen) 40
엔트로피(entropy) 34, 36
엘리자베스구빈법 94
여성발전기본법 280
여성복지 279
여성새로일하기센터 281
여성주간 280
여성주의 127
연계 199, 201
연대감 53, 126
영국의 국민의료서비스(National Health Services) 213
영리부문 71
영아기 24
영유아보육법 113
예술(art) 178
옹호자 역할 193
외부체계 36
요양보호사 335
우애방문단 135
우애방문원 135
원조관계(working relationship) 184
웰렌스키와 르보(Wilensky & Lebeaux) 160
위계적 욕구이론 21
유기체 18
유대 29
유대감 35
유지체계 34
윤리 118, 128
윤리강령 122, 128
윤리적 딜레마 130
윤리적 자각 130
응용사회과학 175
응집력 35
의료보험법 112
의료사회복지 281
의료사회복지사 324
이념 118
이슈화 207
이주노동자 307
이중관점 33
인간 다양성 23
인간존중 121
인간행동과 사회환경 176
인권 64
인보관운동 136
인본주의 122
인종주의적 태도(racism) 104
일반 사회복지(generalist social work) 139
일반적 사회복지실천(generalist social work practice) 182
일반체계론 177
일반체계이론 176
일차적 환경 34
임파워먼트 이론 66
입양 278

(ㅈ)

자격(entitlement) 235
자기결정권 120, 122, 130
자기실현 20, 21
자기자각 130
자료 182
자료수집 185, 186
자문 역할 194
자발성 184
자본주의 121
자선 50
자선조직협회 135
자아성장 20
자아성취 20
자아통합 20, 26
자원동원 역할 194
자원봉사자 73
자유 123
자유재량권(discretion) 216

자유주의적 복지국가(liberal welfare regime) 164
자율성 123
자조노력(self-help) 234
자조집단 49
자주복지 275
작업장(workplace) 48
작업장법 96
잔여적 43
잔여적 복지국가(residual welfare state) 161
잔여적 사회복지 135
잔여적 접근 52
잠재력 201
장애인 124
장애인복지 283
장애인복지법 113
재가서비스 75
재능기부 73
재산세(property tax) 223
재집단화 29
재화 49
적극적 자유 126
적응 43
전달체계 68
전문 사회복지(specialist social work) 139
전물량방식(market basket method) 214
절대빈곤선(absolute poverty line) 214
절망 29
접수(intake) 177, 182, 183
정보 186
정부 48
정신보건법 113, 287
정신보건사회복지 287
정신보건사회복지사 326
정신보건전문요원 326
정신역동이론 65
정주법 95
정책대안 209
정책의제 형성과정 207
정책의제의 형성(agenda setting) 207
정체성 176
제 3의 길(the third way) 116, 127
제도 37
제도적 43
제도적 복지국가(institutional welfare state) 161
제도적 사회복지 135
제도적 접근 52
조력자 역할 193
조르단 30
조선구호령 110
조세 77
조세비용(tax expenditure) 224
존엄성 120
종결 199
종결기 과업 199
주의력결핍과잉행동장애(ADHD) 37
중개자 역할 193
중년기 31
중도주의 124
중세 봉건사회 91
중재자 역할 193
지방분권적 105
지식 178
지역사회 관계망 192
지역사회복지론 177
지역사회서비스 75
지역사회조직 67, 136
지지적 서비스 276
직접서비스 59, 192
진단 188
진대법 109
진수기 가족 단계 30
질환 및 장애 118
집단사회사업 67

(ㅊ)

채터지(Chatterjee) 51
철회 200
청소년 25
청소년기본법 292
청소년보호법 292
청소년복지 291

청소년복지지원법 292
청소년상담사 328
청소년지도사 328
청소년활동진흥법 292
체계 35
초고령사회 270
최적 배분 124
추후 서비스 198
출소자 268
친밀성 25
친족제도 48
침체 위기 26

(ㅋ)

카두신(Kadushin) 51
콜린스 30
콜만 30
클라이언트 74, 176
클라이언트 체계 176

(ㅌ)

타울 19
탄력성 65
탈상품화(de-commodification) 162
탈상품화 수준 162
통제집단 197

(ㅍ)

펄만(Helen Perlman) 61
평가 195
평가 역할 194
평생교육사 339
폐쇄성 36
폐쇄체계 36
포괄보조금(block grant) 220
폭력 118, 181
프로 보노 73
프리드랜더(Friedlander) 51
플랙스너 67, 138
피부양자녀를위한공공부조 106

(ㅎ)

하위목표 195
학교사회복지 294
학교사회복지사 330
학령기 아동기 25
한국사회복지사협회 319
한국사회복지학회 133
한국양성평등교육진흥원 281
한부모가족지원법 263
항상성(homeostasis) 35
해외원조기구 111
행동 변화 역할 194
행복 175
행정가 194
헐 하우스(Hull House) 136
헤드스타트(Head Start) 108
현금급여 75
현물급여 75
혈연집단 152
호스피스 283
환경 속의 인간 63, 137, 178
회복 29
후기산업사회 40
후퇴 200
휴먼서비스 전문직 175, 178

[저자 소개]

• 김은정
- 서울대학교 소비자아동학 학사
- 서울대학교 소비자아동학 석사
- University of Texas (Austin) 사회복지학전공 박사
- 현 부경대학교 행정학과 교수

〈주요 저서〉
『사회복지서비스 재정지원방식』(청목출판사, 2009) 외

• 박선영
- 이화여자대학교 사회사업학 학사, 석사
- Case Western Reserve University 사회복지전공 석사
- University of Chicago 사회복지학전공 철학박사
- 현 계명대학교 사회과학대학 사회복지학과 교수

〈주요 저서〉
『인지통합관점으로 본 사회복지실천』(나눔의 집, 2010) 외

• 이신영
- 이화여자대학교 도서관학 학사
- Arizona State University 사회복지전공 석사
- State University of New York at Albany 사회복지전공 박사
- 현 계명대학교 사회과학대학 사회복지학과 교수

사회복지개론(개정판)

2018년 3월 5일 개정중판인쇄
2018년 3월 10일 개정중판발행

저 자 김은정 · 박선영 · 이신영
발행인 유 성 열
발행처 **청목출판사**
서울특별시 영등포구 신길로 40길 20
전화 (02) 849-6157(代) · 2820 / 833-6090~1
FAX (02) 849-0817
등록 제318-1994-000090호

파본은 바꾸어 드립니다. 값 19,000원

http : //www.chongmok.co.kr

ISBN 978-89-5565-627-5